Edgar Allan Poe
Die besten Geschichten

Edgar Allan Poe
Die besten Geschichten

Aus dem Amerikanischen
von Gisela Etzel und Emmy Keller

Anaconda

Textgrundlage dieser Ausgabe ist die Edition *Edgar Allan Poes Werke.* Hrsg. von Theodor Etzel. Gesamtausgabe der Dichtungen und Erzählungen. Band 1–6. Berlin: Propyläen 1922. Der Text wurde unter Wahrung von Lautstand, Interpunktion sowie sprachlich-stilistischer Eigenheiten den Regeln der neuen deutschen Rechtschreibung angepasst. Die Erzählungen sind chronologisch geordnet.

FSC
www.fsc.org
MIX
Papier | Fördert gute Waldnutzung
FSC® C014496

Penguin Random House Verlagsgruppe FSC® N001967

6. Auflage

der Penguin Random House Verlagsgruppe GmbH,
Neumarkter Straße 28, 81673 München
produktsicherheit@penguinrandomhouse.de
(Vorstehende Angaben sind zugleich Pflichtinformationen nach GPSR.)

Umschlagmotiv: Vector Minimal Design – Watch,
© fluidworkshop / shutterstock
Umschlaggestaltung: www.katjaholst.de
Satz und Layout: Andreas Paqué, www.paque.de
Druck und Bindung: GGP Media GmbH, Pößneck
Printed in Germany
ISBN 978-3-7306-0417-5
www.anacondaverlag.de

Inhalt

Das Manuskript in der Flasche

Qui n'a plus qu'un moment à vivre,
N'a plus rien à dissimuler.

QUINAULT – ATYS

Von meiner Heimat und meiner Familie lässt sich wenig sagen. Schlechte Behandlung hat mich von dieser vertrieben, und Jahre der Trennung haben mich jener entfremdet. Ererbter Reichtum verpflichtete mich zu einem außergewöhnlich sorgfältigen Bildungsgang, und mein grüblerischer Geist ermöglichte es mir, die Schätze frühen Studiums gründlich zu verarbeiten. Von allen Dingen erfreuten mich am meisten die Werke der deutschen Moralisten, nicht etwa, weil ich so unbedacht war, ihre geschwätzige Narrheit zu bewundern, sondern weil meine streng logische Denkweise es mir leicht machte, ihre Fehler aufzudecken. Man hat mir sogar oft ein allzu nüchternes Denken vorgeworfen und meinen Mangel an Fantasie als Verbrechen hingestellt; ja, ich war berüchtigt wegen meiner Skepsis. Und in der Tat befürchte ich, dass meine Vorliebe für Physik auch meinen Geist in einen Fehler unserer Zeit verfallen ließ – ich meine: in die Gewohnheit, alle Dinge auf die Prinzipien eben jener Wissenschaft zurückzuführen – selbst wenn sie noch so sehr außerhalb ihres Bereiches lagen.

Nach vielen auf weiten Reisen im Ausland verbrachten Jahren trat ich im Jahre 18.. von Batavia, der

Hafenstadt der wohlhabenden und volkreichen Insel Java, eine Segelreise nach dem Archipel der Sundainseln an. Der Anlass zu dieser Reise war kein geschäftlicher, sondern lediglich eine nervöse Rastlosigkeit, die mich mit teuflischer Ausdauer plagte.

Unser Fahrzeug war ein schönes, kupferbeschlagenes Schiff von etwa vierhundert Tonnen, das in Bombay aus malabarischem Teakholz gebaut worden war. Seine Fracht bestand aus Baumwolle und Öl von den Lachadive-Inseln. Ferner hatten wir Kokosbast, Zucker, konservierte Butter, Kokosnüsse und einige Behälter mit Opium an Bord. Das Schiff war mit dieser leichten Last fest gefüllt und hatte infolgedessen entsprechenden Tiefgang.

Wir stachen bei schwachem Wind in See und segelten tagelang an der Ostküste von Java dahin, und der einzige Zwischenfall auf unserer eintönigen Fahrt war das gelegentliche Zusammentreffen mit einem Schiffchen der malabarischen Inselgruppe.

Eines Abends, als ich an Backbord lehnte, gewahrte ich im Nordosten eine seltsame einzelnstehende Wolke. Sie fiel mir auf – einmal ihrer Farbe wegen, und dann, weil es die erste Wolke war, die sich seit unserer Ausfahrt aus Batavia sehen ließ. Ich beobachtete sie aufmerksam bis Sonnenuntergang, als sie sich ganz plötzlich nach Osten und Westen ausbreitete und den Horizont mit einem schmalen Nebelstreif umgürtete, der aussah wie ein langer flacher Küstenstrich. Bald darauf überraschte mich die dunkelrote Farbe des Mondes und das sonderbare Aussehen des Meeres, das sich ungemein schnell veränderte; das Wasser schien durchsichtiger als gewöhnlich. Obgleich ich deutlich auf den Grund sehen konnte, bewies mir das Senkblei, dass unser Schiff fünfzehn Faden lief. Die Luft war jetzt unerträglich heiß und mit Dunstspiralen geladen, wie sie etwa erhitztem Eisen entsteigen. Je näher die Nacht herankam, desto mehr erstarb der schwache Windhauch, und eine Ruhe herrschte, wie sie vollkommener gar nicht gedacht werden kann. Eine auf Hinterdeck brennende Kerzenflamme machte nicht die leiseste Bewegung, und ein langes, zwischen Daumen und Zeigefinger gehaltenes Haar hing ohne die geringste wahrnehmbare Vibration. Da aber der Kapitän sagte, er sehe keine Anzeichen einer drohenden Gefahr, und da wir quer zum Ufer standen, so ließ er die Segel auftuchen und den Anker fallen. Es wurde keine Wache aufgestellt, und die Schiffsmannschaft, die hauptsächlich aus Malaien bestand, lagerte sich ungezwungen auf Deck. Ich ging hinunter – mit der bestimmten Vorahnung eines Unheils. Alle Anzeichen schienen mir auf einen Samum hinzudeuten. Ich sprach dem Kapitän von meinen Befürchtungen; aber er schenkte meinen Worten keine Beachtung und würdigte mich nicht einmal einer Antwort. Meine Unruhe ließ mich jedoch nicht schlafen, und gegen Mitternacht ging ich an Deck. Als ich den Fuß auf die oberste Stufe der Kajütentreppe setzte, überraschte mich ein lautes, summendes Geräusch, das dem Sausen eines kreisenden Mühlrades glich, und ehe ich seine Ursache feststellen konnte, erbebte das Schiff in seinem ganzen Bau. Im nächsten Augenblick stürzte ein heulender Schaumregen auf uns nieder, raste über uns hin und fegte das Schiff vom Steven bis zum Heck leer.

Die jähe Wucht des Windstoßes war für die Rettung des Schiffes in gewissem Grad von Vorteil. Trotzdem es vom Wasser überschwemmt worden war, hob es sich doch, als seine Masten über Bord gegangen waren, nach einer Minute schwerfällig wieder aus der Tiefe, schwankte eine Weile unter dem ungeheuren Druck des Sturmes und richtete sich schließlich auf.

Durch welches Wunder ich der Vernichtung entging, ist unmöglich festzustellen. Zuerst durch den Wasserguss betäubt, fand ich mich, als ich wieder zur Besinnung kam, zwischen dem Hintersteven und dem Steuer eingeklemmt. Mit großer Mühe richtete ich mich auf, und als ich verwirrt um mich blickte, kam mir zunächst der Gedanke, wir seien in die Brandung geraten; so über alles Denken schrecklich war der Wirbel sich türmender, schäumender Wasser, die uns umtosten. Nach einiger Zeit vernahm ich die Stimme eines alten Schweden, der sich, kurz bevor wir den Hafen verließen, als Matrose bei uns verdingt hatte. Mit aller Kraft rief ich ihn an, und sogleich taumelte er zu mir. Wir entdeckten bald, dass wir die einzigen Überlebenden des Unfalls waren. Alle an Deck mit Ausnahme von uns beiden waren über Bord gefegt worden; der Kapitän und die Maate mussten im Schlaf umgekommen sein, denn die Kajüten waren ganz unter Wasser gesetzt worden. Ohne Beistand konnten wir nur wenig zur Sicherheit des Fahrzeugs tun, und unsere ersten Bemühungen wurden durch die Erwartung sofortigen Untergangs lahmgelegt. Unser Ankertau war natürlich beim ersten Sturmstoß zerrissen wie ein Bindfaden, anderenfalls wären wir im Nu vernichtet gewesen. Wir trieben mit furchtbarer Schnelligkeit dahin, und die Wasser machten alles um uns her zu Splittern. Das Fachwerk unseres Hecks war grässlich zerschmettert, und wir waren in jeder Hinsicht furchtbar zugerichtet. Zu unserer unaussprechlichen Freude aber fanden wir die Pumpen unversehrt und sahen, dass wir nur wenig Ballast verloren hatten. Die erste Wut des Sturmes war schon gebrochen, und wir befürchteten von der Heftigkeit des Windes wenig Gefahr; mit Verzweiflung aber sahen wir der Zeit entgegen, wo er sich legen würde, denn wir wussten, dass wir mit unserm lecken Fahrzeug in der nachfolgenden Hochflut rettungslos zugrunde gehen mussten.

Diese sichere Vorahnung schien sich jedoch nicht so bald erfüllen zu wollen. Fünf volle Tage und Nächte – während deren unser einziger Unterhalt aus einer geringen Menge Zucker bestand, die wir mit großer Mühe aus dem Vorderschiff holten – raste der Schiffsrumpf mit unfassbarer Geschwindigkeit dahin, von kurzen, sprunghaften Windstößen getrieben, die, ohne der ersten Heftigkeit des Samums gleichzukommen, noch immer schrecklicher waren als irgendein Sturm, den ich vordem erlebte. Unser Kurs blieb in den ersten vier Tagen bis auf geringe Abweichungen süd-südöstlich, und wir mussten an der Küste von Neu-Holland entlang getrieben sein. Am fünften Tag wurde die Kälte unerträglich, trotzdem der Wind ein wenig mehr aus Norden kam. Die aufgehende Sonne hatte einen grünlichgelben Schein und stieg nur wenige Grade über den Horizont empor; sie gab nur ein unbestimmtes Licht. Es waren keine Wolken sichtbar, aber der Wind nahm zu und blies in unregelmäßigen, wuchtigen Stößen. Gegen Mittag – so gut wir das feststellen konnten – wurde unsere Aufmerksamkeit von neuem durch den Anblick der Sonne gefesselt. Sie gab kein eigentliches Licht, aber einen matten, düsteren Glanz ohne Widerschein, als liefen alle ihre Strahlen in einen Punkt zusammen. Gerade bevor sie ins wogende Meer sank, erlosch ihr zentrales Feuer, als habe eine unerklärliche Macht es ausgelöscht. Sie war nur noch ein schwacher silberner Reif, als sie hinabglitt in den unermesslichen Ozean.

Von nun ab umhüllte uns tiefste Dunkelheit, sodass wir auf zwanzig Schritte Entfernung vom Schiff keinen Gegenstand zu erkennen vermochten. Unausgesetzt umgab uns ewige Nacht, die nicht einmal von dem phosphoreszierenden Meeresleuchten erhellt wurde, an das wir in den Tropen gewöhnt gewesen waren. Der Sturm raste mit unverminderter Heftigkeit, aber die breite Schaumfläche, die uns bisher begleitet hatte, schwamm nicht mehr auf den Wogen. Rundum war Schrecken und tiefste Finsternis und ungeheure, ebenholzschwarze drohende Wüste. Mehr und mehr wurde der Verstand des alten Schweden von abergläubischem Grauen umnachtet, und meine eigene Seele hüllte sich in stummes Entsetzen. Wir gaben den Versuch, die Herrschaft über das Schiff wieder zu erlangen, als völlig nutzlos auf, banden uns, so gut es eben ging, am stehengebliebenen Stumpf des Vesanmastes fest und spähten angstvoll in den weiten Ozean hinaus. Jede Möglichkeit einer Zeitberechnung fehlte uns, und ebenso wenig wussten wir, wo wir uns befanden. Wir waren uns aber völlig klar, weiter nach Süden vorgedrungen zu sein, als je vorher ein Seefahrer gekommen war, und wunderten uns umso mehr, nicht den üblichen Eisbergen zu begegnen. Inzwischen drohte jeder Augenblick unser letzter zu sein – jede berghohe Woge uns zu verschlingen. Das Stürmen übertraf alles, was ich für möglich gehalten hätte, und dass wir nicht sofort begraben wurden, ist ein Wunder. Mein Gefährte erwähnte, wie leicht unsere Ladung sei, und erinnerte mich an die hervorragende Leistungsfähigkeit unseres Schiffes. Ich konnte aber nicht umhin, die völlige Sinnlosigkeit jeglicher Hoffnung zu fühlen, und erwartete schweren Herzens den Tod; ich gab uns höchstens noch eine Stunde Frist, denn mit jedem Knoten, den das Schiff machte, wurden die ungeheuren schwarzen Wolken noch ungeheurer, noch grauenvoller. Bald warf es uns in atemraubende Höhen empor, die nicht einmal der Albatros erfliegt, bald schwindelte uns bei dem rasenden Sturz in irgendeine

Wasserhölle, wo die Luft erstickend war und kein Laut den Schlummer des Kraken störte.

Wieder einmal befanden wir uns auf dem Grund eines solchen Höllenschlundes, als plötzlich ein Schrei meines Gefährten die Nacht durchgellte.

»Sieh! Sieh!«, schrie er mir in die Ohren. »Allmächtiger Gott! Sieh! Sieh!«

Während er sprach, gewahrte ich einen matten Schimmer roten Lichtes, der an den Seiten des ungeheuren Abgrunds, in dem wir lagen, herunterfloss und unser Deck mit eigentümlichem Glanz überstrahlte. Ich wandte den Blick nach oben und sah ein Schauspiel, das mir das Blut in den Adern erstarren machte. In grauenvoller Höhe über uns und genau am Rand des gewaltigen Trichters schwebte ein riesiges Schiff von etwa viertausend Tonnen. Obgleich es auf dem Gipfel einer Woge stand, die seine eigene Höhe mehr als hundertmal übertraf, so schien es mir dennoch größer, als irgendein Linienschiff oder Ostindienfahrer jemals sein konnte. Sein ungeheurer Rumpf war von tiefem Schwarz und wies keine Schnitzerei und keinen Zierrat auf, wie er sonst bei Schiffen üblich ist. Aus den offenen Schießscharten lugten in langer Reihe erzene Kanonenrohre und spielten das Licht zahlloser Laternen wider, die in der Takelage hin und her schwangen. Was uns am meisten wunderte und entsetzte, war, dass das Schiff mit vollen Segeln hineinraste in das grauenvolle Meer und den unnatürlichen Orkan. Als wir es zuerst entdeckten, sah man nur den Bug, der langsam aus irgendeinem fürchterlichen Abgrund auftauchte. Einen schaudervollen Augenblick schwebte es auf schwindelnd hohem Wogenkamm, wie in stolzem Bewusstsein seiner Erhabenheit, dann bebte es, schwankte und – kam herab. Und seltsam: Ich wurde jetzt ganz ruhig und überlegend. Ich stolperte so weit nach rückwärts, wie es anging, und erwartete furchtlos den Untergang. Unser eigenes Schiff hatte mittlerweile den Kampf aufgegeben und versank mit seinem Vorderteil ins Meer. Der niedersausende Koloss traf mit aller Wucht auf diesen unter Wasser befindlichen Teil, und die unausbleibliche Folge war, dass ich mit großer Heftigkeit auf das fremde Schiff hinübergeschleudert wurde.

Als ich niederfiel, stand das Schiff in den Wind und wendete, und der dadurch entstehenden Verwirrung schob ich es zu, dass mein Erscheinen von der Mannschaft nicht bemerkt wurde. Ohne große Schwierigkeit gelangte ich ungesehen zur großen Luke, die zum Teil geöffnet war, und fand bald Gelegenheit, mich im Schiffsraum zu verbergen. Warum ich das tat, vermag ich kaum zu sagen. Ein unbestimmtes Grauen vor der Besatzung des Schiffes hatte mich gleich bei ihrem ersten Anblick erfasst und war vielleicht die Hauptursache, dass ich mich so versteckte. Ich hatte kein Verlangen, mich einem Haufen Leute anzuvertrauen, die mir beim ersten Blick sonderbar und unheimlich erschienen waren. Ich hielt es daher für ratsam, mir im Schiffsraum ein Versteck herzurichten. Ich tat dies, indem ich einen Haufen Bretter in der Weise zurechtschob, dass ein kleiner freier Raum zwischen den ungeheuren Schiffsrippen für mich entstand.

Ich hatte mein Werk kaum vollendet, als nahende Schritte mich zwangen, in meinen Winkel zu kriechen. Ein Mann ging schwankend unsicheren Schrittes vorbei. Sein Gesicht konnte ich nicht sehen, seine Gesamterscheinung dagegen gut wahrnehmen. Er schien von der Last der Jahre schwach und gebrechlich; seine zitternden Knie vermochten ihn kaum zu tragen. Er murmelte in dumpfen, abgerissenen Worten vor sich hin – in einer Sprache, die ich nicht verstehen konnte – und wühlte in einer Ecke in einem Haufen seltsamer Instrumente und halbzerfallener Schiffskarten. Sein Gebaren war eine sonderbare Mischung von kindischem Greisentum und der feierlichen Würde eines Gottes. Er ging schließlich wieder an Deck, und ich sah ihn nicht mehr.

Ein Gefühl, für das ich keinen Namen habe, hat von meiner Seele Besitz genommen – ein Empfinden, das keine Analyse zulässt, das durch keinen altüberlieferten Lehrsatz, durch keine Erfahrung geklärt werden und zu dem, wie ich fürchte, selbst die Zukunft keinen Schlüssel bieten kann. Bei einem Geist wie dem meinigen ist alles Nachsinnen von Übel. Ich werde niemals – ja ich weiß es – niemals diese Gedanken und Vorstellungen zu einem Abschluss bringen. Doch ist es durchaus nicht verwunderlich, wenn diese Vorstellungen unbestimmt sind, da sie so neuartigen Quellen entspringen. Ein neuer Begriff, eine neue Wesenheit ist meiner Seele aufgegangen.

Es ist lange her, seit ich das Deck dieses grausigen Schiffes zuerst betrat, und die Fäden meines Geschicks scheinen in einen Punkt zusammenzulaufen. Unbegreifliche Menschen! In einer Versunkenheit, deren Art und Ursache mir unergründlich ist, gehen sie an mir vorbei, ohne mich zu sehen. Mich zu verbergen, ist einfach eine Narrheit, denn das Volk will mich nicht sehen! Soeben erst bin ich dicht am Steuermann vorbeigegangen; und es ist noch nicht lange her, dass ich mich in die Privatkabine des Kapitäns hineinwagte und ihr das Material entnahm, um diese Aufzeichnungen niederzuschreiben. Ich werde von Zeit zu Zeit dies Tagebuch fortsetzen. Es ist wahr: Ich werde nicht leicht Gelegenheit finden, es der Welt bekannt zu geben, ich will aber den Versuch nicht unterlassen. Ich werde das Manuskript im letzten Augenblick in eine Flasche schließen und sie ins Meer werfen.

Wieder hat sich etwas ereignet, meinen Grübeleien neue Nahrung zu geben. Sind solche Dinge das Werk blinden Zufalls? Ich hatte mich an Deck gewagt und mich, ohne dass man mir die geringste Beachtung schenkte, zwischen einem Stapel Webeleinen und alter Segel auf den Boden der Schaluppe niedergeworfen. Während ich über mein eigenartiges Schicksal nachdachte, strich ich ganz unbewusst mit einem Teerpinsel, der mir irgendwie in die Hand geraten war, über den Knick eines sorgsam gefalteten Leesegels, das neben mir auf einer Tonne lag. Das Leesegel ist jetzt über dem Schiff ausgespannt, und die gedankenlosen Pinselstriche bilden das groß hingeschriebene Wort: Entdeckung.

Über die Bauart des Schiffes habe ich in letzter Zeit viele Beobachtungen gemacht. Obgleich gut bewehrt, scheint es mir doch kein Kriegsschiff zu sein. Seine Takelage, seine Form und allgemeine Ausrüstung sprechen dagegen. Was es nicht ist, kann ich leicht wahrnehmen; was es ist, lässt sich unmöglich sagen. Ich weiß nicht, wie es kommt, aber wenn ich seine seltsame Gestalt, den eigentümlichen Bau seiner Spieren, seine riesenhafte Größe, seine unzähligen Segel, seinen streng einfachen Bug und sein altmodisches Heck betrachte, so sind mir das alles längst vertraute Dinge, und mit diesen unklaren Schatten von Erinnerung vermischt sich eine unbestimmte Vorstellung an alte Bücher und Chroniken und fern vergangene Jahre.

Ich habe die Schiffsrippen untersucht. Sie bestehen aus einem Material, das mir fremd ist. Das Holz hat eine eigenartige Struktur, die es gerade für den Zweck, dem es dient, ungeeignet erscheinen lässt. Ich meine seine ungemeine Porosität, die nicht zu verwechseln ist mit dem wurmstichigen Zustand aller Schiffe in diesen Gewässern und auch nichts mit dem natürlichen Altersverfall zu tun hat. Die Bemerkung mag vorwitzig erscheinen, doch ich behaupte, das Holz hätte von der Sumpfeiche sein können, wenn es möglich wäre, Sumpfeichenholz durch irgendwelche Mittel biegsam zu machen.

Beim Überlesen des letzten Satzes kommt mir auf einmal ein Kernspruch ins Gedächtnis, den ein alter, wetterharter holländischer Seemann anzuwenden pflegte. »Es ist so gewiss«, sagte er, sobald jemand an seiner Wahrhaftigkeit zweifelte, »so gewiss, als es ein Meer gibt, in welchem das Schiff selbst in seinem Gebälk wächst, wie der lebendige Leib des Seefahrers.«

Vor etwa einer Stunde war ich kühn genug, mich in eine Gruppe der Mannschaft hineinzudrängen. Sie zollten mir nicht die geringste Aufmerksamkeit und schienen, obgleich ich mitten unter ihnen stand, keine Ahnung von meiner Gegenwart zu haben. Sie alle trugen, gleich dem einen, den ich zuerst im Schiffsraum gesehen hatte, untrügliche Zeichen hohen Alters. Ihre Knie wankten vor Schwäche; ihre Schultern waren von Alter und Hinfälligkeit tief gebeugt; ihre zusammengeschrumpfte Haut rasselte im Wind; ihre Stimmen waren leise, zittrig und heiser, ihre Augen glanzlos und triefend, und ihre dünnen, grauen Haare sträubten sich furchtbar im Sturm. Rund um sie her, überall an Deck verstreut, lagen mathematische Instrumente von wunderlicher und ganz veralteter Konstruktion.

Ich erwähnte vor einiger Zeit das Hissen eines Leesegels. Seit jener Zeit hat das Schiff, vom Wind umhergeworfen, seinen schrecklichen Lauf nach Süden fortgesetzt; alle Segel, selbst die armseligsten Fetzen, sind vom Royalsegel bis zur untersten Leesegelspiere gehisst, und jeden Augenblick tauchen seine Bramsegel-Rahenocks in die schaudervollste Wasserhölle, die Menschengeist sich nur vorstellen kann. Ich komme soeben von Deck, wo es mir unmöglich war, Fuß zu fassen, obgleich die Mannschaft wenig Unbehagen zu verspüren scheint. Es ist ein unerhörtes Wunder, dass unser ungeheures Schiff nicht sofort von den Wogen verschlungen wird. Sicherlich sind wir verdammt, für immer am Rand der Ewigkeit dahinzuschweben, ohne den letzten Sprung in den Abgrund tun zu dürfen. Von Wogen, tausendmal höher, als ich sie je gesehen, gleiten wir herab mit der Sicherheit einer Seemöwe, und die gewaltigen Wasser bäumen sich über uns wie Dämonen der Tiefe, doch wie Dämonen, die nur drohen, aber nicht zerstören dürfen. Ich komme dahin, unsere auffallende Rettung aus jeder Gefahr der einzig natürlichen Ursache solcher Wirkung zuzuschieben: Ich muss annehmen, das Schiff befinde sich in irgendeiner Strömung von fortreißender Gewalt.

Ich habe dem Kapitän von Angesicht zu Angesicht gegenübergestanden und in seiner eigenen Kabine – aber es kam, wie ich erwartete: Er schenkte mir keine Beachtung. Obgleich ein zufälliger Beobachter in seiner Erscheinung nichts Außergewöhnliches sehen wird, so mischte sich doch in die Verwunderung, mit der ich zu ihm aufsah, ein unwiderstehliches Gefühl von Ehrerbietung und Scheu. An Leibesgröße kommt er mir fast gleich; er hat also etwa fünf Fuß acht Zoll. Seine Gestalt ist stark und wohlgebaut, weder besonders robust noch sonst wie bemerkenswert. Es ist der eigenartige Gesichtsausdruck – ist die starke, wundersame, ergreifende Gewissheit so hohen, so ungeheuren Alters, was sich meiner Seele unauslöschlich einprägt. Seine nur wenig gefurchte Stirn scheint wie von Myriaden von Jahren gezeichnet. Seine grauen Haare sind Urkunden der Vergangenheit, und seine Augen, von noch tieferem Grau, Sibyllen der Zukunft.

Auf dem Boden der Kabine lagen allenthalben seltsame Folianten mit Eisenschlössern und verrostete Instrumente und veraltete, längst vergessene Karten. Er stützte den Kopf in die Hand und brütete mit fieberndem, unruhigem Blick über einem Pergamentblatt, das einen Befehl zu enthalten schien, wenigstens trug es die Unterschrift eines Monarchen. Er murmelte vor sich hin – ganz wie der erste Seemann, den ich im Schiffsraum gesehen hatte – und wieder waren es törichte, unverständliche Worte einer fremden Sprache; und obgleich der Mann dicht neben mir war, schien seine Stimme wie aus Meilenferne zu mir herzudringen.

Das Schiff und alles auf ihm ist wie mit Greisenhaftigkeit beladen. Die Mannschaft gleitet hin und her wie Gespenster begrabener Jahrhunderte; ihre Augen haben einen gierigen, rastlosen Ausdruck, und wenn ihre Gestalten im unsichern Schein der Laternen meinen Weg kreuzen, beschleicht mich ein Gefühl, wie ich es nie zuvor empfand, trotzdem ich mich mein Leben lang mit Altertümern befasst und in Balbek und Tadmor und Persepolis die Schatten zerfallener Säulen in mich aufgesogen habe, bis meine Seele selber zur Ruine wurde.

Ich blicke um mich und schäme mich meiner früheren Besorgnisse. Wenn ich schon vor dem Wind zitterte, der uns bisher begleitete, muss ich nicht vor Entsetzen vergehen in diesem Chaos von Sturm und Meer, demgegenüber Bezeichnungen wie Wirbelwind und Samum bedeutungslos sind? In nächster Nähe des Schiffes ist alles Nacht und unergründlich schwarzes Wasser; in der Entfernung von etwa einer Meile aber, zu beiden Seiten des Schiffes, sieht man undeutlich und in Abständen ungeheure Eiswälle in den trostlosen Himmel ragen, wie Mauern, die das Weltall umschließen.

Es ist, wie ich annahm: Das Schiff befindet sich in einer Strömung – wenn man diesen Namen anwenden kann auf eine Flut, die heulend und kreischend zwischen den Eiswällen gen Süden donnert, mit der Geschwindigkeit eines sich überstürzenden Wasserfalls.

Das Grauen meiner Empfindungen zu begreifen, ist, wie ich annehme, ganz unmöglich; dennoch wird selbst meine Verzweiflung von der Neugier beherrscht, in die Geheimnisse dieser schaudervollen Gegend einzudringen, von einer Neugier, die mir die entsetzlichste Todesart erträglicher macht. Es ist Tatsache, dass wir irgendeiner unerhörten Erkenntnis entgegeneilen – irgendeinem unenthüllbaren Geheimnis, dessen Enträtselung Untergang bedeutet. Vielleicht führt dieser Strom uns bis zum Südpol selbst. Ich muss bekennen, dass diese augenscheinlich so absurde Vorstellung alle Wahrscheinlichkeit für sich hat.

Die Mannschaft wandert mit rastlosen, zitternden Schritten an Deck auf und ab; ihre Gesichter aber tragen eher den Ausdruck leidenschaftlicher Hoffnung als den mutloser Verzweiflung.

Wir treiben noch immer vor dem Wind, und da wir mit Segeln ganz bepackt sind, so wird das Schiff zuweilen geradezu in die Luft gehoben! O Grauen über Grauen! – Die Eismauern rechts und links hören plötzlich auf, und wir wirbeln in ungeheuren konzentrischen Kreisen dahin – rund um den Rand eines riesigen Amphitheaters, dessen gegenüberliegende Seite sich in Dunkel und Ferne verliert. Doch wenig Zeit bleibt mir, über mein Schicksal nachzudenken! Die Spiralen werden enger und enger – wir stürzen mit rasender Eile in den Strudel – und mitten im Donnergeheul von Meer und Sturm erbebt das Schiff, wankt und – o Gott! – versinkt!

Anmerkung: Die Arbeit »Das Manuskript in der Flasche« wurde zum ersten Mal im Jahre 1831 veröffentlicht; und erst einige Jahre später wurden mir die Mercatorschen Seekarten bekannt, nach deren Darstellung der Ozean sich in vier Mündungen in den (nördlichen) Polargolf ergießt, um dort von den Eingeweiden der Erde verschlungen zu werden. Der Pol selbst ist dargestellt als ein schwarzer, zu gewaltiger Höhe aufragender Fels.

Morella

*Αυτο καϑ' αυτο μεϑ' αυτον,
μονο ειδες αιει ον.*

Plato, Symposion

Ein Gefühl tiefer, jedoch höchst seltsamer Zuneigung verband mich meiner Freundin Morella. Ein Zufall war's, der mich vor vielen Jahren mit ihr zusammenführte, aber seit unserer ersten Begegnung brannte meine Seele in fremder, entfesselter Glut. Das war nicht die Flamme des Eros, das war ein seltsam wilder Seelenbrand, und bitter und qualvoll war meinem Geist die wachsende Überzeugung, dass ich das rätselhafte Wesen dieser Gluten auf keine Weise zu ergründen noch ihr Aufflammen und Niedersinken zu beherrschen vermochte.

Und das Schicksal, das uns zueinander geführt hatte, band uns am Altar zusammen. Doch sprach ich nie ein Wort, das Leidenschaft gewesen wäre, dachte nie einen Gedanken, der Liebe bedeutet hätte. Morella aber floh jede Geselligkeit und schloss sich innig an mich an und machte mich glücklich – denn Staunen und Träumen ist Glück.

Morellas Gelehrsamkeit war unergründlich. Bei meinem Leben, ihre vielseitige Begabung war geradezu übernatürlich – ihre Verstandeskräfte waren gigantisch! Ich wusste das und wurde in vielen Dingen ihr Schüler. Es begann damit, dass sie mir eine Anzahl jener mystischen Schriften vorlegte, die man gemeiniglich nur als den Abschaum der frühen deutschen Literatur ansieht. Das Studium dieser Werke – aus mir unverständlichen Gründen – bildete ihre liebste und andauerndste Beschäftigung, und dass es auch die meine wurde, ist einfach dem unwiderstehlichen Einfluss von Beispiel und Gewohnheit zuzuschreiben.

Mit alledem hatte, wenn ich nicht irre, mein Verstand wenig zu schaffen. Soviel ich weiß, stimmte meine Weltanschauung durchaus nicht mit den Idealen dieser Leute überein, und auch in meinem Tun und Denken war keine Spur von ihrem Mystizismus zu entdecken. Ich wenigstens hatte diese Überzeugung und überließ mich daher ruhig und blindlings der Führung meiner Frau, der ich unerschrocken in allen ihren Studien folgte. Und dann – dann, wenn ich, über geächtete, verderbliche Blätter gebeugt, fühlte, wie ein verderblicher Geist sein Feuer in mir entzündete, kam Morella und legte ihre kalte Hand auf meine heiße Hand und entfachte aus der Asche einer toten Philosophie irgendwelche fast bedeutungslosen, doch eigentümlichen Worte, deren seltsamer Sinn sich flammend in mein Gedächtnis grub. Und dann – dann ging ich Stunde um Stunde nicht von ihrer Seite und berauschte mich am Wohlklang ihrer Stimme, bis diese mir zum Überdruss und schließlich zum Entsetzen wurde und schwarze Schatten sich auf meine Seele lagerten und bis ich erbleichte und tief im Innern vor den fast überirdischen Lauten schauderte. Und so wurden plötzlich Glück und Freude zu Entsetzen und namenlosem Abscheu, und Schönheit weckte Grauen, so wie einst aus dem Tal Hinnom das Gehenna geworden war.

Es ist unnötig, über die einzelnen Probleme, die jene alten Bücher in uns anregten und die lange, lange Zeit fast das einzige Thema unserer Gespräche bildeten, viel zu sagen. Alle die, die etwas von »theologischer Moral«

verstehen, kennen diese Fragen sehr gut, und jene, die darin unerfahren sind, würden mich sicherlich kaum verstehen. Der wilde Pantheismus Fichtes, die gemäßigtere Lehre der Pythagoreer von der Wiederkunft und vor allem die Identitätsdoktrinen, wie Schelling sie aufstellte, bildeten den hauptsächlichsten Stoff für unsere Diskussionen und schienen die fantasievolle Morella am tiefsten und schönsten anzuregen. Jene sogenannte persönliche Identität definiert Locke, wie ich glaube, als das dauernde Bestehen eines jeden vernunftbegabten Daseins. Und da wir unter »Person« ein intelligenz- und vernunftbegabtes Wesen verstehen und da alles Denken stets von Bewusstsein begleitet ist, so formt dieses beides gemeinsam unser »Ich« und unterscheidet uns durch Verleihung unserer »persönlichen Identität« von anderen denkenden Wesen. Doch das »principium individuationis«, der Begriff dieser Identität, die mit dem Tod verloren oder nicht verloren geht, war mir stets ein Problem von außerordentlicher Bedeutung, nicht allein wegen seiner verwirrenden und aufregenden Konsequenzen, sondern auch wegen der sonderbaren und eifrigen Art und Weise, in der Morella es behandelte.

Doch die Zeit war gekommen, in der das Geheimnisvolle im Wesen meines Weibes mich wie ein Alp, ein Zauber bedrückte. Ich konnte die Berührung ihrer bleichen Finger nicht ertragen, ich konnte den sanften Klang ihrer tönenden Sprache, den Glanz ihrer melancholischen Augen nicht ertragen. Und sie wusste all dies und hielt es mir doch niemals vor. Sie schien meine Schwäche, meine Manie zu kennen und nannte es lächelnd »Schicksal«. Selbst die mir unbekannte Ursache für meine sich steigernde Abneigung schien sie zu kennen, doch machte sie nie eine Andeutung, die mir auf die Spur geholfen hätte. Aber sie war Weib und härmte sich und schwand hin und welkte von Tag zu Tag. Mit der Zeit erschien und blieb auf ihren Wangen eine bedeutungsvolle Röte, und die blauen Adern auf ihrer bleichen hohen Stirn schwollen an. Und wenn mein Wesen für einen Augenblick in Mitleid schmolz, so traf mich im nächsten das Aufleuchten ihrer bedeutsamen Augen – und meine Seele entsetzte sich und wurde von einem Schwindel ergriffen, wie er uns befällt, wenn wir hinab in einen grausig düsteren, unergründlichen Abgrund spähen.

Muss ich noch sagen, dass ich mit tiefem, aufreibendem Verlangen die Stunde von Morellas Ableben herbeiwünschte? Ich tat es. Aber der schwache Geist klammerte sich noch Tage, Wochen, Monate an seine zerbrechliche Hülle; und es kam so weit, dass meine gemarterten Nerven Herrschaft über mich gewannen. Dies Hinzögern machte mich rasend, und mein teuflisches Herz verfluchte die Tage und die Stunden und die bitteren Minuten, die länger und länger zu werden schienen, je mehr ihr zartes Leben dahinschmolz, wie Schatten länger und länger werden im sterbenden Tag.

Aber eines Herbstabends, als alle Winde im Himmelsraum schliefen, rief mich Morella an ihr Bett. Ein trüber Nebel lagerte über der Erde und ein warmer Glanz auf den Wassern, und die Farben des herbstlichen Waldes glühten so bunt, als sei ein Regenbogen vom Firmament herabgefallen und in Millionen bunte Scherben zersplittert.

»Dies ist der Tag der Tage«, sagte sie, als ich zu ihr trat. »Der Tag der Tage – sei es zum Leben oder Sterben. Ein schöner Tag für die Söhne der Erde und des Lebens – ah, schöner noch für die Töchter des Himmels und des Todes!«

Ich küsste sie auf die Stirn, und sie fuhr fort:

»Ich sterbe, dennoch werde ich leben!«

»Morella!«

»Die Tage, da du mich lieben konntest, sind nie gekommen – doch sie, die du im Leben verabscheutest – im Tode sollst du sie anbeten.«

»Morella!«

»Ich wiederhole es: – ich sterbe. Doch in mir lebt ein Unterpfand der Neigung, die du – ach wie gering! – für mich, Morella, fühltest. Und wenn mein Geist entflieht, wird das Kind leben – dein Kind und meines, Morellas! Doch deine Tage werden Tage der Sorge sein – der Sorge, die beständiger ist als alles andere, gleichwie die Zypresse ausdauernder ist als alle anderen Bäume. Denn die Stunden deines Glücks sind vorüber, und Freude erblüht nicht zweimal im Leben, nicht zweimal, wie die Rosen von Paestum zweimal blühen im Jahr. Rebe und Myrte werden dir unbekannt sein, und du wirst, gleich den Moslems in Mekka, auf Erden schon dein Leichentuch mit dir herumtragen.«

»Morella!«, schrie ich auf, »Morella! Wie kannst du das wissen?«

Aber sie wendete das Gesicht ab, und ein leises Zittern überlief ihre Glieder. Sie starb, und ihre herrliche, ihre entsetzliche Stimme war tot.

Doch wie sie es vorausgesagt hatte, geschah es. Ihr Kind, das sie sterbend geboren hatte und das den ersten Atemzug tat, als seine Mutter den letzten tat, dies Kind, ein Mädchen, lebte. Und es entwickelte sich geistig und körperlich außerordentlich schnell, war das vollkommene Ebenbild von ihr, die jetzt dahingeschieden war, und ich liebte es mit einer Liebe, deren Glut und Innigkeit mir oft wie eine Kraft aus einer anderen Welt erschien.

Doch nicht lange, da verdunkelte sich der Himmel dieser reinen Zuneigung, denn Grausen und Kummer jagten wie ungeheure verderbenbringende Wolken darüber hin. Ich sagte schon, das Kind entwickelte sich außerordentlich früh an Körper und Geist. Und in der Tat, sein schnelles leibliches Wachstum war geradezu befremdend. Aber schrecklich, o schrecklich waren die tobenden Gedanken, die mich überstürzten, wenn ich des Kindes geistiger Entwicklung folgte. Wie konnte es anders sein? Entdeckte ich doch täglich in den Vorstellungen der kindlichen Seele die abnorme Begabung und das ausgereifte Wissen des Weibes, vernahm aus dem kindlichen Mund die genialsten Erfahrungssätze, die Menschen jemals aufgestellt haben, und sah im Auge des Kindes die Weisheit und Leidenschaftlichkeit vollkommener Reife glühen.

Als alle diese Erscheinungen meinen erschreckten Sinnen offenbar wurden, als meine Seele sie in sich aufgenommen hatte – war es da zu verwundern, dass ein entsetzlicher Argwohn mich befiel in der quälenden Erinnerung an die grausigen Fantasien und unerhörten Theorien der verstorbenen Morella?

Und ich verbarg dies junge Wesen, das ich anbetete, vor den Blicken und Einflüssen der Welt, und in der vollständigen Abgeschlossenheit meines Heims wachte ich mit aufreibender Sorge über alles, was dieses geliebte Wesen betraf.

Und wie die Jahre dahinflossen und ich Tag um Tag in ihr heiliges und mildes und beredtes Antlitz spähte und Tag um Tag ihr Wachsen und Reifen bemerkte, geschah es, dass ich Tag um Tag neue Dinge fand, in denen die Tochter vollständig ihrer Mutter – der schwermütigen und toten – glich. Und stündlich verdichteten sich diese Schatten einer unnatürlichen Ähnlichkeit und wurden immer tiefer und immer bestimmter und immer beängstigender – und immer grauenvoller anzusehen. Dass ihr Lächeln dem Lächeln ihrer Mutter vollkommen glich, das hätte ich ertragen können; aber dann, plötzlich, schauderte ich, denn ihr Lächeln war nicht nur dem Morellas gleich – es war mit ihm identisch! Dass ihre Augen den Augen Morellas glichen, konnte ich hinnehmen, aber manchmal, oft, drang der Tochter Blick in die Tiefen meiner Seele mit einer verwirrenden Eindringlichkeit, wie sie eben nur Morella eigen sein konnte. Und in den Umrissen der hohen Stirn und in den seidigen Locken ihres Haars, in den bleichen Fingern, die mit diesen Locken spielten, und in der klagenden Musik ihrer Stimme und vor allem – o! vor allem in den Redewendungen der Toten, die von den Lippen der Lebenden und Geliebten flossen, fand ich Nahrung für die aufreibendste Gedankenarbeit und für das rastloseste Entsetzen – für den Wurm, der niemals sterben wollte!

So vergingen die ersten zehn Jahre ihres Lebens, und noch immer hatte meine Tochter keinen Taufnamen. »Mein Kind« und »mein Liebling« sind ja übliche Benennungen, wie Vaterliebe sie findet, und die strenge Abgeschlossenheit, in der sie lebte, schloss jeden weiteren Verkehr aus und machte daher einen anderen Namen überflüssig. Morellas Name war mit ihr gestorben. Ich hatte der Tochter niemals von der Mutter gesprochen; es war unmöglich, von ihr zu sprechen. Tatsächlich hatte also das Kind in seinem jungen Leben keine anderen Eindrücke empfangen als diejenigen, die sich ihm in den engen Grenzen unserer Zurückgezogenheit bieten konnten.

Doch schließlich vermeinte mein abgehetzter Geist durch die Zeremonie der Taufe Erlösung zu finden. So führte ich also das Kind zur Taufe. Und als ich vor dem Taufbecken stand, suchte ich nach einem Namen. Viele Namen voll Weisheit und Schönheit, aus alter und neuer Zeit, aus meiner Heimat und aus fremden Ländern, drängten sich mir auf die Lippen, und viele, viele Namen für Sanftes und Frohes und Gutes. Was trieb mich nur dazu an, die Ruhe der Toten und Begrabenen zu stören? Welcher Dämon veranlasste mich, jenen Namen zu flüstern, bei dessen Erinnerung schon das Blut mir stürmend zum Herzen schoss? Welcher Unhold sprach aus den Tiefen meiner Seele, als ich in schweigender Nacht mitten im düsteren Kreuzgang in das Ohr des heiligen Mannes die Silben flüsterte: »Morella!« Und wer anders als Satan selbst veranlasste mein Kind, bei diesem kaum vernehmbaren Laut zusammenzuschrecken, die verglasten Blicke gen Himmel zu heben und mit zuckendem Gesicht, auf dem die Schatten des Todes kämpften, auf die schwarze Marmorplatte unserer Familiengruft niederzusinken und zu antworten: »Hier bin ich!«

Klar, kalt und vollkommen deutlich trafen diese einfachen Worte mein Ohr und rollten von da wie geschmolzenes Blei zischend in mein Gehirn. Jahr um Jahr kann dahingehen, doch niemals die Erinnerung an diesen Augenblick! Wahrlich, noch wusste ich nichts von Blumen und Reben – doch Zypresse und Schierling umdrohten mich Tag und Nacht. Und ich wusste nichts mehr vom Wandel der Zeit, und der Stern meines Schicksals losch aus am Firmament, und die Erde verlor ihr Licht, und die Gestalten, die sie belebten, glitten an mir vorbei wie Schatten, und mitten unter ihnen sah ich nur – Morella! Die himmlischen Winde atmeten nur einen Laut, und die rieselnden Wellen der ewigen Wasser murmelten immerfort – Morella! Aber sie starb; und mit meinen eigenen Händen trug ich sie zu Grab. Und ich lachte ein langes, bitteres Lachen, als in der Gruft, in die ich die zweite bettete, nicht eine Spur zu finden war von der ersten – Morella.

Ligeia

Und es liegt darin der Wille, der nicht stirbt.
Wer kennt die Geheimnisse des Willens
und seine Gewalt?
Denn Gott ist nichts als ein großer Wille,
der mit der ihm eigenen Kraft
alle Dinge durchdringt.
Der Mensch überliefert sich den Engeln
oder dem Nichts
einzig durch die Schwäche
seines schlaffen Willens.

Joseph Glanvill

Bei meiner Seele! ich kann mich nicht erinnern, wie, wann und wo ich die erste Bekanntschaft machte – der Lady Ligeia. Lange Jahre sind seitdem verflossen, und mein Gedächtnis ist schwach geworden durch vieles Leiden. Vielleicht auch kann ich mich dieser Einzelheiten nur darum nicht mehr erinnern, weil der Charakter meiner Geliebten, ihr umfassendes Wissen, ihre eigenartige und doch milde Schönheit und die überwältigende Beredsamkeit ihrer sanft tönenden Stimme – weil dies alles zusammen nur ganz allmählich und verstohlen den Weg in mein Herz nahm, zu allmählich, als dass ich daran gedacht hätte, mir jene äußeren Umstände einzuprägen.

Ich habe jedoch das Empfinden, als sei ich ihr zum ersten Mal und hierauf wiederholt in einer altertümlichen Stadt am Rhein begegnet. Und eins weiß ich bestimmt: Sie erzählte mir von ihrer Familie, die sehr alten Ursprungs war. – Ligeia! Ligeia! – Trotzdem ich in Studien vergraben bin, deren Art mehr noch als alles andere dazu angetan ist, mich ganz von Welt und Menschen abzusondern, genügt dies eine süße Wort »Ligeia«, vor meinen Augen ihr Bild erstehen zu lassen – das Bild von ihr, die nicht mehr ist. Und jetzt, während ich schreibe, überfällt mich urplötzlich das Bewusstsein, dass ich von ihr, meiner Freundin und Verlobten, der Gefährtin meiner Studien und dem Weib meines Herzens, den Namen ihrer Familie nie erfahren habe. War es ein schalkhafter Streich, den Ligeia mir gespielt hatte? War es ein Beweis meiner bedingungslosen Hingabe, dass ich nie eine Frage danach tat? Oder war es meinerseits eine Laune, ein romantisches Opfer, das ich auf den Altar meiner leidenschaftlichen Ergebenheit niedergelegt hatte? Der bloßen Tatsache sogar kann ich mich nur unklar erinnern – was Wunder, dass ich die Gründe dafür vollständig vergessen habe! Und wirklich, wenn jemals der romantische Geist der bleichen und nebelbeschwingten Aschtophet des götzengläubigen Ägyptens, wie die Sage meldet, über unglückliche Ehen geherrscht hat, so ist es gewiss, dass er meine Ehe stiftete und beherrschte.

Immerhin hat mich wenigstens in einem Punkt meine Erinnerung nicht verlassen: Die Persönlichkeit Ligeias steht mir heute noch klar vor Augen. Sie war von hoher, schlanker Gestalt, in ihren letzten Tagen sogar sehr hager. Vergebliches Bemühen wäre es, wenn ich eine Beschreibung der Erhabenheit, der würdevollen Gelassenheit ihres Wesens oder der unvergleichlichen Leichtigkeit und Elastizität ihres Schreitens versuchen wollte. Sie kam und ging wie ein Schatten. War sie in mein Arbeitszimmer gekommen, so bemerkte ich ihre Anwesenheit nicht eher, als bis ich den lieben Wohlklang ihrer sanften süßen Stimme vernahm oder ihre marmorweiße Hand auf meiner Schulter fühlte. Kein Weib auf Erden trug solche Schönheit im Antlitz wie sie! Strahlend schön war sie, wie die Erscheinung eines Opiumtraums, wie eine göttliche, beseligende Vision – göttlicher noch als die Traumgebilde, die durch die schlafenden Seelen der Töchter von Delos wehen. Doch waren ihre Züge keineswegs von jener Regelmäßigkeit, wie die klassischen Bildwerke des Heidentums sie aufweisen und die man mit Unrecht so übertrieben bewundert. »Es gibt keine auserlesene Schönheit«, sagt Bacon Lord Verulam da, wo er von allen Formen und Arten der Schönheit spricht, »ohne eine gewisse Seltsamkeit in der Proportion.« Aber wenn ich auch sah, dass die Züge Ligeias nicht von klassischer Regelmäßigkeit waren, wenn ich auch feststellte, dass ihre Schönheit in der Tat »auserlesen« war, und fühlte, dass viel »Seltsamkeit« in ihren Zügen lag, so habe ich doch vergebens versucht, dieser Unregelmäßigkeit auf die Spur zu kommen und meine Feststellung des »Seltsamen« zu begründen. Ich prüfte die Kontur der hohen und bleichen Stirn – sie war fehlerlos. Wie kalt klingt doch dies Wort für eine so göttliche Majestät, für die wie reinstes Elfenbein schimmernde Haut, die gebieterische Breite und ruhevolle Harmonie dieser Stirn, die sanfte Erhöhung über den Schläfen, die eine üppige Fülle rabenschwarzer glänzender Locken umschmiegte – Locken, die das homerische Epitheton »hyazinthen« so wunderbar erfüllten! – Ich prüfte die feinen Linien der Nase: Nirgends anders als auf althebräischen Medaillons hatte ich ebenso vollkommen Schönes gesehen; nur dort hatte ich eine gleich wundervolle Zartheit und dieselbe kaum wahrnehmbare Neigung zu sanfter Krümmung, dieselben harmonisch geschweiften Nasenflügel, die einen freien Geist verrieten, gefunden. – Ich betrachtete den süßen Mund. Hier feierten alle Himmelswonnen ihr triumphierendes Fest: Dieser entzückende Schwung der kurzen Oberlippe, diese weiche, wollüstige Ruhe der Unterlippe, diese tändelnden Grübchen, diese lockende Farbe, diese schimmernden Zähne, die jeden Strahl des heiligen Lichtes widerspiegelten, mit dem ihr heiteres und ruhevolles und gleichwohl frohlockendes Lächeln sie blendend schmückte. – Ich prüfte die Form des Kinns und fand auch hier in seiner sanften Breite Majestät, Fülle und griechischen Geist – fand die Kontur, die der Gott Apoll dem Kleomenes, dem Sohn des Atheners, im Traum nur enthüllte. – Und dann vertiefte ich mich in Ligeias große Augen.

Für Augen finden wir im fernen Altertum kein Vorbild. Es mochte sein, dass eben hier – in den Augen meiner Geliebten – das Geheimnis lag, von dem Lord Verulam spricht. Sie schienen mir weit größer als sonst die Augen unserer Rasse. Sie waren üppiger als selbst die üppigsten Augen der Gazellen vom Stamm des Tales Nourjahad. Doch geschah es nur zuzeiten, in Augenblicken tiefster Erregung, dass diese »Seltsamkeit«, von der ich vorhin sprach, deutlich wahrnehmbar bei ihr wurde. Und in solchen Augenblicken war Ligeias Schönheit – vielleicht kam es auch nur meiner erglühten Fantasie so vor – die Schönheit von überirdischen oder unirdischen Wesen, die Schönheit der sagenhaften Huri der Türken. Von strahlendstem Schwarz waren ihre Pupillen und waren tief beschattet von sehr langen, jettschwarzen Wimpern. Die Brauen, deren Linien kaum merklich unregelmäßig waren, hatten die gleiche Farbe. Die Seltsamkeit aber, die ich in den Augen fand, lag nicht in Form, Farbe oder Glanz, sie muss in ihrem Ausdruck wohl gelegen haben. Ach, bedeutungsloses Wort! Leeres Wort, hinter dessen bloßem Klang wir uns mit unserer Unkenntnis alles Geistigen verschanzen!

Der Ausdruck von Ligeias Augen! O, wie viele Stunden habe ich ihm nachgesonnen! Wie habe ich eine ganze Mittsommernacht lang gerungen, ihn zu ergründen! Was war es, dies Etwas, das tief innen in den Pupillen meiner Geliebten verborgen lag, das unergründlicher war als die Quelle des Demokritos? Was war es? Ich war wie besessen von dem Verlangen, es zu entdecken. Diese Augen! Diese großen, diese schimmernden, diese göttlichen Augen! Sie wurden für mich die Zwillingssterne der Leda, und ich war ihr andächtigster Astrologe.

Es gibt in der Psychologie viele unlösbare Rätsel, das unheimlichste aber und aufregendste von allen erschien mir stets die Tatsache – die übrigens von den Psychologen kaum je erwähnt worden ist –, dass wir oft, wenn wir etwas längst Vergessenes wieder in unser Gedächtnis zurückrufen wollen, bis an die Schwelle des Erinnerns gelangen, ohne doch das, was sozusagen schon vor uns steht, wirklich festhalten zu können. Und wie oft, wenn ich den Augen Ligeias nachsann, fühlte ich mich der vollen Aufklärung über die Bedeutung ihres Ausdrucks ganz nahe: Ich fühlte, diese Aufklärung war da – gleich, gleich würde ich sie erfassen – und da entschwebte sie wieder, noch ehe ich sie hatte festhalten können. Und – sonderbares, o sonderbarstes Mysterium! – ich fand in den gewöhnlichsten Dingen von der Welt eine Reihe von Analogien zu diesem Ausdruck. Ich will damit sagen: Nachdem Ligeias eigenartige Schönheit mir bewusst geworden war und nun im Altarschrein meines Herzens ruhte, lösten viele Erscheinungen der realen Welt dasselbe Empfinden in mir aus wie der Blick aus Ligeias großen, leuchtenden Augen. Trotzdem aber wollte es mir nicht gelingen, dies Empfinden zu ergründen oder zu zergliedern; auch überkam es mich nicht stets in der gleichen Stärke. Um mich näher zu erklären: Jenes Gefühl erfüllte mich zum Beispiel beim Anblick einer schnell emporschießenden Weinrebe, bei der Betrachtung eines Nachtfalters, einer Schmetterlingspuppe, eines eilig strömenden Wasserlaufs. Ich habe es im Ozean gefunden und beim Fallen eines Meteors, sogar im Blick ungewöhnlich alter Leute. Und es gibt am Firmament ein paar Sterne, vor allem ein veränderliches Doppelgestirn sechster Größe nahe beim großen Stern der Leier, bei deren Betrachtung durch das Teleskop ich mich des nämlichen Gefühls nicht erwehren konnte. Gewisse Töne von Saiteninstrumenten und bestimmte Stellen in Büchern durchschauerten mich in ähnlicher Art. Unter zahllosen anderen Beispielen erinnere ich mich besonders eines Ausspruchs, den ich bei Joseph Glanvill fand und der – vielleicht nur wegen seiner Wunderlichkeit – immer wieder diese Stimmung in mir erweckte: »Und es liegt darin der Wille, der nicht stirbt. Wer kennt die Geheimnisse des Willens und seine Gewalt? Denn Gott ist nichts als ein großer Wille, der mit der ihm eigenen Kraft alle Dinge durchdringt. Der Mensch überliefert sich den Engeln oder dem Nichts einzig durch die Schwäche seines schlaffen Willens.«

Eifriges Nachdenken lange Jahre hindurch hat mir nun wirklich gewisse leise Beziehungen gezeigt zwischen diesem Ausspruch des englischen Philosophen und einem Teil von Ligeias Wesen. Es lebte in ihr ein unerhört starker Wille, der während unseres langen Zusammenlebens nie spontan zutage trat, sondern sich nur in einer unglaublichen Anspannung des Denkens, Tuns und Redens zu erkennen gab. Von allen Frauen, die ich je kannte, war sie, die äußerlich ruhevolle, die stets gelassen milde Ligeia, wie keine andere die Beute der tobenden Geier grausamster Leidenschaftlichkeit. Und diese Leidenschaftlichkeit enthüllte sich mir nur im wundervollen Strahlen ihrer Augen, die mich gleichzeitig entzückten und entsetzten, in der fast zauberhaften Melodie, Weichheit, Klarheit und Würde ihrer sonoren Stimme und in der flammenden Energie, die in ihren seltsam gewählten Worten lag und die im Kontrast mit der Ruhe, mit der sie gesprochen wurden, doppelt wirkungsvoll war.

Ich erwähnte schon das umfassende Wissen Ligeias: Ihre Kenntnisse waren unermesslich – für eine Frau ganz unerhört. In allen klassischen Sprachen war sie Meister, und auch in den modernen Sprachen des Kontinents habe ich ihr, soweit ich selbst mit diesen Sprachen vertraut war, nie einen Fehler nachweisen können. Und gab es denn überhaupt irgendein Thema aus den Gebieten der höchsten und schwierigsten Wissenschaften, bei dem ich Ligeia jemals auf Unkenntnis oder Irrtum ertappt hätte? Wie sonderbar, wie schauerlich! Diese eine Seite nur vom Wesen meiner Frau ist meinem Gedächtnis heute noch erinnerlich. Ich sagte, an Wissen überragte sie weit alle anderen Frauen – doch wo lebt der Mann, der die philosophische, physikalische und mathematische Wissenschaft in ihrer ganzen unermesslichen Ausdehnung so verständnisvoll studiert hätte?! Damals sah ich noch nicht, was ich jetzt klar erkenne, dass dies Wissen Ligeias unglaublich, dass es gigantisch war. Doch war ich mir ihrer unendlichen Überlegenheit genügend bewusst, um mich mit kindlichem Vertrauen ihrer Führung durch die chaotische Welt metaphysischer Probleme, mit denen ich mich während der ersten Jahre unserer Ehe eifrig beschäftigte, zu überlassen. Mit welch ungeheurem Triumph – mit welch lebhaftem Entzücken – mit welch himmlischer Hoffnung konnte ich, wenn sie in diesem so unbekannten, so wenig gepflegten Studium sich helfend zu mir neigte, fühlen, wie vor mir der herrlichste Ausblick sich öffnete und ein in diese glänzenden Höhen führender, langer, köstlicher und noch ganz unbetretener Pfad sichtbar wurde, auf dem ich wohl endlich empor ans Ziel einer Weisheit gelangen durfte, die zu göttlich erhaben ist, um nicht verboten zu sein!

Wie heftig muss da der Gram gewesen sein, mit dem ich einige Jahre später meine so festgegründeten Hoffnungen Flügel nehmen und sich davonschwingen sah! Ohne Ligeia war ich nichts als ein durch Dunkel tastendes Kind. Nur ihre Gegenwart, ihr Erklären brachte helles Licht in die vielen Mysterien des Transzendentalen, in die wir eingedrungen waren. Wenn den golden züngelnden Schriftzeichen der leuchtende Glanz ihrer Augen fehlte, wurden sie matter als stumpfes Blei. Und seltener und seltener fiel nun der Strahl dieser Augen auf die Blätter, über deren Inhalt ich brütete. Ligeia wurde krank. Die herrlichen Augen strahlten in übernatürlichen Flammen, die bleichen Hände wurden wachsfarben wie bei einem Toten, und die blauen Adern auf der hohen Stirn hoben sich und pochten ungestüm bei der geringsten Aufregung. Ich sah, dass sie sterben musste – und mein Geist rang verzweifelt mit dem grimmen Azrael.

Noch angestrengter als ich rang zu meinem Erstaunen das leidenschaftliche Weib. So manches in ihrer ernsten Natur hatte in mir den Glauben gezeitigt, dass für sie der Tod keine Schrecken haben werde – doch dem war nicht so. Es gibt keine Worte, die auch nur annähernd die Wildheit ihres Widerstandes beschreiben könnten, den sie dem Schatten Tod entgegensetzte. Ich stöhnte gequält bei diesem mitleiderregenden Anblick. Ich wollte besänftigen, aber gegenüber der unheimlichen Gewalt, mit der sie nur leben – nur leben – nichts als leben wollte, schienen Trost und Zuspruch unsäglich albern. Aber trotzdem sich ihr feuriger Geist so wild gebärdete, bewahrte sie die Hoheit ihres äußeren Wesens bis zum letzten Augenblick, dem Augenblick des Todeskampfes. Ihre Stimme wurde noch sanfter – wurde noch tiefer – dennoch möchte ich jetzt bei dem grausigen Sinn der Worte, die sie in aller Ruhe sprach, nicht nachdenkend verweilen. Mein Geist, der diesen überirdischen Tönen hingerissen lauschte – diesem Hoffen und Ringen, dieser gewaltigen Sehnsucht, wie nie zuvor ein Sterblicher sie fühlte –, taumelte und verwirrte sich.

Dass sie mich liebte, daran hatte ich nie gezweifelt, auch konnte ich mir wohl sagen, dass die Liebe eines solchen Herzens nicht mit gewöhnlichem Maß zu messen sei. Aber erst in ihrem Sterben erhielt ich von der wahren Kraft ihrer Liebe den vollen Eindruck. Lange Stunden hielt sie meine Hand und schüttete vor mir das Überfluten eines Herzens aus, dessen mehr als leidenschaftliche Ergebenheit an Anbetung grenzte. Wie hatte ich es verdient, mit solchen Bekenntnissen gesegnet zu werden? Und wie hatte ich es verdient, durch den Verlust der Geliebten verdammt zu werden – in der nämlichen Stunde, da sie mir diese Bekenntnisse machte? Doch ich kann es nicht ertragen, von diesen Dingen zu sprechen. Nur eines lasst mich sagen: Ich erkannte in Ligeias mehr als weiblicher Hingabe an eine Liebe, die ich, ach, gar so wenig verdiente, den wahren Grund für ihr so tiefes, so wildes Begehren nach dem Leben – dem Leben, das jetzt so eilend entfloh. Für dies wilde Sehnen, für diese Gier und Gewalt des Verlangens nach Leben – nur nach Leben – finde ich keine Ausdrucksmöglichkeit; keine Worte gibt es, die es sagen könnten.

In der Nacht ihres Scheidens ließ sie mich nicht von ihrer Seite. In tiefster Mitternachtsstunde bat sie mich, ihr einige Verse herzusagen, die sie selbst wenige Tage vorher verfasst hatte. Ich gehorchte. Hier sind sie:

O schaut, es ist festliche Nacht
Inmitten einsam letzter Tage!
Ein Engelchor, schluchzend, in Flügelpracht
Und Schleierflor, sieht zage
Im Schauspielhaus ein Schauspiel an
Von Hoffnung, Angst und Plage,
Derweil das Orchester dann und wann
Musik haucht: Sphärenklage.

Schauspieler, Gottes Ebenbilder,
Murmeln und brummeln dumpf
Und hasten planlos, immer wilder,
Sind Puppen nur und folgen stumpf
Gewaltigen düsteren Dingen,
Die umziehn ohne Form und Rumpf
Und dunkles Weh aus Kondorschwingen
Schlagen voll Triumph.

Dies närrische Drama! – O fürwahr,
Nie wird's vergessen werden,
Nie sein Phantom, verfolgt für immerdar
Von wilder Rotte rasenden Gebärden,
Verfolgt umsonst – zum alten Fleck
Kehrt stets der Kreislauf neu zurück –,
Und nie die Tollheit, die Sünde, der Schreck
Und das Grausen: die Seele vom Stück.

Doch sieh, in die mimende Runde
Drängt schleichend ein blutrot Ding
Hervor aus ödem Hintergrunde
Der Bühne – ein blutrot Ding.
Es windet sich! – windet sich in die Bahn
Der Mimen, die Angst schon tötet;
Die Engel schluchzen, da Wurmes Zahn
In Menschenblut sich rötet.

Aus – aus sind die Lichter – alle aus!
Vor jede zuckende Gestalt
Der Vorhang fällt mit Wetterbraus,
Ein Leichentuch finster und kalt.
Die Engel schlagen die Schleier zurück,
Sind erbleicht und entschweben in Sturm;
»Mensch« nennen sie das tragische Stück,
Seinen Helden »Eroberer Wurm«.

»O Gott!«, schrie Ligeia, sprang vom Bett auf und reckte die Arme empor. »Gott! Gott! O göttlicher Vater! Muss das immer unabänderlich so sein? Soll dieser Sieger nie, niemals besiegt werden? Sind wir nicht Teil und Teile von dir? Wer – wer kennt die Geheimnisse des Willens und seine Gewalt? Der Mensch überliefert sich den Engeln oder dem Nichts einzig durch die Schwäche seines schlaffen Willens.«

Und nun, wie von innerer Bewegung überwältigt, ließ sie die weißen Arme sinken und kehrte feierlich auf ihr Sterbebett zurück. Und als sie die letzten Seufzer hauchte, kam gleichzeitig ein leises Murmeln von ihren Lippen. Ich legte das Ohr an ihren Mund und vernahm wieder die Schlussworte des Glanvill'schen Ausspruchs: »Der Mensch überliefert sich den Engeln oder dem Nichts einzig durch die Schwäche seines schlaffen Willens.«

Sie starb. Und ich, den der Gram völlig zermalmt hatte, konnte nicht länger die einsame Verlassenheit meiner Behausung in der düsteren und verfallenen Stadt am Rhein ertragen. Ich hatte keinen Mangel an dem, was die Welt »Besitz« nennt; Ligeia hatte mir viel mehr, o sehr viel mehr gebracht, als für gewöhnlich einem Sterblichen zufällt. So kam es, dass ich nach einigen Monaten planlosen und ermüdenden Umherwanderns in einer der wildesten und abgelegensten

Gegenden des schönen Englands eine alte Abtei, deren Namen ich nicht nennen möchte, käuflich erwarb und instand setzte. Die düstere und traurige Majestät des Gebäudes, die unglaubliche Verwilderung der Ländereien, die vielen melancholischen und altehrwürdigen Erinnerungen, die sich an beide knüpften, hatten viel gemein mit dem Gefühl äußerster Verlassenheit, das mich in jenen entlegenen und unwirtlichen Teil des Landes hingetrieben hatte. An dem Abteigebäude selbst mit seinem verwitterten, unter blühendem Grün verborgenen Mauerwerk nahm ich keine Veränderungen vor, dagegen widmete ich mich mit kindischem Eigensinn und vielleicht auch in der schwachen Hoffnung, meinen Kummer so zu zerstreuen, der Ausstattung der Innenräume und entfaltete hier eine ganz ungewöhnliche Pracht. Ich hatte schon als Kind Geschmack an solchen Torheiten gefunden, und jetzt, da mich mein Kummer wieder hilflos machte, stellte sich jener kindliche Trieb von Neuem ein. Ach, ich fühle, wie viel Spuren von Geistesverwirrung sogar in den prunkhaften und fantastischen Draperien, in den feierlichen ägyptischen Schnitzereien, in den grotesken Möbeln, in den tollen Mustern der goldgewirkten Teppiche zu finden waren. Ich lag, ein gefesselter Sklave, in den Banden des Opiums, und meine Handlungen und Anordnungen hatten den Charakter meiner Träume angenommen. Doch ich will nicht bei der Beschreibung dieser Torheiten verweilen, lasst mich nur von jenem einen verfluchten Gemach sprechen, in das ich in einem Anfall von geistiger Umnachtung sie als mein angetrautes Weib führte – als die Nachfolgerin der unvergessenen Ligeia – sie, die blondhaarige und blauäugige Lady Rowena Trevanion of Tremaine.

Selbst die unbedeutendste Einzelheit in Architektur und Ausstattung dieses Brautgemachs steht mir noch jetzt deutlich vor Augen. Was dachten sich nur die goldgierigen, hochmütigen Angehörigen meiner Braut, als sie einem so geliebten Mädchen, einer so geliebten Tochter gestatteten, die Schwelle eines derart ausgeschmückten Brautgemachs zu überschreiten.

Trotzdem leider so manche tief bedeutsamen Dinge meinem Gedächtnis entschwanden, so sind mir doch, wie ich schon sagte, die geringsten Einzelheiten dieses Zimmers gegenwärtig; ich erinnere mich ihrer, obgleich in diesem fantastischen Prunk kein System, kein Halt war, an die mein Erinnern sich hätte klammern können. Das Zimmer lag in einem hohen Turm der burgartig gebauten Abtei; es war ein fünfeckiger Raum von beträchtlicher Größe. Die ganze Südseite des Fünfecks nahm das einzige Fenster ein, eine ungeteilte, riesige Scheibe venezianischen Glases von bleifarbener Tönung, sodass Sonnenlicht wie Mondglanz über die Gegenstände des Zimmers nur einen gespenstischen Schein gossen. Der obere Teil dieser ungeheuren Fensterscheibe wurde durch das Rankenwerk eines uralten Weinstocks, der an den massigen Mauern des Turms emporkletterte, dunkel beschattet. Das düstere Eichenholz der außerordentlich hoch gewölbten Zimmerdecke war mit Schnitzereien in halb gotischem, halb druidenhaftem Stil überladen. Genau aus dem Mittelpunkt dieser melancholischen Wölbung hing an einer einzigen goldenen, langgegliederten Kette ein mächtiger, goldener Kronleuchter in Form eines Weihrauchbeckens, mit sarazenischem Bildwerk geschmückt. Dieser Kronleuchter hatte rundum viele Öffnungen, aus denen wie lebhafte Schlangen fortwährend die buntesten Flammen züngelten.

Ein paar Ottomanen und goldene orientalische Kandelaber waren im Raum verteilt. Und da stand auch das Lager, das Brautbett! Es war nach einem indischen Modell gearbeitet; es war niedrig und aus massivem Ebenholz geschnitzt und von einem Baldachin, der einem Bahrtuch glich, überdacht. In jeder Ecke des Zimmers stand aufrecht ein riesiger, schwarzgranitener Sarkophag, den unsterbliche Skulpturen schmückten. Diese Sarkophage stammten aus den Königsgräbern von Luxor. Aber noch mehr als in allem anderen waltete meine unheimliche Fantasie in der Wandverkleidung des Gemachs. Die unverhältnismäßig hohen Wände waren von der Decke bis zum Fußboden mit faltenreichem schweren Goldstoff verhangen – demselben Stoff, der als Fuß- und Ottomanenteppich, als Bettdecke und Baldachin sowie als prunkhafter Überhang der einen Teil des Fensters überschattenden Vorhänge Verwendung gefunden hatte. Dieser Goldstoff trug in unregelmäßigen Zwischenräumen arabeskenartige Figuren von einem Fuß Durchmesser, die aus tiefschwarzem Stoff gearbeitet waren. Aber nur von einer einzigen Stelle aus betrachtet schienen diese Figuren nichts als Arabesken zu sein. Infolge eines heute allgemein bekannten Verfahrens, das man jedoch schon im frühen Altertum anwendete, boten sie dem Beschauer von jeder Seite ein anderes Bild. Wenn man das Zimmer betrat, erschienen sie einfach nur wie Monstrositäten, je mehr man sich ihnen aber näherte, desto bestimmtere Gestalt nahmen sie an, und Schritt für Schritt, je nach dem vom Beschauer gewählten Standpunkt, sah man sich von einer wechselnden Prozession gespensterhafter Wesen umringt, wie etwa der Aberglaube der Normannen sie ersonnen hat oder ein Mönch in verbrecherischem Traum sie erschauen mag. Der gespenstische Eindruck wurde noch erhöht durch einen künstlich hinter die Draperien geführten ununterbrochenen Luftzug, der dem Ganzen eine rastlose und abscheuliche Lebendigkeit verlieh.

In solchem Raum also, in solchem Brautgemach verlebte ich mit Lady Rowena of Tremaine die gottlosen Stunden unseres Honigmondes – ohne viel Aufregung. Dass mein Weib vor meiner Übellaunigkeit Furcht hatte, dass sie mir aus dem Weg ging und mir nur wenig Liebe entgegenbrachte, konnte mir nicht entgehen, aber gerade dies freute mich mehr, als wenn es anders gewesen wäre. Ich verabscheute sie, ich hasste sie – mit einer Inbrunst, die geradezu teuflisch war. Mein Erinnern floh – o mit welch tiefem Leidgefühl – zu Ligeia zurück, der Geliebten, der Hehren, der Schönen, der Begrabenen! Ich schwelgte im Gedenken ihrer Reinheit und Weisheit, ihres erhabenen, ihres himmlischen Wesens, ihrer leidenschaftlichen, ihrer anbetenden Liebe. Jetzt lohte in meiner Seele noch wildere, noch heißere Flamme, als sie in ihr, in Ligeia, gebrannt hatte. In den Ekstasen meiner Opiumträume – ich lag fast immer im Bann dieses Giftes – rief ich wieder und wieder ihren Namen durch das Schweigen der Nacht oder bei Tag durch die schattigen Schluchten der Landschaft. Es war, als ob das wilde Verlangen, die tiefernste Leidenschaft, das verzehrende Feuer meiner Sehnsucht nach der Dahingegangenen sie auf den irdischen Pfad zurückführen müssten, den sie – ach konnte es denn für ewig sein? – verlassen hatte.

Gegen Beginn des zweiten Monats unserer Ehe wurde Lady Rowena plötzlich von einer Krankheit befallen, von der sie nur langsam genas. Zehrendes Fieber machte ihre Nächte unruhig, und in ihrem aufgeregten Halbschlummer redete sie von gespenstischen Lauten und Schatten, die im Turmzimmer und in seiner nächsten Umgebung sich vernehmen, sich sehen ließen. Ich hielt diese Äußerungen natürlich für Einbildungen einer kranken Fantasie, die allerdings durch das unheimliche Zimmer geweckt sein konnte. Sie erholte sich schließlich wieder – und genas endlich völlig. Doch nur für kurze Zeit; denn bald warf ein zweiter, heftigerer Anfall sie von Neuem aufs Krankenlager. Und von diesem Rückfall erholte sie, die ohnedies von zarter Gesundheit war, sich nie mehr vollständig. Die Krankheitserscheinungen, die dem zweiten Anfall folgten, waren sehr beunruhigend und spotteten aller Wissenschaft und allen Bemühungen der Ärzte. Mit dem Anwachsen ihres chronischen Leidens, das ersichtlich schon tiefer wurzelte, als dass man ihm mit Medikamenten erfolgreich hätte beikommen können, bemerkte ich auch eine Steigerung ihrer nervösen Reizbarkeit und ihres schreckhaften Entsetzens bei ganz nichtigen Anlässen. Sie sprach wieder – und häufiger und hartnäckiger jetzt – von den Lauten, den ganz leisen Lauten, und von den seltsamen Schatten, die sich an den Wänden regten.

In einer Nacht, es war gegen Ende September, wies sie meine Aufmerksamkeit mit mehr als gewöhnlichem Nachdruck auf diese peinigenden Ängste hin. Sie war soeben aus unruhigem Schlummer erwacht, und ich hatte – halb in Besorgnis und halb in Entsetzen – das Arbeiten der Muskeln in ihrem abgemagerten Gesicht beobachtet. Ich saß seitwärts von ihrem Ebenholzbett auf einer der indischen Ottomanen. Sie richtete sich halb auf und sprach in eindringlichem leisen Flüstern von Lauten, die sie jetzt vernahm, die ich aber nicht hören konnte – von Bewegungen, die sie jetzt sah, die ich aber nicht wahrnehmen konnte. Der Wind wehte hinter der Wandverkleidung in hastigen Zügen, und ich hatte die Absicht, ihr zu zeigen (was ich allerdings, wie ich bekenne, selbst nicht ganz glauben konnte), dass dieses kaum vernehmbare Atmen, dass diese ganz geringen Verschiebungen der Gestalten an den Wänden nur die natürliche Folge des Luftzuges seien. Doch ein tödliches Erbleichen ihrer Wangen ließ mich einsehen, dass meine Bemühungen, sie zu beruhigen, fruchtlos sein würden. Sie schien ohnmächtig zu werden, und keiner der Dienstleute war in Rufnähe. Doch da erinnerte ich mich einer Flasche leichten Weines, den die Ärzte verordnet hatten, und eilte quer durchs Zimmer, um sie zu holen. Doch als ich unter den Flammen des Weihrauchbeckens angekommen war, erregten zwei sonderbare Umstände meine Aufmerksamkeit. Ich fühlte, dass ein unsichtbares, doch greifbares Etwas leicht an mir vorbeistreifte, und ich sah, dass auf dem goldenen Teppich, genau in der Mitte des reichen Glanzes, den die Ampel darauf niederwarf, ein Schatten – ein schwacher, undeutlicher, geisterhafter Schatten lag; so zart war er, dass man ihn für den Schatten eines Schattens hätte halten können. Aber ich war infolge einer ungewöhnlich großen Dosis Opium sehr aufgeregt und achtete dieser Erscheinungen kaum, erwähnte sie auch Rowena gegenüber nicht.

Ich fand den Wein, schritt quer durchs Zimmer ans Bett zurück, füllte ein Kelchglas und brachte es an die Lippen der nahezu ohnmächtigen Kranken. Sie hatte sich ein wenig erholt und ergriff selbst das Glas; ich sank auf die nächste Ottomane und sah gespannt zu meinem Weib hinüber. Da geschah es, dass ich deutlich einen leisen Schritt über den Teppich zum Lager hinschreiten hörte; und eine Sekunde später, als Rowena den Wein an die Lippen führte, sah ich – oder träumte, dass ich es sah –, wie, aus einer unsichtbaren Quelle in der Atmosphäre des Zimmers kommend, drei oder vier große Tropfen einer strahlenden, rubinroten Flüssigkeit in den Kelch fielen. Ich sah dies – Rowena sah es nicht. Sie trank den Wein ohne Zögern, und ich unterließ es, ihr von der Erscheinung zu sprechen, die – wie ich mir nach reiflicher Überlegung sagte – vielleicht nur eine

Vorspiegelung meiner lebhaften Einbildungskraft gewesen war, die durch die Äußerungen der Leidenden, durch das Opium und durch die späte Nachtstunde krankhaft erregt sein musste.

Dennoch konnte ich mir nicht verhehlen, dass die Krankheit meiner Frau, nachdem sie den Becher geleert hatte, eine rapide Wendung zum Schlimmsten nahm. Und in der dritten Nacht darauf kleideten die Dienerinnen Lady Rowena in das Leichengewand – und in der vierten Nacht saß ich allein bei ihrem Leichnam in dem seltsamen Gemach, in das sie als meine Braut eingetreten war.

Wilde Visionen, eine Folge des Opiumgenusses, umschwebten mich wie Schatten. Meine Blicke musterten unruhig die in den Ecken des Zimmers aufgestellten Sarkophage, die veränderlichen Gestalten des Wandteppichs und die züngelnden, buntfarbigen Flammen des Weihrauchbeckens mir zu Häupten. Ich erinnerte mich der sonderbaren Erscheinungen jener Nacht, in der über das Leben Rowenas entschieden wurde und blickte unwillkürlich auf die vom Ampellicht bestrahlte Stelle des Teppichs, wo ich damals den schwachen Schein eines Schattens bemerkt hatte. Es ließ sich jedoch nichts mehr sehen, und ich wandte mich aufatmend ab und heftete meine Blicke auf das bleiche und starre Antlitz der Aufgebahrten. Da überfielen mich tausend liebe Erinnerungen an Ligeia, und über mein Herz stürzte mit der Wucht eines Gießbaches das ganze unsagbare Weh, mit dem ich sie im Leichentuch gesehen hatte. Die Stunden gingen, und immer noch saß ich und starrte Rowena an, das Herz geschwellt vom Gedenken an die eine Einzige, die himmlisch Geliebte.

Es mochte gegen Mitternacht sein – vielleicht etwas früher oder später, ich hatte der Zeit nicht geachtet –, als ein leiser, zarter, aber deutlich wahrnehmbarer Seufzer mich aus meinen Träumen aufschreckte. Ich fühlte, dass er vom Ebenholzbett her kam – vom Totenbett. Ich lauschte in angstvollem, abergläubischem Entsetzen – aber der Laut wiederholte sich nicht. Ich strengte meine Augen an, um irgendeine Bewegung des entseelten Körpers wahrzunehmen, nicht die mindeste Regung war zu entdecken. Dennoch konnte ich mich nicht getäuscht haben. Ich hatte das Geräusch, wie schwach es auch gewesen sein mochte, tatsächlich vernommen, und meine Seele war erwacht und lauschte. Ich heftete meine Augen durchdringend und mit aller Willenskonzentration auf den Totenleib. Viele Minuten vergingen, ehe sich auch nur das geringste ereignete, das Licht in dies Geheimnis bringen konnte. Endlich sah ich ganz deutlich, dass ein leiser, ein ganz schwacher und kaum wahrnehmbarer Hauch sowohl die Wangen wie auch die eingesunkenen feinen Adern der Augenlider gerötet hatte. Ein namenloses Grausen, eine wahnsinnige Furcht, für die es keine Worte gibt, ließ mich auf meinem Sitz zu Stein erstarren und lähmte das Pulsen meines Herzens. Und doch gab mir schließlich ein gewisses Pflichtgefühl meine Selbstbeherrschung zurück. Ich konnte nicht länger daran zweifeln, dass wir in unserem Vorgehen allzu voreilig gewesen waren, ich konnte nicht länger daran zweifeln – dass Rowena lebte. Man musste sofort Wiederbelebungsversuche anstellen. Doch der Turm lag ganz abseits von den anderen Gebäuden, in denen die Dienerschaft untergebracht war – keiner der Leute befand sich in Hörweite – wollte ich sie zu meiner Hilfe herbeiholen, so hätte ich das Zimmer auf viele Minuten verlassen müssen – das aber durfte ich nicht wagen. Ich bemühte mich daher allein, die Seele, die noch nicht ganz entflohen schien, wieder ins Leben zu rufen. Aber schon nach kurzer Zeit war ersichtlich ein Rückfall eingetreten; die Farbe verschwand von Wangen und Augenlidern, die nun bleicher noch als Marmor erschienen. Die Lippen schrumpften ein und kniffen sich zusammen und trugen den grässlichen Ausdruck des Todes; eine widerliche, klebrige Kälte breitete sich schnell über den ganzen Leib, der überdies vollständig steif und starr wurde. Schaudernd sank ich auf das Ruhebett zurück, von dem ich in so fassungslosem Schreck aufgescheucht worden war, und gab mich von Neuem leidenschaftlichen, wachen Visionen hin, in denen ich Ligeia vor mir sah.

So war eine Stunde verstrichen, als ich – konnte es möglich sein? – ein zweites Mal von der Gegend des Bettes her einen schwachen Laut vernahm. Ich lauschte in höchstem Grauen. Der Ton wiederholte sich – es war ein Seufzer. Ich eilte zur Leiche hin und sah – sah deutlich –, dass die Lippen zitterten. Eine Minute später öffneten sie sich und legten eine Reihe perlenschöner Zähne bloß. Zu der tiefen Furcht, die mich bis jetzt gebannt hielt, gesellte sich nun auch Bestürzung. Ich fühlte, wie es dunkel vor meinen Augen wurde, wie meine Gedanken wanderten, und nur durch ganz gewaltige Anstrengung gelang es mir, mich für die Aufgabe, auf die mich die Pflicht nun wiederum hinwies, zu stählen. Sowohl auf der Stirn wie auf Wangen und Hals war jetzt ein sanftes Glühen zu bemerken, eine fühlbare Wärme durchdrang den ganzen Körper, am Herzen ließ sich sogar ein leichter Pulsschlag spüren. Die Tote lebte, und mit doppeltem Eifer unterzog ich mich den Wiederbelebungsversuchen. Ich rieb und berührte die Schläfen und die Hände und wendete alles an, was Erfahrung und eine gute Belesenheit in medizinischen Dingen erdenken konnten. Doch vergeblich. Plötzlich verschwand die Farbe, der Pulsschlag hörte auf, die Lippen nahmen wieder den Ausdruck des Todes an, und einen Augenblick danach hatte der Körper die frostige Eiseskälte, den bleiernen Farbton, die vollkommene Starre, die eingesunkenen Formen und all die widerlichen Eigenschaften dessen, der schon seit vielen Tagen ein Bewohner der Grabes gewesen war.

Und wieder sank ich in Träume von Ligeia – und wieder – was Wunder, dass ich beim Schreiben jetzt noch schaudere – wieder drang vom Ebenholzbett her ein leiser Seufzer an mein Ohr. Aber warum soll ich die unaussprechlichen Schrecken jener Nacht in allen Einzelheiten schildern? Warum soll ich darüber nachsinnen, wie ich es ausmalen könnte, wie bis zur Morgendämmerung dies fürchterliche Drama des Wiederbelebens und des Wiederabsterbens sich fortsetzte, wie jeder schreckliche Rückfall einen tieferen, unlöslicheren Tod bedeutete, wie jede Agonie wie ein Ringen mit einem unsichtbaren Feind erschien und wie jeder Kampf ich weiß nicht was für eine grässliche Veränderung in der Erscheinung des Körpers nach sich zog? Lasst mich zum Schluss eilen.

Der größte Teil der furchtbaren Nacht war dahingegangen, und sie, die tot gewesen, rührte sich wieder. Und die Lebenszeichen waren jetzt kräftiger als bisher, obgleich sie vordem in eine Auflösung gesunken war, die grässlicher schien als alle früheren. Ich hatte es schon längst aufgegeben, mich zu bemühen, mich überhaupt noch zu rühren. Ich saß erstarrt auf der Ottomane – eine hilflose Beute wilder Aufregungen, deren am wenigsten schreckliche, am wenigsten aufreibende wohl eine maßlose Angst war. Der Leichnam, ich wiederhole es, rührte sich, und zwar lebhafter als bisher. Die Farben des Lebens schossen mit unglaublicher Energie ins Antlitz, die Glieder wurden wieder beweglich; und wenn die Augenlider nicht noch immer fest geschlossen geblieben wären, wenn der Leib nicht noch immer still in seinen Grabtüchern und Bändern dagelegen hätte, so hätte ich glauben müssen, dass Rowena sich endgültig aus den Fesseln des Todes befreit habe. Doch wenn bis dahin dieser Gedanke noch entschieden zurückgewiesen werden musste, so schwanden alle Zweifel, als nun das leichentuchumhüllte Wesen vom Bett aufstand und schwankend, unsicheren Schrittes, mit geschlossenen Augen und mit dem Gebaren eines Traumwesens, doch körperlich sichtbar und fühlbar, sich in die Mitte des Zimmers vorbewegte.

Ich zitterte nicht – ich rührte mich nicht – denn ein Schwarm seltsamer Empfindungen, die sich an das Aussehen, die Gestalt und ihre Bewegungen knüpften, hatte mein Hirn überfallen und mich ganz gelähmt. Ich rührte mich nicht – doch meine Blicke hingen an der Erscheinung. Meine Gedanken taumelten wie im Wahnsinn – tobten und ließen sich nicht halten und bändigen. Konnte das wirklich die lebende Rowena sein, die mir da gegenüberstand? Konnte es überhaupt Rowena sein – die blondhaarige, blauäugige Lady Rowena Trevanion of Tremaine? Warum, warum sollte ich es bezweifeln? Die Binde lag fest um den Mund – aber warum sollte es nicht der Mund, der atmende Mund der Lady of Tremaine sein? Und die Wangen – sie trugen Rosen wie im Mittag ihres Lebens – ja, das waren wohl sicher die schönen Wangen der lebenden Lady of Tremaine. Und das Kinn, das Kinn mit den Grübchen der Gesundheit, war es nicht das ihre? – Aber war sie denn in ihrer Krankheit gewachsen? Welch unaussprechlicher Wahnsinn fasste mich bei dem Gedanken? Ein Sprung, und ich lag zu ihren Füßen! Sie wich meiner Berührung aus, und die grässlichen Leintücher, die den Kopf umschlossen hatten, lösten sich und fielen nieder – und in die wehende Atmosphäre des Gemachs strömten gewaltige Wogen aufgelösten Haares: Es war schwärzer als die Rabenschwingen der Mittnacht! Und nun öffneten sich langsam die Augen der Gestalt, die dicht vor mir stand. »Hier, hier endlich«, schrie ich laut, »kann ich mich niemals – niemals irren: Dies sind die großen und die schwarzen und die wilden Augen – meiner verlorenen Geliebten – die Augen der Lady – der Lady Ligeia!«

Der Untergang des Hauses Usher

Son cœur est un luth suspendu;
Sitôt qu'on le touche il résonne.
BERANGER

Ich war den ganzen Tag lang geritten, einen grauen und lautlosen, melancholischen Herbsttag lang – durch eine eigentümlich öde und traurige Gegend, auf die erdrückend schwer die Wolken herabhingen. Da endlich, als die Schatten des Abends herniedersanken, sah ich das Stammschloss der Usher vor mir. Ich weiß nicht, wie es kam – aber ich wurde gleich beim ersten Anblick dieser Mauern von einem unerträglich trüben Gefühl befallen. Ich sage unerträglich, denn dies Gefühl wurde durch keine der poetischen und darum erleichternden Empfindungen gelindert, mit denen die Seele gewöhnlich selbst die finstersten Bilder des Trostlosen oder Schaurigen aufnimmt. Ich betrachtete das Bild vor mir – das einsame Gebäude in seiner einförmigen Umgebung, die kahlen Mauern, die toten, wie leere Augenhöhlen starrenden Fenster, die paar Büschel dürrer Binsen, die weißschimmernden Stümpfe abgestorbener Bäume – mit einer Niedergeschlagenheit, die ich mit keinem anderen Gefühl besser vergleichen kann als mit dem trostlosen Erwachen eines Opiumessers aus seinem Rausch, dem bitteren Zurücksinken in graue Alltagswirklichkeit, wenn der verklärende Schleier unerbittlich zerreißt. Es war ein frostiges Erstarren, ein

Erliegen aller Lebenskraft – kurz, eine hilflose Traurigkeit der Gedanken, die kein noch so gewaltsames Anstacheln der Einbildungskraft aufreizen konnte zu Erhabenheit, zu Größe. Was mochte es sein, dachte ich, langsamer reitend – ja, was mochte es sein, dass der Anblick des Hauses Usher mich so erschreckend überwältigte? Es war mir ein Rätsel; aber ich konnte mich der grauen Wahngespenster nicht erwehren; ich musste mich mit der wenig befriedigenden Erklärung begnügen, dass es tatsächlich in der Natur ganz einfache Dinge gibt, die durch die Umstände, in denen sie uns erscheinen, geradezu niederdrückend auf uns wirken können, dass es aber nicht in unsere Macht gegeben ist, eine Definition dieser Gewalt zu finden. Es wäre möglich, überlegte ich, dass eine etwas andere Anordnung der einzelnen Bestandteile dieses Landschaftsbildes genügen würde, die düstere Stimmung des Ganzen abzuschwächen, ja vielleicht sogar vollständig aufzuheben. Von diesem Gedanken getrieben, lenkte ich mein Pferd an den steilen Rand eines schwarzen, sumpfigen Teiches, der, von keinem Hauch bewegt, neben dem Schloss lag, und spähte ins Wasser – doch ein Schauder, noch stärker als zuvor, schüttelte mich beim Anblick der auf den Kopf gestellten und verzerrten Bilder der grauen Binsen, der gespenstischen Baumstümpfe und der wie leere Augenhöhlen starrenden Fenster.

Nichtsdestoweniger beschloss ich, in diesem schwermutsvollen Haus einen Aufenthalt von mehreren Wochen zu nehmen. Sein Eigentümer, Roderich Usher, war einer meiner liebsten Jugendfreunde gewesen, doch seit unserer letzten Begegnung waren viele Jahre dahingegangen. Da hatte mich jüngst bei meinem Aufenthalt in einem entlegenen Teil des Landes ein Brief erreicht – ein Brief von ihm –, dessen seltsam ungestümer Charakter keine andere als eine persönliche und mündliche Beantwortung zuließ. Das Schreiben zeugte entschieden von nervöser Aufregung. Der Verfasser sprach von einer heftigen körperlichen Erkrankung – von niederdrückender geistiger Zerrüttung – und von dem innigen Wunsch, mich, der ich sein bester und tatsächlich sein einziger persönlicher Freund sei, wiederzusehen; er hoffe, meine erheiternde Gesellschaft werde seinem Zustand etwas Erleichterung bringen. Die Art und Weise, in der dies und vieles andere gesagt war – die Herzensbedrängnis, die aus seinem Verlangen sprach – das war es, was mir kein Zögern erlaubte, und ich gehorchte daher dieser höchst seltsamen Aufforderung unverzüglich.

Obgleich wir als Knaben geradezu vertraute Kameraden gewesen waren, so wusste ich dennoch recht wenig über meinen Freund. Seine Zurückhaltung war immer außerordentlich gewesen; sie war ihm ganz selbstverständlich erschienen. Immerhin war mir bekannt, dass seine sehr alte Familie seit unvordenklichen Zeiten wegen einer eigentümlichen Reizbarkeit des Temperaments bekannt gewesen war, einer Reizbarkeit, die lange Jahre hindurch in vielen erhaben eigenartigen Kunstwerken sich aussprach; später betätigte sich dies feinfühlige Empfinden in mancher Handlung großmütiger, doch unauffälliger Mildtätigkeit und in der leidenschaftlichen Hingabe an das Studium der Musik – weniger also an ihre altbekannten, leicht fasslichen Schönheitsformen als an die tiefverborgenen Probleme dieser Kunst. Ich hatte auch die sehr bemerkenswerte Tatsache erfahren, dass der Stammbaum der Familie Usher, die jederzeit hochangesehen gewesen, zu keiner Zeit einen ausdauernden Nebenzweig hervorgebracht hatte, mit anderen Worten, dass die Abstammung der ganzen Familie in direkter Linie abzuleiten war. Und ich vergegenwärtigte mir, dass sich in dieser Familie neben dem ungeteilten Besitztum auch die besonderen Charaktereigentümlichkeiten ungeteilt von Glied zu Glied vererbten, und sann darüber nach, inwieweit im Lauf der Jahrhunderte die eine dieser Tatsachen die andere beeinflusst haben könne. Wahrscheinlich, so sagte ich mir, ist es eben dieser Mangel einer Seitenlinie, ist es dies von Vater zu Sohn immer sich gleichbleibende Erbe von Besitztum und Familienname, das schließlich beide so miteinander identifiziert hatte, dass der ursprüngliche Name des Besitztums in die wunderliche und doppeldeutige Bezeichnung »das Haus Usher« übergegangen war – eine Benennung, die bei den Bauern, die sie anwendeten, beides, sowohl die Familie wie das Familienhaus, zu bezeichnen schien.

Ich sagte vorhin, dass der einzige Erfolg meines etwas kindischen Beginnens – meines Hinabblickens in den dunklen Teich – der gewesen war, den ersten sonderbaren Eindruck, den das Landschaftsbild auf mich gemacht hatte, noch zu vertiefen. Es ist zweifellos, das Bewusstsein, mit dem ich das Anwachsen meiner abergläubischen Furcht – denn dies ist der rechte Name für die Sache – verfolgte, diente nur dazu, diese Furcht selbst zu steigern. Denn ich kannte schon lange das paradoxe Gesetz aller Empfindungen, deren Ursprung das Entsetzen, das Grauen ist. Und einzig dies mag die Ursache gewesen sein einer seltsamen Vorstellung, die in meiner Seele erstand, als ich meine Augen von dem Spiegelbild im Pfuhl wieder hinaufrichtete auf das Wohnhaus selbst; es war eine Einbildung, so lächerlich in der Tat, dass ich sie nur erwähne, um zu zeigen, wie lebendig, wie stark die Eindrücke waren, die auf mir lasteten. Ich hatte so auf meine Einbildungskraft eingewirkt, dass ich tatsächlich glaubte, das Haus und seine ganze Umgebung seien von einer nur ihm eigentümlichen Atmosphäre umflutet – einer Atmosphäre, die zu der Himmelsluft keinerlei Zugehörigkeit hatte, sondern die emporgedunstet war aus den vermorschten Bäumen, den grauen Mauern und dem stummen Pfuhl – ein giftiger, geheimnisvoller, trüber, träger, kaum wahrnehmbarer bleifarbener Dunst.

Von meinem Geist abschüttelnd, was Traum gewesen sein musste, prüfte ich eingehender das wirkliche Aussehen des Gebäudes. Das Auffallendste an ihm schien mir sein beträchtliches Alter zu sein. Die Zeitläufte hatten ihm seine ursprüngliche Farbe genommen. Ein winzig kleiner Pilz hatte alle Mauern wie mit einem Netzwerk überzogen, dessen feinmaschiges Geflecht von den Dachtraufen herabhing. Doch von irgendwelchem außergewöhnlichen Verfall war das Gebäude noch weit entfernt. Kein Teil des Mauerwerks war eingesunken, und die noch vollkommen erhaltene Gesamtheit stand in seltsamem Widerspruch zu der bröckelnden Schadhaftigkeit der einzelnen Steine. Dies Haus stand gleichsam da wie altes Holzgetäfel, das in irgendeinem unbetretenen Gewölbe viele Jahre lang vermoderte, ohne dass je ein Lufthauch von draußen es berührte, und das darum in all seinem inneren Verfall stattlich und lückenlos dasteht. Außer diesen Zeichen eines allgemeinen Verfalls bot das Haus jedoch nur wenige Merkmale von Baufälligkeit. Vielleicht hätte allerdings ein scharfprüfender Blick einen kaum wahrnehmbaren Riss entdecken können, der an der Frontseite des Hauses vom Dach im Zickzack die Mauer hinunterlief, bis er sich in den trüben Wassern des Teichs verlor.

Diese Dinge bemerkte ich, als ich über einen kurzen Dammweg zum Haus hinaufritt. Ein wartender Diener nahm mein Pferd, und ich trat unter den gotisch gewölbten Torbogen der Halle. Ein Kammerdiener mit leichtem, leisem Schritt führte mich schweigend durch dunkle und gewundene Gänge in das Arbeitszimmer seines Herrn. Vieles, was ich unterwegs erblickte, trug irgendwie dazu bei, das unbestimmte niederdrückende

Gefühl, von dem ich schon gesprochen habe, zu verstärken. Diese Dinge um mich her – das Schnitzwerk der Deckentäfelung, der ebenholzglänzende Flur, die düsteren Wandteppiche mit ihrem fantastischen Waffenschmuck, der bei meinen Tritten rasselte – das alles waren Dinge, die schon meiner Kindheit vertraut gewesen waren, wie ich mir unumwunden eingestehen musste – dennoch wunderte ich mich, was für unheimliche Vorstellungen so gewöhnliche Dinge erwecken konnten.

Auf einer der Treppen begegnete ich dem Hausarzt. Sein Gesichtsausdruck erschien mir gemein und durchtrieben, während mein Anblick ihn verblüffte. Er begrüßte mich verwirrt und ging weiter. Jetzt riss der Kammerdiener eine Tür auf und führte mich hinein zu seinem Herrn.

Das Zimmer, in dem ich mich nun befand, war sehr groß und hoch. Die Fenster waren lang und schmal und hatten gotische Spitzbogenform; sie befanden sich so hoch über dem schwarzen eichenen Fußboden, dass man nicht an sie heranreichen konnte. Ein schwacher Schimmer rötlichen Lichts drang durch die vergitterten Scheiben herein und reichte gerade hin, die hauptsächlichen Gegenstände des Gemachs erkennbar zu machen; doch mühte sich das Auge vergebens, bis in die entfernten Winkel des Zimmers, in die Tiefen der schmuckreichen Deckenwölbung vorzudringen. Dunkle Teppiche hingen an den Wänden. Die Einrichtung selbst war im Allgemeinen überladen prunkvoll, unbehaglich, altmodisch und schadhaft. Eine Menge Bücher und Musikinstrumente lagen umher, doch auch das vermochte nicht, die tote Starrheit des öden Raums zu beleben. Ich fühlte, dass ich eine Luft einatmete, die schwer von Gram und Sorge war. Ernste, tiefe, unheilbare Schwermut lastete hier auf allem.

Bei meinem Eintritt erhob sich Usher von einem Sofa, auf dem er lang ausgestreckt gelegen hatte, und begrüßte mich mit warmer Lebhaftigkeit, die mir zuerst übertrieben schien – etwa wie gezwungene Liebenswürdigkeit des blasierten Weltmannes. Ein Blick jedoch auf sein Gesicht überzeugte mich von seiner völligen Aufrichtigkeit. Wir setzten uns, und da er nicht gleich sprach, betrachtete ich ihn minutenlang – und wurde von Mitleid und Grauen ergriffen. Sicherlich, kein Mensch hatte sich je in so kurzer Zeit so schrecklich verändert wie Roderich Usher! Nur mit Mühe gelang es mir, die Identität dieser gespenstischen Gestalt da vor mir mit dem Gefährten meiner Kindheit festzustellen. Doch seine Gesichtsbildung war immer merkwürdig und auffallend gewesen – eine leichenhafte Blässe, große, klare und unvergleichlich leuchtende Augen, Lippen, die etwas schmal und sehr bleich waren, aber von ungemein schönem Schwung, eine Nase von edelzartem, jüdischem Schnitt, doch mit ungewöhnlich breiten Nüstern, ein schön gebildetes Kinn, dessen wenig kräftige Form einen Mangel an sittlicher Energie verriet, und Haare, die feiner und zarter waren als Spinnenfäden. Diese einzelnen Züge, verbunden mit einer massigen Kraft und Breite der Stirn über den Schläfen, bildeten ein Antlitz, das man wohl nicht leicht vergessen konnte. Und nun hatte die übertriebene Entwicklung dieser charakteristischen Einzelheiten genügt, den Ausdruck seiner Züge so zu verändern, dass ich nicht einmal wusste, ob er es wirklich war. Vor allem war ich bestürzt, ja entsetzt von der jetzt gespenstischen Blässe der Haut und dem jetzt übernatürlichen Strahlen des Auges. Das seidige Haar hatte ein ungewöhnliches Wachstum entfaltet, und wie es da so seltsam wie hauchzarter Altweibersommer sein Gesicht umflutete, konnte ich beim besten Willen nicht dies arabeskenhaft verschlungene Gewebe mit dem einfachen Begriff Menschenhaar in Beziehung bringen.

Im Benehmen meines Freundes überraschte mich sofort eine gewisse Verwirrtheit – seiner Rede fehlte der Zusammenhang; und ich erkannte dies als eine Folge seiner wiederholten kraftlosen Versuche, ein ihm innewohnendes Angstgefühl, das ihn wie Zittern überkam, zu unterdrücken – einer heftigen, nervösen Aufregung Herr zu werden. Ich war allerdings auf etwas derartiges gefasst gewesen, sowohl sein Brief als auch meine Erinnerung an bestimmte Wesenseigenheiten des Knaben hatten mich darauf vorbereitet, und auch sein Äußeres wie sein Temperament ließen dergleichen ahnen. Sein Wesen war abwechselnd lebhaft und mürrisch. Seine Stimme, die eben noch zitternd und unsicher war, wenn die Lebensgeister in tödlicher Erschlaffung ruhten, flammte plötzlich auf zu heftiger Entschiedenheit – wurde schroff und nachdrücklich – dann schwerfällig und dumpf, bleiern einfältig – wurde zu den sonderbar modulierten Kehllauten der ungeheuren Aufregung des sinnlos Betrunkenen oder des unheilbaren Opiumessers.

So sprach er also von dem Zweck meines Besuchs, von seinem dringenden Verlangen, mich zu sehen, und von dem trostreichen Einfluss, den er von mir erhoffte. Nach einer Weile kam er auf die Natur seiner Krankheit zu sprechen. Es war, sagte er, ein ererbtes Familienübel, ein Übel, für das ein Heilmittel zu finden er verzweifle – nichts weiter als nervöse Angegriffenheit, fügte er sofort hinzu, die zweifellos bald vorübergehen werde. Sie äußere sich in einer Menge unnatürlicher Erregungszustände. Einige derselben, die er mir nun beschrieb, verblüfften und erschreckten mich, doch mochte an dieser Wirkung seine Ausdrucksweise, die Form seines Berichts schuld sein. Er litt viel unter einer krankhaften Verschärfung der Sinne; nur die geschmackloseste Nahrung war ihm erträglich, als Kleidung konnte er nur ganz bestimmte Stoffe tragen; jeglicher Blumenduft war ihm zuwider; selbst das schwächste Licht quälte seine Augen, und es gab nur einige besondere Tonklänge – und diese nur von Saiteninstrumenten –, die ihn nicht mit Entsetzen erfüllten.

Ich sah, dass er der Furcht, dem Schreck, dem Grauen sklavisch unterworfen war. »Ich werde zugrunde gehen«, sagte er, »ich muss zugrunde gehen an dieser beklagenswerten Narrheit. So, so und nicht anders wird mich der Untergang ereilen! Ich fürchte die Ereignisse der Zukunft – nicht sie selbst, aber ihre Wirkungen. Ich schaudere bei dem Gedanken, irgendein ganz geringfügiger Vorfall könne die unerträgliche Seelenerregung verschlimmern. Ich habe wirklich keinen Schauder vor der Gefahr, nur vor ihrer unvermeidlichen Wirkung – vor dem Schrecken. In diesem entnervten, in diesem bedauernswerten Zustand fühle ich, dass früher oder später die Zeit kommen wird, da ich beides, Vernunft und Leben, hingeben muss – verlieren im Kampf mit dem grässlichen Phantom Furcht.«

Noch einen anderen sonderbaren Zug seiner geistigen Verfassung erfuhr ich nach und nach aus abgerissenen, unbestimmten Andeutungen. Er war hinsichtlich des Hauses, das er bewohnte, in gewissen abergläubischen Vorstellungen befangen. Schon seit Jahren hatte er sich nicht mehr aus dem Haus herausgewagt – infolge eines Einflusses, dessen eingebildete Wirkung er mir in so unbestimmten, schattendunklen Worten mitteilte, dass ich sie hier nicht wiedergeben kann. Wie er sagte, hatten einige Besonderheiten in der Bauart und dem Baumaterial seines Stammschlosses in dieser langen Leidenszeit auf seinen Geist Einfluss erlangt – einen Einfluss also, den das Physische der grauen Mauern und

Türme und des trüben Pfuhls, in den sie alle hinabstarrten, auf seine Psyche ausübte.

Jedoch gab er zögernd zu, dass die seltsame Schwermut, unter der er leide, einer natürlicheren, gewissermaßen handgreiflicheren Ursache zugeschrieben werden könne – nämlich der schweren und langwierigen Krankheit – ja der offenbar nahen Auflösung einer zärtlich geliebten Schwester – der einzigen Gefährtin langer Jahre – der letzten und einzigen Verwandten auf Erden. Ihr Hinscheiden, sagte er mit einer Bitterkeit, die ich nie vergessen kann, würde ihn (ihn, den Hoffnungslosen, Gebrechlichen) als den Letzten des alten Geschlechts der Usher zurücklassen. Während er sprach, durchschritt Lady Magdalen – so hieß seine Schwester – langsam den entfernten Teil des Gemachs und verschwand, ohne meine Anwesenheit beachtet zu haben. Ich betrachtete sie mit maßlosem Erstaunen, das nicht frei war von Entsetzen – und dennoch konnte ich mir keine Rechenschaft geben über das, was ich fühlte. Wie Erstarrung kam es über mich, als meine Augen ihren entschwebenden Schritten folgten. Als sich die Tür hinter ihr geschlossen hatte, suchte mein Blick unwillkürlich und begierig das Antlitz des Bruders – aber er hatte das Gesicht in den Händen vergraben, und ich konnte nur bemerken, dass seine mageren Finger, zwischen denen viele leidenschaftliche Tränen hindurchsickerten, von noch gespenstischerer Blässe waren als gewöhnlich.

Schon lange hatte die Krankheit der Lady Magdalen der Geschicklichkeit der Ärzte gespottet. Eine beständige Apathie, ein langsames Hinwelken und häufige, wenn auch vorübergehende Anfälle vermutlich kataleptischer Natur, das war die ungewöhnliche Diagnose. Bislang hatte sie standhaft der Gewalt der Krankheit getrotzt und war noch nicht bettlägerig geworden. Am Tag meiner Ankunft aber unterlag sie gegen Abend der vernichtenden Macht des Zerstörers – so berichtete ihr Bruder mir des Nachts in unaussprechlicher Aufregung; und ich erfuhr, dass der flüchtige Anblick, den ich von ihr gehabt, wohl auch der letzte gewesen sein werde – dass Lady Magdalen wenigstens lebend nicht mehr von mir erblickt werden würde.

In den nächsten Tagen wurde ihr Name weder von Usher noch von mir erwähnt; und während dieser Zeit war ich ernstlich und angestrengt bemüht, meinen Freund seinem Trübsinn zu entreißen. Wir malten und lasen zusammen, oder ich lauschte wie im Traum seinen seltsamen Improvisationen auf der Gitarre. Und wie nun eine innige und immer innigere Vertrautheit mich immer rückhaltloser eindringen ließ in die Tiefen seiner Seele, kam ich mehr und mehr zur bitteren Erkenntnis, dass alle Versuche vergeblich sein mussten, ein Gemüt aufzuheitern, dessen Schwermut wie eine ewig unwandelbare positive Eigenschaft sich ergoss und alle Dinge der Welt stetig und ausnahmslos mit düsteren Strahlen beflutete.

Ich werde stets ein Andenken bewahren an die vielen feierlich ernsten Stunden, die ich so allein mit dem Haupt des Hauses Usher zubrachte; dennoch ist es mir nicht möglich, einen Begriff zu geben von dem Charakter der Studien oder Beschäftigungen, in die er mich einspann oder zu denen er mich hinwies. Sein übertriebener, ruheloser, geradezu krankhafter Idealismus warf auf all unser Tun einen schweflig-feurigen Glanz. Seine langen improvisierten Klagegesänge werden mir ewig in den Ohren klingen; unter anderem habe ich in schmerzlichster, quälendster Erinnerung eine seltsame Variation – eine Paraphrase zu »Carl Maria von Webers letzte Gedanken«. Die Bildwerke, die seine rastlose Fantasie erstehen ließ und die seine Hand in wunderbar verschwommenen Strichen wiedergab, weckten in mir ein tödliches Grauen, das umso grausiger war, als ich nicht enträtseln konnte, weshalb diese Bilder mich so schauerlich berührten; so lebhaft sie mir auch vor Augen stehen – ich würde mich vergeblich bemühen, mehr von ihnen wiederzugeben, als eben möglich ist, mit Worten flüchtig anzudeuten. Durch die übertriebene Einfachheit, ja Nacktheit seiner Bilder fesselte er – erzwang er die Aufmerksamkeit. Wenn je ein Sterblicher vermochte, eine Idee zu malen, so war es Roderich Usher. Mich wenigstens überwältigte – unter den damals obwaltenden Umständen – bei den reinen Abstraktionen, die der Hypochonder auf die Leinwand zu werfen wagte – mich überwältigte eine ganz unerhörte Ehrfurcht, von der ich nicht einen Schatten hatte empfinden können bei der Betrachtung der sicherlich glühenden, aber doch zu körperlichen Träume Füsslis.

Eines der fantastischen Gemälde meines Freundes, ein Bild, das nicht so streng abstrakt war, sei hier schattenhaft nachgezeichnet – so gut es Worte eben können. Es war ein kleines Bild und zeigte das Innere eines ungeheuer langen rechtwinkligen Gewölbes oder Tunnels mit niederen, glatten, weißen Mauern, die sich ohne jede Teilung schmucklos und endlos hinzogen. Durch gewisse feine Andeutungen in der Zeichnung des Ganzen wurde im Beschauer der Gedanke erweckt, dass dieser Schacht sehr, sehr tief unter der Erde lag. Nirgends fand sich in dieser Höhle eine Öffnung, und keine Fackel noch andere künstliche Lichtquelle war wahrnehmbar – dennoch quoll durch das Ganze eine Flut intensiver Strahlen und tauchte alles in eine gespenstische und ganz unvermutete Helligkeit.

Ich habe vorhin schon von der krankhaften Überreizung der Gehörnerven gesprochen, die dem Leidenden alle Musik unerträglich machte, ausgenommen die Klangwirkung gewisser Saiteninstrumente. Vielleicht war es hauptsächlich diese Einschränkung, durch die er auf die Gitarre angewiesen blieb, die seinen Vorträgen solch fantastischen Charakter lieh. Aber das erklärte noch nicht die feurige Lebendigkeit dieser Impromptus. Sicherlich waren sie, sowohl was die Töne als was die Worte anbetraf (denn nicht selten begleitete er sein Spiel mit improvisierten Versgesängen), das Resultat jener intensiven geistigen Anspannung und Konzentration, von der ich schon früher erwähnte, dass sie nur in besonderen Momenten höchster künstlerischer Erregtheit bemerkbar war. Die Worte einer dieser Rhapsodien sind mir noch gut in Erinnerung. Sie machten wohl einen umso gewaltigeren Eindruck auf mich, als ich in ihrem mystischen Inhalt eine verborgene Andeutung zu entdecken glaubte, dass Usher ein klares Bewusstsein davon habe, wie sehr seine erhabene Vernunft ins Wanken geraten sei. Die Verse, die betitelt waren »Das Geisterschloss«, lauteten ungefähr – wenn nicht wörtlich – so:

In der Täler grünstem Tale
  Hat, von Engeln einst bewohnt,
Gleich des Himmels Kathedrale
  Golddurchstrahlt ein Schloss gethront.
Rings auf Erden diesem Schlosse
  Keines glich;
Herrschte dort mit reichem Trosse
  Der *Gedanke* – königlich.

Gelber Fahnen Faltenschlagen
  Floss wie Sonnengold im Wind –
Ach, es war in alten Tagen,
  Die nun längst vergangen sind! –
Damals kosten süße Lüfte
  Lind den Ort,
Zogen als beschwingte Düfte
  Von des Schlosses Wällen fort.

Wandrer in dem Tale schauten
    Durch der Fenster lichten Glanz
Genien, die zum Sang der Lauten
    Schritten in gemessnem Tanz
Um den Thron, auf dem erhaben.
    Marmorschön,
Würdig solcher Weihegaben
    War des Reiches Herr zu sehn.

Perlen- und rubinenglutend
    War des stolzen Schlosses Tor,
Ihm entschwebten flutend, flutend
    Süße Echos, die im Chor,
Weithin klingend, froh besangen –
    Süße Pflicht! –
Ihres Königs hehres Prangen
    In der Weisheit Himmelslicht.

Doch Dämonen, schwarze Sorgen,
    Stürzten roh des Königs Thron. –
Trauert, Freunde, denn kein Morgen
    Wird ein Schloss wie dies umlohn!
Was da blühte, was da glühte –
    Herrlichkeit! –
Eine welke Märchenblüte
    Ist's aus längst begrabner Zeit.

Und durch glutenrote Fenster
    Werden heute Wandrer sehn
Ungeheure Wahngespenster
    Grauenhaft im Tanz sich drehn;
Aus dem Tor in wildem Wellen
    Wie ein Meer
Lachend ekle Geister quellen –
    Weh, es lächelt keiner mehr!

Ich entsinne mich gut, dass diese Ballade uns auf ein Gespräch führte, in dem Usher eine seltsame Anschauung kundgab. Ich erwähne diese Anschauung weniger darum, weil sie etwa besonders neu wäre (denn andere haben schon ähnliche Hypothesen aufgestellt), als wegen der Hartnäckigkeit, mit der Usher sie vertrat. Seine Anschauung bestand hauptsächlich darin, dass er den Pflanzen ein Empfindungsvermögen, eine Beseeltheit zuschrieb. Doch hatte in seinem verwirrten Geist diese Vorstellung einen kühneren Charakter angenommen und setzte sich in gewissen Grenzen auch ins Reich des Anorganischen fort. Es fehlen mir die Worte, um die ganze Ausdehnung dieser Idee, um die unbeirrte Hingabe meines Freundes an sie auszudrücken. Dieser sein Glaube knüpfte sich (wie ich schon früher andeutete) eng an die grauen Quadern des Heims seiner Väter. Die Vorbedingungen für solches Empfindungsvermögen waren hier, wie er sich einbildete, erfüllt in der Art der Anordnung der Steine, in dem sie zusammenhaltenden Bindemittel und ebenso auch in dem Pilzgeflecht, das sie überwucherte; ferner in den abgestorbenen Bäumen, die das Haus umgaben, und vor allem in dem nie gestörten, unveränderten Bestehen des Ganzen und in seiner Verdoppelung in den stillen Wassern des Teiches. Der Beweis – der Beweis dieser Beseeltheit sei, so sagte er, zu erblicken (und als er das aussprach, schrak ich zusammen) in der hier ganz allmählichen, jedoch unablässig fortschreitenden Verdichtung der Atmosphäre – in dem eigentümlichen Dunstkreis, der Wasser und Wälle umgab. Die Wirkung dieser Erscheinung, fügte er hinzu, sei der lautlos und grässlich zunehmende vernichtende Einfluss, den sie seit Jahrhunderten auf das Geschick seiner Familie ausgeübt habe; sie habe ihn zu dem gemacht, als den ich ihn jetzt erblicke – zu dem, was er nun sei. – Solche Anschauungen bedürfen keines Kommentars, und ich füge ihnen daher nichts hinzu.

Unsere Bücher – die Bücher, die jahrelang die hauptsächliche Geistesnahrung des Kranken gebildet hatten – entsprachen, wie leicht zu vermuten ist, diesem fantastischen Charakter. Wir grübelten gemeinsam über solchen Werken wie »Vert-Vert et Chartreuse« von Gresset, »Belphegor« von Machiavelli, »Himmel und Hölle« von Swedenborg, »Die unterirdische Reise des Nicolaus Klimm« von Holberg, der Chiromantie von Robert Fludd, von Jean D'Indaginé und von de la Chambre; brüteten über der »Reise ins Blaue hinein« von Tieck und der »Stadt der Sonne« von Campanella. Ein Lieblingsbuch war eine kleine Oktavausgabe des »Directorium Inquisitorium« des Dominikaners Emmerich von Gironne, und es gab Stellen in »Pomponius Mela« über die alten afrikanischen Satyrn und Ägipans, vor denen Usher stundenlang träumend sitzen konnte. Sein Hauptentzücken jedoch bildete das Studium eines sehr seltenen und seltsamen Buches in gotischem Quartformat – Handbuches einer vergessenen Kirche – der »Vigiliae Mortuorum secundum Chorum Ecclesiae Maguntinae.«

Ich konnte nicht anders, als an das seltsame Ritual dieses Werkes und seinen wahrscheinlichen Einfluss auf den Schwermütigen denken, als er eines Abends, nachdem er mir kurz mitgeteilt hatte, dass Lady Magdalen nicht mehr sei, seine Absicht äußerte, den Leichnam vor seiner endgültigen Beerdigung in einer der zahlreichen Grüfte innerhalb der Grundmauern des Gebäudes aufzubewahren. Die rein äußere Ursache, die er für dieses Vorgehen angab, war solcher Art, dass ich mich nicht aufgelegt fühlte, darüber zu diskutieren. Er, der Bruder, war (wie er mir sagte) zu diesem Entschluss gekommen infolge des ungewöhnlichen Charakters der

Krankheit der Dahingeschiedenen, infolge gewisser eifriger und eindringlicher Fragen ihres Arztes und infolge der abgelegenen und einsamen Lage des Begräbnisplatzes der Familie. Ich will nicht leugnen, dass, wenn ich mir das finstere Gesicht des Mannes ins Gedächtnis rief, dem ich am Tag meiner Ankunft auf der Treppe begegnete –, dass ich dann kein Verlangen hatte, einer Sache zu widersprechen, die ich nur als eine harmlose und keineswegs unnatürliche Vorsichtsmaßregel ansah.

Auf Bitten Ushers half ich ihm bei den Vorkehrungen für die vorläufige Bestattung. Nachdem der Körper eingesargt worden war, trugen wir ihn beide ganz allein zu seiner Ruhestätte. Die Gruft, in der wir ihn beisetzten, war so lange nicht geöffnet worden, dass unsere Fackeln in der drückenden Atmosphäre fast erstickten und uns kaum gestatteten, ein wenig Umschau zu halten. Sie war eng, dumpfig und ohne jegliche Öffnung, die Licht hätte einlassen können; sie lag in beträchtlicher Tiefe, genau unter dem Teil des Hauses, in dem sich mein eigenes Schlafgemach befand. Augenscheinlich hatte sie in früheren Zeiten der Feudalherrschaft als Burgverlies übelste Verwendung gefunden und später als Lagerraum für Pulver oder sonst einen leicht entzündlichen Stoff gedient, denn ein Teil ihres Fußbodens sowie das ganze Innere eines langen Bogenganges, durch den wir das Gewölbe erreichten, war sorgfältig mit Kupfer bekleidet. Die Tür aus massivem Eisen hatte ähnliche Schutzvorrichtungen. Ihr ungeheures Gewicht brachte einen ungewöhnlich scharfen, kreischenden Laut hervor, als sie sich schwerfällig in den Angeln drehte.

Nachdem wir unsere traurige Bürde an diesem Ort des Grauens auf ein vorbereitetes Gestell niedergesetzt hatten, schoben wir den noch lose aufliegenden Deckel des Sargs ein wenig zur Seite und blickten ins Antlitz der Ruhenden. Eine ganz verblüffende Ähnlichkeit zwischen Bruder und Schwester fesselte jetzt zum ersten Mal meine Aufmerksamkeit, und Usher, der vielleicht meine Gedanken erriet, murmelte ein paar Worte, denen ich entnahm, dass die Verstorbene und er Zwillinge gewesen waren und dass Sympathien ganz ungewöhnlicher Natur stets zwischen ihnen bestanden hatten. Unsere Blicke ruhten jedoch nicht lange auf der Toten – denn wir konnten sie nicht ohne Ergriffenheit und Grausen betrachten. Das Leiden, durch das die Lady so in der Blüte der Jugend ins Grab gebracht worden war, hatte – wie es bei Erkrankungen ausgesprochen kataleptischer Art gewöhnlich der Fall ist – auf Hals und Antlitz so etwas wie eine schwache Röte zurückgelassen und den Lippen ein argwöhnisch lauerndes Lächeln gegeben, das so schrecklich ist bei Toten. Wir setzten den Deckel wieder auf, schraubten ihn fest, und nachdem wir die Eisentür wieder verschlossen hatten, nahmen wir mit Mühe unseren Weg hinauf in die kaum weniger düsteren Räumlichkeiten des oberen Stockwerks.

Und jetzt, nachdem einige Tage bittersten Kummers vergangen waren, trat in der Geistesverwirrung meines Freundes eine merkliche Änderung ein. Sein ganzes Wesen wurde ein anderes. Seine gewöhnlichen Beschäftigungen wurden vernachlässigt oder vergessen. Er schweifte von Zimmer zu Zimmer mit eiligem, unsicherem und ziellosem Schritt. Die Blässe seines Gesichts war womöglich noch gespenstischer geworden – aber der feurige Glanz seiner Augen war ganz erloschen. Die gelegentliche Heiserkeit seiner Stimme war nicht mehr zu hören, und ein Zittern und Schwanken, wie von namenlosem Entsetzen, durchbebte gewöhnlich seine Worte. Es gab in der Tat Zeiten, wo ich vermeinte, sein unablässig arbeitender Geist kämpfe mit irgendeinem drückenden Geheimnis, zu dessen Bekenntnis er nicht den Mut finden könne. Zu anderen

Zeiten wieder war ich gezwungen, alles lediglich als Äußerungen seiner seltsamen Krankheit aufzufassen, denn ich sah, wie er stundenlang ins Leere starrte – und zwar mit dem Ausdruck tiefster Aufmerksamkeit, als lausche er irgendeinem eingebildeten Geräusch. Es war kein Wunder, dass sein Zustand mich erschreckte, mich ansteckte. Ich fühlte, wie sich ganz allmählich, doch unablässig seine seltsamen Wahnvorstellungen, die er mir niemals mitteilte, in mich hineinfraßen.

Besonders in der Nacht des siebenten oder achten Tages nach der Bestattung der Lady Magdalen in der Gruft, als ich mich sehr spät zum Schlafen zurückgezogen hatte, geschah es, dass ich die volle Gewalt dieser Empfindungen erfuhr. Kein Schlaf nahte sich meinem Lager, während die Stunden träge dahinkrochen. Ich bemühte mich, der Nervosität, die mich ergriffen hatte, Herr zu werden. Ich suchte mich zu überzeugen, dass an vielem – wenn nicht an allem –, was ich fühlte, die unheimliche Einrichtung des Gemachs schuld sei; denn es war unheimlich, wie die dunklen und zerschlissenen Wandteppiche, vom Atem eines nahenden Sturms bewegt, stoßweise auf- und niederschwankten und gegen die Verzierungen des Bettes raschelten. Aber meine Anstrengungen waren fruchtlos. Ein nicht abzuschüttelndes Grauen durchbebte meinen Körper, und schließlich hockte auf meinem Herzen ein Alp – ein furchtbarstes Entsetzen. Mit einem tiefen Atemzug rang ich mich frei aus diesem Bann und setzte mich im Bett auf, ich spähte angestrengt in das undurchdringliche Dunkel des Zimmers und lauschte – wie getrieben von seltsamen instinktiven Ahnungen – auf gewisse dumpfe, unbestimmbare Laute, die, wenn der Sturm schwieg, in langen Zwischenräumen von irgendwoher zu mir drangen. Überwältigt von unbeschreiblichem Entsetzen, das mir ebenso unerträglich wie unerklärlich schien, warf ich mich hastig in die Kleider (denn ich fühlte, dass ich in dieser Nacht doch keinen Schlaf mehr finden würde) und versuchte, mich aus meinem jammervollen Zustand aufzuraffen, indem ich eilig im Zimmer auf und ab wandelte.

Ich war erst ein paarmal so hin und her gegangen, als ein leichter Tritt auf der benachbarten Treppe meine Aufmerksamkeit erregte. Ich erkannte sogleich Ushers Schritt. Einen Augenblick später klopfte er leise an meine Tür und trat mit einer Lampe in der Hand ein. Sein Gesicht war wie immer leichenhaft blass – aber schrecklicher war der Ausdruck seiner Augen; wie eine irrsinnige Heiterkeit flammte es aus ihnen – sein ganzes Gebaren zeigte eine mühsam gebändigte hysterische Aufregung. Sein Ausdruck entsetzte mich – doch alles schien erträglicher als diese fürchterliche Einsamkeit, und ich begrüßte sein Kommen wie eine Erlösung.

»Und du hast es nicht gesehen?«, sagte er unvermittelt, nachdem er einige Augenblicke schweigend um sich geblickt hatte. »Du hast es also nicht gesehen? – Doch halt, du sollst!« Mit diesen Worten beschattete er sorgsam seine Lampe und lief dann an eins der Fenster, das er dem Sturm weit öffnete.

Die ungeheure Wut des hereinstürmenden Orkans hob uns fast vom Boden empor. Es war wirklich eine sturmrasende, aber doch sehr schöne Nacht, eine Nacht, die grausig seltsam war in Schrecken und in Pracht. Ganz in unserer Nachbarschaft musste sich ein Wirbelwind erhoben haben, denn die Windstöße änderten häufig ihre Richtung. Die ungewöhnliche Dichtigkeit der Wolken, die so tief hingen, als lasteten sie auf den Türmen des Hauses, verhinderte nicht die Wahrnehmung, dass sie wie mit bewusster Hast aus allen Richtungen herbeijagten und ineinanderstürzten – ohne aber weiterzuziehen.

Ich sage: Selbst ihre ungewöhnliche Dichtigkeit verhinderte uns nicht, dies wahrzunehmen – dennoch erblickten wir keinen Schimmer vom Mond oder von den Sternen – ebenso wenig aber einen Blitzstrahl. Doch die unteren Flächen der jagenden Wolkenmassen und alle uns umgebenden Dinge draußen im Freien glühten im unnatürlichen Licht eines schwach leuchtenden und deutlich sichtbaren gasartigen Dunstes, der das Haus umgab und einhüllte.

»Du darfst – du sollst das nicht sehen!«, sagte ich schaudernd zu Usher, als ich ihn mit sanfter Gewalt vom Fenster fort zu einem Sessel führte. »Diese Erscheinungen, die dich erschrecken, sind nichts Ungewöhnliches; es sind elektrische Ausstrahlungen – vielleicht auch verdanken sie ihr gespenstisches Dasein der schwülen Ausdünstung des Teiches. Wir wollen das Fenster schließen; die Luft ist kühl und dir sehr unzuträglich. – Hier ist eines deiner Lieblingsbücher. Ich will vorlesen, und du sollst zuhören; und so wollen wir diese fürchterliche Nacht zusammen verbringen.«

Der alte Band, den ich zur Hand genommen hatte, war der »Mad Trist« von Sir Launcelot Canning, aber ich hatte ihn mehr in traurigem Scherz als im Ernst Ushers Lieblingsbuch genannt; denn in Wahrheit ist in seiner ungefügen und fantasielosen Weitschweifigkeit wenig, was für den scharfsinnigen, idealen Geist meines Freundes von Interesse sein konnte. Es war jedoch das einzige Buch, das ich zur Hand hatte, und ich nährte eine schwache Hoffnung, der aufgeregte Zustand des Hypochonders möge Beruhigung finden (denn die Geschichte geistiger Zerrüttung weist solche Widersprüche auf) in den tollen Übertriebenheiten, die ich lesen wollte. Hätte ich wirklich aus der gespannten, ja leidenschaftlichen Aufmerksamkeit schließen dürfen, mit der er mir zuhörte – oder zuzuhören schien –, so hätte ich mir zu dem Erfolg meines Vorhabens Glück wünschen dürfen.

Ich war in der Erzählung bei der allbekannten Stelle angelangt, wo Ethelred, der Held des »Trist«, nachdem er vergeblich friedlichen Einlass in die Hütte des Klausners zu bekommen versucht hatte, sich anschickt, den Eintritt durch Gewalt zu erzwingen. Hier lautet der Text, wie man sich erinnern wird, so:

»Und Ethelred, der von Natur ein mannhaft Herz hatte und der nun, nachdem er den kräftigen Wein getrunken, sich unermesslich stark fühlte, begnügte sich nicht länger, mit dem Klausner Zwiesprach zu halten, der wirklich voll Trotz und Bosheit war, sondern da er auf seinen Schultern schon den Regen fühlte und den herannahenden Sturm fürchtete, schwang er seinen Streitkolben hoch hinaus und schaffte in den Planken der Tür schnell Raum für seine behandschuhte Hand; und nun fasste er derb zu und zerkrachte und zerbrach – und riss alles zusammen, dass der Lärm des dürren, dumpf krachenden Holzes durch den ganzen Wald schallte und widerhallte.«

Bei Beendigung dieses Satzes fuhr ich auf und hielt mit Lesen inne, denn es schien mir so (obwohl ich sofort überlegte, dass meine erhitzte Fantasie mich getäuscht haben müsse), als kämen aus einem ganz entlegenen Teil des Hauses Geräusche her, die ein vollkommenes, sehr fernes Echo hätten sein können von jenem Krachen und Bersten, das Sir Launcelot so charakteristisch beschrieben hatte. Zweifellos war es nur das Zusammentreffen irgendeines Geräuschs mit meinen Worten, das meine Aufmerksamkeit gefesselt hatte. Denn inmitten des Rüttelns der Fensterläden und all der vielfältigen Lärmlaute des immer mehr anwachsenden Sturms hatte der Laut an sich sicherlich nichts, was mich interessiert oder gestört haben könnte. Ich fuhr in der Erzählung fort:

»Aber als der werte Held Ethelred jetzt in die Tür trat, geriet er bald in Wut und Bestürzung, keine Spur des boshaften Klausners zu bemerken, sondern statt seiner einen ungeheuren schuppenrasselnden Drachen mit feuriger Zunge, der als Hüter vor einem goldenen Palast mit silbernem Fußboden ruhte. Und an der Mauer hing ein Schild aus schimmerndem Stahl, in den die Inschrift eingegraben war:

›Wer hier herein will dringen, den Drachen muss er bezwingen;
Ein Held wird er sein, den Schild sich erringen.‹

Und Ethelred schwang seinen Streitkolben und schmetterte ihn auf den Schädel des Drachen, der zusammenbrach und seinen üblen Odem aufgab und dieses mit einem so grässlichen und schrillen und durchdringenden Schrei, dass Ethelred sich gern die Ohren zugehalten hätte vor dem schrecklichen Laut, desgleichen hievor niemalen erhört gewesen war.«

Hier hielt ich wieder bestürzt inne – und diesmal mit schauderndem Entsetzen –, denn es konnte kein Zweifel bestehen, dass ich in diesem Augenblick (wennschon es mir unmöglich war, anzugeben, aus welcher Richtung) einen dumpfen und offenbar entfernten, aber schrillen, langgezogenen, kreischenden Laut vernommen hatte – das vollkommene Gegenstück zu dem unnatürlichen Aufschrei des Drachen, wie der Dichter ihn beschrieb.

Trotzdem ich durch dies zweite und höchst seltsame Zusammentreffen erschreckt war und tausend widerstreitende Empfindungen, in denen Erstaunen und äußerstes Entsetzen vorherrschten, mich bestürmten, so hatte ich dennoch Geistesgegenwart genug, nicht etwa durch eine diesbezügliche Bemerkung die Nervosität meines Gefährten noch zu steigern. Ich war keineswegs sicher, dass er die in Frage stehenden Laute vernommen hatte, obgleich allerdings während der letzten Minuten eine sonderbare Veränderung mit ihm vorgegangen war. Anfänglich hatte er mir gegenüber gesessen, sodass ich ihm voll ins Gesicht sehen konnte; nach und nach aber hatte er seinen Stuhl so herumgedreht, dass er nun mit dem Gesicht zur Tür schaute. Ich konnte daher seine Züge nur teilweise erblicken, doch sah ich, dass seine Lippen zitterten, als flüstere er leise vor sich hin. Der Kopf war ihm auf die Brust gesunken, aber ich wusste, dass er nicht schlief, denn sein Profil zeigte mir seine weit und starr geöffneten Augen, und sein Oberkörper bewegte sich unausgesetzt sanft und einförmig hin und her. Dies alles hatte ich mit raschem Blick erfasst und nahm nun die Erzählung Sir Launcelots wieder auf:

»Und nun, da der Held der schrecklichen Wut des Drachen entronnen war und sich des stählernen Schildes erinnerte, dessen Zauber nun gebrochen, räumte er den Kadaver beiseite und schritt über das silberne Pflaster kühn hin zu dem Schild an der Wand. Der aber wartete nicht, bis er herangekommen war, sondern stürzte zu seinen Füßen auf den Silberboden nieder, mit gewaltig schmetterndem, furchtbar dröhnendem Getöse.«

Kaum hatten meine Lippen diese Worte gesprochen, da vernahm ich – als sei in der Tat ein eherner Schild schwer auf einen silbernen Boden gestürzt – deutlich, aber gedämpft einen metallisch dröhnenden Widerhall. Gänzlich entnervt sprang ich auf die Füße, aber die taktmäßige Schaukelbewegung Ushers dauerte fort. Ich stürzte zu dem Stuhl, in dem er saß. Sein Blick war stier geradeaus gerichtet, und sein Antlitz schien wie zu Stein erstarrt. Aber als ich die Hand auf seine Schulter legte, befiel ein heftiges Zittern seine ganze Gestalt; ein krankes Lächeln zuckte um seinen Mund, und ich sah, dass er leise, hastend und stotternd vor sich hin murmelte, als wisse er nichts von meiner Anwesenheit. Mich tief zu ihm hinabbeugend, trank ich schließlich den scheußlichen Sinn seiner Worte ein:

»Es nicht hören? – Oh, ich höre es wohl und habe es gehört. Lange – lange – lange – viele Minuten, viele Stunden, viele Tage habe ich es gehört – aber ich wagte nicht – oh, bedaure mich – elender Schurke, der ich bin! – Ich wagte nicht, ich wagte nicht zu reden! Wir haben sie lebendig ins Grab gelegt! Sagte ich nicht, meine Sinne seien scharf? Ich sage dir jetzt, dass ich ihre ersten schwachen Bewegungen im dumpfen Sarg hörte. Ich hörte sie – vor vielen, vielen Tagen schon – dennoch wagte ich nicht – ich wagte nicht zu reden! Und jetzt – heute Nacht – Ethelred – ha! ha! – Das Aufbrechen der Tür des Klausners und der Todesschrei des Drachen und das Dröhnen des Schildes! – Sage lieber: das Zerbersten ihres Sarges, das Kreischen der eisernen Angeln ihres Gefängnisses und ihr qualvolles Vorwärtskämpfen durch den kupfernen Bogengang des Gewölbes. Oh, wohin soll ich fliehen? Wird sie nicht gleich hier sein? Wird sie nicht eilen, um mir meine Eile vorzuwerfen? Hörte ich nicht schon ihren Tritt auf der Treppe? Kann ich nicht schon das schwere und schreckliche Schlagen ihres Herzens vernehmen? Wahnsinniger!« – hier sprang er wie rasend auf und kreischte, als wolle er mit diesen Worten seine Seele hinausbrüllen – »Wahnsinniger! Ich sage dir, dass sie jetzt draußen vor der Tür steht!«

Als läge in der übermenschlichen Kraft dieses Ausrufs die Macht eines Zaubers – so rissen jetzt die riesigen alten Türflügel, auf die der Sprecher hinzeigte, ihre gewaltigen, ebenholzenen Kinnladen auf. Es war das Werk des rasenden Sturms – aber siehe! draußen vor der Tür stand leibhaftig die hohe, ins Leinentuch gehüllte Gestalt der Lady Magdalen Usher. Es war Blut auf ihrer weißen Gewandung, und die Spuren eines erbitterten Kampfes waren überall an ihrem abgezehrten Körper zu erkennen. Einen Augenblick blieb sie zitternd und taumelnd auf der Schwelle stehen – dann fiel sie mit einem leisen schmerzlichen Aufschrei ins Zimmer auf den Körper ihres Bruders – und in ihrem heftigen und nun endgültigen Todeskampf riss sie ihn tot zu Boden – ein Opfer der Schrecken, die er vorausempfunden hatte.

Wie verfolgt entfloh ich aus diesem Gemach und diesem Haus. Draußen tobte das Unwetter in unverminderter Heftigkeit, als ich den alten Teichdamm kreuzte. Plötzlich schoss ein unheimliches Licht quer über den Pfad, und ich blickte zurück, um zu sehen, woher ein so ungewöhnlicher Glanz kommen könne, denn hinter mir lagen allein das weite Schloss und seine Schatten. Der Strahl war Mondglanz, und der volle, untergehende, blutrote Mond schien jetzt hell durch den einst kaum wahrnehmbaren Riss, von dem ich bereits früher sagte, dass er vom Dach des Hauses im Zickzack bis zum Erdboden lief. Während ich hinstarrte, erweiterte sich dieser Riss mit unheimlicher Schnelligkeit, ein wütender Stoß des Wirbelsturms kam, das volle Rund des Satelliten wurde in dem breit aufgerissenen Spalt sichtbar; mein Geist wankte, als ich jetzt die gewaltigen Mauern auseinanderbersten sah; es folgte ein langes, tosendes Krachen wie das Getöse von tausend Wasserfällen, und der tiefe und schwarze Teich zu meinen Füßen schloss sich finster und schweigend über den Trümmern des Hauses Usher.

William Wilson

Was sagt von ihm das grimme Gewissen,
Jenes Gespenst in meinem Weg?

W. Chamberlaynes Pharonnia

Erlaubt, dass ich mich William Wilson nenne. Das reine schöne Blatt hier vor mir soll nicht mit meinem wahren Namen befleckt werden, der meine Familie mit Abscheu und Entsetzen, ja mit Ekel erfüllt. Haben nicht die empörten Winde seine Schmach bis in die entlegensten Länder der Erde getragen? Verworfenster aller verlassenen Verworfenen, bist du für die Welt nicht auf immer tot? Tot für ihre Ehren, ihre Blumen, ihre goldenen Hoffnungen? Und hängt sie nicht ewig zwischen deinem Hoffen und dem Himmel – die dichte, schwere, grenzenlose graue Wolke?

Selbst wenn ich es könnte, würde ich es doch vermeiden, von dem unaussprechlichen Elend und der unverzeihlichen Verdorbenheit meiner letzten Jahre hier zu reden. Von dieser Zeit – von diesen letzten Jahren, die meine Seele so mit Schändlichkeit belastet, will ich nur insofern reden, als ich versuchen will, hier niederzulegen, was mich so in die Tiefen des Bösen hineingetrieben. Gewöhnlich sinkt der Mensch nur nach und nach. Von mir fiel alle Tugend in einem Augenblick ab, gleich einem Mantel. Aus verhältnismäßig geringer Schlechtigkeit wuchs ich mit Riesenkraft zu den Ungeheuerlichkeiten eines Heliogabalus auf. Welcher Zufall – welches eine Ereignis dies veranlasste, will ich euch jetzt berichten. Mir naht der Tod, und der Schatten, der ihm vorhergeht, hat meinen Geist sanftmütig gemacht. Da ich nun das düstere Tal durchschreiten muss, verlangt mich nach dem Mitgefühl, fast hätte ich gesagt nach dem Mitleid meiner Menschenbrüder. Ich möchte sie gerne davon überzeugen, dass ich in gewissem Grad der Sklave von Umständen gewesen bin, die außerhalb menschlicher Berechnung liegen. Ich möchte, dass sie inmitten der Einzelheiten, die ich hier wiedergeben will, in all der Wüste von Fehl und Verirrung, hie und da wie eine Oase die unerbittliche *Schicksalsfügung* fänden. Ich möchte, dass sie eingeständen, dass – wie sehr auch wir Menschen von Anbeginn der Welt versucht worden – nicht einer so versucht wurde wie ich und gewisslich nicht einer so unterlag. Lebte ich nicht vielleicht in einem Traum und sterbe als ein Opfer geheimer und schrecklicher äußerer Kräfte, die in uns wirken?

Ich bin der Abkömmling eines Geschlechts, das sich von jeher durch eine starke Einbildungskraft und ein leicht erregbares Temperament auszeichnete; und schon in frühester Kindheit bewies ich, dass ich ein echter Erbe dieser Familienveranlagung sei. Je mehr ich heranwuchs, desto mehr entwickelten sich jene Eigenschaften, die aus vielen Gründen meinen Freunden zu einer Quelle der Besorgnis und mir selbst zum Kummer wurden. Ich wurde eigensinnig, ein Sklave all meiner wunderlichen Leidenschaften. Meine willensschwachen Eltern, die im Grunde an denselben Fehlern litten wie ich, konnten wenig tun, meine bösen Neigungen zu unterdrücken. Einige schwache und unrichtig angefangene Versuche endeten für sie in völligem Misslingen und infolgedessen für mich in hohem Triumph. Von nun ab war mein Wort Gesetz im Hause, und in einem Alter, in dem andere Kinder fast noch am Gängelband hängen, war ich in Tun und Lassen mein eigener Herr.

Meine ersten Erinnerungen an einen regelrechten Unterricht sind mit einem großen weitläufigen Haus in einem düsteren Städtchen Englands verknüpft, wo es eine große Menge riesiger, knorriger Bäume gab und alle Häuser uralt waren. Ja wirklich, es war ein Städtchen wie in einem stillen Traum; alles dort wirkte ehrwürdig und beruhigend. Jetzt, da ich das schreibe, fühle ich wieder im Geiste die erfrischende Kühle seiner tiefschattigen Alleen, atme den Duft seiner tausend Büsche und Hecken und erschauere von Neuem unter dem tiefdunklen Ton seiner Kirchenglocken, die Stunde für Stunde mit plötzlichem Dröhnen die Sonnennebel durchbrachen, in die der verwitterte Kirchturm schlummernd eingebettet lag.

Das Verweilen bei diesen Einzelheiten der Schule und ihrer Umgebung bereitet mir vielleicht die einzige Freude, deren ich jetzt noch fähig bin. Mir, der ich so tief im Elend stecke, der ich die Wirklichkeit so dunkel lastend empfinde, wird man verzeihen, dass ich geringe und zeitweilige Erholung suche im Verweilen bei solchen Einzelheiten, die überdies, so unbedeutend und vielleicht sogar lächerlich sie scheinen mögen, in meiner Erinnerung von großer Wichtigkeit sind, da sie zu einer Zeit und einem Ort in Beziehung stehen, in denen mir die erste unklare Kunde wurde von dem dunklen Geschick, das mich später so ganz umschattete. Erlaubt mir also diese Rückerinnerungen.

Das Haus, ich sagte es schon, war alt und von weitläufiger, unregelmäßiger Bauart. Das Grundstück war sehr umfangreich und von einer hohen festen Backsteinmauer umschlossen, die oben mit Mörtel bestrichen war, in dem Glassplitter steckten. Dieser Festungswall, diese Gefängnismauer bildete die Grenze unseres

Reichs, das wir nur drei Mal in der Woche verlassen durften: einmal Samstagnachmittag, wenn wir, von zwei Unterlehrern begleitet, gemeinsam einen kurzen Spaziergang in die angrenzenden Felder machen durften, und zwei Mal des Sonntags, wenn man uns in Reih und Glied zum Morgen- und Abendgottesdienst in die Stadtkirche führte. Der Pfarrer dieser Kirche war unser Schulvorsteher. Mit welch tiefer Verwunderung, ja Ratlosigkeit pflegte ich ihn von unserem entlegenen Platz auf dem Chor aus zu betrachten, wenn er mit feierlich abgemessenen Schritten zur Kanzel emporstieg! Dieser heilige Mann, mit der so gottergebenen Miene, im strahlenden Priestergewand, mit sorgsam gepuderter, steifer und umfangreicher Perücke – konnte das derselbe sein, der mit saurer Miene und tabakbeschmutzter Kleidung, den Stock in der Hand, drakonische Gesetze ausübte? O ungeheurer Widerspruch, o ewig unbegreifliches Rätsel!

In einem Winkel der gewaltigen Mauer drohte ein noch gewaltigeres Tor. Es war mit Eisenstangen verriegelt und von Eisenspießen überragt. Welch tiefe Furcht flößte es ein! Es öffnete sich nie, abgesehen für die drei regelmäßig wiederkehrenden wöchentlichen Ausgänge; dann aber fanden wir in jedem Kreischen seiner mächtigen Angeln eine Fülle des Geheimnisvollen, eine Welt von Stoff für ernstes Gespräch oder stumme Betrachtung.

Das weite Grundstück war von unregelmäßiger Form und hatte manche umfangreichen Plätze. Drei oder vier der größten bildeten den Spielhof. Er war eben und mit feinem harten Kies bedeckt; weder Bäume noch Bänke standen dort. Natürlich lag er in der Nähe des Hauses. Vor dem Haus lag ein schmaler Rasenplatz, mit Buchsbaum und anderem Strauchwerk eingefasst; diesen geheiligten Teil überschritten wir jedoch nur selten, etwa bei Ankunft in der Schule oder bei der endgültigen Abreise oder, wenn ein Verwandter oder Freund uns eingeladen, die Weihnachts- oder Sommerferien bei ihm zu verleben.

Aber das Haus! – Was war es für ein komischer alter Bau! Für mich ein wahres Zauberschloss! Seine Winkel und Gänge, seine unbegreiflichen Ein- und Anbauten nahmen kein Ende. Es war jederzeit schwierig, anzugeben, in welchem seiner beiden Stockwerke man sich gerade befand. Man konnte sicher sein, von einem Zimmer zum anderen immer ein paar Stufen hinauf oder hinunter zu müssen. Dann gab es zahllose Seitengänge, die sich trennten und wieder vereinigten oder sich wie ein Ring in sich selbst schlossen, sodass der klarste Begriff, den wir vom ganzen Haus hatten, beinahe der Vorstellung gleichkam, die wir uns von der Unendlichkeit machten. Während der fünf Jahre, die ich hier verlebte, konnte ich nie mit Sicherheit feststellen, in welchem entlegenen Teil der kleine Schlafsaal lag, der mir und etlichen, achtzehn oder zwanzig, anderen Schülern zugewiesen war.

Das Schulzimmer schien mir der größte Raum im Haus – ja, in der ganzen Welt! Es war sehr lang, schmal und auffallend niedrig, mit spitzen, gotischen Fenstern und einer Decke aus Eichenholz. In einem entlegenen, Schrecken einflößenden Winkel befand sich ein viereckiger Verschlag von acht oder zehn Fuß Durchmesser, der stets während der Unterrichtsstunden das ›sanctum‹ unseres Schulvorstehers, des Reverend Dr. Bransby bildete. Der Verschlag war durch eine mächtige Tür wohlverwahrt, und wir wären lieber unter Martern gestorben, als dass wir gewagt hätten, in Abwesenheit des Dominus die Tür zu öffnen. In anderen Winkeln standen zwei ähnliche Kästen, vor denen wir zwar weniger Ehrfurcht, aber immerhin Furcht hatten. Einer derselben war das Katheder des Lehrers für klassische Sprachen, der andere das für den Lehrer des Englischen, der gleichzeitig Mathematiklehrer war. Verstreut im Saal, kreuz und quer in wüster Unregelmäßigkeit, standen zahllose Bänke und Pulte, schwarz, alt und abgenutzt, mit Stapeln abgegriffener Bücher bedeckt und so mit Initialen, ganzen Namen, komischen Figuren und anderen künstlerischen Schnitzversuchen bedeckt, dass sie ganz ihre ursprüngliche Form, die sie in längst vergangenen Tagen besessen haben mussten, eingebüßt hatten. Am einen Ende des Saales stand ein riesiger Eimer mit Wasser, am anderen eine Uhr von verblüffenden Dimensionen.

Eingeschlossen von den gewaltigen Mauern dieser ehrwürdigen Anstalt, verbrachte ich das dritte Lustrum meines Lebens – doch weder in Langeweile noch Unbehagen. Die überschäumende Gestaltungskraft des kindlichen Geistes verlangt keine Welt der Ereignisse, um Beschäftigung oder Unterhaltung zu finden, und die anscheinend düstere Einförmigkeit der Schule brachte mir stärkere Erregungen, als meine reifere Jugend aus dem Wohlleben oder meine volle Manneskraft aus dem Verbrechen schöpften. Ich muss allerdings annehmen, dass meine geistige Entwicklung eine ungewöhnliche, ja fast krankhafte gewesen ist. Die meisten Menschen haben in reifen Jahren selten noch eine frische Erinnerung an die großen Ereignisse aus ihrer frühen Kindheit. Alles ist schattenhaft grau – wird schwach und unklar empfunden – ein unbestimmtes Zusammensuchen matter Freuden und eingebildeter Leiden. Mit mir war es anders. Ich muss schon als Kind mit der Empfindungskraft eines Erwachsenen alles das erlebt haben, was noch jetzt mit klaren, tiefen und unverwischbaren Schriftzügen, wie die Inschriften auf den karthagischen Münzen, in meinem Gedächtnis eingegraben steht.

Und doch, wie wenig – wenig vom Standpunkt der Menge aus – gab es, was der Erinnerung wert gewesen wäre! Das morgendliche Erwachen, der abendliche Befehl zum Schlafengehen, der Unterricht; die jeweiligen schulfreien Nachmittage mit ihren Streifzügen; der Spielplatz mit seiner Kurzweil, seinem Streit, seinen kleinen Intrigen – all dieses, was meinem Geist wie durch einen Zauber lange Zeit ganz entrückt gewesen, war dazu angetan, eine Fülle von Empfindung, eine Welt reichen Geschehens, eine Unendlichkeit vielfältiger Eindrücke und Leidenschaften zu erwecken. ›O le bon temps, que ce siècle de fer!‹

Es ist Tatsache: Mein feuriges, begeistertes, überlegenes Wesen zeichnete mich vor meinen Schulkameraden aus und hob mich nach und nach über alle empor, die nicht etwa bedeutend älter waren als ich selbst – über alle, mit einer Ausnahme! Diese Ausnahme war ein Schüler, der, obwohl er kein Verwandter von mir war, doch den gleichen Vor- und Zunamen trug wie ich – ein an sich unbedeutender Umstand. Denn ungeachtet meiner edlen Abkunft trug ich einen Namen, der in unvordenklichen Zeiten durch das Recht der Verjährung jedermann freigegeben worden sein mochte. Ich habe mich also hier in meiner Erzählung William Wilson genannt – ein Name, der von dem wirklichen Namen nicht allzu sehr abweicht. Von allen Kameraden nun, die bei unseren Spielen meine ›Bande‹ bildeten, wagte es mein Namensvetter allein, sowohl im Unterricht als auch in Sport und Spiel mit mir zu wetteifern, meinen Behauptungen keinen Glauben zu schenken, sich meinem Willen nicht unterzuordnen – kurz, sich in allem gegen meine ehrgeizige Oberherrschaft aufzulehnen. Wenn es aber auf Erden einen überlegenen und unbeschränkten Despotismus gibt, so ist es der, den der Herrschergeist eines Knaben auf seine weniger willensstarken Gefährten ausübt.

Wilsons Widersetzlichkeit war für mich eine Quelle der Verwirrung, umso mehr, als ich, trotz der prahlerischen Großtuerei, mit der ich ihn und seine Anmaßungen vor den anderen behandelte, ihn im Geheimen fürchtete und annehmen musste, dass nur wahre Überlegenheit ihn befähige, sich mit mir zu messen; mich aber kostete es beständige Anstrengung, nicht von ihm überflügelt zu werden. Doch wurde seine Ebenbürtigkeit in Wahrheit nur von mir selbst bemerkt; unsere Kameraden schienen in unerklärlicher Blindheit diese Möglichkeit nicht einmal zu ahnen. Auch äußerten sich seine Nebenbuhlerschaft und sein hartnäckiger Widerspruch weniger laut und aufdringlich als insgeheim. Es hatte den Anschein, als mangele ihm sowohl der Ehrgeiz, zu herrschen, als auch die leidenschaftliche Willenskraft, sich durchzusetzen. Man konnte glauben, dass nur das launische Vergnügen, mein Erstaunen zu erwecken oder mich zu ärgern, seine Nebenbuhlerschaft veranlasse; trotzdem gab es Zeiten, wo ich voll Verwunderung, Beschämung und Trotz wahrnehmen musste, dass er neben seinen Angriffen, Beleidigungen und Widerreden eine gewisse unangebrachte und mir durchaus unerwünschte Liebenswürdigkeit, ja Zuneigung verriet. Ich konnte mir sein Betragen nur als die Folge ungeheuren Dünkels erklären, der es ja immer liebt, sich in überlegenes Wohlwollen zu kleiden.

Vielleicht war es dieser letztere Zug in Wilsons Benehmen, verbunden mit der Übereinstimmung unserer Namen und dem bloßen Zufall, dass wir beide am nämlichen Tag in die Schule eingetreten waren, was bei den oberen Klassen die Meinung verbreitet hatte, wir seien Brüder; doch pflegten sich die älteren Schüler mit den Angelegenheiten der jüngeren wenig zu befassen. Ich habe schon vorher gesagt, dass Wilson nicht im Entferntesten mit meiner Familie verwandt war. Doch wären wir Brüder gewesen, so hätten wir Zwillinge sein müssen; denn nachdem ich die Anstalt Dr. Bransbys verlassen, erfuhr ich durch Zufall, dass mein Namensvetter am neunzehnten Januar 1813 geboren war – und dieser Umstand ist einigermaßen bemerkenswert, denn es ist genau das Datum meiner eigenen Geburt.

Es mag seltsam erscheinen, dass ich, trotz der fortgesetzten Angst, in die mich die Rivalität Wilsons versetzte, und trotz seines unerträglichen Widerspruchsgeistes, mich nicht dahin bringen konnte, ihn wirklich zu hassen. Gewiss, wir hatten fast täglich Streit miteinander, und wenn er mir dann auch öffentlich die Siegespalme überließ, so gelang es ihm doch, mich irgendwie fühlen zu lassen, dass eigentlich er es war, der sie verdiente; aber ein gewisser Stolz meinerseits und eine echte Würde seinerseits hielten uns davon ab, ernstlich miteinander zu zanken. In unseren Charakteren jedoch gab es viel Verwandtes, und nur unser seltsamer Wetteifer war schuld daran, dass meine Gefühle für ihn nicht zu wahrer Freundschaft reiften. Es ist tatsächlich schwer, das Empfinden, das ich für ihn hatte, zu bestimmen oder zu erklären. Es war ein buntes und widersprechendes Gemisch: etwas eigensinnige Feindseligkeit, die dennoch nicht Hass war, etwas Achtung, mehr Bewunderung, viel Furcht und eine Welt rastloser Neugier. Für Seelenkenner wird es unnötig scheinen, hinzuzufügen, dass Wilson und ich die unzertrennlichsten Gefährten waren.

Sicherlich lag es an diesen ganz außergewöhnlichen Beziehungen, dass ich meine Angriffe auf ihn – und es gab deren genug, sowohl offene als versteckte – in Form einer bösen Neckerei oder eines Schabernacks ausführte, als scheinbaren Spaß, der dennoch Schmerz bereitete; eine derartige Handlungsweise lag meiner Stimmung für ihn näher als etwa ausgesprochene

Feindseligkeit. Doch meine Unternehmungen gegen ihn waren keineswegs immer erfolgreich, mochte ich meine Pläne auch noch so pfiffig ausgeheckt haben; denn mein Namensvetter hatte in seinem Wesen so viel vornehme Zurückhaltung, dass er keine Achillesferse bot; wohl spottete er gerne selbst, *ihn* aber lächerlich zu machen, war beinahe unmöglich. Ich konnte tatsächlich nur *einen* wunden Punkt an ihm entdecken; es war eine persönliche Eigenheit, die vielleicht einem körperlichen Übel entsprang und wohl von jedem anderen Gegner, der nicht wie ich am Ende seiner Weisheit angelangt gewesen, geschont worden wäre. Mein Rivale hatte eine Schwäche der Sprechorgane, die ihn hinderte, seine Stimme *über ein sehr leises Flüstern* zu erheben. Ich verfehlte nicht, aus diesem Übel meinen armseligen Vorteil zu ziehen.

Wilson dankte mir das auf mannigfache Weise, und besonders *eine* Form der Rache hatte er, die mich unbeschreiblich ärgerte. Woher er die Schlauheit genommen, herauszufinden, dass solche scheinbare Kleinigkeit mich kränken könne, ist eine Frage, die ich nie zu lösen vermochte; als er die Sache aber einmal entdeckt hatte, nutzte er sie weidlich aus. Ich hatte stets einen Widerwillen vor meinem unfeinen Familiennamen und meinem so gewöhnlichen, ja geradezu plebejischen Vornamen empfunden. Sein Klang war meinen Ohren abstoßend, und als ich am Tag meines Schulantritts erfuhr, dass gleichzeitig ein zweiter William Wilson eintrete, war ich auf diesen zornig, weil er den verhassten Namen trug, und dem Namen doppelt feind, weil auch noch ein Fremder ihn führte, der nun schuld war, dass ich ihn doppelt so oft hören musste – ein Fremder, den ich beständig um mich haben sollte und dessen Angelegenheiten, so wie der Lauf der Dinge in der Schule nun einmal war, infolge der verwünschten Namensgleichheit unvermeidlicherweise mit den meinigen verknüpft und verwechselt werden mussten.

Mein durch diese Umstände hervorgerufener Verdruss nahm bei jeder Gelegenheit zu, bei der eine geistige oder leibliche Ähnlichkeit zwischen meinem Nebenbuhler und mir zutage trat. Ich hatte damals die bemerkenswerte Tatsache, dass wir ganz gleichaltrig waren, noch nicht entdeckt; aber ich sah, dass wir von gleicher Größe waren und sogar im allgemeinen Körperumriss und in den Gesichtszügen einander glichen. Auch ärgerte mich das in den oberen Klassen umlaufende Gerücht, dass wir miteinander verwandt seien. Mit einem Wort, nichts konnte mich so ernstlich verletzen, ja geradezu beunruhigen (obgleich ich diese Unruhe sorgfältig zu verbergen wusste), wie irgendein Wort darüber, dass wir einander an Geist oder Körper oder Betragen ähnlich seien. Doch hatte ich eigentlich, mit Ausnahme des Gerüchts von unserer Verwandtschaft, keinen Grund zu der Annahme, dass unsere Ähnlichkeiten jemals zur Sprache gebracht oder überhaupt von unseren Mitschülern wahrgenommen würden. Nur Wilson selbst bemerkte sie offenbar ebenso klar wie ich; dass er darin aber ein so fruchtbares Feld für seine Quälereien fand, kann, wie ich schon einmal sagte, nur seinem ungewöhnlichen Scharfsinn zugeschrieben werden.

Die Rolle, die er spielte, bestand in einer bis ins Kleinste vollendeten Nachahmung meines Ichs in Wort und Tun, und er spielte sie zum Bewundern gut. Meine Kleidung nachzuahmen, war ein Leichtes; meinen Gang und meine Haltung eignete er sich ohne Schwierigkeit an; abgesehen von dem Hemmnis, das ihm sein Sprachfehler in den Weg legte, entging nicht einmal meine Stimme seiner Nachahmungskunst. Wirklich laute Töne konnte er selbstredend nicht wiederholen, aber sein Tonfall war ganz der meine, und *sein eigenartiges Flüstern wurde zum vollkommenen Echo meiner eigenen Stimme.*

Wie sehr dies vortreffliche Porträt mich quälte – denn eine Karikatur kann man es nicht einmal nennen –, will ich nicht zu beschreiben versuchen. Ich hatte nur einen Trost: die Tatsache, dass diese Imitation offenbar nur von mir selbst wahrgenommen wurde und dass ich als einzigen Mitwisser nur meinen spöttisch lächelnden Namensvetter hatte. Befriedigt in seinem Herzen, den gewünschten Erfolg erzielt zu haben, schien er innerlich über den mir glücklich beigebrachten Stich zu kichern und war bezeichnenderweise gleichgültig gegen den allgemeinen Beifall, den der Erfolg seiner schlauen Bemühungen leicht hätte einheimsen können. Dass die Schüler tatsächlich seine Absicht nicht fühlten, seine Meisterschaft nicht wahrnahmen und sich an meiner Verspottung nicht beteiligten, war mir monatelang ein unlösbares Rätsel. Vielleicht war es das *allmähliche* Heranreifen seiner Kopierkunst, was diese so unauffällig machte, oder noch wahrscheinlicher verdankte ich meine Sicherheit vor den anderen dem weisen Maßhalten des Kopisten, der die groben Äußerlichkeiten verachtete (also alles das, was bei einem Bild oberflächlichen Beschauern auffallen könnte) und vor allem den ganzen *Geist* seines Originals wiederzugeben suchte – für *meine* Augen und zu meinem Kummer.

Ich habe bereits mehr als einmal davon gesprochen, welch abscheuliche Beschützermiene er mir gegenüber aufsetzte und wie vorwitzig er gegen meine Anordnungen Einspruch erhob. Seine Einmischungen geschahen oft in Gestalt von Ratschlägen – nicht offen gebotenen, aber heimlich angedeuteten. Ich nahm sie mit einem Widerwillen entgegen, der mit den Jahren immer heftiger wurde. Doch heute, nach so langer Zeit, muss ich ihm jedenfalls die Gerechtigkeit widerfahren lassen, dass ich mich keiner Gelegenheit erinnere, wo die Einflüsterungen, ja man kann sagen die beabsichtigten Suggestionen meines Rivalen eine üble oder leichtfertige Richtung genommen hätten, wie sie von seinem unreifen Alter, seiner scheinbaren Unerfahrenheit wohl zu erwarten gewesen wäre. Ich muss ferner gestehen, dass zumindest sein sittliches Fühlen, wenn auch nicht seine allgemeine Begabung, weit stärker war als das meine und dass ich heute wohl ein besserer und darum glücklicherer Mensch sein könnte, hätte ich die Ratschläge, die sein bedeutsames Flüstern andeutete, weniger oft zurückgewiesen; aber ich hasste und verachtete jedes Wort, das aus seinem Mund kam.

Mehr und mehr sträubte ich mich gegen seine widerwärtige Bevormundung und wehrte mich von Tag zu Tag offener gegen das, was ich für unerträgliche Anmaßung hielt. Ich sagte schon, dass in den ersten Jahren unserer Schulkameradschaft meine Gefühle für ihn leicht hätten in Freundschaft ausreifen können; in den letzten Monaten meines Aufenthalts in der Schule aber, in denen übrigens seine Zudringlichkeit mehr und mehr nachgelassen hatte, verwandelte sich mein Empfinden in fast demselben Verhältnis in wirklichen Hass. Ich glaube, er bemerkte das bei irgendeiner Gelegenheit und mied mich von da an – oder tat doch so.

Es war etwa um diese Zeit, wenn ich mich recht erinnere, dass er in einem heftigen Wortwechsel, den wir miteinander hatten, seine Zurückhaltung mehr als gewöhnlich aufgab und mit einer seiner Natur eigentlich fremden Offenheit auftrat. Und bei dieser Gelegenheit entdeckte ich in seinem Tonfall, seiner Miene und seiner ganzen Erscheinung ein Etwas, das mich zuerst verblüffte und dann tief fesselte. Erinnerungen, Vorstellungen aus meiner frühesten Kindheit – seltsame, verwirrte und einander überstürzende Vorstellungen aus einer Zeit, in der mein Gedächtnis noch nicht geboren war, überfielen meinen Geist. Ich kann das sonderbare Gefühl, das mich erfasste, wohl am besten wiedergeben, wenn ich sage, dass es mir schwer wurde, den Glauben abzuschütteln, diesem Wesen, das da vor mir stand, vor langer Zeit einmal, ja vielleicht in unendlich ferner Vergangenheit, verwandt gewesen zu sein. Die Täuschung verschwand jedoch so schnell wie sie gekommen, und ich erwähne sie nur, weil sie mir am Tag der letzten Unterredung mit meinem eigentümlichen Namensvetter kam.

Das riesige alte Haus mit seinen zahllosen Räumen hatte mehrere sehr große Zimmer, die miteinander in Verbindung standen und in denen die Mehrzahl der Schüler ihr Nachtlager hatte. Doch gab es auch, wie das bei einem so ungünstig gebauten Haus selbstverständlich war, viele kleine Kammern und Schlupfwinkel; und diese hatte der haushälterische Geist Dr. Bransbys ebenfalls zu Schlafräumen hergerichtet, wenn auch ein jeder so eng war, dass er nur einen einzigen Menschen beherbergen konnte. In einer dieser kleinen Kammern schlief Wilson.

Eines Nachts, gegen Ende meines fünften Schuljahres und kurz nach dem vorhin erwähnten Wortwechsel, erhob ich mich, als alles schlief, und schlich, mit einer kleinen Lampe in der Hand, durch ein Labyrinth von Gängen nach der Schlafkammer meines Rivalen. Da mir meine Rachepläne so oft misslungen waren, hatte ich mir nun einen neuen Schabernack ausgedacht, der ihn die ganze Bosheit fühlen lassen sollte, deren ich fähig war. Als ich sein Kämmerchen erreicht hatte, trat ich geräuschlos ein, nachdem ich die abgeblendete Lampe draußen zurückgelassen. Ich trat einen Schritt vor und hörte ihn ruhig atmen. Als ich mich davon überzeugt hatte, dass er schlief, ging ich zurück, holte die Lampe und trat ans Bett. Es war von Vorhängen umschlossen, die ich langsam und leise beiseiteschob, da sie mich an der Ausführung meines Vorhabens hinderten. Das helle Licht der Lampe traf den Schläfer, als meine Blicke auf sein Antlitz fielen. Ich blickte – und Betäubung, eisige Erstarrung befiel mich. Meine Knie wankten, ich rang nach Atem, meine Seele erfüllte ein unerklärliches, unerträgliches Entsetzen. Und atemlos brachte ich die Lampe seinem Gesicht noch näher. – *Dieses* waren die Züge William Wilsons? Ich sah es, dass es die seinen waren, aber ich schauerte wie in einem Fieberanfall bei der Vorstellung, sie wären es nicht. Was war an ihnen, das mich so verwirrte? Ich spähte, während tausend unzusammenhängende Gedanken mein Hirn durchkreuzten. Nicht so erschien er – sicherlich nicht *so* in seinen lebhaft wachen Stunden. Derselbe Name, dieselbe Gestalt, derselbe Antrittstag in der Schule! Und dann sein beharrliches und sinnloses Nachahmen meines Ganges, meiner Stimme, meiner Kleidung und meines Gebarens! Lag es denn wirklich im Bereich des Möglichen – konnte das, *was ich jetzt sah*, lediglich das Resultat seiner spöttischen Gewohnheit, mich nachzuahmen, sein? Angsterfüllt und mit wachsendem Schauder löschte ich das Licht, ging leise aus dem Zimmer und verließ sogleich die Hallen jenes alten Schulhauses, um sie nie wieder zu betreten.

Nach Verlauf einiger Monate, die ich daheim in Nichtstun verbrachte, kam ich als Student nach Eton. Die kurze Zeit hatte genügt, um die Erinnerung an die Ereignisse im Hause Dr. Bransbys abzuschwächen oder doch um einen großen Wechsel in der Natur meiner Gefühle herbeizuführen. Das Drama hatte seine Tragik verloren. Ich fand jetzt Zeit, den Wahrnehmungen meiner Sinne zu misstrauen, und dachte selten daran zurück ohne eine gewisse Verwunderung über die autosuggestive Kraft im Menschen und ein Lächeln über die starke Einbildungskraft, mit der ich erblich belastet war. Dieser Skeptizismus konnte auch durch das Leben, das ich in Eton führte, nicht vermindert werden. Der Strudel gedankenloser Tollheit, in den ich dort sogleich und gründlich hinabtauchte, wusch von meinem vergangenen Leben alles bis auf den Schaum ab, verschluckte sofort jeden großen ernsten Eindruck und ließ in meinem Gedächtnis nur ganz belanglose Äußerlichkeiten haften.

Ich beabsichtige aber nicht, hier näher auf meine Verworfenheit einzugehen – die ruchlosen Ausschweifungen zu schildern, mit denen ich die Gesetze verachtete und der Wachsamkeit meiner Lehrmeister spottete. Drei tolle Jahre waren ohne geistigen Gewinn verprasst und hatten mir nichts gebracht als lasterhafte Gewohnheiten, die meiner körperlichen Entwicklung allerdings sonderbarerweise vorteilhaft gewesen waren. Nach solch einer Woche gehaltloser Zerstreuungen lud ich einmal eine Anzahl der lockersten Vögel, Mitstudenten, zu einem geheimen Zechgelage auf mein Zimmer. Wir versammelten uns zu später Nachtstunde, denn die Völlerei sollte bis zum Morgen ausgedehnt werden. Der Wein floß in Strömen, und es fehlte nicht an anderen und vielleicht gefährlicheren Verführungen; es dämmerte schon schwach im Osten, als unsere tolle Ausgelassenheit ihren Höhepunkt erreicht hatte. Aufgeregt vom Wein und Kartenspiel bestand ich darauf, einen ungewöhnlich ruchlosen Trinkspruch auszubringen, als meine Aufmerksamkeit plötzlich auf das heftige Öffnen einer Tür und die dringliche Stimme eines Dieners hingelenkt wurde. Der Mann sagte, es wolle mich jemand, der es anscheinend sehr eilig habe, draußen im Vorzimmer sprechen.

In meiner fröhlichen Weinstimmung fühlte ich mich von der unerwarteten Störung weniger überrascht als entzückt. Ich schwankte sofort hinaus und stand nach wenigen Schritten draußen in der Vorhalle. In dem niedrigen und schmalen Raum hing keine Laterne, und er war gegenwärtig überhaupt nicht erleuchtet – abgesehen von dem sehr schwachen Morgengrauen, das durch das halbrunde Fenster drang. Als ich den Fuß über die Schwelle setzte, gewahrte ich die Gestalt eines jungen Mannes von etwa meiner Größe, der, ganz meiner momentanen Kleidung entsprechend, einen nach neuestem Schnitt gearbeiteten Hausrock aus weißem Kaschmir trug. So viel enthüllte mir das matte Tageslicht, seine Gesichtszüge konnte ich nicht erkennen. Bei meinem Eintritt kam er eilig auf mich zu, ergriff mich mit heftiger Ungeduld am Arm und flüsterte mir die Worte ›William Wilson‹ ins Ohr.

Ich wurde sofort vollkommen nüchtern.

Da war etwas im Wesen dieses Fremden, im Zittern seines warnend erhobenen Fingers, der im Zwielicht vor meinen Augen schwankte – da war etwas, was mich mit unbegrenztem Staunen erfüllte. Aber nicht das war es, was mich so heftig erregen konnte; es war der inhaltsschwere feierliche Verweis, der in der eigenartigen, leise gezischten Äußerung lag, und vor allem der besondere *Tonfall*, in dem diese zwei wohlbekannten Worte *geflüstert* wurden und der mit tausend Erinnerungen vergangener Tage auf mich einstürmte und meine Seele traf wie mit einem elektrischen Schlag. Bevor ich wieder Herr meiner Sinne wurde, war die Gestalt verschwunden.

Obgleich der Eindruck, den dies Erlebnis auf meine zügellose Fantasie machte, ein sehr tiefer war, blieb er doch nicht von langer Dauer. Einige Wochen allerdings plagte ich mich mit ernsten Fragen und war von krankhaften Vorstellungen umdüstert. Ich versuchte nicht, an der Identität dieses seltsamen Wesens mit jenem, das sich früher schon so hartnäckig in meine Angelegenheiten mischte und mich mit seinem aufdringlichen Rat quälte, zu zweifeln. Doch wer und was war dieser Wilson? Und woher kam er? Und was waren seine Absichten? Auf keine dieser Fragen fand ich eine befriedigende Antwort – nur das eine stellte ich fest, dass ein plötzlich eingetretenes Familienereignis sein Ausscheiden aus Dr. Bransbys Lehranstalt am Nachmittag desselben Tages zur Folge gehabt hatte, an dem ich von dort entflohen war. Nach kurzer Zeit aber ließen meine Gedanken von dieser Sache ab, da meine beabsichtigte Übersiedlung nach Oxford mich vollauf in Anspruch nahm. Bald darauf führte ich diese aus, und die Freigebigkeit meiner Eltern verschaffte mir eine Ausstattung und einen jährlichen Wechsel, der es mir ermöglichte, in all dem mir schon so unentbehrlich gewordenen Luxus zu schwelgen und in der Verschwendungssucht mit den hochfahrenden Erben der reichsten Grafschaften Großbritanniens zu wetteifern.

Durch meine reichen Mittel zum Laster angespornt, brach mein ursprüngliches Temperament mit verdoppeltem Feuer hervor und widersetzte sich sogar der so selbstverständlichen Zügelung, die Sitte und Anstand jedem gebildeten Menschen auferlegen. Doch es wäre unsinnig, wenn ich mich bei den Einzelheiten meines lasterhaften Lebens aufhalten wollte. Mag das Bekenntnis genügen, dass ich als Verschwender selbst den Herodes in den Schatten stellte und dass ich der langen Liste der Laster, die damals an der ausschweifendsten Universität Europas üblich waren, durch Erfindung einer

Fülle von neuen Schandtaten einen umfangreichen Anhang hinzufügte.

Und doch ist es wohl schwer zu glauben, dass ich sogar so weit gekommen war, mir die gemeinsten Schliche der Gewohnheitsspieler anzueignen und meine Erfahrung in ihrer verächtlichen Wissenschaft dazu zu benutzen, auf Kosten meiner harmlosen Mitstudenten meine ohnedies ungeheuren Einnahmen zu vergrößern. Aber es war so; und dieses unerhörte Hohnsprechen auf alle Ehre und Manneswürde war zweifellos der Hauptgrund, ja, wohl der einzige Grund, dass ich straflos ausging. Wer unter meinen verwegensten Kameraden würde nicht eher die Klarheit seiner Sinne angezweifelt, als den heiteren, freimütigen, verschwenderischen William Wilson – den vornehmsten und gebildetsten Studenten von Oxford – solcher Gemeinheiten für fähig gehalten haben – ihn, dessen Tollheiten (so sagten die Parasiten) nur Tollheiten seiner überschäumenden Jugend und ungezügelten Fantasie, dessen Fehler nur seltsame Launen, dessen dunkelste Laster nur sorglose, sprudelnde Torheiten waren?

Schon zwei Jahre lang war ich in dieser Weise erfolgreich tätig gewesen, als ein junger, erst jüngst geadelter Emporkömmling namens Glendinning die Universität bezog. Man sagte, er sei reich wie Herodes Atticus und sei auch so leicht wie dieser zu seinen Reichtümern gelangt. Ich entdeckte bald, dass er kein großer Schlaukopf war, und hielt ihn für ein passendes Objekt für die Anwendung meiner einträglichen Kunst. Ich forderte ihn des Öfteren zum Spiel auf, und mit der üblichen List des Falschspielers ließ ich ihn zunächst beträchtliche Summen gewinnen, um ihn später desto sicherer einzufangen. Als mein Plan ausgereift war, traf ich ihn in der Wohnung eines Herrn Preston, eines Mitstudenten, in der bestimmten Absicht, dass diese Begegnung die letzte und entscheidende sein sollte. Preston war mit jedem von uns befreundet, hatte aber natürlich nicht die leiseste Ahnung von meinem Vorhaben. Um der Sache einen harmlosen Anstrich zu geben, hatte ich mich bemüht, eine Gesellschaft von acht oder zehn jungen Leuten dort zu haben, und war peinlich darum besorgt, dass man nur wie zufällig nach den Karten griff und dass mein Opfer selbst danach verlangen sollte. Um kurz zu sein: Ich hatte keinen der niedrigen Kunstgriffe verschmäht, die bei solchen Gelegenheiten so regelmäßig angewendet werden, dass es geradezu ein Wunder ist, wenn es noch immer Dumme gibt, die diese Ränke nicht durchschauen, sondern ihnen zum Opfer fallen.

Unser Beisammensein hatte sich schon bis tief in die Nacht ausgedehnt, als es mir endlich gelang, Glendinning als einzigen Partner zu bekommen. Wir waren bei meinem Lieblingsspiel, dem Ecarté. Die anderen nahmen so lebhaften Anteil an unserem Spiel, dass sie selbst die Karten beiseitegelegt hatten und uns als Zuschauer umringten. Der Emporkömmling, den ich anfänglich zu reichlichem Trinken veranlasst hatte, mischte, gab und spielte mit einer Nervosität, für die seine Trunkenheit nur zum Teil die Ursache sein konnte. In sehr kurzer Zeit schuldete er mir bereits beträchtliche Summen. Nun aber tat er einen tiefen Zug aus seinem Portweinglas und schlug mir vor – was meine kühle Berechnung nicht anders erwartet hatte –, unseren bereits übertrieben hohen Einsatz zu verdoppeln. Mit gut gespieltem Widerstreben und nicht, ehe meine wiederholte Weigerung ihn zu ein paar ärgerlichen Worten veranlasst hatte, die mein Nachgeben gewissermaßen herausforderten, willigte ich schließlich ein. Der Erfolg bewies selbstverständlich nur, wie rettungslos der Partner mir ins Garn gegangen: In kaum einer Stunde hatte er seine Schuld vervierfacht. Seit einer Weile schon hatte sein Gesicht den rosigen Anhauch verloren, den ihm der Wein verlieh, jetzt aber sah ich zu meinem Erstaunen, dass es grauenhaft bleich geworden war. Ich sage, zu meinem Erstaunen, denn man hatte mir Glendinning bei meinen eifrigen Nachforschungen als unermesslich reich hingestellt, und wenn seine Verluste auch sehr hoch waren, so konnten sie ihn doch, wie ich annahm, nicht ernstlich schädigen, wieviel weniger so tief erschüttern. Der Nächstliegende Gedanke war natürlich, seinen Zustand als eine Folge des übertriebenen Weingenusses anzusehen; aber als ich, mehr zu dem Zweck, mich vor den Kameraden in ein gutes Licht zu setzen, als aus irgendeinem anderen Grund, gerade die feste Absicht kundtun wollte, das Spiel abzubrechen, machten mir ein paar Äußerungen der hinter mir Stehenden und ein Ruf der Verzweiflung seitens Glendinnings klar, dass ich seinen vollständigen Ruin herbeigeführt hatte, und unter Umständen, die ihn zum Gegenstand des allgemeinen Mitleids machten und ihn wohl selbst vor den Bosheiten eines Teufels hätten bewahren müssen.

Wie ich mich nun weiter verhalten haben würde, ist schwer zu sagen. Der bedauernswerte Zustand meines Gimpels hatte uns alle in eine gewisse Verlegenheit versetzt; es herrschte minutenlanges Schweigen, und ich fühlte, wie meine Wangen unter den vielen zornigen und vorwurfsvollen Blicken brannten. Ich muss sogar zugeben, dass mir durch die nun plötzlich eintretende unerwartete Unterbrechung für einen kurzen Augenblick eine schwere Last, ein unerträgliches Gefühl der Beklemmung vom Herzen genommen wurde. Die großen schweren Flügeltüren wurden auf einmal mit heftigem Ungestüm aufgeworfen, sodass wie mit einem Zauberschlag alle Lichter im Raum erloschen. In ihrem Hinflackern sahen wir noch, dass ein Fremder eingetreten war; er hatte ungefähr meine Größe und war eng in einen Mantel gehüllt. Schnell aber war es vollständig dunkel geworden, und wir konnten nur *fühlen*, dass er in unserer Mitte stand. Ehe einer von uns sich von dem Staunen erholt hatte, in das dies ungehörige Gebaren uns alle versetzte, vernahmen wir die Stimme des Eindringlings.

»Meine Herren«, sagte er in einem leisen deutlichen und wohlbekannten Flüsterton, der mir bis ins Mark drang, »meine Herren, ich versuche nicht, mein Auftreten zu entschuldigen, denn ich komme, um meine Pflicht zu erfüllen. Sie sind zweifellos über den wahren Charakter des Herrn, der heute Nacht beim Ecarté dem Lord Glendinning eine große Summe abgewann, nicht unterrichtet. Ich will Ihnen daher mitteilen, wie Sie sich rasch und sicher die nötigen Aufklärungen verschaffen können. Bitte, untersuchen Sie nur gründlich das Futter seines linken Ärmelaufschlags und die verschiedenen kleinen Päckchen, die sich in den reichlich großen Taschen seines bestickten Hausrocks finden werden.«

Während er sprach, herrschte eine so tiefe Stille, dass man das Niederfallen einer Stecknadel hätte hören können. Als er geendet, verließ er das Zimmer ebenso plötzlich, wie er es betreten. Kann ich – soll ich meine Gefühle schildern? Muss ich sagen, dass ich alle Schrecken der Verdammten durchlebte? Ich hatte wenig Zeit zum Nachdenken. Viele Hände packten mich rau, und es wurde sofort wieder Licht gemacht. Die Suche begann. Im Futter meines Ärmels fand man alle zum Ecarté gehörigen hohen Karten und in den Taschen meines Hausrocks eine Anzahl Kartenspiele, die den bei unseren Sitzungen gebräuchlichen vollkommen glichen, nur gehörten meine zu denen, die man mit einem Fachausdruck als die »abgerundeten« bezeichnet: Die hohen Karten waren oben und unten, die niederen an den Seiten leicht konvex. Wenn nun der Gimpel beim Abnehmen die Karten, wie es üblich ist, seitwärts abhebt, so wird er jedes Mal seinem Partner eine hohe Karte zuteilen; während der Falschspieler an der Schmalseite abhebt und folglich seinem Opfer keine Karte gibt, die im Spiel von irgendwelchem Wert ist.

Wäre man nach dieser Entdeckung in Entrüstung ausgebrochen – ich hätte es leichter ertragen können als die schweigende Verachtung und hohnvolle Gelassenheit, mit der man die Sache aufnahm. »Herr Wilson«, sagte unser Gastgeber, während er sich bückte und einen kostbaren Pelzmantel aufhob, »Herr Wilson, der Mantel gehört wohl Ihnen.« (Es war kaltes Wetter, und als ich meine Wohnung verließ, hatte ich daher, da ich nur im Hausrock war, einen Mantel übergeworfen, den ich dann hier im Haus abgelegt.) »Ich denke, es ist überflüssig, auch hier noch nach weiteren Beweisen Ihrer Hinterlist zu suchen.« (Er betrachtete den Mantel mit bitterem Lächeln.) »Wir haben schon genug davon. Sie sehen wohl selbst die Notwendigkeit ein, Oxford zu verlassen – jedenfalls aber sofort meine Wohnung zu verlassen.«

Verhöhnt und gedemütigt, wie ich durch diese Rede war, hätte ich mich wahrscheinlich sofort durch eine tätliche Beleidigung gerächt, wäre nicht im selben Augenblick meine ganze Aufmerksamkeit durch eine höchst sonderbare Tatsache gefesselt worden. Der Mantel, den ich bei meinem Herkommen getragen, war aus sehr seltenem Pelzwerk; wie selten, wie außerordentlich kostbar es war, wage ich gar nicht zu sagen. Auch entstammte seine Machart meinem eigenen Erfindergeist, denn ich war, was meine Kleidung anlangte, geradezu geckenhaft eitel. Als mir daher Herr Preston jenen

Mantel reichte, den er in der Nähe der Flügeltür vom Boden aufgehoben, gewahrte ich mit Staunen und Entsetzen, dass ich den meinigen bereits auf dem Arm trug (ich hatte ihn anscheinend ganz unwillkürlich schon ergriffen) und dass der mir dargebotene in jedem, selbst dem kleinsten Teilchen, sein vollkommenes Gegenstück war. Das merkwürdige Wesen, das mich so schrecklich bloßgestellt, war, wie ich mich erinnerte, in einen Mantel gehüllt gewesen, und keiner aus unserer Gesellschaft außer mir hatte einen solchen umgehabt. Mit einiger Geistesgegenwart nahm ich den Mantel, den Preston mir reichte, legte ihn unbemerkt über den anderen auf meinen Arm und verließ mit finsteren, trotzigen Blicken das Zimmer. Am anderen Morgen trat ich vor Tagesanbruch eine Reise nach dem Kontinent an, gehetzt von Scham und Entsetzen.

Ich floh vergebens! Mein böses Geschick verfolgte mich frohlockend und zeigte, dass seine geheimnisvolle Macht eigentlich jetzt erst beginne. Kaum hatte ich meine Schritte nach Paris gelenkt, als ich neue Beweise von der Anteilnahme erhielt, die dieser fürchterliche Wilson für meine Angelegenheiten zeigte. Jahre vergingen – ich fand keine Erlösung. Der Schurke – mit welch ungelegener, welch gespenstischer Geschäftigkeit trat er in Rom zwischen mich und meine ehrgeizigen Pläne! Und in Wien ebenso – in Berlin – in Moskau! Wo, ja wo wurde mir nicht bittere Ursache, ihn aus tiefstem Herzen zu verwünschen? Schließlich floh ich vor seiner rätselhaften Tyrannei wie ein halb Wahnsinniger – und bis an das Ende der Welt floh ich vergebens.

Und wieder und wieder fragte meine Seele sich in geheimer Zwiesprache mit sich selbst: ›Wer ist er? – Woher kam er? Und was sind seine Absichten?‹ Doch war keine Antwort zu finden. Und nun forschte ich mit peinlichster Genauigkeit der Art, dem Vorgehen, den herrschenden Zügen seiner unverschämten Überwachung nach. Aber selbst hier gab es nur wenig, worauf sich eine Vermutung gründen ließ. Es war allerdings auffallend, dass es ihm bei jedem der zahlreichen Fälle, in denen er seit kurzem meinen Weg kreuzte, lediglich darauf ankam, solche Pläne zu vereiteln oder solche Handlungen zunichte zu machen, die, wenn sie zur vollen Ausführung gelangt wären, schlimmes Elend gezeitigt hätten. Welch eine armselige Rechtfertigung für eine so gewalttätige Bevormundung – für ein so hartnäckiges, so freches Eingreifen in meine natürlichen Rechte der Selbstbestimmung!

Ich hatte ferner festgestellt, dass mein Peiniger, der mit wundersamer Geschicklichkeit meine Erscheinung bis ins Kleinste nachahmte, es bei seinen jedesmaligen Einmischungen so einzurichten gewusst hatte, dass ich seine Gesichtszüge nicht zu sehen bekam. Mochte Wilson sein, wer er wollte, *das* jedenfalls war die abgeschmackteste Ziererei und Albernheit. Konnte er nur einen Augenblick annehmen, dass ich in dem Warner aus Eton – in dem Zerstörer meiner Ehre zu Oxford – in ihm, der in Rom meine hochfliegenden Pläne, in Paris meine Rachegelüste, in Neapel meine leidenschaftliche Liebe vereitelte und in Ägypten ein Vorhaben störte, das er fälschlicherweise meiner Habgier zuschrieb –, dass ich in diesem meinem Erbfeind und bösen Geist den William Wilson meiner Schuljahre nicht wiedererkennen würde – den Namensvetter, den Kameraden, den Rivalen – den verhassten und gefürchteten Rivalen im Hause Dr. Bransbys? Unmöglich! – Doch lasst mich zu der letzten ereignisreichen Szene des Dramas kommen.

Bis jetzt hatte ich mich seiner Herrschaft blindlings unterworfen. Die tiefe Ehrfurcht, mit der ich gewohnt war, den überlegenen Charakter, die göttliche Weisheit, die scheinbare Allgegenwart und Allmacht Wilsons anzusehen, hatte, gemischt mit dem Entsetzen, mit dem gewisse andere Züge seines Wesens mich erfüllten, mich von meiner eigenen Schwäche und Hilflosigkeit überzeugt und eine vollständige, wenn auch widerstrebende Unterwerfung unter seinen despotischen Willen herbeigeführt. In letzter Zeit aber hatte ich mich ganz dem Wein ergeben, und sein aufreizender Einfluss auf mein ererbtes Temperament machte mir dies Überwachtsein immer unerträglicher. Ich begann zu murren – zu überlegen – zu widerstreben. Und war es nur Einbildung, was mich glauben ließ, dass mit meiner zunehmenden Festigkeit diejenige meines Peinigers im entsprechenden Verhältnis abnahm? Sei dem, wie ihm wolle, ich begann jetzt zu fühlen, dass brennende Hoffnung in mir erwachte, und nährte schließlich in meinen geheimsten Gedanken den festen und verzweifelten Entschluss, meine sklavische Unterwerfung abzuschütteln.

Es war in Rom, als ich im Karneval des Jahres 18.. einem Maskenfest im Palazzo des napolitanischen Herzogs di Broglio beiwohnte. Ich hatte noch reichlicher als sonst dem Wein zugesprochen, und jetzt quälte mich die erstickende Luft der überfüllten Räume unerträglich. Auch die Schwierigkeit, mit der ich mir durch das Gewühl der Gäste meinen Weg bahnen musste, trug nicht wenig dazu bei, meine Stimmung reizbar zu machen; denn ich suchte (lasst mich verschweigen, aus welch unwürdigem Grund), suchte eifrig die junge und fröhliche und wunderschöne Frau des alten, kindischen Narren di Broglio. In ihrem sorglosen Vertrauen hatte sie mir verraten, welches Maskengewand sie tragen werde, und nun hatte ich sie erspäht und eilte, in ihre Nähe zu gelangen. In diesem Augenblick fühlte ich eine leichte Hand auf meiner Schulter und in meinem Ohr das unvergessliche, verwünschte Flüstern.

In einem wahren Wutanfall wandte ich mich dem Störer zu und ergriff ihn heftig beim Kragen. Er war, wie ich es erwartet, in genau das gleiche Gewand gekleidet wie ich selbst; so trug also auch er einen spanischen Mantel aus blauem Samt und einen karminroten Gürtel, in dem ein Rapier steckte. Eine schwarze Seidenmaske bedeckte sein Gesicht.

»Schurke!«, sagte ich mit vor Wut heiserer Stimme, während jede Silbe, die ich sprach, meinen Zorn mit neuen Gluten schürte; »Schurke! Betrüger! Verfluchter Schuft! Du sollst mich nicht – *Du wirst mich nicht* zu Tode hetzen! Folge mir, oder ich steche dich hier auf der Stelle nieder!« – Und ich bahnte mir aus dem Ballsaal einen Weg in das angrenzende kleine Vorzimmer und zog ihn mit Gewalt mit mir.

Als ich dort eintrat, schleuderte ich ihn wütend von mir fort. Er schwankte gegen die Wand, ich schloss fluchend die Tür und gebot ihm, den Degen zu ziehen. Er zögerte nur einen Augenblick; dann seufzte er leise, zog den Degen und stellte sich in Bereitschaft.

Der Zweikampf war kurz genug. Ich war in rasender Aufregung und blinder Wut und fühlte in meinem Arm die Kraft von Hunderten. In wenigen Sekunden drängte ich ihn gegen die Wand zurück, und da ich ihn nun ganz in meiner Gewalt hatte, stach ich ihm die Waffe in viehischer Gier wieder und wieder durchs Herz.

Da versuchte jemand, die Tür zu öffnen. Ich eilte hin, um eine Störung fernzuhalten, kehrte aber sofort zu meinem sterbenden Gegner zurück. Doch welche menschliche Sprache kann das Erstaunen – das Entsetzen wiedergeben, das mich bei dem Schauspiel erfasste, das sich nun meinen Blicken bot. Der kurze Augenblick, für den ich die Augen abgewendet, hatte genügt, um drüben am anderen Ende des Zimmers eine Veränderung zu schaffen. Ein großer Spiegel – so schien es mir zuerst in meiner Verwirrung – stand jetzt da, wo vorher keiner gewesen war; und als ich im höchsten Entsetzen zu ihm hinschritt, näherten sich mir aus seiner Fläche meine eigenen Züge – bleich und blutbesudelt – meine eigene Gestalt, ermatteten Schrittes.

So schien es, sage ich, doch war es nicht so. Es war mein Gegner – es war Wilson, der da im Todeskampf vor mir stand. Seine Maske und sein Mantel lagen auf dem Boden, da, wo er sie hingeworfen. Kein Faden an seinem Anzug – keine Linie in den ausgeprägten und eigenartigen Zügen seines Antlitzes, die nicht bis zur vollkommenen Identität *mein eigen* gewesen wären!

Es war Wilson; aber seine Sprache war kein Flüstern mehr, und ich hätte mir einbilden können, ich selber sei es, der da sagte: »Du hast gesiegt, und ich unterliege. Dennoch, von nun an bist auch du tot – tot für die Welt, den Himmel und die Hoffnung! In mir lebtest du – und nun ich sterbe, sieh hier im Bilde, das dein eigenes ist, wie du dich selbst ermordet hast.«

Der Mann der Menge

Ce grand malheur, de ne pouvoir être seul.
La Bruyère

Es war nicht schlecht, dies *»Es lässt sich nicht lesen«*, was man von einem gewissen deutschen Buch sagte. Es gibt Geheimnisse, die nicht gestatten, dass man sie ausspricht. Menschen sterben nachts in ihren Betten, pressen die Hände gespenstischer Beichtväter, blicken ihnen Erbarmen suchend ins Auge – sterben mit verzweifelndem Herzen und gekrampfter Kehle, denn die entsetzlichen Geheimnisse, die *nicht dulden*, dass man sie enthüllt, erdrücken sie. Ach, hie und da nimmt das Gewissen der Menschen eine Last auf, die so entsetzlich ist in ihrer Schwere, dass sie nicht früher abgeworfen werden kann als im Grab. Und so wird das innerste Wesen des Verbrechens nie offenbart.

Vor nicht allzu langer Zeit saß ich an einem Herbstabend an dem großen Bogenfenster des D...schen Kaffeehauses in London. Ich war einige Monate krank gewesen, nun aber auf dem Wege der Besserung, und je mehr meine Kräfte zurückkehrten, desto glücklicher wurde meine Stimmung, die man als das Gegenteil von Langeweile bezeichnen konnte; es war ein Zustand voll inneren Aufmerkens, voll heftiger Begier nach Neuem, es war mir gewissermaßen, als blicke mein geistiges Auge zum ersten Mal frei und unverschleiert – das ἀχλὺς ὁς πϱὶν ἐπῆεν –, und der angespannte Intellekt überragt dann so sehr seinen gewöhnlichen Zustand wie der feurige und doch aufrichtige Verstand eines Leibniz die tolle und haltlose Beredsamkeit eines Gorgias. Nur zu atmen war schon Freude, und selbst aus den Quellen des Schmerzes wusste ich Genuss zu schöpfen. Ich nahm an allem ein stilles, doch eindringliches Interesse. Eine Zigarre im Mund und eine Zeitung auf den Knien, hatte ich mich den Nachmittag über damit unterhalten, in die Zeitung zu blicken oder die anderen Gäste zu beobachten oder durch die rauchgetrübten Scheiben auf die Straße zu schauen.

Diese Straße, eine der Hauptverkehrsadern der Stadt, war schon den ganzen Tag über sehr belebt gewesen; aber mit zunehmender Dämmerung wuchs die Menge der Passanten noch von Minute zu Minute, und als die Laternen angezündet wurden, wogte unaufhörlich nach beiden Richtungen ein dichter Menschenstrom vorüber. Noch nie vorher hatte ich mich zu dieser Tageszeit in einer ähnlichen Lage befunden, und das stürmende Menschenheer da draußen gab mir seltsam neue, berauschende Gefühle. Bald kümmerte ich mich gar nicht mehr um das, was drinnen vorging, sondern vertiefte mich ganz in die Betrachtung des Straßengewoges.

Meine Beobachtungen waren zunächst ganz allgemeiner Art. Ich sah die Passanten nur als Gruppen und stellte mir ihre Beziehungen zueinander vor. Bald jedoch ging ich zu Einzelheiten über und prüfte mit eingehendem Interesse die zahllosen Verschiedenheiten in Gestalt, Kleidung, Haltung und Mienenspiel.

Die meisten der Vorübergehenden hatten ein zufriedenes Aussehen, wie Geschäftsleute, und schienen nur daran zu denken, sich einen Weg durchs Gedränge zu bahnen. Ihre Brauen waren gerunzelt und ihre Augen blickten lebhaft umher. Wurden sie von anderen gestoßen, so zeigten sie keine Ungeduld, sondern brachten ihren Anzug wieder in Ordnung und eilten weiter. Andere – und auch sie waren sehr zahlreich – hatten hastige Bewegungen und gerötete Gesichter; sie gestikulierten und sprachen mit sich selbst, als fühlten sie sich inmitten des Getriebes in größter Einsamkeit. Wurden sie am Weitergehen verhindert, so hielten sie plötzlich mit Murmeln inne, verdoppelten aber ihre Gestikulationen und ließen mit abwesendem und müdem Lächeln die Andrängenden vorüber. Wenn einer gegen sie anrannte, so verneigten sie sich viele Male und schienen von Verlegenheit überwältigt. Außer dem Ebenerwähnten hatten diese beiden großen Gruppen nichts Bemerkenswertes. Ihre Kleidung entsprach der, die man nicht ohne Ironie die »anständige« genannt hat. Es waren unzweifelhaft Adlige, Kaufleute, Anwälte, Börsenleute – Patrizier und Allerweltsleute – müßige und tätige Menschen, die ihre eigenen Wege gingen und selbständig Geschäfte machten. Sie nahmen meine Aufmerksamkeit nicht weiter in Anspruch.

Die Klasse der Angestellten war leicht zu überblicken, und ich konnte sie in zwei Gruppen einteilen. Da waren die jüngeren Leute von schnell emporgeblühten, aber unsicheren Geschäftshäusern, junge Männer mit enganliegenden Röcken, glänzenden Schuhen, pomadisiertem Haar und hochnäsigem Ausdruck. Abgesehen von einer gewissen Diensteifrigkeit, die sie nicht verleugnen konnten und die man füglich die »Schreiberseele« nennen könnte, erschienen mir diese Leute als die vollkommene Nachahmung dessen, was vor zwölf bis achtzehn Monaten ›bon ton‹ gewesen war. Sie hatten ganz die abgelegten Manieren der ersten Gesellschaftskreise, und das, glaube ich, ist am bezeichnendsten für diese Gruppe.

Die Gruppe der höheren Angestellten solider Firmen war ebenso wenig zu verkennen. Man erkannte sie an ihren schwarzen oder braunen Röcken und Beinkleidern, die stets bequem saßen, an ihren weißen

Westen und Krawatten, den breiten derben Schuhen und groben Strümpfen oder Gamaschen. Sie hatten alle schon einen Ansatz von Glatze, und ihr rechtes Ohr, das schon so viele Jahre die Feder getragen, hatte die komische Gewohnheit, weit abzustehen. Ich bemerkte, dass sie stets mit beiden Händen an ihren Hüten rückten und Uhren trugen, die an kurzen goldenen Ketten von plumper altmodischer Form hingen. Sie hatten ein etwas gekünstelt ehrbares Auftreten, wenn Ehrbarkeit überhaupt gekünstelt sein kann.

Ferner gab es viele entschlossen und kühn aussehende Gestalten, die ich mühelos als zur Zunft der Taschendiebe gehörig erkannte, von der alle Großstädte heimgesucht werden. Ich beobachtete diese Herren sehr genau und konnte mir kaum vorstellen, wie sie von wirklich vornehmen Leuten jemals für ihresgleichen gehalten werden könnten. Die Weite ihrer Manschetten und ein gewisser übertriebener Freimut mussten sie sogleich verraten.

Die Spieler, von denen ich nicht wenige entdeckte, waren noch leichter herauszufinden. Sie trugen die verschiedenste Kleidung, von der des tollkühnen Taschenspielers mit Samtweste, fantastischem Halstuch, goldenen Ketten und Filigranknöpfen bis zu der des sorgfältig gekleideten Geistlichen, denn gerade dies Gewand erregt am wenigsten Verdacht. Sie alle zeichneten sich durch eine gewisse dunkle Gesichtsfarbe, ein mattes Auge und bleiche, zusammengekniffene Lippen aus. Und noch zwei andere Merkmale waren es, an denen ich sie erkennen konnte; sie sprachen stets in gesucht leisem Ton und hielten den Daumen rechtwinklig zur Hand weit abgestreckt. Oft sah ich in Gesellschaft dieser Gauner eine Klasse von Leuten mit etwas anderem Gebaren, die aber dennoch Vögel derselben Gattung waren. Man könnte sie die Herren nennen, die von ihren Witzen leben. Sie scheinen in zwei Bataillonen auf Beute auszuziehen: als Stutzer und als Militärs. Die Hauptkennzeichen der ersten Art sind langes Haar und Lächeln, die der zweiten schnürenbesetzte Röcke und Stirnrunzeln.

Weiter herabsteigend auf der Stufenleiter der menschlichen Gesellschaft, fand ich dunklere und schwierigere Aufgaben zum Analysieren. Ich sah jüdische Hausierer mit Falkenaugen, die aus Gesichtern blitzten, in denen alles andere nur das Gepräge kriechender Demut trug; freche, gewerbsmäßige Bettler, die mit scheelen Blicken jene Genossen besseren Schlages musterten, die nur Verzweiflung, Mitleid heischend, in die Nacht getrieben: gebrechliche, gespenstisch dürre Gestalten, auf die der Tod schon seine schwere Hand gelegt, die kraftlos daherschwankten und jedermann flehend ins Antlitz blickten, als suchten sie einen Trost, eine verlorene Hoffnung; bescheidene junge Mädchen, die von langer Arbeit in ihr freudloses Heim zurückkehrten und eher mit tränenvollem Blick als mit Entrüstung den frechen Augen der Wüstlinge auswichen, mit denen im Gedränge selbst eine Berührung nicht zu vermeiden war; Dirnen aller Art und jeden Alters: die unvergleichliche Schönheit in der Blüte ihrer Weiblichkeit, die an die Statue erinnert, von der Lukian berichtet, dass sie außen aus köstlichem parischen Marmor, innen aber mit Kot gefüllt war – das ekelhafte, ganz verkommene Weib in Lumpen – die runzlige, juwelengeschmückte, mit Schminke überkleisterte alte Vettel, die eine letzte Anstrengung macht, jugendlich zu erscheinen – das noch ganz unentwickelte Kind, das aber, durch lange Beobachtung in allen Künsten der Koketterie erfahren, vor Ehrgeiz brennt, den älteren Schwestern im Laster gleichzukommen; Trunkenbolde, zahllos und nicht zu beschreiben; manche in Flicken und Lumpen, mit verglasten Augen und blödem Schwatzen dahertaumelnd – manche in ganzen, wenngleich schmierigen Kleidern, mit unsicher schwankendem Schritt, dicken sinnlichen Lippen und dreist blickenden, rot gedunsenen Gesichtern – andere, deren Anzügen man ansah, dass sie aus gutem Stoff und selbst jetzt noch gebürstet waren, Leute, deren Schritt übertrieben fest und elastisch, deren Antlitz jedoch erschreckend bleich war, deren rote Augen abstoßend wild blickten und die, wie sie sich da durch die Menge hindurchschoben, mit zitternden Fingern nach allem tasteten, was in ihren Bereich kam.

Je mehr die Nacht hereinbrach, desto mehr steigerte sich auch mein Interesse an der Szene, denn nicht nur änderte sich der allgemeine Charakter der Dinge (die milden Züge verschwanden im gleichen Maße, in dem sich der bessere Teil der Leute zurückzog, und die rohen Elemente drängten sich kühner hervor, je mehr die späte Stunde alle Gemeinheit aus ihren Höhlen lockte), sondern es hatten jetzt auch die Strahlen der Gaslaternen, die zuerst im Kampf mit dem sterbenden Tageslicht nur schwach gewesen, die Herrschaft erlangt und warfen über alles ein flackerndes, glänzendes Licht. Alles war dunkel und dennoch strahlend – gleich jenem Ebenholz, mit dem man den Stil Tertullians verglichen hat.

Die seltsamen Lichtwirkungen fesselten meine Blicke an einzelne Gesichter; und obgleich die Schnelligkeit, mit der die Menge da draußen in Licht und wieder in Schatten trat, mich verhinderte, mehr als *einen* Blick auf jedes Antlitz zu werfen, so schien es doch, als ob ich infolge meiner besonderen Geistesverfassung imstande sei, in einem Augenblick die Geschichte langer Jahre zu lesen.

Die Stirn an den Scheiben, war ich solcherart beschäftigt, die Menge zu studieren, als plötzlich ein Gesicht auftauchte (das eines hinfälligen alten Mannes von etwa fünfundsechzig oder siebzig Jahren) – ein Gesicht, das mich sofort in Bann hielt und mit der unerhörten

Eigenart seines Ausdrucks meine ganze Aufmerksamkeit in Anspruch nahm. Nie vorher hatte ich etwas gesehen, das so sonderbar gewesen wäre wie dieser Gesichtsausdruck. Mein erster Gedanke bei seinem Anblick war, wie ich mich gut erinnere, der, dass Retzsch, hätte er es gesehen, ihm unbedingt vor allen anderen Modellen zu seiner Verkörperung des Satans den Vorzug gegeben haben würde. Als ich während der kurzen Zeit, da ich den Alten das erste Mal sah, mir schnell über den Eindruck, den er auf mich machte, Rechenschaft zu geben suchte, tauchten vor meinem geistigen Auge die wirren und widersprechenden Vorstellungen auf von unendlicher Geisteskraft, Vorsicht, Dürftigkeit, Geiz, Kälte, Bosheit, Blutdurst, von Frohlocken, Heiterkeit, wildestem Entsetzen und tiefer, unendlicher Verzweiflung. Ich fühlte mich seltsam aufgeregt, angezogen und in Bann gehalten. ›Welch eigenartige Geschichte‹, sagte ich zu mir selbst, ›ist diesem Busen eingegraben!‹ Dann befiel mich ein heftiges Verlangen, den Mann im Auge zu behalten, mehr von ihm zu erfahren. Eilig zog ich meinen Mantel an, nahm Hut und Stock und eilte auf die Straße, wo ich mir in der Richtung, die er gegangen war, durch die Menge einen Weg bahnte; denn er war schon verschwunden. Mit einiger Mühe gelang es mir, ihn wieder in Sicht zu bekommen; ich näherte mich ihm und folgte ihm dicht, doch vorsichtig, um nicht seine Aufmerksamkeit zu erregen.

Ich hatte jetzt gute Gelegenheit, ihn eingehend zu mustern. Er war von kleiner Gestalt, sehr mager und ersichtlich sehr hinfällig. Seine Kleidung war im Großen und Ganzen schmierig und zerlumpt; doch als er hie und da ins helle Licht einer Laterne trat, gewahrte ich, dass seine Wäsche, wenn auch schmutzig, so doch von feinstem Gewebe war; und wenn mein Auge mich nicht täuschte, so erspähte ich durch einen Riss in seinem fest zugeknöpften und offenbar aus zweiter Hand erworbenen Regenmantel den Schimmer eines Diamanten und eines Dolches. Diese Beobachtung erhöhte meine Neugier, ich beschloss, dem Fremden zu folgen, wohin er auch gehen mochte.

Es war jetzt tiefe Nacht, und ein dichter, feuchter Nebel lagerte über der Stadt, der bald in andauernden, heftigen Regen überging. Dieser Witterungswechsel hatte auf die Menge eine große Wirkung: Ein wildes Hasten setzte ein, und eine Welt von Regenschirmen wogte darüber hin. Das Drängen, das Stoßen und das Summen verstärkten sich um das Zehnfache. Ich für mein Teil machte mir nicht viel aus dem Regen – obgleich das noch nicht ganz überstandene Fieber in mir der feuchten Kühle gar zu bedenklich entgegenlechzte. Ich band mir ein Taschentuch um den Mund und schritt weiter. Eine halbe Stunde lang bahnte der Mann sich mühsam seinen Weg durch die belebte Straße; und hier ging ich dicht an seiner Seite, aus Furcht, ihn aus den Augen zu verlieren. Da er nie den Kopf wandte, um zurückzuschauen, bemerkte er mich nicht. Endlich bog er in eine Querstraße ein; auch dort war das Gedränge sehr stark, immerhin aber bei weitem nicht so wie in der soeben von uns verlassenen Hauptstraße. Jetzt änderte er sein Benehmen. Er ging langsamer und planloser als vorher – er zögerte. Er kreuzte wiederholt und ohne ersichtlichen Grund die Straße, und das Gedränge war noch so groß, dass ich bei jeder solchen Gelegenheit ihm dicht auf den Fersen bleiben musste. Die Straße war lang und schmal, und er verfolgte sie wohl eine Stunde lang; in dieser Zeit hatte die Zahl der Passanten abgenommen – bis etwa zu der Menge, wie man sie mittags auf dem Broadway nahe beim Park antrifft. So groß ist der Unterschied zwischen der Einwohnerzahl von London und der der belebtesten Stadt Amerikas. Eine weitere Wendung brachte uns auf einen glänzend erleuchteten, von Leben übersprudelnden Platz. Der Fremde nahm sein altes Gebaren wieder an. Er ließ das Kinn auf die Brust sinken, während seine Augen unter den gerunzelten Brauen gegen alle, die ihm in den Weg kamen, Blitze schossen. Er verfolgte seinen Weg ruhig und mit Ausdauer. Ich war indessen nicht wenig erstaunt, als er, nachdem er die Runde um den Platz beendet, kehrtmachte und seine Schritte wieder zurücklenkte. Noch mehr erstaunte ich darüber, dass er diese Runde mehrmals wiederholte – wobei er mich einmal bei einer plötzlichen Wendung fast entdeckte.

Mit dieser Leibesübung brachte er eine weitere Stunde zu, gegen deren Schluss uns weit weniger Passanten begegneten als vorher. Es regnete in Strömen; die Luft wurde kalt, und die Menschen zogen sich in ihre Behausungen zurück. Mit einer Gebärde der Ungeduld wandte sich der Wanderer einer verhältnismäßig öden Seitenstraße zu. Diese lief er wohl eine Viertelmeile lang mit einer Eilfertigkeit hinunter, wie ich sie bei einem so bejahrten Mann nicht vermutet hätte und die es mir schwer machte, ihm zu folgen. In wenigen Minuten hatten wir einen großen und sehr besuchten Basar erreicht, mit dessen Lokalitäten der Fremde wohl vertraut zu sein schien und wo er wieder wie vorher im Gedränge sich planlos zwischen der Schar von Käufern und Verkäufern hindurchschob.

Während der etwa anderthalb Stunden, die wir hier zubrachten, bedurfte ich meinerseits der größten Vorsicht, um mich in seiner Nähe zu halten, ohne seine Aufmerksamkeit zu erregen. Glücklicherweise trug ich ein Paar Gummischuhe und konnte mich daher lautlos vorwärtsbewegen. Er gewahrte nicht einen Augenblick, dass ich ihn beobachtete. Er ging von Laden zu Laden, trat in jeden hinein, sprach kein Wort und besah sich alles mit irren, ausdruckslosen Blicken. Ich war jetzt über sein Benehmen aufs Höchste verblüfft und nahm mir fest vor, nicht eher von ihm zu weichen, bis ich einigermaßen über ihn Bescheid wusste.

Eine laut tönende Uhr schlug elf, und die Menge verließ eilig den Basar. Ein Ladenbesitzer, der einen Schalter einhängte, stieß den Alten an, und im selben Augenblick sah ich ihn zusammenschauern. Er eilte in die Straße, sah sich einen Augenblick ängstlich um und lief dann mit unglaublicher Geschwindigkeit durch viele krumme, menschenleere Gassen, bis wir von Neuem in der großen Verkehrsader auftauchten, von der wir ausgegangen waren – der Straße des D…schen Kaffeehauses. Sie bot indessen nicht mehr denselben Anblick. Sie erstrahlte noch immer im Licht der Gaslaternen, aber der Regen fiel heftig, und es waren nur wenig Leute zu sehen. Der Fremde erbleichte. Er machte mürrisch einige Schritte auf der vordem so belebten Straße, schlug dann mit einem schweren Seufzer die Richtung nach dem Fluss ein, und durch eine Menge verschiedener Straßen hindurchhastend kam er schließlich bei einem der Haupttheater heraus. Es war kurz vor Toresschluss, und die Besucher strömten aus den Pforten. Ich sah, wie der alte Mann tief Atem holte, als er sich in die Menge stürzte, ich sah aber auch, dass die tiefe Pein in seinen Zügen etwas nachgelassen hatte. Sein Kopf sank wieder auf die Brust; er machte wieder denselben Eindruck wie zu Anfang. Ich bemerkte, dass er jetzt die Richtung nahm, welche die größere Anzahl der Theaterbesucher eingeschlagen. Hinter den Zweck seines wunderlichen Tuns aber konnte ich noch immer nicht kommen.

Während er so seinen Weg fortsetzte, zerstreuten sich die Leute allmählich, und seine alte Unrast befiel ihn von Neuem. Eine Zeit lang folgte er einer Gesellschaft von etwa zehn bis zwölf Nachtschwärmern; doch um einen nach dem andern verringerte sich diese Zahl, bis schließlich nur noch drei in einer engen und düsteren menschenleeren Gasse zurückblieben. Der Fremde hielt inne und schien für einen Augenblick in Gedanken versunken; dann eilte er mit allen Anzeichen innerer Aufregung einen Weg hinunter, der uns an die äußerste Grenze der Stadt führte, in weit andere Gegenden, als wir bisher durchquert hatten. Es war das geräuschvollste Viertel Londons, wo alles den Eindruck erbärmlichster Armut und verzweifelten Verbrechertums machte. Beim düsteren Licht einer vereinzelten Laterne sah man hohe, alte, wurmstichige Holzbauten, die in so verschiedenen und wunderlichen Stellungen dem Einsturz entgegensanken, dass die Gässchen zwischen ihnen kaum noch angedeutet waren. Die Pflastersteine lagen, von üppig wucherndem Gras aus ihren Betten gehoben, lose umher. Ekelhafter Unrat verweste in den verstopften Gossen. Die ganze Atmosphäre war getränkt von Gram und Elend. Doch vernahmen wir, als wir so weiter gingen, allmählich wieder menschliche Laute, und schließlich sah man ganze Banden des verworfensten Londoner Pöbels hin und her taumeln. Des alten Mannes Lebensgeister flammten wieder auf wie eine Lampe vorm Verlöschen. Noch einmal strebte er elastischen Schrittes vorwärts. Als wir plötzlich um eine Ecke bogen, drang eine Flut von Licht auf uns ein, und wir standen vor einem der riesigen Vorstadttempel der Unmäßigkeit, einem Palast des Branntweinteufels.

Es war jetzt fast Tagesanbruch; doch eine stattliche Anzahl elender Trunkenbolde drängte im protzigen Eingang hin und her. Mit einem leisen Freudenschrei erzwang der Alte sich den Zutritt, nahm sofort sein ursprüngliches Wesen wieder an und schritt ohne ersichtliches Ziel inmitten der Menge umher. Er war jedoch noch nicht lange beschäftigt, als ein Drängen nach den Türen verriet, dass der Wirt sich anschickte, sie für die Nacht zu schließen. Es war mehr als Verzweiflung, was ich jetzt auf dem Antlitz des seltsamen Wesens geschrieben sah, dessen Beobachtung ich mich so ausdauernd gewidmet hatte. Aber er hielt in seinem Lauf nicht inne, sondern lenkte mit wahnsinniger Hartnäckigkeit seine Schritte wieder dem Herzen des mächtigen London zu. Rastlos und eilig floh er dahin, während ich ihm in höchster Verblüffung folgte, fest entschlossen, nicht von diesem Studium zu lassen, für das ich jetzt ein verzehrendes Interesse fühlte.

Die Sonne ging auf, während wir weiterschritten, und als wir wiederum jenen belebtesten Teil der volkreichen Stadt, die Straße des D…schen Kaffeehauses erreicht hatten, bot diese ein Bild von Hast und Emsigkeit, das hinter dem vom Vorabend kaum zurückstand. Und hier inmitten des von Minute zu Minute zunehmenden Gewirrs setzte ich standhaft die Verfolgung des Fremden fort. Er aber ging wie immer hin und zurück und verließ während des ganzen Tages nicht das Getümmel jener Straße. Und als die Schatten des zweiten Abends niedersanken, wurde ich todmüde und stellte mich dem Wanderer kühn in den Weg und blickte ihm fest ins Antlitz. Er bemerkte mich nicht. Er nahm seinen traurigen Gang wieder auf, indes ich, von der Verfolgung abstehend, in Gedanken versunken zurückblieb. »Dieser alte Mann«, sagte ich schließlich, »ist das Urbild und der Dämon des Triebes zum Verbrechen. Er kann nicht allein sein. *Er ist der Mann der Menge.* Es wäre vergeblich, ihm zu folgen, denn ich werde weder ihn noch sein Tun tiefer durchschauen. Das schlechteste Herz der Welt ist ein umfangreicheres Buch als der »Hortulus Animae«*, und vielleicht ist es nur eine der großen Gnadengaben Gottes, dies: *Es lässt sich nicht lesen.*«

* Der »Hortulus Animae cum Oratiunculis Aliquibus Superadditis« von Grüninger.

Der Doppelmord in der Rue Morgue

Was für ein Lied die Sirenen sangen
oder unter welchem Namen Achilles
sich unter den Weibern versteckte,
das sind allerdings verblüffende Fragen –
deren Lösung jedoch nicht außerhalb
des Bereichs der Möglichkeit liegt.

SIR THOMAS BROWNE

Die eigentümlichen geistigen Eigenschaften, die man analytische zu nennen pflegt, sind ihrer Natur nach der Analyse schwer zugänglich. Wir würdigen sie nur nach ihren Wirkungen. Was wir unter anderen Dingen von ihnen wissen, das ist, dass sie demjenigen, der sie in ungewöhnlich hohem Grade besitzt, eine Quelle höchster Genüsse sind. Wie der starke Mann sich seiner körperlichen Kraft freut und besonderes Vergnügen an allen Übungen findet, die seine Muskeln in Tätigkeit setzen, so erfreut sich der Analytiker jener geistigen Fähigkeit, die das Verworrene zu lösen vermag; auch die trivialsten Beschäftigungen haben Reiz für ihn, sobald sie ihm nur Gelegenheit geben, sein Talent zu entfalten. Er liebt Rätsel, Wortspiele, Hieroglyphen und entwickelt bei ihrer Lösung oft einen Scharfsinn, der den mit dem Durchschnittsverstand begabten Menschenkindern unnatürlich erscheint. Obwohl seine Resultate nur das Produkt einer geschickt angewandten Methode sind, machen sie den Eindruck einer Intuition.

Das Auflösungsvermögen wird möglicherweise noch bedeutend durch mathematische Studien erhöht, und zwar besonders durch das Studium jenes höchsten Zweiges der Mathematik, den man nicht ganz richtig und wohl nur wegen seiner rückwärts wirkenden Operationen vorzugsweise Analyse genannt hat. Indessen heißt rechnen noch nicht analysieren. Ein Schachspieler zum Beispiel tut das eine, ohne sich um das andere im mindesten zu kümmern. Es folgt daraus, dass man das Schachspiel in seiner Wirkung auf den Geist meistens sehr falsch beurteilt. Ich beabsichtige hier keineswegs eine gelehrte Abhandlung zu schreiben, sondern will nur eine sehr eigentümliche Geschichte durch einige mir in den Sinn kommenden Bemerkungen einleiten; jedenfalls aber möchte ich diese Gelegenheit benutzen, um die Behauptung aufzustellen, dass die höheren Kräfte des denkenden Geistes durch das bescheidene Damespiel viel nutzbringender und lebhafter angeregt werden als durch die mühe- und anspruchsvollen Nichtigkeiten des Schachspiels. Bei letzterem Spiel, in dem die Figuren verschiedene wunderliche Bewegungen von ebenso verschiedenem, veränderlichem Wert ausführen können, wird etwas, was nur sehr kompliziert ist, irrtümlicherweise für etwas sehr Scharfsinniges gehalten. Beim Schachspiel wird vor allem die Aufmerksamkeit stark in Anspruch genommen. Wenn sie auch nur einen Augenblick erlahmt, so übersieht man leicht etwas, das zu Verlust oder Niederlage führt. Da die uns zu Gebote stehenden Züge zahlreich und dabei von ungleichem Wert sind, ist es natürlich sehr leicht möglich, dieses oder jenes zu übersehen; in neun Fällen unter zehn wird der Spieler, der seine Gedanken vollkommen zu konzentrieren versteht, selbst über den geschickteren Gegner den Sieg davontragen. Im Damespiel hingegen, wo es nur eine Art von Zügen mit wenig Veränderungen gibt, ist die Wahrscheinlichkeit eines Versehens geringer, die Aufmerksamkeit wird weniger in Anspruch genommen, und die Vorteile, die ein Partner über den anderen erringt, verdankt er seinem größeren Scharfsinn. Stellen wir uns, um weniger abstrakt zu sein, eine Partie auf dem Damebrett vor, deren Steine auf vier Damen herabgeschmolzen sind und wo ein Versehen natürlich nicht zu erwarten ist. Nehmen wir an, dass die Gegner einander gewachsen sind, so ist es klar, dass der Sieg hier nur durch einen außerordentlich geschickten Zug, der das Resultat einer ungewöhnlichen Geistesanstrengung ist, entschieden werden kann. Wenn der Analytiker sich seiner gewöhnlichen Hilfsquellen beraubt sieht, denkt er sich in den Geist seines Gegners hinein, identifiziert sich mit ihm, und dann gelingt es ihm nicht selten, auf den ersten Blick eine oft verblüffend einfache Methode zu finden, durch die er den anderen irreführen oder zu einem unbesonnenen Zug veranlassen kann.

Das Whistspiel ist schon lange berühmt, weil man ihm einen gewissen Einfluss auf das sogenannte Berechnungsvermögen zuschreibt. Tatsache ist, dass die hervorragendsten Männer dieses Spiel ganz besonders bevorzugt haben, während sie das Schachspiel als kleinlich verschmähten. Allgemein anerkannt ist, dass es kein anderes Spiel gibt, das die analytischen Fähigkeiten in so hohem Grade in Anspruch nimmt. Der beste Schachspieler der Christenheit ist vielleicht nicht mehr als eben nur der beste Schachspieler; die Tüchtigkeit und Gewandtheit im Whist lassen aber auf einen feinen Kopf schließen, der überall, wo der Geist mit dem Geiste kämpft, des Erfolges sicher sein kann. Wenn ich hier von Gewandtheit spreche, so verstehe ich darunter die vollkommene Beherrschung des Spiels, die mit einem Blick alle Eventualitäten erkennt, aus denen sich ein rechtmäßiger Vorteil ziehen lässt. Es gibt viele und sehr verschiedenartige solcher Hilfsquellen, die es aufzufinden und zu benutzen gilt; indessen erschließen sie sich meistens nur einer höheren Intelligenz und sind Menschen von gewöhnlicher Begabung unzugänglich. Aufmerksam beobachten heißt Gedächtnis haben, sich gewisser Dinge deutlich erinnern können, und insofern wird der Schachspieler, der an die Konzentration seiner Gedanken gewöhnt ist, sich sehr gut zum Whist eignen, vorausgesetzt, dass er die Spielregeln Hoyles – die in allgemein verständlicher Weise den Mechanismus des Whists erklären – gut inne hat. Daher kommt es denn, dass man gewöhnlich glaubt, ein gutes Gedächtnis haben und regelrecht nach dem Buch spielen können, das sei alles, was zu einem feinen Spiel erforderlich sei. Aber die Kunst des Analytikers bewährt sich in solchen Dingen, die außerhalb der Grenzen aller Regel liegen. In aller Stille macht er Beobachtungen, aus denen er seine Schlüsse zieht. Seine Mitspieler tun wahrscheinlich dasselbe; der Unterschied des erlangten Wissens liegt weniger an der Richtigkeit des Schlusses als an dem Wert der Beobachtung. Das Wichtigste ist, sich ganz klar darüber zu sein, was man beobachten muss. Der wirklich feine Spieler hat seine Augen überall, und neben dem Spiel, das natürlich Hauptsache ist, verschmäht er es nicht, Schlüsse aus Dingen zu ziehen, die nur als Äußerlichkeiten erscheinen. So beobachtet er zum Beispiel den Gesichtsausdruck seines Partners und vergleicht ihn sorgfältig mit dem seiner Gegner. Er achtet darauf, wie die Mitspielenden ihre Karten in der Hand ordnen; oft zählt er Trumpf auf Trumpf, Honneurs auf Honneurs an den Blicken nach, mit denen ihre Besitzer sie mustern. Er merkt sich im Verlauf des Spiels jede Veränderung ihres Gesichtsausdrucks und zieht seine Schlüsse aus jedem Wort, aus jeder Triumph,

Überraschung oder Ärger verratenden Geste. Aus der Art, wie jemand einen Stich aufnimmt, schließt er darauf, ob der Betreffende noch mehr Stiche in dieser Farbe machen kann. Ebenso erkennt er an der Weise, wie eine Karte auf den Tisch geworfen wird, ob jemand mogelt. Ein zufälliges, unbedachtes Wort, das gelegentliche Fallenlassen oder Umwenden einer Karte, die Ängstlichkeit, einen so unbedeutenden Vorgang verbergen zu wollen, oder auch die Gleichgültigkeit dagegen, das Zählen der Stiche und die Art, sie zu ordnen, das verwirrte, zögernde, hastige oder übereifrige Wesen des Spielenden, alles muss ihm zum Erkennungszeichen dienen, das ihm den Stand der Dinge verrät. Er macht dabei den Eindruck, als erkenne er alles kraft einer Intuition. Wenn die ersten zwei oder drei Runden gespielt sind, dann weiß er genau, in welcher Hand die Karten sind, und er spielt seine eigenen mit einer so absoluten Sicherheit aus, als ob sämtliche Mitspielenden ihm ihre zeigten.

Indessen darf man das Analysierungsvermögen keineswegs mit der Klugheit verwechseln, denn während der Analytiker unbedingt klug ist, haben doch oft recht kluge Leute nicht das geringste Talent zur Analyse. Die Kombinationsgabe, durch die sich die Klugheit gewöhnlich äußert und der die Phrenologen, wie ich glaube irrtümlich, ein besonderes Organ zugewiesen haben, da sie dieselbe für eine angeborene Fähigkeit halten, ist so häufig bei Menschen, deren Verstand fast an Blödsinn grenzt, wahrgenommen worden, dass die Tatsache die Aufmerksamkeit vieler Gelehrten auf sich gezogen hat. Zwischen Klugheit und analytischer Fähigkeit besteht aber ein Unterschied, der größer ist als der zwischen Fantasie und Einbildungskraft; indessen ist er von streng analogem Charakter. Man kann beinahe mit Sicherheit behaupten, dass die klugen Menschen stets fantasiereich und die mit *wirklicher* Einbildungskraft begabten stets Analytiker sind. –

Nachstehende Erzählung möge dem Leser als Kommentar dieser Behauptungen dienen.

Als ich mich im Frühling und während eines Teils des Sommers 18.. in Paris aufhielt, machte ich die Bekanntschaft eines Herrn C. August Dupin. Dieser junge Mann gehörte einer sehr guten, ja sogar berühmten Familie an, die jedoch durch eine Reihe von Schicksalsschlägen in so tiefe Armut geraten war, dass die Energie seines Charakters darunter erlag, sodass er sich ganz von der Welt zurückgezogen hatte und keine Versuche mehr machte, sich in eine bessere Lage emporzuarbeiten. Seine Gläubiger waren so anständig gewesen, ihn im Besitz eines kleinen Restes seines väterlichen Vermögens zu lassen, dessen Zinsen bei äußerster Sparsamkeit zu einem sehr bescheidenen Leben hinreichten, ihm jedoch auch nicht den kleinsten Luxus gestatteten. Bücher waren das einzige, dem er nicht ganz zu entsagen vermochte – und diesen Luxus kann man sich in Paris ohne große Kosten leisten.

Wir begegneten uns zum ersten Mal in einem obskuren Buchladen in der Rue Montmartre, wo der Zufall, dass wir beide dasselbe, übrigens sehr seltene und merkwürdige Buch suchten, uns in nähere Beziehung zueinander brachte. Von da an trafen wir uns zuweilen. Ich interessierte mich lebhaft für seine Familiengeschichte, die er mir mit der ganzen Aufrichtigkeit erzählte, in der der Franzose sich gefällt, wenn er von seinem eigenen Ich spricht. Sehr überrascht war ich von seiner ungeheuren Belesenheit, vor allem aber waren es die seltene Frische und Lebendigkeit seiner Fantasie, die mich interessierten und anregten. Da er dieselben Ziele verfolgte, um derentwillen ich mich in Paris aufhielt, fühlte ich, dass die Gesellschaft dieses Mannes für mich von unendlichem Wert sein könnte, und ich machte ihm gegenüber auch kein Hehl daraus. Wir machten also miteinander aus, dass wir, so lange mein Aufenthalt in Paris dauern würde, zusammen wohnen wollten. Da meine Vermögensverhältnisse besser waren als seine, so konnte ich es mir erlauben, für uns auf meine Kosten ein ziemlich vernachlässigtes und wunderlich aussehendes Häuschen zu mieten, das in einem abgelegenen, einsamen Teil des Faubourg St. Germain lag. Irgendeines Aberglaubens wegen, dem wir nicht weiter nachforschten, hatte es schon lange unbewohnt gestanden; ich richtete es in einem Stil ein, der der fantastischen Düsterkeit unserer gewöhnlichen Stimmung entsprach.

Hätte die Welt gewusst, welche Lebensweise wir in diesem Häuschen führten, so würde man uns wahrscheinlich für Wahnsinnige gehalten haben, wenn auch für sehr harmlose. Unsere Abgeschiedenheit war eine vollkommene. Wir nahmen keine Besuche an. Ich hatte meinen früheren Bekannten und Freunden überhaupt nichts von meinem Wohnungswechsel gesagt, und Dupin lebte schon seit vielen Jahren so einsam, dass ihn in Paris niemand mehr kannte. Wir lebten ganz allein für uns.

Es war eine Marotte meines Freundes – denn wie anders sollte ich es nennen? –, dass er in die Nacht um ihrer selbst willen verliebt war; wie alle seine Launen machte ich auch diese mit; ich ließ mich überhaupt ganz von ihm leiten und hieß alle seine bizarren Einfälle gut. Da die Göttin der Nacht nicht immer freiwillig bei uns hausen wollte, erdachten wir Mittel und Wege, uns Ersatz für ihre Gegenwart zu schaffen. Beim ersten Morgengrauen schlossen wir die sämtlichen starken Fensterläden unseres alten Hauses und steckten ein paar duftende Kerzen an, die nur schwache, gespensterhafte Strahlen aussandten. Mit ihrer Hilfe wiegten wir die Seele in Träume – wir lasen, schrieben und unterhielten uns, bis die Uhr uns den Anbruch der wirklichen Dunkelheit verkündete. Dann eilten wir in die Straßen, wo wir Arm in Arm umherschlendernd die Gespräche des Tages fortsetzten, und oft streiften wir bis in die tiefe Nacht umher und suchten im grellen Licht und tiefen Schatten der volkreichen Stadt jene Unendlichkeit geistiger Anregung, die stummes Beobachten sich zu verschaffen weiß.

Bei solchen Gelegenheiten konnte ich nicht umhin, immer wieder Dupins eigenartige analytische Begabung zu bemerken und zu bewundern, obwohl mich sein reiches Geistesleben schon darauf vorbereitet hatte. Er schien auch mit großer Freude diese Gabe zu pflegen, wenngleich er niemals damit renommierte, und er gestand mir offen ein, dass sie für ihn eine Quelle manchen Genusses sei. Mit leisem Kichern rühmte er sich zuweilen, dass für ihn die meisten Menschen ein Fensterchen auf der Brust hätten, und er unterstützte derartige Behauptungen auf der Stelle durch geradezu verblüffende Beweise von seiner genauen Kenntnis meines eigenen Seelenlebens. In solchen Augenblicken war er kalt und geistesabwesend, seine Augen starrten ausdruckslos, und seine Stimme, die sonst einen weichen Tenorklang hatte, sprang in hohen Diskant hinauf, der lächerlich gewirkt haben würde, hätte er nicht dabei besonders deutlich und bedächtig gesprochen. Wenn ich ihn in solchen Stimmungen beobachtete, musste ich immer wieder an die alte Philosophie von dem Zweiseelensystem denken, und mich belustigte der Gedanke, einen doppelten Dupin vor mir zu haben – einen schöpferischen und einen zerstörenden.

Es wäre übrigens falsch, wenn man aus dem Gesagten schließen wollte, dass ich ein Geheimnis zu enthüllen oder einen Roman zu schreiben beabsichtige. Die eben geschilderten Eigenschaften des Franzosen waren lediglich Resultate einer überreizten, vielleicht auch einer krankhaften Intelligenz. Ich glaube durch ein Beispiel die beste Vorstellung von dem Charakter der Aussprüche, die er zu solchen Zeiten machte, geben zu können.

Wir schlenderten eines Abends durch eine lange, schmutzige Straße in der Nähe des Palais Royal. Da wir beide ganz mit unseren eigenen Gedanken beschäftigt waren, hatten wir schon länger als eine Viertelstunde keine Silbe miteinander gesprochen. Plötzlich brach Dupin ganz unvermittelt in die Worte aus:

»Er ist wirklich ein sehr kleiner Kerl, das ist wahr! Er würde besser für das Varieté passen.«

»Zweifellos«, erwiderte ich unwillkürlich, und ich war so ganz in meine Gedanken vertieft, dass ich im ersten Augenblick nicht merkte, in wie seltsamer Weise seine Worte mit meinem Gedankengang übereinstimmten. Das fiel mir erst einen Augenblick nachher auf, und da war ich allerdings ziemlich verblüfft.

»Dupin«, sagte ich in ernstem Ton, »das geht über mein Verständnis. Ich zögere nicht, Ihnen zu gestehen, dass ich aufs Höchste verwundert bin und meinen Sinnen kaum zu trauen vermag. Wie ist es nur möglich, dass Sie wissen konnten, dass ich gerade dachte an –?« Ich hielt inne, um mich zu überzeugen, ob er wirklich den Namen wisse.

»An Chantilly natürlich«, sagte er; »warum halten Sie inne? Sie dachten doch gerade darüber nach, dass seine kleine Gestalt ihn wirklich untauglich zum Tragöden mache.«

Damit hatten meine Gedanken sich wirklich beschäftigt. Chantilly war ein Flickschuster aus der Rue St. Denis, der, von einer wahren Leidenschaft für das

Theater ergriffen, es durchgesetzt hatte, in der Rolle des Xerxes in Crébillons gleichnamiger Tragödie aufzutreten, aber natürlich durchgefallen war und für all seine Mühe nur Hohn und Spott geerntet hatte. »Sagen Sie mir um Himmels willen«, rief ich aus, »nach welcher Methode Sie vorgegangen sind – wenn hier überhaupt von einer Methode die Rede sein kann –, um so in meiner Seele lesen zu können!« Ich war in der Tat noch viel verblüffter, als ich ihm zeigen wollte.

»Es war der Obsthändler«, antwortete mein Freund gelassen, »der den Gedanken in Ihnen anregte, dass der Flickschuster für die Darstellung eines Xerxes und ähnlicher Rollen nicht die nötige Figur habe.«

»Der Obsthändler! Sie setzen mich in Erstaunen! Ich weiß nichts von einem Obsthändler.«

»Ich meine den Mann, der gegen Sie anrannte, als wir in die Rue C. einbogen; es ist kaum eine Viertelstunde her.«

Ich erinnerte mich jetzt daran, dass, als wir aus der Rue C. in den Durchgang einbogen, in dem wir uns jetzt befanden, ein Mann, der einen großen Korb mit Äpfeln auf dem Kopf trug, so heftig gegen mich anrannte, dass ich beinahe umgefallen wäre. Aber was das mit Chantilly zu tun haben sollte, war mir unerfindlich.

Dupin hatte auch nicht die Spur von Scharlatanerie an sich. »Ich werde Ihnen das erklären«, sagte er einfach, »und damit Sie mich ganz verstehen, wollen wir den Gang Ihrer Gedanken von dem Augenblick an, wo ich zu Ihnen sprach, bis zu dem, wo der Obsthändler gegen Sie anrannte, zurückverfolgen. Die Hauptglieder dieser Gedankenkette sind folgende: Chantilly, Orion, Dr. Nichols, Epikur, Stereotomie, das Straßenpflaster, der Obsthändler –«

Es gibt wenig Personen, denen es nicht in irgendeiner Periode ihres Lebens Vergnügen gemacht hätte, den Stufengang zurückzuverfolgen, auf dem ihr Geist zu gewissen Schlüssen gelangte. Diese Beschäftigung kann sehr interessant sein; wer es zum ersten Mal versucht, ist erstaunt über die scheinbar unendliche Entfernung zwischen dem Ausgangspunkt und dem Endpunkt und über den scheinbaren Mangel jeden Zusammenhangs zwischen beiden. Man denke sich daher mein Erstaunen über das, was der Franzose nun zu mir sagte, da ich zugeben musste, dass er die Wahrheit sprach. Er fuhr fort:

»Wir hatten, wenn ich mich recht erinnere, in der Rue C. von Pferden gesprochen. Das war unser letztes Gesprächsthema. Als wir in diese Straße hier einbogen, kam uns ein Obsthändler mit einem großen Korb auf dem Kopf entgegen; er war sehr in Eile und stieß Sie gegen einen Haufen von Pflastersteinen, die an einer Stelle, wo die Straße ausgebessert werden sollte, aufgeschüttet lagen. Sie traten auf einen lose liegenden Stein, glitten aus und verstauchten sich leicht den Fuß, was Sie zu verstimmen schien, denn Sie murmelten ein paar Worte, blickten ärgerlich auf den Haufen Steine und setzten schweigend Ihren Weg fort. Obwohl ich Ihnen durchaus keine besondere Aufmerksamkeit schenkte, ist mir doch das Beobachten in letzter Zeit zur anderen Natur geworden.

Ich bemerkte, dass Sie den Blick zu Boden gesenkt hielten und mit verschlossener Miene die vielen Löcher und Unebenheiten der Straße betrachteten. Ich sah also, dass Sie noch immer an die Steine dachten. Erst als wir die kleine Lamartinegasse erreichten, deren Pflasterung versuchsweise mit fest ineinander greifenden Holzblöcken hergestellt ist, erhellte sich der Ausdruck Ihres Gesichts, und Ihre Lippen murmelten das Wort ›Stereotomie‹, eine etwas anspruchsvolle Bezeichnung für diese einfache Art der Pflasterung. Ich wusste, dass Sie dieses Wort nicht denken konnten, ohne danach an Atome und an die Lehre Epikurs denken zu müssen. Hatten wir uns doch vor nicht langer Zeit über solche Dinge unterhalten, und ich äußerte damals, wie seltsam es sei, dass die vagen Vermutungen dieses tiefsinnigen Griechen durch die neuesten Entdeckungen der Nebel-Kosmogonie eine so glänzende und dennoch so wenig beachtete Bestätigung gefunden hätten. Ich erwartete also jetzt mit Bestimmtheit, dass Sie zu dem großen Nebel des Orion aufblicken würden. Sie taten dies wirklich, und ich war nun meiner Sache sicher und wusste, dass ich Ihren Gedankengang richtig verfolgt hatte. In der abfälligen Kritik, die gestern im ›Musée‹ über Chantilly erschien, machte der Verfasser sich auch über die Namensänderung lustig, die der Flickschuster beim Besteigen des Kothurn für nötig gehalten hatte, und zitierte einen lateinischen Spruch, über den wir oft gesprochen haben: Perdidit antiquum litera prima sonum!

Ich hatte Ihnen gestern gesagt, dass diese Zeile sich auf den Orion, früher Urion genannt, bezöge, und da ich bei dieser Gelegenheit ein paar bissige Bemerkungen gemacht hatte, glaubte ich sicher zu sein, dass Sie sich unserer Unterhaltung erinnern würden. Es war daher gewiss, dass Sie nicht verfehlen würden, die beiden Begriffe Orion und Chantilly miteinander zu verbinden. Dass Sie dies wirklich taten, ersah ich aus dem Lächeln, das um Ihre Lippen spielte. Sie dachten an das tragische Geschick des armen Flickschusters. Bis dahin war Ihre Haltung nachlässig gebückt gewesen, nun sah ich, wie Sie sich plötzlich zu Ihrer vollen Höhe aufrichteten. Ich war ganz sicher, dass Sie an die kleine Gestalt Chantillys dachten. Ich unterbrach Ihren Gedankengang mit der Bemerkung, dass er wirklich ein kleines Kerlchen sei, dieser Chantilly, und dass er besser daran täte, wenn er zum Varieté ginge.« –

Nicht lange danach lasen wir die Abendausgabe der ›Gazette des Tribunaux‹. Unsere Aufmerksamkeit wurde durch folgende Stelle gefesselt:

»*Sensationeller Mord.* – Heute morgen gegen drei Uhr wurden die Bewohner des Quartiers St. Roch durch entsetzliche Schreie geweckt, die anscheinend aus dem vierten Stockwerk eines Hauses der Rue Morgue drangen, das, wie man wusste, von einer gewissen Madame L'Espanaye und ihrer Tochter Mademoiselle Camille L'Espanaye allein bewohnt wurde. Nach einer Verzögerung, entstanden durch den fruchtlosen Versuch, sich auf gewöhnlichem Wege Einlass zu verschaffen, wurde das Haustor mit einer Eisenstange erbrochen, worauf acht bis zehn Nachbarn in Begleitung zweier Gendarmen in das Haus drangen. Das Geschrei war unterdessen verstummt, aber als die Leute die Treppe hinaufstürzten, vernahmen sie von oben her deutlich den Klang von zwei oder mehr rauen Stimmen, die heftig und laut miteinander stritten. Als man den zweiten Treppenabsatz erreicht hatte, hörten auch diese Töne auf, und es wurde plötzlich totenstill. Die eingedrungenen Personen teilten sich in verschiedene Parteien und eilten von einem Zimmer in das andere. Als man endlich ein großes Hinterzimmer des vierten Stocks erreichte (die Tür dieses Zimmers war von innen verschlossen und musste aufgebrochen werden), bot sich ein Anblick dar, der alle Anwesenden mit Grauen und höchster Verwunderung erfüllte.

In dem Zimmer herrschte die wildeste Unordnung; die Möbel waren zertrümmert und lagen überall umher. Das Zimmer enthielt eine Bettstatt, und aus dieser waren sämtliche Kissen herausgerissen und in die Mitte des Zimmers geschleppt worden. Auf einem Stuhl lag ein blutiges Rasiermesser. Auf dem Kamin fand man zwei oder drei lange, dicke Strähnen grauen Menschenhaares, die ebenfalls mit Blut besudelt waren und mit den Wurzeln ausgerissen zu sein schienen. Über den Fußboden zerstreut fand man vier Napoleons, einen Topas-Ohrring, drei große silberne Löffel, drei kleinere aus Neusilber, ferner zwei Beutel, die viertausend Franken in Gold enthielten. Aus einem in der Ecke stehenden Schreibtisch waren die Schubfächer herausgezogen und offenbar ausgeplündert worden, obwohl noch viele Gegenstände darin umherlagen. Unter den Bettkissen, nicht unter der Bettstatt, entdeckte man eine kleine eiserne Kassette. Sie war offen und der Schlüssel steckte in dem Schloss; ihr Inhalt aber bestand nur aus einigen alten Briefen und anderen belanglosen Papieren.

Von Madame L'Espanaye war keine Spur zu entdecken; da man aber den Kamin und den Fußboden davor ganz mit Ruß bedeckt fand, forschte man im Schornstein nach, und man zog – grässlich, es zu sagen! – den Leichnam der Tochter daraus hervor, der mit dem Kopf nach unten ziemlich hoch in den engen Schornstein hinaufgestopft worden war. Der Körper war noch ganz warm. Bei der Untersuchung fanden sich zahlreiche Hautabschürfungen, die wahrscheinlich durch die Heftigkeit, mit der der Leichnam in den Schornstein hinaufgestoßen und dann wieder heruntergezogen wurde, verursacht worden waren. Auf dem Gesicht fand man viele schwere Kratzwunden, während sich am Hals schwarze Quetschwunden und der tiefe Eindruck von Fingernägeln vorfanden, die darauf hindeuteten, dass das Mädchen erdrosselt worden war.

Nachdem man jeden Winkel des Hauses auf das Gründlichste untersucht hatte, ohne jedoch etwas Weiteres zu entdecken, drangen die Leute in einen kleinen gepflasterten Hof, der hinter dem Haus lag. Und hier war es, wo man die Leiche der alten Dame fand. Der

Kopf war vom Rumpf abgetrennt und hing nur noch durch ein Stück Haut lose damit zusammen, sodass er abfiel, als man die Leiche aufzuheben versuchte. Der Körper sowohl wie der Kopf waren in unerhörter, grauenhaftester Weise verstümmelt, und besonders der erstere sah kaum noch menschenähnlich aus.

Trotz aller Bemühungen ist es bis jetzt noch nicht gelungen, den Schlüssel zu diesem entsetzlichen Geheimnis zu finden.« –

Tags darauf brachte dieselbe Zeitung noch einige weitere Einzelheiten über den grauenhaften Fall:

»*Die Tragödie in der Rue Morgue.* Viele Personen sind schon in dieser außergewöhnlichen und grauenhaften Sache vernommen worden, doch fand sich nicht das Geringste, was Licht in die dunkle Angelegenheit gebracht hätte. Wir geben hier die Aussagen der vernommenen Zeugen.

Pauline Dubourg, Wäscherin, sagt aus, dass sie die beiden verstorbenen Damen schon seit drei Jahren gekannt habe, da sie während dieser Zeit die Wäsche für sie besorgte. Mutter und Tochter hätten viel auf einander gehalten und seien stets sehr zärtlich miteinander gewesen. Sie bezahlten alles sofort. Wie und wovon sie gelebt hatten, darüber könne sie nichts sagen. Man munkele, dass Madame L'Espanaye von Beruf Wahrsagerin gewesen sei. Jedenfalls ginge die Rede, dass sie Geld gehabt habe. Die Zeugin sagte ferner aus, sie sei im Haus niemals jemand begegnet, wenn sie die Wäsche geholt oder zurückgebracht habe. Sie wisse mit Bestimmtheit, dass die Damen keine Dienstboten gehabt hätten. Sie habe angenommen, dass nur der vierte Stock des Hauses möbliert gewesen und dass es sonst ganz unbewohnt gewesen sei.

Peter Moreau, Tabakhändler, sagt aus, dass er seit etwa vier Jahren der Madame L'Espanaye ab und zu kleine Quantitäten Rauch- und Schnupftabak verkauft habe. Er sei in der Nachbarschaft geboren und habe immer in der Rue Morgue gewohnt. Die alte Dame und ihre Tochter hätten schon seit mehr als sechs Jahren ganz allein in dem Haus gewohnt, in dem man ihre Leichen gefunden hatte. Das Haus gehörte Madame L'Espanaye. In früheren Zeiten hatte sie an einen Juwelier vermietet gehabt; der Missbrauch aber, den dieser mit den oberen Räumen trieb, indem er sie an alle möglichen Leute in Aftermiete gab, hatte den Unwillen der alten Dame erregt. Sie zog also selbst in das Haus und weigerte sich von da ab hartnäckig, die nicht von ihr bewohnten Räume anderweitig zu vermieten. Der Zeuge meint, Madame L'Espanaye sei etwas kindisch gewesen. Er sagt, dass er die Tochter während der sechs Jahre kaum mehr als fünf oder sechs Mal gesehen habe. Die beiden Frauen hätten ein außerordentlich zurückgezogenes Leben geführt – indessen hätten sie allgemein in dem Ruf gestanden, Geld zu haben. Er hatte auch gehört, dass die Leute in der Nachbarschaft munkelten, Madame L'Espanaye sei eine Wahrsagerin – er habe das aber niemals geglaubt. Er habe nie jemand anders in das Haus treten sehen als Mutter und Tochter, ein oder zwei Mal einen Dienstmann und acht oder zehn Mal einen Arzt.

Noch viele andere Personen aus der Nachbarschaft bestätigten diese Aussage. Von irgendeinem regelmäßigen Verkehr in dem Haus konnte überhaupt gar keine Rede sein, man wusste nicht einmal, ob Madame L'Espanaye und ihre Tochter irgendwelche Verwandten hatten. Die Fensterläden der vorderen Zimmer wurden nur selten geöffnet, die nach dem Hof waren stets geschlossen, mit Ausnahme der Läden eines großen Zimmers in der vierten Etage. Das Haus war gut gebaut und nicht alt.

Isidor Muset, Gendarm, sagt aus, dass man ihn gegen drei Uhr morgens zu dem Haus geholt und dass er dort zwanzig bis dreißig Personen angetroffen habe, die vergebens versuchten, sich Eingang zu verschaffen. Er habe schließlich die Tür erbrochen, und zwar mit einem Bajonett, nicht mit einer Eisenstange. Es sei das nicht sehr schwierig gewesen, da es eine Flügeltür war, die weder oben noch unten ordentlich zugeriegelt gewesen sei. Man habe oben aus dem Haus ein entsetzliches Geschrei gehört, aber in dem Augenblick, als die Tür aufflog, sei plötzlich alles still geworden. Es waren herzzerreißende Angstschreie gewesen, die, wie es schien, von einer oder mehreren Personen in größter Todesangst ausgestoßen wurden. Der Zeuge war den anderen voran die Treppe hinaufgegangen. Als er den ersten Treppenabsatz erreicht hatte, vernahm er ganz deutlich zwei Stimmen, die laut und zornig miteinander stritten, die eine war rau und barsch, während die andere einen ganz sonderbaren, schrillen, kreischenden Klang hatte. Er konnte ein paar der von der ersten Stimme gesprochenen Worte verstehen; es war die eines Franzosen; jedenfalls war es keine Frauenstimme, und er unterschied deutlich die Worte ›sacré‹ und ›diable‹. Die schrille Stimme hielt er für die eines Ausländers. Er war sich nicht ganz klar darüber, ob es die Stimme eines Mannes oder einer Frau gewesen sei, auch konnte er nicht bestimmt behaupten, in welcher Sprache sie sich ausgedrückt habe, er meinte jedoch, es sei Spanisch gewesen. Seine Beschreibung von dem Zustand des Zimmers und der Leichen stimmt genau mit unserer gestrigen Beschreibung überein.

Henri Duval, von Beruf Silberschmied, auch ein Nachbar, sagt aus, dass er einer der ersten gewesen war, die in das Haus eingedrungen seien. Seine Aussage stimmt in der Hauptsache ganz mit der Musets überein.

Er sagt, nachdem man sich den Eingang erzwungen hatte, habe er rasch die Haustür von innen abgeschlossen, um die nachdrängende Menge abzuhalten, die sich trotz der späten Stunde sehr bald ansammelte. Der Zeuge meint, die schrille Stimme, die auch er vernommen habe, sei die eines Italieners gewesen, bestimmt nicht die eines Franzosen. Es ist ihm nicht ganz sicher, ob es die Stimme eines Mannes war, es könne auch eine weibliche Stimme gewesen sein. Er könne kein Italienisch und hätte daher natürlich kein Wort verstanden, aber nach dem Klang zu schließen, glaube er, dass es wirklich Italienisch gewesen sei. Gewiss, er habe Madame L'Espanaye und auch ihre Tochter gekannt. Er habe sich öfters mit beiden unterhalten. Es sei ganz ausgeschlossen, dass die schrille Stimme einer der beiden Verstorbenen angehört hätte.

Odenheimer, Restaurateur. Dieser Zeuge war nicht geladen, er ist freiwillig erschienen, um sein Zeugnis abzulegen. Er ist Holländer und aus Amsterdam gebürtig. Da er kein Französisch spricht, wurde er durch einen Dolmetscher vernommen. Er kam zufällig an dem Haus vorüber, als darin das entsetzliche Geschrei ertönte; er glaubt, dass es wenigstens zehn Minuten angedauert haben müsse. Es war ein langgezogenes, lautes, jammervolles und grauenhaftes Schreien. Er gehört zu denen, die in das Haus eindrangen. Seine Aussage stimmt durchaus mit der der anderen Zeugen überein – bis auf einen Punkt: Er glaube nämlich mit Sicherheit behaupten zu können, dass die schrille Stimme die eines Mannes, und zwar eines Franzosen gewesen sei. Obgleich er die Worte nicht hatte verstehen können, habe er den Eindruck, als ob die Stimme zugleich angst- und zornerfüllt geklungen habe, sie habe laut, schnell und in abgebrochenen Tönen gesprochen. Die Stimme wäre ihm mehr heiser als schrill erschienen. Eine wirklich schrille Stimme wäre es nicht gewesen. Die andere raue Stimme habe wiederholt ›sacré‹, ›diable‹ und einmal ›mon Dieu‹ gesagt.

Jules Mignaud, Bankier und Inhaber der Firma Mignaud & Sohn, Rue Deloraine. Er ist der ältere Mignaud. Er sagt aus: Madame L'Espanaye hatte Vermögen und stand seit dem Frühling 18.. (also seit acht Jahren) in geschäftlicher Verbindung mit seinem Bankhaus. Sie hatte mit der Zeit mehrere kleine Summen bei ihm deponiert, aber nie Kapital zurückgezogen, bis drei Tage vor ihrem Tod, wo sie persönlich die Summe von 4000 Franken erhoben hatte. Die Summe wurde ihr in Gold ausbezahlt, und ein Kommis brachte ihr das Geld ins Haus.

Adolphe Lebon, Kommis bei Mignaud & Sohn, sagt aus, dass er an dem betreffenden Tag gegen Mittag Madame L'Espanaye begleitet habe, um ihr die in zwei Beutel verpackten 4000 Franken nach Hause zu tragen. Als die Tür geöffnet wurde, sei Fräulein L'Espanaye erschienen, und er habe ihr den einen Beutel eingehändigt, während die alte Dame ihm den anderen selbst abgenommen habe. Er habe sich dann verabschiedet und sei gegangen. In der Straße habe er zu dieser Zeit keinen Menschen bemerkt. Die Rue Morgue sei eine Nebenstraße und sehr einsam.

William Bird, Schneider, sagt aus, dass er ebenfalls zu denen gehört, die in das Haus gedrungen seien. Er ist Engländer. Er hat zwei Jahre in Paris gelebt. Er war einer der ersten, die die Treppe hinaufstiegen. Er hält die raue Stimme für die eines Franzosen. Er hat einige Worte verstanden, kann sich aber nicht aller erinnern. Dass ›sacré‹ und ›mon Dieu‹ gesagt wurde, hat er deutlich verstanden. Er hat ein Geräusch vernommen, als ob sich mehrere Personen miteinander balgten – darauf ein scharrendes, schlürfendes Geräusch. Die schrille Stimme sei sehr laut, lauter als die barsche gewesen. Er sei sicher, dass es nicht die Stimme eines Engländers, viel eher die eines Deutschen gewesen sei, vielleicht könne es auch eine Frauenstimme gewesen sein. Er verstände kein Deutsch.

Vier der genannten Zeugen sagten, als sie wieder vorgerufen wurden, übereinstimmend aus, dass die Tür des Zimmers, in dem man die Leiche des Fräulein L'Espanaye gefunden habe, von innen verschlossen gewesen sei. Als man oben ankam, sei plötzlich alles ganz stille gewesen – von einem Stöhnen oder sonstigen Geräusch irgendeiner Art war nichts mehr zu hören. Man erbrach die Tür, aber niemand war in dem Zimmer zu sehen. Die Fenster des hinteren wie des vorderen Zimmers seien geschlossen und von innen verriegelt gewesen. Die Verbindungstür zwischen den beiden Zimmern war zu, jedoch nicht verschlossen. Ein kleines, im vierten Stock nach der Straße gelegenes Zimmer am Ende des Korridors stand weit offen. Dieses Zimmer war mit alten Betten, Koffern usw. ganz vollgestopft. Es wurde ausgeräumt und auf das Sorgfältigste durchsucht. Es war überhaupt in dem ganzen Haus nicht das kleinste Winkelchen, das man nicht gründlich durchsucht hätte. Man ließ Schornsteinfeger kommen, die die Schornsteine und Kaminröhren kehren mussten. Das Haus hat vier Stockwerke und enthält außerdem noch einige Mansarden. Auf dem Dach befindet sich eine kleine Falltür, die man aber fest vernagelt gefunden hatte und die seit Jahren nicht mehr benutzt zu sein schien. Über die Länge der Zeit von dem Augenblick an, wo man die streitenden Stimmen vernahm, bis zu dem, wo man die Zimmertür aufbrach, schwanken die Aussagen der Zeugen. Einige meinten, es könne sich höchstens um zwei oder drei Minuten handeln, andere behaupteten, es seien wenigstens fünf Minuten gewesen. Es war schwer gewesen, die Tür zu öffnen.

Alfonzo Garcio, Begräbnisbesorger, sagt aus, dass er in der Rue Morgue wohne. Er ist geborener Spanier. Gehört zu den Leuten, die in das Haus eindrangen, ging aber nicht mit die Treppe hinauf. Ist nervenschwach und fürchtete die Folgen der Aufregung. Die streitenden Stimmen hat er jedoch deutlich gehört. Die raue Stimme war die eines Franzosen, und er glaubt sich nicht zu irren, wenn er die schrille Stimme für die eines Engländers hält. Zeuge versteht zwar kein Englisch, urteilt aber nach der Aussprache der Worte.

Alberto Montani, Konditor, sagt aus, er sei einer der ersten gewesen, die die Treppe hinaufgeeilt wären. Er hat die streitenden Stimmen gehört. Die barsche Stimme sei die eines Franzosen gewesen, Zeuge behauptet, einige Worte verstanden zu haben. Es hätte ihm so geschienen, als ob der Sprecher einem anderen Vorstellungen mache. Von dem, was die schrille Stimme sagte, habe er nichts verstehen können, sie habe schnell und in abgebrochenen Lauten gesprochen. Zeuge meint, dass es die Stimme eines Russen gewesen sei. In allen wesentlichen Punkten stimmt er vollständig mit der Aussage der anderen Zeugen überein. Er ist Italiener. Er hat niemals mit einem geborenen Russen gesprochen.

Mehrere wieder aufgerufene Zeugen bestätigen, dass die Kamine aller Zimmer der vierten Etage viel zu eng seien, als dass ein menschliches Wesen dadurch hätte entkommen können. Unter Besen verstände man jene zylinderförmigen Kehrbesen, wie die Schornsteinfeger sie zum Reinigen der Kamine gebrauchen. Man sei mit solchen Besen durch sämtliche Schornsteine des Hauses auf und nieder gefahren. Es gibt in dem Haus keine Hintertreppe oder einen sonstigen Ausweg, durch den sich jemand hätte retten können, während die Zeugen die Treppe hinaufeilten. Der Körper des Fräulein L'Espanaye war so fest in den engen Kamin hineingezwängt, dass es nur den vereinten Kräften von vier oder fünf Männern gelang, ihn wieder herunterzuziehen.

Paul Dumas, Arzt, sagt aus, dass man ihn gegen drei Uhr gerufen habe, um die Besichtigung der Leichen vorzunehmen. Sie lagen beide auf der Matratze des Bettes, das im Zimmer stand, in dem Fräulein L'Espanaye gefunden worden war. An dem Körper der jungen Dame hatte er viele Quetschwunden und Hautabschürfungen gefunden. Es war dies nur zu erklärlich, wenn man den Umstand in Betracht zog, dass das unglückliche Mädchen mit roher Gewalt in den Schornstein hinaufgezwängt worden war. Der Kehlkopf war vollständig zusammengepresst. Unter dem Kinn befanden sich mehrere tiefe Kratzwunden sowie eine Reihe blauer Flecken, die offenbar von einem heftigen, mit Fingern ausgeübten Druck herrührten. Das Gesicht war grässlich entstellt, die Augen waren aus ihren Höhlen weit hervorgequollen, die Zunge halb durchgebissen. Auf der Magengrube wurde eine große Quetschung entdeckt, die anscheinend von dem Druck eines Knies herrührte. Herr Dumas war der Meinung, dass Fräulein L'Espanaye von einer oder mehreren Personen erwürgt worden sei. Die Leiche der Mutter war ebenfalls in entsetzlicher Weise verstümmelt. Sämtliche Knochen des rechten Beins und des rechten Arms hatte er mehr oder weniger zerschmettert gefunden. Ebenso waren das linke Schienbein und die sämtlichen Rippen der linken Seite zersplittert gewesen. Der ganze Körper war in grauenhafter Weise mit Quetschwunden bedeckt und zeigte blutunterlaufene Stellen; es sei ein ganz entsetzlicher Anblick gewesen. Es wäre unmöglich festzustellen, wie und womit diese schweren Verletzungen herbeigeführt worden seien. Ein schwerer hölzerner Knüttel oder eine Eisenstange – ein Stuhl oder irgendeine große, schwere stumpfe Waffe, von den Händen eines sehr starken

Mannes geschwungen, könnten solche Resultate hervorbringen. Eine Frau würde, mit welcher Waffe es auch sei, niemals so wuchtige Schläge austeilen können. Der Kopf der Toten war, als der Zeuge ihn zu Gesicht bekam, ganz vom Körper getrennt und vollständig zerschmettert gewesen. Offenbar sei der Hals mit einem sehr scharfen Instrument, wahrscheinlich einem Rasiermesser, durchschnitten worden.

Alexander Etienne, Wundarzt, war gleichzeitig mit Herrn Dumas zur Leichenschau gerufen worden. Er bestätigte in allen Punkten das Zeugnis und Gutachten des Herrn Dumas.

Obgleich noch verschiedene andere Personen verhört wurden, ließ sich nichts Weiteres feststellen. Noch nie ist in Paris ein so geheimnisvolles Verbrechen verübt worden, dessen Einzelheiten so unerklärlich sind – man möchte beinahe fragen, ob hier wirklich ein Mord vorliegt? Jedenfalls hat die Polizei bis jetzt auch nicht die kleinste Spur gefunden, die sich verfolgen ließe, und das ist bei derartigen Fällen etwas ganz Ungewöhnliches. Bis zur Stunde fehlt jeder Schlüssel, der dieses furchtbare Rätsel zu lösen vermöchte.« –

In der Abendausgabe derselben Zeitung hieß es dann, dass in dem Quartier St. Roch noch immer die höchste Aufregung herrsche, dass der Tatort wieder, und zwar auf das Sorgfältigste, untersucht worden sei, dass man noch mehr Personen verhört habe, aber leider ohne das geringste Ergebnis. In einer Nachschrift wurde mitgeteilt, Adolphe Lebon sei verhaftet und in das Untersuchungsgefängnis abgeführt worden, obgleich er durch seine Aussage durchaus nicht belastet erscheine und nichts gegen ihn vorläge.

Dupin schien sich für den Verlauf dieser Angelegenheit auf das Lebhafteste zu interessieren – wenigstens schloss ich das aus der Art seines Benehmens –, äußerte sich jedoch mit keinem Wort. Erst nachdem die Zeitung die Nachricht von der Verhaftung Lebons brachte, fragte er mich, was ich von dieser geheimnisvollen Angelegenheit dächte.

Ich stimmte mit der Meinung von ganz Paris überein, dass die Affäre in ein undurchdringliches Dunkel gehüllt sei und dass man bis jetzt auch nicht die kleinste Hoffnung hätte, die Spur der Mörder aufzudecken.

»Was das betrifft«, sagte Dupin, »so dürfen wir uns keinesfalls mit dem Resultat dieser immerhin nur oberflächlichen Untersuchung begnügen. Die Pariser Polizei, die ihres Scharfsinns wegen so sehr gerühmt wird, ist schlau – sonst aber auch nichts. Ihrem Vorgehen liegt keine andere Methode zugrunde als die, die ihr der Augenblick eingibt. Die von ihr angewandten Mittel, auf die sie sehr stolz ist, entsprechen dem Zweck jedoch oft so wenig, dass man dabei unwillkürlich an die Anekdote von Herrn Jourdain erinnert wird – ›qui demandait sa robe de chambre pour mieux entendre la musique.‹* Man muss zugeben, dass sie trotzdem zuweilen ganz überraschende Resultate erzielt, aber sie verdankt sie wirklich nur ihrem Fleiß und ihrer Rührigkeit. Da, wo diese Eigenschaften nicht ausreichen, hat sie eben keinen Erfolg. Vidocq zum Beispiel war ein Mann, der geschickt im Kombinieren und Erraten, dabei von großer Ausdauer war. Da aber sein Denken nicht die nötige Schulung hatte, machte er viele Fehler, und zwar hauptsächlich durch die zu große Intensität seiner Nachforschungen. Er verlor die Übersicht dadurch, dass er die Dinge zu sehr aus der Nähe betrachtete. Einzelne Punkte erkannte er freilich mit ungewöhnlicher Klarheit, aber naturgemäß verlor er darüber den

* Der nach seinem Schlafrock rief – um die Musik besser hören zu können.

Überblick über das Ganze. Ein Beweis dafür, dass es nicht taugt, allzu tiefsinnig zu sein. Die Wahrheit ist keineswegs immer in einem Brunnen versteckt. Ich glaube vielmehr, dass sie, soweit wichtigere Dinge in Frage kommen, meist auf der Oberfläche liegt. Die Wahrheit liegt nicht in den tiefen Tälern, wo wir sie suchen, sie liegt auf der Höhe der Berge, wo wir sie finden. Die Beobachtung der Himmelskörper versinnbildlicht uns in ausgezeichneter Weise Art und Ursprung jenes Irrtums. Wenn man einen Stern ganz flüchtig oder schielend anblickt, sodass man ihm nur die äußeren Teile der Netzhaut zuwendet, die für schwache Lichteindrücke empfänglicher sind als die inneren, so sieht man den Stern in seinem vollen Glanz ganz deutlich; je länger und schärfer wir ihn aber anschauen, je intensiver wir unseren Blick darauf richten, umso mehr wird sein Glanz verblassen. In letzterem Fall konzentrieren sich ja tatsächlich mehr Strahlen auf dem Auge, aber im ersteren besitzt dieses eine feinere, man möchte sagen, geistigere Aufnahmefähigkeit. Durch zu große Gründlichkeit verwirren wir unseren Geist und schwächen die Kraft der Gedanken ab. Ist es doch sogar möglich, selbst die strahlende Venus vom Firmament schwinden zu sehen, wenn man zu lange und zu scharf darauf hinblickt. –

Was nun diese Mordtat betrifft, so wollen wir lieber zuerst die Sache selbst näher untersuchen, ehe wir uns ein Urteil darüber bilden. Ich verspreche mir viel Spaß davon. (Ich fand diesen Ausdruck nicht eben glücklich gewählt, sagte aber nichts.) Außerdem hat Lebon mir einmal einen Dienst erwiesen, für den ich mich dankbar zeigen möchte. Wir wollen zunächst den Tatort mit unseren eigenen Augen untersuchen. Ich kenne den Polizeipräfekten Herrn G. – und ich glaube kaum, dass es mir schwerfallen wird, die nötige Erlaubnis zu erhalten.«

Er erhielt die Erlaubnis sofort, und wir begaben uns ohne weiteren Verzug nach der Rue Morgue. Es ist dies eine jener elenden Querstraßen, die die Rue Richelieu mit der Rue St. Roch verbinden. Es war schon etwas spät am Nachmittag, als wir unser Ziel erreichten, da dieser Stadtteil ziemlich weit von unserer Wohnung entfernt liegt. Das Haus fanden wir sofort; es war immer noch von vielen Menschen umlagert, die mit zweckloser Neugierde von der entgegengesetzten Seite der engen Straße auf die geschlossenen Fensterläden gafften. Es war ein gewöhnliches Pariser Haus mit einem Torweg, an dessen einer Seite ein Schiebfensterchen angebracht war, hinter dem sich ein Portierstübchen befand. Ehe wir jedoch eintraten, gingen wir die Straße hinauf und bogen in ein kleines Gässchen ein, dann wandten wir uns noch einmal seitwärts und kamen so an der Rückseite des betreffenden Hauses vorbei. Dupin prüfte nicht nur das Haus, sondern auch die ganze Nachbarschaft, und zwar mit einer peinlichen Aufmerksamkeit, deren Grund mir nicht recht einleuchten wollte.

Wir gingen dann wieder zurück und kamen bald in der Rue Morgue und vor der Front des Hauses an. Wir klingelten und wurden, nachdem wir unseren Erlaubnisschein vorgezeigt hatten, von dem Wache haltenden Polizeibeamten eingelassen. Wir gingen die Treppe hinauf und zuerst in das Zimmer, in dem man die Leiche von Fräulein L'Espanaye gefunden hatte und wo auch jetzt die beiden Toten lagen. In dem Zimmer herrschte immer noch ein wildes Durcheinander, da, wie das bei solchen Fällen stets geschieht, der Tatort unverändert erhalten werden musste. Ich sah nichts anderes, als was die »Gazette des Tribunaux« mitgeteilt hatte. Dupin untersuchte alles sorgfältig – sogar die Leichen der beiden Frauen. Dann gingen wir in die anderen Zimmer und in den Hof, während uns ein Gendarm überallhin begleitete. Die Untersuchung nahm uns bis zum Eintritt der Dämmerung in Anspruch, dann gingen wir.

Auf unserem Heimweg trat mein Begleiter für einige Augenblicke in die Expedition eines der Tagesblätter ein. Ich habe bereits erzählt, dass mein Freund die seltsamsten Einfälle und Grillen hatte und dass ich mich ihnen fügte. Es gefiel ihm plötzlich, das Thema der Mordtat mit keinem Wort mehr zu berühren, und erst am Mittag des darauffolgenden Tages rückte er ganz unvermittelt mit der Frage heraus, ob mir denn auf dem Schauplatz gar nichts Absonderliches aufgefallen sei.

In der Art, mit der er das Wort »Absonderliches« betonte, lag etwas, das mich unwillkürlich schaudern machte, ohne dass ich wusste weshalb.

»Nein«, sagte ich, »nichts Absonderliches, jedenfalls nichts anderes, als was auch in der Gerichtszeitung gestanden hat.«

»Die Gerichtszeitung«, antwortete er, »ist auf das ungewöhnlich Grauenhafte dieser Affäre nicht genügend eingegangen. Aber sehen wir ganz von dem Bericht dieses Blattes ab. Mir scheint, als ob das für unlösbar gehaltene Geheimnis durchaus nicht unergründlich ist. Ich will damit sagen, dass gerade der outrierte Charakter aller Einzelheiten dieser furchtbaren Begebenheit nur ein kleines und deutlich begrenztes Feld von Vermutungen zulässt. Die Polizei steht ratlos und verwirrt vor einem Verbrechen, dessen Motive vielleicht weniger unbegreiflich sind als die wilde Scheußlichkeit, mit der die Mordtaten ausgeführt worden sind. Ebenso wenig kann sie es begreifen, dass die Aussage so vieler Zeugen feststellt, in dem Zimmer, in dem Fräulein L'Espanaye ermordet gefunden wurde, habe ein aufgeregter Wortwechsel stattgefunden, während doch, als man eindrang, niemand darin war und ganz unmöglich jemand über die Treppe hätte entkommen können, ohne von den hinaufeilenden Leuten bemerkt zu werden. Die in dem Zimmer herrschende wilde Unordnung, die mit dem Kopf nach unten in den engen Schornstein hinaufgepresste Leiche, die entsetzlichen Verstümmelungen an dem Körper der alten Dame sowie noch einige weitere Tatsachen, die ich nicht zu erwähnen brauche, haben genügt, um die Tatkraft der Polizei zu lähmen und ihren so viel gerühmten Scharfsinn irrezuführen. Die Polizei ist eben in den häufig vorkommenden, aber groben Irrtum verfallen, das Ungewöhnliche mit dem Unerforschlichscheinenden zu verwechseln. Indessen bin ich der Ansicht, dass gerade dieses Abweichen von dem Weg des Gewöhnlichen uns einen Fingerzeig dafür geben kann, was geschehen muss, um der Wahrheit auf die Spur zu kommen. Bei Untersuchungen dieser Art sollte man nicht so rasch fragen: Was ist geschehen, als: Was ist hier geschehen, was noch nicht vorher geschehen ist? Und in der Tat steht die Leichtigkeit, mit der ich dieses Rätsel lösen werde – oder vielmehr schon gelöst habe –, in direktem Verhältnis zu der scheinbaren Unlösbarkeit, die es in den Augen der Polizei hat.«

In sprachlosem Erstaunen starrte ich meinen Freund an.

»Ich warte in diesem Augenblick«, fuhr er ruhig, auf die Zimmertür blickend, fort, »auf einen Mann, der, obwohl er vermutlich nicht selbst diese grässlichen Metzeleien verübt hat, doch jedenfalls in irgendeiner Beziehung dazu steht. An den schlimmsten Gräueln dieses Verbrechens ist er wahrscheinlich unschuldig. Ich hoffe wenigstens, dass es so ist, denn ich habe meine ganze Hoffnung, das Rätsel zu lösen, auf diese Voraussetzung gegründet. Ich erwarte den Mann – hier, in diesem Zimmer – er kann jeden Augenblick kommen. Es ist wahr, dass er möglicherweise auch nicht kommen könnte, aber aller Wahrscheinlichkeit nach wird er es tun.

Sollte er kommen, so wird es unbedingt nötig sein, ihn festzuhalten. Hier sind Pistolen; wir beide wissen damit umzugehen, falls die Gelegenheit es fordern sollte.«

Ich nahm die Pistolen, fast ohne zu wissen, was ich tat, und ohne zu glauben, was ich hörte, während Dupin, wie mit sich selber sprechend, fortfuhr. Ich habe das seltsame Wesen, in das er zu gewissen Zeiten verfiel, schon erwähnt. Obwohl seine Worte ja offenbar an mich gerichtet waren und er durchaus nicht laut sprach, bediente er sich doch jener eindringlichen, deutlichen Intonation, mit der man zu einer entfernteren Person spricht. Seine vollständig ausdruckslosen Augen hafteten mit starrem Blick an der Wand.

»Dass die von den Leuten auf der Treppe gehörten streitenden Stimmen nicht die der beiden Damen waren, ist durch die übereinstimmenden Aussagen der Zeugen vollständig bewiesen. Dieser Umstand macht die Frage, ob die alte Dame etwa möglicherweise selbst ihre Tochter ermordet und nachher Selbstmord begangen habe, vollständig überflüssig. Ich erwähne diesen Punkt nur, weil ich methodisch vorzugehen liebe, denn die Kräfte der Frau L'Espanaye würden unmöglich hingereicht haben, die Leiche ihrer Tochter in den engen Kaminschacht zu zwängen, in dem sie gefunden worden ist; außerdem ist die Art der Wunden, mit denen ihr ganzer Körper bedeckt war, eine solche, dass jede Möglichkeit eines Selbstmords ausgeschlossen ist. Es steht somit fest, dass die Mordtaten von einer dritten Partei ausgeführt wurden, und die Stimmen eben dieser dritten Partei waren es, die in heftigem Wortwechsel vernommen wurden. Prüfen wir nun die Eigentümlichkeiten der betreffenden Zeugenaussagen. Ist Ihnen da nichts Absonderliches aufgefallen?«

Ich antwortete, dass es jedenfalls wohl bemerkenswert sei, dass, während alle Zeugen übereinstimmend die raue, barsche Stimme für die eines Franzosen gehalten hätten, die Ansichten über die schrille oder, wie einer der Zeugen meinte, heisere Stimme sehr weit auseinandergingen.

»So lauten die Zeugenaussagen«, sagte Dupin, »indessen ist das nicht das Absonderliche der Aussage. Sie haben also nichts Besonderes bemerkt? Und doch liegt hier eine ganz eigentümliche Tatsache vor. Wie Sie richtig beobachtet haben, stimmten die Aussagen aller Zeugen über die barsche, raue Stimme vollkommen überein. Was nun die schrille Stimme betrifft, so liegt das Eigentümliche weniger darin, dass die Aussagen der Zeugen voneinander abweichen, als dass eine Reihe derselben, nämlich ein Italiener, ein Engländer, ein Spanier, ein Holländer und ein Franzose, von dieser Stimme als der eines Ausländers sprachen. Jeder ist davon überzeugt, dass es nicht die Stimme eines Landsmannes gewesen sein könne. Jeder glaubt den Klang einer Sprache darin zu erkennen, die er selbst nicht versteht. Der Franzose hält sie für die Stimme eines Spaniers und – ›würde gewiss ein paar Worte verstanden haben, wenn er nur Spanisch gekonnt hätte‹. Der Holländer behauptet, es müsse die Stimme eines Franzosen gewesen sein, aber wir lesen in dem Zeugenbericht, dass er, weil er kein Französisch könne, durch Vermittlung eines Dolmetschers verhört worden sei. Der Engländer glaubt, dass es die Stimme eines Deutschen gewesen sei, aber: ›er versteht kein Deutsch‹. Der Spanier hingegen ist ganz sicher, dass es die Stimme eines Engländers war – er urteilt nach dem Tonfall –, hat aber nicht die geringste Kenntnis der englischen Sprache. Der Italiener glaubt die Stimme eines Russen vernommen zu haben, hat jedoch niemals mit einem geborenen Russen gesprochen. Die Aussage eines zweiten Franzosen weicht wieder von der des ersten ab: Er behauptet, dass es unbedingt die Stimme eines Italieners war, die er vernommen habe; er versteht kein Wort Italienisch, hat aber wie der Spanier nach dem Tonfall geurteilt. Wie ganz ungewöhnlich muss diese Stimme gewesen sein, dass die Aussagen der Zeugen darüber so weit auseinandergehen konnten, dass sie Menschen aus den fünf großen europäischen Völkergruppen durchaus fremd erschien! Sie werden allerdings einwerfen, dass es ja möglicherweise auch die Stimme eines Asiaten oder Afrikaners gewesen sein könne. Es gibt deren in Paris nicht allzu viele, aber ohne diese Möglichkeit zu bestreiten, möchte ich Ihre Aufmerksamkeit auf drei bestimmte Punkte leiten. Der eine der Zeugen erklärte, dass die Stimme mehr heiser als schrill gewesen sei. Zwei andere behaupten, dass sie schnell und in abgebrochenen Lauten gesprochen habe. Kein einziger der Zeugen konnte Worte oder wortähnliche Laute unterscheiden.

Ich weiß nicht«, fuhr Dupin fort, »welchen Eindruck meine Auseinandersetzungen auf Sie gemacht haben, aber ich zögere nicht, die Behauptung aufzustellen, dass der Teil der Zeugenaussagen, der sich auf die raue und schrille Stimme bezieht, hinreichend ist, einen Verdacht zu erregen, der maßgebend für alle weiteren Forschungen sein sollte und durch den voraussichtlich dieses furchtbare Rätsel seine Lösung finden wird. Ich behaupte, dass die Schlüsse, die ich aus den Zeugenaussagen gezogen habe, die einzig richtigen sind und dass sie in Bezug auf den Mörder nur eine Folgerung zulassen. Welcher Art aber diese Vermutung ist, das möchte ich Ihnen vorläufig noch nicht sagen. Ich möchte Sie nur darauf aufmerksam machen, dass sie mir wichtig genug war, um meinen Untersuchungen in dem Mordzimmer eine ganz bestimmte Richtung zu geben.

Versetzen wir uns im Geiste wieder in jenes Zimmer. Was ist das erste, was wir darin suchen? Selbstverständlich die Mittel und Wege, die die Mörder zu ihrer

Flucht benutzt haben. Ich darf doch zweifellos behaupten, dass weder Sie noch ich an übernatürliche Dinge glauben? Frau und Fräulein L'Espanaye sind nicht durch Geister ums Leben gekommen. Die Täter waren materielle Wesen und sind in materieller Weise entkommen. Aber wie? Glücklicherweise bleibt für unsere Schlussfolgerung nur ein Weg offen, und dieser muss uns zu einer endgültigen Feststellung führen. Untersuchen wir der Reihe nach die Wege, auf denen den Tätern die Möglichkeit einer Flucht geboten war. Es ist klar, dass die Mörder, als die Zeugen die Treppe heraufeilten, entweder in dem Zimmer, in dem Fräulein L'Espanaye gefunden wurde, oder doch in dem angrenzenden kleinen Zimmer gewesen sein müssen. Sie können daher auch nur aus einem dieser beiden Zimmer den Ausweg gefunden haben. Die Polizei hat den Fußboden, die Decke und das Mauerwerk der Wände auf das Sorgfältigste untersucht. Kein geheimer Ausgang würde ihrer Aufmerksamkeit entgangen sein. Da ich aber den Augen der Polizei nicht unbedingt traue, so prüfte ich alles mit meinen eigenen. Es war aber wirklich kein geheimer Ausgang vorhanden. Von den Zimmern führten Türen in den Gang, aber sie waren fest verschlossen, und zwar steckte in beiden Schlössern der Schlüssel von innen. Betrachten wir uns nun die Schornsteine; sie haben zwar oberhalb des Kamins bis zur Höhe von acht bis zehn Fuß die gewöhnliche Breite, verengen sich aber dann so sehr, dass kaum eine große Katze hindurch könnte. Da also die Unmöglichkeit, auf diesen beiden Wegen zu entwischen, bewiesen ist, sehen wir uns auf die Fenster beschränkt. Durch die des Vorderzimmers hätte unmöglich jemand entfliehen können, ohne von den vor dem Haus versammelten Menschen bemerkt zu werden. Die Mörder müssen daher durch eins der Fenster des Hinterzimmers entkommen sein. Nachdem wir zu diesem Schluss gelangt sind, dürfen wir ihn nicht ohne Weiteres verwerfen, weil wir auch hier scheinbaren Unmöglichkeiten gegenüberstehen. Es gilt nur den Beweis zu liefern, dass in Wirklichkeit diese Unmöglichkeiten nicht bestehen.

Das Zimmer hat zwei Fenster. Eins davon ist nicht durch Möbel verstellt und vollständig sichtbar. Der untere Teil des anderen wird dem Auge ganz durch das Kopfende einer davorstehenden Bettstatt entzogen. Das erste Fenster wurde von innen fest verschlossen gefunden. Die Bemühungen mehrerer Personen, es in die Höhe zu schieben, waren erfolglos. Auf der linken Seite des Rahmens war ein ziemlich großes Loch eingebohrt, und in diesem Loch steckte ein beinahe bis zum Kopf eingetriebener, sehr starker Nagel. Bei der Untersuchung des zweiten Fensters ergab sich, dass dort ein ebensolcher Nagel angebracht war, und auch hier versuchte man es vergebens, das Fenster in die Höhe zu schieben. Die Polizei beruhigte sich hiermit und war überzeugt, dass die Täter nicht durch eines der Fenster entflohen seien. Man hielt es daher auch für überflüssig, die Nägel herauszuziehen und die Fenster zu öffnen.

Meine eigene Untersuchung fiel etwas sorgfältiger aus, und zwar aus dem eben angeführten Grund – ich wusste, es müsse sich hier erweisen, dass eine scheinbare Unmöglichkeit in Wirklichkeit nicht bestand.

Ich schloss also weiter – a posteriori: Die Mörder entkamen unbedingt durch eines dieser Fenster. Wenn dies der Fall war, so konnten sie jedoch unmöglich die Schiebfenster von innen in der Weise befestigt haben, wie man sie vorgefunden hatte: ein Umstand, dessen Unbestreitbarkeit dann ja auch allen Nachforschungen der Polizei nach dieser Richtung ein Ende machte. Da die Schiebfenster in der angegebenen Weise wieder zugemacht worden waren, musste unbedingt ein sogenannter Selbstschließer daran angebracht sein. Diesem Schluss konnte ich mich nicht entziehen. Ich begab mich nun an das freiliegende Fenster, zog mit einiger Mühe den Nagel heraus und versuchte die Scheiben in die Höhe zu schieben. Wie ich es eigentlich nicht anders erwartet hatte, gelang mir dies nicht. Ich war nun fest davon überzeugt, dass irgendwo eine Feder verborgen sein musste, und wenn die Geschichte mit den Nägeln mir auch noch dunkel erschien, so fand ich doch sehr bald die Bestätigung meiner Vermutung. Es gelang mir nach sorgfältigem Suchen, die verborgene Feder zu finden. Ich drückte darauf, unterließ es aber, von der Entdeckung einstweilen befriedigt, das Fenster hinaufzuschieben.

Ich steckte den Nagel wieder ein und betrachtete ihn aufmerksam. Wenn jemand durch dieses Fenster entflohen war, konnte er es sehr wohl von außen zuschlagen, sodass die Feder wieder einfallen musste; aber der Nagel, der konnte unmöglich von außen wieder hineingesteckt werden. Die Schlussfolgerung war klar, und sie verengerte wieder das Feld meiner Nachforschungen. Die Mörder mussten durch das andere Fenster entkommen sein. Angenommen, dass der federnde Verschluss beider Fenster der gleiche war, wie dies ja sehr wahrscheinlich, so mussten die Nägel oder wenigstens die Art ihrer Befestigung verschieden sein. Ich stellte mich auf den im Bett liegenden Strohsack und sah mir über das Kopfende des Bettes weg das zweite Fenster scharf an. Mit der Hand hinter die Bettstatt fassend, entdeckte ich sofort die Feder und drückte darauf; sie war, wie ich dies vorausgesetzt hatte, genauso konstruiert wie die andere. Nun sah ich mir den Nagel näher an. Er war so stark wie sein Gegenstück, auch augenscheinlich in derselben Weise befestigt, das heißt, beinahe bis zum Kopf in das Loch eingetrieben. Wenn

Sie aber annehmen würden, dass mich diese Tatsache verwirrte, würden Sie das Wesen meiner Induktionsbeweise gründlich missverstanden haben. Die Glieder der Kette griffen fest und sicher ineinander. Ich hatte das Geheimnis bis zum letzten Punkt verfolgt, und dieser Punkt, das war der Nagel. Wie ich bereits sagte, sah er genauso aus wie der Nagel in dem anderen Fenster, aber was bedeutete diese Tatsache gegenüber der Erwägung, dass ich an dieser Stelle die Spur verlor? Es muss etwas mit dem Nagel nicht in Ordnung sein, sagte ich mir; ich zog daran – und siehe, der Kopf und etwa ein viertel Zoll des Schaftes blieben in meiner Hand. Der untere Teil blieb in dem Bohrloch stecken, in dem er abgebrochen war. Der Bruch war ein alter, denn die Ränder waren mit Rost bedeckt; er rührte wahrscheinlich von einem Hammerschlag her, mit dem man den oberen Teil des Nagels in den Fensterrahmen eingetrieben hatte. Ich steckte den Kopf des Nagels wieder sorgsam in das Loch, aus dem ich ihn genommen, und er hatte nun wieder ganz das Aussehen eines vollständig unbeschädigten Nagels, da von der Bruchstelle nichts zu sehen war. Ich drückte auf die Feder und zog ohne Mühe das Schiebfenster vorsichtig ein paar Zoll in die Höhe; der Nagelkopf, der fest in dem Rahmen steckte, ging mit. Ich schloss das Fenster, und der Nagel hatte nun wieder ein ganz unverletztes Aussehen.

So weit war also das Rätsel gelöst. Der Mörder war aus dem hinter dem Bett befindlichen Fenster entflohen, dieses war nach seiner Flucht von selbst wieder zugefallen oder vielleicht auch heruntergedrückt und von der einschnappenden Feder festgehalten worden. Jedenfalls hatte die Polizei irrtümlicherweise angenommen, dass es der Nagel sei, durch den das Fenster befestigt war, und sie hatte es daher für überflüssig gehalten, weitere Nachforschungen anzustellen. Die nächste Frage, die es zu lösen galt, war nun, wie es dem Mörder gelungen sein konnte, am Haus hinunterzukommen. Darüber bestanden von dem Augenblick an, wo wir um das Haus herumgegangen waren und es von hinten gemustert hatten, für mich keine Zweifel mehr. Ungefähr fünfeinhalb Fuß von dem fraglichen Fenster entfernt läuft ein Blitzableiter nach unten. Es würde nun allerdings unmöglich sein, von dieser Stange aus das Fenster zu erreichen und darin einzusteigen. Ich bemerkte jedoch sofort, dass die Fensterläden des vierten Stocks von jener eigentümlichen Art sind, die die Pariser Schreiner ›ferrades‹ nennen. Sie sind jetzt hier ziemlich selten geworden, während man sie in Lyon und Bordeaux, besonders an älteren Häusern, noch häufig findet. Sie sehen aus wie eine gewöhnliche einfache Tür (keine Flügeltür), deren untere Hälfte aus Latten oder Gitterwerk besteht, um leichter erfasst und gehandhabt werden zu können. An den betreffenden Fenstern sind die Laden volle drei und einen halben Fuß breit. Als wir sie von der Rückseite des Hauses aus betrachteten, standen sie zur Hälfte offen, das heißt, sie bildeten einen rechten Winkel mit der Hauswand. Wahrscheinlich hat die Polizei die Rückseite des Hauses ebenso untersucht, wie ich es getan habe; aber wenn dies geschehen war, so ist ihr jedenfalls die ungewöhnliche Breite der ›ferrades‹ nicht aufgefallen, oder sie hat derselben keinerlei Bedeutung beigelegt. Da sie die Überzeugung gewonnen hatte, dass von dieser Stelle eine Flucht unmöglich sei, sind auch wohl die hier angestellten Untersuchungen sehr oberflächlicher Natur gewesen. Ich sah jedoch sofort, dass der Laden des Fensters, vor dem das Bett stand, wenn er ganz zurückgeschlagen würde, kaum zwei Fuß vom Blitzableiter entfernt sein könne. Es war also durchaus nicht unmöglich, dass jemand, der über einen ungewöhnlichen

Grad von Geschicklichkeit und Mut verfügte, von dem Blitzableiter aus durch das Fenster eindringen konnte, und zwar in folgender Weise: Angenommen, dass der Fensterladen weit offenstand, so war es nicht schwer, vom Blitzableiter aus über eine Entfernung von zweieinhalb Fuß weg mit festem Griff das Gitter des Ladens zu erfassen. Dann konnte man, den Blitzableiter fahren lassend, die Füße gegen die Mauer stemmen und durch einen kühnen Schwung den Laden in Bewegung setzen, sodass dieser sich schloss; wenn das Fenster zufällig offenstand, konnte es sogar gelingen, sich gleich in das Zimmer hineinzuschwingen. Ich möchte Sie daran erinnern, dass ich besonders betonte, es sei ein ganz ungewöhnlicher Grad von Körpergewandtheit erforderlich, um ein solches Wagnis auszuführen. Meine Absicht ist in erster Linie, Ihnen zu beweisen, dass solch ein kühner Schwung allerdings möglich, aber dass dazu eine ganz ungewöhnliche, fast übernatürliche Behändigkeit und körperliche Sicherheit gehöre.

Sie werden, um in der Sprache der Juristen zu reden, mir vielleicht sagen, dass ich, ›um meinen Fall durchzuführen‹, besser tun würde, die zu einem solch tollkühnen Wagestück erforderliche Körpergewandtheit nicht zu hoch einzuschätzen und nicht wieder und immer wieder darauf zurückzukommen, welcher Grad von Geschicklichkeit dazu erforderlich sei. Vom juristischen Standpunkt würden Sie gewiss ganz recht haben, aber der gesunde Menschenverstand denkt und handelt anders. Worauf es mir ankommt, das ist vorläufig nur, den wahren Tatbestand festzustellen. Mein nächster Zweck ist es, Sie auf den eigentümlichen Zusammenhang aufmerksam zu machen, der zwischen der außergewöhnlichen Behändigkeit und jener sonderbaren schrillen Stimme besteht, jener heiseren, kreischenden Stimme, über deren Sprache die Aussagen der Zeugen sich nicht einigen konnten, während alle einstimmig erklärten, nur Laute, keine Worte vernommen zu haben.« –

Nun erst fing ich an zu begreifen, was Dupin sagen wollte. Allerdings verstand ich ihn noch nicht ganz, aber ich ahnte, worauf er hinzielte. Mir war ungefähr so zumute, wie wenn man sich auf etwas besinnt, an das man sich nicht genau erinnern kann.

Mein Freund fuhr fort.

»Sie sehen«, sagte er, »dass ich mich zunächst mit der Frage beschäftigt habe, wie der Mörder in das Haus eingedrungen sei, um danach die Art seiner Flucht festzustellen. Ich wünsche Sie davon zu überzeugen, dass er an derselben Stelle herein- und herausgekommen sein muss. Betrachten wir uns nun das Innere des Zimmers. Man behauptet, die Schubladen des Sekretärs seien ausgeplündert worden, während tatsächlich eine Menge von Schmuck- und anderen Gegenständen darin gefunden wurde. Wie können wir wissen, ob nicht die noch in den Schubfächern befindlichen Dinge wirklich alles waren, was die Damen darin aufzubewahren pflegten? Frau L'Espanaye und ihre Tochter führten ein sehr zurückgezogenes Leben – empfingen keine Besuche, gingen selten aus – sie hatten wenig Gelegenheit, Toilette zu machen und Schmuck zu tragen. Das, was sich an Bekleidungs- und Putzgegenständen vorfand, war alles gediegen und von feinster Qualität, wie sich das kaum anders erwarten ließ. Wenn ein Dieb einen Teil dieser Sachen gestohlen hatte, warum nahm er nicht die wertvollsten, warum nahm er nicht alles? Mit einem Wort: Warum ließ er 4000 Franken in Gold zurück, um sich vielleicht mit einem Bündel getragener Kleider davonzumachen? Das Gold ist zurückgeblieben. Beinahe die ganze vom Bankier Mignaud erwähnte Summe wurde in zwei Beuteln auf dem Fußboden gefunden. Ich möchte gern, Sie ließen die irrtümliche Annahme, dass irgendein Motiv zu dieser Tat vorliege, ganz fahren. Jene alberne Idee ist nur deshalb im Kopf der Polizeiorgane entstanden, weil durch Zeugenaussage festgestellt wurde, dass Geld an der Tür abgeliefert worden war. Nun treffen doch wirklich zu jeder Zeit unseres Lebens zehnmal merkwürdigere Umstände zusammen als der, dass Geld abgeliefert und der Empfänger drei Tage darauf ermordet wurde, ohne dass wir uns weiter damit beschäftigten. Über ein solches Zusammentreffen von Umständen stolpern nur jene schlecht geschulten Denker, die von der Wahrscheinlichkeitstheorie nichts wissen, obwohl die Wissenschaft gerade dieser Theorie manche ruhmvolle Errungenschaft verdankt. Wäre in vorliegendem Fall das Geld verschwunden gewesen, so würde die Tatsache, dass es erst vor drei Tagen abgeliefert worden war, mehr als ein bloßer Zufall sein und schwer ins Gewicht fallen. Sie würde uns in dem Gedanken bestärken, dass hier das Motiv der Tat zu suchen sei. Wenn wir aber unter den obwaltenden Umständen das Gold als Motiv für die Gewalttat gelten lassen wollen, so müssen wir notwendig zu dem Schluss kommen, dass der Mörder ein wankelmütiger Idiot war, der Motiv und Gold im Stich gelassen hat.

Während wir nun die Punkte, auf die ich Ihre Aufmerksamkeit gelenkt habe, fest im Auge behalten – ich meine also die sonderbare Stimme, die außergewöhnliche Behändigkeit des mutmaßlichen Täters, vor allem aber die Tatsache, dass jedes Motiv zu den grässlichen Mordtaten fehlt –, wollen wir einen Blick auf die Metzelei selbst werfen. Ein junges Mädchen ist mit den Händen erdrosselt und dann mit dem Kopf nach unten mit brutaler Gewalt in den Kamin hineingepresst worden. Gewöhnliche Mörder werden ganz gewiss niemals eine solche Todesart in Anwendung bringen, am allerwenigsten werden sie ihr Opfer in einer solchen Weise zu verbergen suchen. Sie werden zugeben, dass in der Art, wie die Leiche in den Kamin hineingezwängt wurde, etwas so unerhört Scheußliches liegt, dass es sich mit unseren üblichen Begriffen von menschlichem Tun und Lassen nicht vereinigen lässt, selbst dann nicht, wenn wir annehmen, dass die Missetäter ganz entmenschte Bösewichter waren. Bedenken Sie ferner, welche Kraft dazu nötig war, die Leiche in eine so enge Öffnung hinaufzustoßen, da es der vereinten Anstrengungen mehrerer Personen bedurfte, um sie wieder herabzuziehen.

Es ist dies übrigens nicht das einzige Zeichen dafür, dass hier eine fast übermenschliche Kraft im Spiel gewesen ist. Auf dem Herd lagen dicke Strähnen – *sehr* dicke Strähnen grauen Menschenhaars, die mit den Wurzeln ausgerissen waren. Sie wissen, dass schon eine ziemliche Kraftanstrengung dazugehört, um nur zwanzig bis dreißig Haare zusammen aus dem Kopf zu reißen. Sie haben diese Haarsträhnen ebensogut gesehen wie ich. Es war ein scheußlicher Anblick. An den Wurzeln hingen noch Stückchen der Kopfhaut, ein sicheres Zeichen der übermenschlichen Kraft, die angewendet wurde, um vielleicht mehrere tausend Haare auf einmal auszureißen. Der Hals der alten Dame war durchschnitten, mehr noch: der Kopf war fast ganz vom Rumpf getrennt, und zwar offenbar mit einem Rasiermesser. Ich bitte Sie, die ganz tierische Rohheit zu beachten, mit der diese Taten ausgeführt wurden. Von den vielen Verletzungen und Quetschwunden an Frau L'Espanayes Leiche will ich nicht reden. Herr Dumas und sein Kollege haben ja beide ausgesagt, dass sie von einem stumpfen Gegenstand herrührten; nun, in gewisser Beziehung haben die Herren da recht. Der stumpfe Gegenstand war das Steinpflaster des Hofes, auf den das Opfer aus dem vierten

Stockwerk hinabgeworfen wurde, und zwar durch das Fenster, vor dem das Bett steht. So einfach diese Annahme uns jetzt erscheint, so entging sie der Polizei aus demselben Grund, aus dem sie die Breite der Fensterläden nicht bemerkt hatte, weil nämlich die bewussten Nägel ihren Kopf derartig vernagelt hatten, dass sie es für unmöglich hielt, dass die Fenster doch vielleicht geöffnet worden seien.

Wenn wir nun noch der im Zimmer herrschenden wüsten Unordnung gedenken und uns ferner der erstaunlichen Behändigkeit, der übermenschlichen Stärke und tierischen Rohheit erinnern, mit der diese grundlosen Verbrechen in geradezu bizarrer Scheußlichkeit ausgeführt wurden – wenn wir jene schrille Stimme in Erwägung ziehen, deren Klang den Ohren vieler Zeugen der verschiedensten Nationalität fremd war – welcher Gedanke drängt sich Ihnen da auf? Welchen Schluss ziehen Sie aus so viel Tatsachen?« – Ich fühlte, als Dupin diese Frage an mich stellte, wie mich ein Schauder durchrieselte. »Nur ein Wahnsinniger«, sagte ich, »kann diese Tat vollbracht haben, ein Tobsüchtiger, der aus der benachbarten Irrenanstalt entsprungen ist.«

»In gewisser Beziehung«, antwortete er, »ist Ihr Verdacht vielleicht nicht unbegründet. Aber die Stimme Wahnsinniger, selbst wenn sie Tobsuchtsanfälle haben, gleicht in keinem Fall jener eigentümlich schrillen Stimme, die auf der Treppe vernommen worden ist. Ein Wahnsinniger gehört doch irgendeiner Nation an, und wenn der Sinn seiner Rede noch so unzusammenhängend und verworren sein sollte, so wird er doch immer Worte zu bilden vermögen. Außerdem haben Wahnsinnige nicht solches Haar, wie ich es hier in meiner Hand habe. Ich habe dieses kleine Haarbüschel aus den zusammengekrampften Fingern der Frau L'Espanaye gelöst. Sagen Sie mir, was Sie davon denken.«

»Dupin«, sagte ich ganz überwältigt, »dieses Haar ist kein Menschenhaar.«

»Ich habe das auch nicht behauptet«, erwiderte er. »Aber ehe wir jenen Punkt feststellen, bitte ich Sie, einen Blick auf diese kleine, von mir gezeichnete Skizze zu werfen. Es ist eine genaue Wiedergabe von dem, was in der Zeugenaussage als ›dunkle Quetschungen‹ angegeben wurde und was die Herren Dumas und Etienne ›eine Reihe blutunterlaufener Flecke‹ nannten, ›die augenscheinlich durch den tiefen Eindruck von Fingernägeln am Hals von Fräulein L'Espanaye entstanden sind‹.

Sie werden bemerken«, fuhr mein Freund fort, das Blatt vor mir auf dem Tisch ausbreitend, »dass diese Zeichnung auf einen festen eisernen Griff schließen lässt. Von einem Abgleiten ist hier nichts zu bemerken. Jeder Finger hat bis zum Tode des Opfers den furchtbaren Griff beibehalten, mit dem er sich zuerst eingekrallt hatte. – Versuchen Sie jetzt einmal, Ihre sämtlichen Finger gleichzeitig auf die schwarzen Flecke zu legen, die Sie hier sehen.«

Ich versuchte es, jedoch vergebens.

»Wir greifen die Sache vielleicht doch nicht ganz richtig an«, meinte Dupin. »Das Papier liegt auf einer ebenen Fläche, während der menschliche Hals eine zylindrische Form hat. Hier ist ein rundes Stück Holz, das ungefähr den Umfang eines Halses hat. Stecken Sie die Zeichnung um das Holz fest und versuchen Sie es noch einmal.«

Ich tat es, aber es gelang mir noch weniger als das erste Mal.

»Diese Eindrücke können unmöglich von einer Menschenhand herrühren«, sagte ich entschieden.

»Nun denn«, fuhr Dupin fort, »so lesen Sie jetzt diese Stelle von Cuvier.«

Es war ein ausführlicher anatomischer und allgemein beschreibender Bericht über den großen schwarzbraunen Orang-Utan, wie er auf den ostindischen Inseln vorkommt. Die riesige Gestalt, die wunderbare Kraft und Behändigkeit, die ungebändigte Wildheit und der Nachahmungstrieb dieses Säugetiers sind ja bekannt. Mir fiel es wie Schuppen von den Augen, ich begriff sofort die grauenhaften Einzelheiten jener Mordtaten.

»Die Beschreibung der Finger«, sagte ich, nachdem ich den Artikel ausgelesen hatte, »stimmt genau mit Ihrer Zeichnung überein. Ich sehe, dass kein anderes Tier als ein Orang-Utan von der hier genannten Gattung solche Fingereindrücke wie die von Ihnen gezeichneten hinterlassen könnte. Auch das kleine Büschel lohfarbener Haare stimmt mit der Beschreibung überein, die Cuvier uns von dem Tier macht. Indessen kann ich immer noch nicht alle Einzelheiten des grauenhaften Geheimnisses verstehen. Auch hat man zwei streitende Stimmen gehört, und alle Zeugen behaupten, dass die eine davon die eines Franzosen gewesen sei.«

»Das ist richtig. Sie werden sich ebenso des Umstandes erinnern, dass die Zeugen einstimmig erklärten, wiederholt gehört zu haben, wie diese Stimme sich des Ausdrucks ›mon Dieu‹ bediente. Einer der Zeugen, der Konditor Montani, behauptet sogar, dass im Ton dieser Worte ein strenger Verweis gelegen habe. Auf diesen beiden Worten beruht meine Hoffnung, das Rätsel voll und ganz zu lösen. Jedenfalls weiß ein Franzose um den Mord. Es ist möglich – ja sogar wahrscheinlich –, dass er vollkommen unschuldig an dem blutigen Drama ist. Der Orang-Utan ist ihm vielleicht entflohen. Er hat ihn wahrscheinlich bis zu dem bewussten Zimmer verfolgt, kam aber zu spät, um die Gräuel zu verhindern, die das furchtbare Tier anstiftete, und vermochte es auch nicht, ihn wieder einzufangen. Wahrscheinlich treibt der Orang-Utan sich immer noch frei umher. Indessen sind das nur Vermutungen, und sie sind so schwach begründet, dass mein eigener Verstand sich wehrt, sie anzuerkennen; ich kann daher nicht erwarten, dass irgendein anderer ihnen Bedeutung beilegen sollte. Wenn, wie ich das annehme, der betreffende Franzose unschuldig an dem Blutbad ist, dann wird die Anzeige, die ich gestern aber in der Redaktion der Zeitung ›Le Monde‹ aufgab, ihn bald in unsere Wohnung führen. ›Le Monde‹ ist ein Blatt, das die Interessen der Schifffahrt vertritt und das besonders von Matrosen und Seefahrern viel gelesen wird.«

Er reichte mir eine Zeitung, und ich las: »*Eingefangen.* Im Bois de Boulogne ist am … (Datum des Tages nach dem Mord) ein sehr großer lohfarbener Orang-Utan, der vermutlich aus Borneo stammt, eingefangen worden. Der rechtmäßige Eigentümer – man hat ermittelt, dass er als Matrose auf einem maltesischen Schiff dient – kann das Tier in Empfang nehmen, wenn er sich als Besitzer ausweisen kann und bereit ist, die geringen Kosten für das Einfangen und die Verpflegung des Tieres zu bezahlen. Näheres Faubourg Saint-Germain, Rue … Nr. … im dritten Stock.«

»Aber«, rief ich, »wie ist es möglich, dass Sie wissen, dass dieser Mann ein Matrose ist und auf einem maltesischen Schiff dient?«

»Das weiß ich auch gar nicht«, sagte Dupin, »und ich bin durchaus nicht sicher, dass es so ist. Indessen habe ich hier ein kleines Stück Band, das seiner Form und seinem fettigen Aussehen nach vielleicht zum Binden eines jener Zöpfe gedient hat, wie die Matrosen sie so gerne tragen. Es ist in einen sogenannten Seemannsknoten verschlungen, den fast nur die Matrosen, und zwar hauptsächlich die auf maltesischen Schiffen dienenden, zu machen verstehen. Ich habe das Band vor dem Blitzableiter gefunden. Jedenfalls hat es keiner der gemordeten Damen angehört. Es ist ja sehr möglich, dass meine Vermutung, der Franzose sei ein Matrose und gehöre zu einem maltesischen Schiff, eine durchaus irrige ist. Doch kann das, was ich in dieser Anzeige gesagt habe, jedenfalls nichts schaden. Irre ich mich, so wird der Mann höchstens denken, ich hätte mich durch irgendeinen Umstand, den zu erforschen er sich nicht die Mühe geben wird, irreführen lassen. Habe ich aber recht, so ist sehr viel gewonnen. Wenngleich er selbst unschuldig an den Mordtaten ist, weiß er doch, was der Orang-Utan angerichtet hat, und es ist daher erklärlich, dass er zunächst zögern wird, auf die Anzeige zu antworten und nach seinem Affen zu fragen. Er wird etwa so überlegen: ›Ich bin unschuldig, ich bin arm, mein Orang-Utan hat einen bedeutenden Wert, für einen Mann in meinen Verhältnissen bedeutet er ein kleines Vermögen; warum sollte ich ihn um einer vielleicht völlig unbegründeten Befürchtung Willen einbüßen? Es steht bei mir, ihn zurückzubekommen. Er ist im Bois de Boulogne eingefangen worden, also sehr weit entfernt vom Schauplatz jener Mordtaten. Wie sollte jemand auf die Vermutung kommen, dass ein vernunftloses Tier eine solche Tat begangen habe? Die Polizei ist ratlos; es ist ihr nicht gelungen, auch nur den kleinsten Anhalt zu finden, der sie auf die richtige Spur leiten könnte. Aber selbst wenn es gelänge, der Fährte des Tieres nachzugehen, so würde es darum doch unmöglich sein, mir zu beweisen, dass ich Mitwisser der Mordtaten bin, oder gar, mich aufgrund dieser Mitwissenschaft zu verurteilen. Vor allem jedoch – man kennt mich. Der Inserent dieser Anzeige bezeichnet mich als den Besitzer des Tieres. Wie weit sich seine Kenntnis meiner Person erstreckt, weiß ich nicht. Sollte ich es unterlassen, das wertvolle Tier zu reklamieren, so wird, da man weiß, dass es mir gehört, gerade dadurch möglicherweise ein Verdacht geweckt. Es wäre sehr unklug von mir, wenn ich jetzt die Aufmerksamkeit der Polizei auf mich oder auf das Tier lenken wollte. Ich will mich daher als Eigentümer des Affen melden und ihn fest eingesperrt halten, bis Gras über die Sache gewachsen ist.‹«

In diesem Augenblick hörten wir Fußtritte auf der Treppe.

»Halten Sie Ihre Pistolen bereit«, sagte Dupin, »aber machen Sie keinen Gebrauch davon, bis ich Ihnen ein Zeichen gebe.«

Da die Haustür offenstand, war der Besucher ohne zu läuten eingetreten und befand sich schon auf der Treppe. Hier schien er plötzlich zu zögern. Wir hörten, wie er wieder hinunterging. Dupin stand rasch auf und schritt nach der Tür; aber schon hörten wir den Mann wieder heraufkommen. Diesmal kehrte er nicht um, sondern trat entschlossen an unsere Zimmertür heran und klopfte.

»Herein!«, rief Dupin in heiterem, herzlichem Ton.

Ein Mann trat ein; er war offenbar Matrose; er hatte eine große, kräftige, muskulös aussehende Gestalt, und sein Gesicht trug einen offenen, verwegenen Ausdruck, der durchaus nicht abstoßend war. Sein stark von der Sonne verbranntes Gesicht wurde über die Hälfte von einem mächtigen Schnurr- und Backenbart verdeckt. In der Hand trug er einen großen Eichenknüttel, schien aber sonst keine Waffe bei sich zu haben. Er verbeugte sich linkisch und sagte guten Abend, und zwar mit einem Akzent, der, obwohl er etwas nach Neufchâtel klang, doch seine Pariser Abstammung verriet.

»Setzen Sie sich, mein Freund«, sagte Dupin, »ich vermute, dass Sie wegen Ihres Orang-Utans kommen? Es ist ein außerordentlich schönes und dabei gewiss sehr wertvolles Tier; ich möchte Sie beinahe darum beneiden. Für wie alt halten Sie es wohl?«

Der Matrose holte tief Atem – mit der Miene eines Menschen, dem eine Last vom Herzen fällt, und erwiderte dann in ruhigem Ton:

»Das kann ich Ihnen nicht genau sagen, aber er kann kaum mehr als vier oder fünf Jahre alt sein. Haben Sie ihn hier?«

»Oh nein; hier hatten wir keinen passenden Raum, in dem wir ihn hätten unterbringen können. Er ist aber hier ganz in der Nähe, Rue Dubourg, in einem Stall untergebracht. Sie können ihn sofort bekommen. Sie können sich doch jedenfalls als rechtmäßigen Besitzer des Tieres ausweisen?«

»Gewiss kann ich das, Herr.«

»Es tut mir ordentlich leid, mich von dem Tier zu trennen«, sagte Dupin.

»Ich will nicht, dass Ihre Mühe unbelohnt bleibe, Herr. Das verlange ich nicht. Ich bin bereit, Ihnen für das Einfangen des Tieres eine angemessene Belohnung zu zahlen.«

»Nun«, antwortete mein Freund, »das ist ja gewiss recht schön. Lassen Sie mich nachdenken – was könnte ich wohl beanspruchen? Oh, ich will Ihnen sagen, was ich als Belohnung fordere: Sie sollen mir ganz genau alles mitteilen, was Sie über die in der Rue Morgue verübten Mordtaten wissen.«

Dupin hatte die letzten Worte in leisem, sehr ruhigem Ton gesprochen. Ebenso ruhig stand er nun auf, schritt auf die Tür zu, verschloss sie und steckte den Schlüssel ein. Dann zog er eine Pistole aus der Tasche und legte sie, ohne die geringste Erregung zu verraten, auf den Tisch.

Das Gesicht des Matrosen bedeckte sich mit einer glühenden Röte; es war, als kämpfe er mit einem Erstickungsanfall. Er sprang auf und ergriff seinen Knüttel, aber im nächsten Augenblick fiel er in seinen Stuhl zurück; er zitterte heftig, und seine Wangen wurden aschfahl. Er sprach kein Wort. Ich empfand tiefes Mitleid mit dem Mann.

»Mein Freund«, fuhr Dupin in gütigem Ton fort, »Sie regen sich ganz unnötigerweise auf; glauben Sie mir: Wir denken gar nicht daran, Ihnen irgendwie schaden zu wollen. Ich gebe Ihnen mein Wort als Ehrenmann und als Franzose, dass Sie von uns nicht das Geringste zu fürchten haben. Ich weiß, dass Sie an den in der Rue Morgue verübten scheußlichen Mordtaten unschuldig sind. Freilich lässt es sich nicht leugnen, dass Sie in gewisser Beziehung in diese Sache verwickelt sind. Aus dem, was ich Ihnen gesagt habe, werden Sie wohl erkennen, dass mir Mittel zu Gebote stehen, ganz genaue Erkundigungen über den Tatbestand einzuziehen – Mittel, deren Tragweite Sie nicht ermessen können. Die Sache steht nun so: Das, was geschehen ist, haben Sie nicht verhindern können, und jedenfalls haben Sie selbst sich nicht schuldig gemacht. Sie haben auch keinen Diebstahl begangen, obwohl Ihnen dazu glänzende Gelegenheit geboten war. Sie haben nichts zu verheimlichen, haben nicht den kleinsten Grund dazu. Als ehrenhafter Mensch sind Sie außerdem geradezu verpflichtet, alles zu gestehen, was Sie wissen. Ein vollständig Unschuldiger, auf den der Verdacht gefallen ist, diese Verbrechen begangen zu haben, ist festgenommen worden, während Ihnen der wirkliche Täter bekannt ist.«

Der Matrose hatte, während Dupin diese Worte sprach, seine Geistesgegenwart wiedererlangt, obwohl seine anfängliche Keckheit vollständig verschwunden war.

»So wahr mir Gott helfe«, sagte er nach einer kurzen Pause, »ich will Ihnen alles sagen, was ich von der Sache weiß, obwohl ich kaum erwarten kann, dass Sie meinen Worten Glauben schenken werden – es wäre töricht von mir, das zu denken. Und doch bin ich unschuldig, und ich will mein Herz erleichtern und Ihnen alles sagen, was ich weiß, und wenn es mich das Leben kosten sollte.«

Was er uns dann mitteilte, war Folgendes: Er war mit einem Schiff im indischen Archipel gewesen, und man war in Borneo gelandet. Einige Matrosen, denen er sich angeschlossen hatte, machten einen Ausflug in das Innere des Landes. Es gelang ihm und einem seiner Kameraden, einen Orang-Utan zu fangen. Da sein Gefährte bald darauf starb, kam er in alleinigen Besitz des Tieres.

Nach vielen Schwierigkeiten, die das Tier ihm auf der Reise durch seine unbezähmbare Wildheit verursachte, kam er endlich glücklich mit ihm in Paris an. Um der Neugier der Nachbarn auszuweichen, hielt er die Bestie vorläufig in seiner Wohnung eingeschlossen; sein Plan war, den Affen zu verkaufen, sobald dieser von einer Fußwunde geheilt sein würde, die er sich an Bord durch das Eindringen eines Splitters zugezogen hatte.

Er kam an dem Abend, oder besser gesagt, an dem frühen Morgen, an dem die Mordtaten verübt wurden, von einem Matrosenfest nach Hause zurück und fand dort die Bestie in seinem Schlafzimmer. Es war ihr gelungen, aus dem angrenzenden Gelass, wo der Matrose sie angebunden hatte und sicher verwahrt glaubte, auszubrechen. Er fand das Tier eingeseift und mit dem Rasiermesser in der Hand vor dem Spiegel, wo es sich zu rasieren versuchte; wahrscheinlich hatte es öfter durch das Schlüsselloch seinen Herrn bei dieser Beschäftigung beobachtet.

Entsetzt von dem Anblick einer so gefährlichen Waffe in den Händen des wilden Tieres, das möglicherweise einen furchtbaren Gebrauch davon machen würde, verlor der Mann im ersten Augenblick den Kopf. Indessen war es ihm bisher stets gelungen, das Tier, selbst wenn es sich noch so wild und unbändig erwies, durch Anwendung der Peitsche zu beruhigen, und zu diesem Mittel nahm er auch jetzt seine Zuflucht. Als aber der Orang-Utan die Peitsche sah, entsprang er mit einem Satz durch die geöffnete Zimmertür, jagte die Treppe hinab und entfloh durch ein zufällig offenes Fenster auf die Straße.

Der Franzose folgte in Verzweiflung. Der Affe, der immer noch das Rasiermesser in der Hand hatte, blieb zuweilen stehen, um sich nach seinem Verfolger umzusehen und ihm Grimassen zu schneiden. Wenn der Mann ihn dann beinahe erreicht hatte, lief er wieder in tollen Sprüngen weiter.

In dieser Weise setzte sich die Jagd lange fort. In den Straßen herrschte tiefe Stille; es war gegen drei Uhr morgens. Als der Flüchtling das hinter der Rue Morgue liegende Gässchen erreicht hatte, wurde seine Aufmerksamkeit durch den Lichtschein gefesselt, der durch das offene Fenster des im vierten Stock liegenden Zimmers der Madame L'Espanaye schimmerte. Das Tier stürzte auf das Gebäude zu, und als es den Blitzableiter bemerkte, kletterte es mit verblüffender Geschwindigkeit daran hinauf, klammerte sich an den weit offenstehenden Fensterladen, gab sich einen Schwung und gelangte direkt in das Zimmer und auf das Kopfende des Bettes. Den Fensterladen stieß der Affe, sobald er in das Zimmer gedrungen, wieder zurück.

Der Matrose war sowohl erfreut als tief beunruhigt. Er hoffte, nun das Tier wieder einzufangen, denn es würde kaum einen anderen Ausweg aus der Falle, in die es geraten, finden als den Blitzableiter, und wenn es daran herunterkletterte, würde es nicht allzu schwer sein, sich seiner zu bemächtigen. Andererseits war Grund genug, zu befürchten, es werde in dem Haus Unheil anrichten. Diese letzte Erwägung bestimmte den Matrosen, den Flüchtling weiter zu verfolgen. An einem Blitzableiter in die Höhe zu klettern ist eine Aufgabe, die einem Matrosen nicht allzu große Schwierigkeiten bietet. Als er jedoch bis zur Höhe des Fensters, das links von ihm lag, gekommen war, konnte er nicht weiter. Es gelang ihm aber, sich so weit vorzubeugen, dass er einen Blick in das Innere des Zimmers tun konnte. Bei dem entsetzlichen Anblick, der sich ihm darin bot, wäre er beinahe vor Schrecken abgestürzt. Und dann wurde die Stille der Nacht plötzlich durch jenes furchtbare Geschrei unterbrochen, das die Bewohner der Rue Morgue aus dem Schlaf weckte. Madame L'Espanaye und ihre Tochter waren, in ihre Nachtkleider gehüllt, offenbar damit beschäftigt gewesen, irgendwelche Papiere in der schon erwähnten eisernen Geldkiste zu ordnen, die sie zu diesem Zweck mitten in das Zimmer gestellt hatten. Sie war offen, und ihr Inhalt lag auf dem Fußboden daneben. Die Opfer hatten wahrscheinlich so gesessen, dass sie dem Fenster den Rücken zukehrten; und da eine kleine Weile zwischen dem Eindringen des Tieres und dem entsetzten Angstgeschrei der Damen verstrich, ist es möglich, dass sie die Bestie nicht sogleich bemerkt hatten. Das Zurückschlagen des Fensterladens haben sie vielleicht dem Wind zugeschrieben.

Als der Matrose in das Zimmer blickte, hatte die riesige Bestie Madame L'Espanaye an dem lose herabhängenden Haar gepackt und schwenkte das Rasiermesser vor ihrem Gesicht, die Bewegungen eines Barbiers nachahmend. Die Tochter lag lang ausgestreckt und regungslos auf dem Fußboden; sie war ohnmächtig geworden. Das Geschrei und die Befreiungsversuche der alten Dame, der er das Haar aus dem Kopf riss, versetzten den Orang-Utan, der vorher vielleicht ganz friedliche Absichten gehabt hatte, in wildeste Wut. Mit einem kräftigen Schwung seines muskulösen Arms trennte er den Kopf der Dame beinahe ganz vom Rumpf. Der Anblick des Blutes steigerte seine Wut bis zur Tollheit. Zähnefletschend und mit funkelnden Augen stürzte er sich auf das junge Mädchen, grub seine entsetzlichen Krallen in ihren Hals und würgte die Unglückliche, bis sie tot war. Zufällig wohl fielen in diesem Augenblick seine wild rollenden Augen auf das Kopfende des Bettes, hinter dem das schreckensbleiche Gesicht seines Herrn sichtbar wurde. Die Wut des Tieres, das schon allzu oft die Bekanntschaft mit der Peitsche gemacht hatte, verwandelte sich sofort in feige Angst. Wohl wissend, dass es Strafe verdiene, schien es die Spuren seiner Bluttat rasch verwischen zu wollen; es lief in nervöser Hast im Zimmer umher, riss die Möbel um und zerschlug sie und zerrte die Kissen und Decken aus dem Bett. Endlich ergriff es die Leiche der Tochter und stieß und zwängte sie gewaltsam in den Schornstein hinauf, wo sie dann später gefunden wurde. Dann stürzte es sich auf die der alten Dame und schleuderte sie kopfüber zum Fenster hinaus.

Als der Affe sich mit seiner verstümmelten Last dem Fenster näherte, fuhr der Matrose erschrocken zurück; voll Angst ließ er sich am Blitzableiter hinabgleiten und beeilte sich, so schnell als möglich nach Hause zu kommen, weil er die Folgen der Metzelei fürchtete. Um das Schicksal des Orang-Utans kümmerte er sich vorläufig nicht. Die Worte, welche von den die Treppe hinauflaufenden Leuten vernommen wurden, waren dem Matrosen in seinem Entsetzen entfahren. Das schrille, teuflische Gekreisch der Bestie hatte man irrtümlich für eine eigentümlich scharfe, heiser gellende menschliche Stimme gehalten. –

Mir bleibt kaum noch etwas hinzuzufügen. Der Orang-Utan muss, gerade ehe die Tür aufgebrochen wurde, durch das Fenster entwischt und an dem Blitzableiter herabgeglitten sein. Er ist schließlich doch, und zwar von seinem rechtmäßigen Besitzer, wieder eingefangen worden, der ihn zu einem hohen Preis an den ›Jardin des Plantes‹ verkauft hat. Lebon wurde sofort aus der Untersuchungshaft entlassen, nachdem wir im Büro des Polizeipräfekten den von einem Kommentar Dupins begleiteten genauen schriftlichen Bericht über diese Affäre niedergelegt hatten. Obwohl der Präfekt meinen Freund sehr hoch schätzte, konnte er doch eine gewisse Gereiztheit über die Wendung der Dinge nicht verbergen, und er verriet dies durch ein paar spöttische Bemerkungen über Leute, die ihre Nase in Dinge steckten, die sie im Grunde nichts angingen.

»Lass ihn reden«, sagte Dupin, der ihn keiner Antwort gewürdigt hatte, »lass ihn reden! Er will nur sein Gewissen dadurch beruhigen. Mir genügt es, ihn auf seinem eigenen Gebiet geschlagen zu haben. Übrigens ist es nicht zu verwundern, dass er die Lösung dieses Geheimnisses nicht zu finden vermochte. Unser Freund, der Präfekt, ist eben zu schlau, um tief sein zu können. Seine Weisheit hat keinen soliden Boden. Sie gleicht den Abbildungen der Göttin Laverna, d.h. sie besteht nur aus Kopf und hat keinen Körper – oder höchstens Kopf und Schultern – wie ein Stockfisch! Aber er ist darum doch ein ganz famoser Kerl. Ich habe ihn besonders gern und schätze ihn vor allem wegen einer Gabe, der er den Ruf, ein Genie an Scharfsinn zu sein, hauptsächlich verdankt, nämlich wegen seiner Vorliebe ›de nier ce qui est et d'expliquer ce qui n'est pas‹ – wie es in Rousseaus ›Nouvelle Héloïse‹ heißt.«

Hinab in den Maelström

Die Wege Gottes in der Natur wie auch in der Vorsehung sind nicht wie unsere Wege; noch sind die Dinge, die wir bilden, irgendwie der Unendlichkeit, Abgründigkeit und Unerforschlichkeit seiner Werke vergleichbar, die eine Tiefe in sich haben – ungemessener als der Brunnen des Demokritos.

Joseph Glanvill

Wir waren auf dem Gipfel der höchsten Klippe angelangt. Einige Minuten schien der Alte zu erschöpft, um zu sprechen. »Vor drei Jahren noch«, sagte er schließlich, »hätte ich diesen Weg geradeso leicht und ohne Ermüdung gemacht wie der jüngste meiner Söhne; aber dann hatte ich ein Erlebnis, wie wohl kein Sterblicher vor mir – wenigstens wie keiner es überlebte, um davon zu berichten – und die sechs Stunden tödlichen Entsetzens, die ich damals durchmachte, haben mich an Leib und Seele gebrochen. Sie halten mich für einen sehr alten Mann – aber ich bin es nicht. Weniger als ein Tag reichte hin, um meine tiefschwarzen Haare weiß zu machen, meinen Gliedern die Kraft, meinen Nerven die Spannung zu nehmen, sodass ich bei der geringsten Anstrengung zittere und vor einem Schatten erschrecke. Können Sie sich denken, dass ich kaum über diese kleine Klippe zu schauen vermag, ohne schwindlig zu werden?«

Die »kleine Klippe«, an deren Rand er sich so sorglos niedergeworfen hatte, dass der gewichtigere Teil seines Körpers darüber hinaushing, und allein der Halt, den ihm seine auf den schlüpfrigen Felsrand aufgestützten Ellbogen gewährten, ihn am Hinunterfallen hinderte – diese »kleine Klippe« erhob sich als ein steiler, wilder Berg schwarz glänzender Felsmassen etwa fünfzehn- bis sechzehnhundert Fuß hoch aus dem Meer empor. Nicht um alles in der Welt hätte ich mich näher als etwa sechs Meter an den Rand herangewagt. Ja wirklich, die gefährliche Stellung meines Begleiters entsetzte mich so sehr, dass ich mich der Länge nach zu Boden warf, mich ans Gestrüpp anklammerte und nicht einmal wagte, gen Himmel zu blicken – indes ich mich vergeblich mühte, den Gedanken loszuwerden, dass der Berg bis in seine Grundfesten von den stürmenden Winden erschüttert werde. Es dauerte lange, ehe ich mich so weit zur Vernunft brachte, dass ich mich aufrichten und in die Ferne schauen konnte.

»Sie müssen Ihre Angstvorstellungen überwinden«, sagte der Führer; »habe ich Sie doch hierhergebracht, damit Sie die Szene des Ereignisses, das ich eben erwähnte, so gut als möglich vor Augen haben, denn ich will Ihnen hier angesichts des Ortes die ganze Geschichte berichten.

Wir befinden uns jetzt«, fuhr er mit jener eingehenden Sachlichkeit fort, die ihm eigentümlich war, »wir befinden uns jetzt an der norwegischen Küste – auf dem achtundsechzigsten Breitengrad, in der großen Provinz Nordland und im trübseligen Distrikt Lofoten. Der Berg, auf dessen Gipfel wir sitzen, ist Helseggen, der Bewölkte. Richten Sie sich jetzt ein wenig auf – halten Sie sich am Gras fest, wenn Sie sich schwindlig fühlen – so – und blicken Sie über den Nebelgürtel unter uns hinaus ins Meer.«

Ich schaute auf und gewahrte eine weite Meeresfläche, deren Wasser so tintenschwarz war, dass mir sofort des nubischen Geographen Bericht von dem Mare Tenebrarum in den Sinn kam. Selbst die kühnste Fantasie könnte sich kein Panorama von gleich trostloser Verlassenheit ausdenken. Rechts und links, soweit das Auge reichte, breiteten sich gleich Wällen, die die Welt abschlossen, Reihen schwarzer, drohend ragender Klippen, deren grausiges Dunkel noch schärfer hervortrat in der tosenden Brandung, die mit ewigem Heulen und Kreischen ihren gespenstischen, weißen Schaum an ihnen emporwarf. Dem Vorgebirge, auf dessen Gipfel wir saßen, gerade gegenüber und etwa fünf, sechs Meilen weit ins Meer hinein war eine schmale, schwärzliche Insel sichtbar – oder richtiger: Man vermochte durch den Brandungsschaum, der sie umgab, ihre Umrisse zu erkennen. Etwa zwei Meilen näher an Land erhob sich eine andere, kleinere, entsetzlich steinig und unfruchtbar, der hier und da schwarze Felsklippen vorgelagert waren.

Der Anblick des Meeres zwischen der entfernteren Insel und der Küste war ein sehr ungewöhnlicher. Obgleich ein so heftiger Wind landwärts blies, dass eine Brigg draußen in der offenen See unter doppelt gerefftem Gaffelsegel lag und beständig mit ihrem ganzen Rumpf in den Wogen versank, so war hier doch keine regelrechte Dünung, sondern nur ein kurzes, schnelles, zorniges Aufklatschen des Wassers nach allen Richtungen – sowohl mit als gegen den Wind. Schaum gab es nur wenig, außer in der nächsten Umgebung der Felsen.

»Die ferne Insel«, fuhr der alte Mann fort, »wird von den Norwegern Vurrgh genannt. Die eine näherliegende heißt Moskoe. Jene dort eine Meile nordwärts ist Ambaaren. Dort drüben liegen Islesen, Hotholm,

Keildhelm, Suarven und Buckholm. Weiter draußen, zwischen Moskoe und Vurrgh liegen Otterholm, Flimen, Sandflesen und Stockholm. Das sind die Namen der Orte; warum man es aber überhaupt für nötig fand, ihnen Namen zu geben, das ist wohl Ihnen wie mir unbegreiflich. – Hören Sie etwas? Sehen Sie eine Veränderung im Wasser?«

Wir waren jetzt etwa zehn Minuten auf der Spitze des Helseggen, zu dem wir aus dem Innern von Lofoten aufgestiegen waren, sodass wir keinen Schimmer vom Meer erblickt hatten, bis es, als wir oben auf dem Gipfel angelangt waren, plötzlich in voller Weite vor uns lag. Während der Alte sprach, kam mir ein lautes, langsam zunehmendes Tosen zum Bewusstsein, ein Lärm wie das Brüllen einer ungeheuren Büffelherde auf einer amerikanischen Prärie. Und im selben Augenblick gewahrte ich, dass das »Hacken« des Meeres unter uns sich mit rasender Schnelligkeit in eine östliche Strömung verwandelte. Während ich hinsah, nahm diese Strömung noch mit unheimlicher Geschwindigkeit zu. Jeder Augenblick verzehnfachte ihre Hast, ihr maßloses Ungestüm. In fünf Minuten tobte der ganze Ozean bis nach Vurrgh hinaus in gewaltigem Sturm; aber zwischen Moskoe und der Küste toste der Aufruhr am tollsten. Hier stürmte die ungeheure Wasserflut in tausend einander entgegengesetzte Kanäle, brach sich plötzlich in wahnsinnigen Zuckungen, keuchte, kochte und zischte – kreiste in zahllosen riesenhaften Wirbeln, und alles stürmte heulend und sich überstürzend nach Osten, mit einer Geschwindigkeit, wie sie sich nur bei den rasendsten Wasserstürzen findet.

Einige Minuten später hatte sich die Szene wiederum völlig verändert. Die gesamte Oberfläche wurde ein wenig glatter, und die Strudel verschwanden einer nach dem anderen, während mächtige Schaumstreifen sich überall da zeigten, wo vorher gar kein Schaum gewesen war. Diese Streifen, die sich immer weiter und weiter ausdehnten und miteinander verbanden, nahmen nun die drehende Bewegung der verschwundenen Strudel an und schienen den Rand eines neuen ganz gewaltigen Strudels zu bilden. Plötzlich – sehr plötzlich – nahm der Wirbel deutliche und bestimmte Form an und wurde zu einem Kreis von mehr als einer Meile Durchmesser. Umrandet war der Wirbel von einem breiten Gürtel schimmernden Schaums; doch nicht der kleinste Teil desselben glitt in den Schlund des schrecklichen Trichters, dessen Innenwand, soweit das Auge es ergründen konnte, von einer glatten, leuchtenden und kohlschwarzen Wassermauer gebildet wurde, die sich in einem Winkel von etwa fünfundvierzig Grad zum Horizont hinneigte und sich in schwingender, schwindelnder Rastlosigkeit im Kreis drehte und dabei so eine fürchterliche, kreischende und heulende Stimme gen Himmel sandte, wie sie selbst der mächtige Niagarafall in seiner Todesangst nicht hervorbringt.

Der Berg erbebte in seinen Grundfesten, und der Fels schwankte. Ich warf mich zur Erde, verbarg mein Gesicht und klammerte mich in einem Anfall nervöser Aufregung an das spärliche Strauchwerk.

»Dies kann«, sagte ich endlich zu dem Alten, »dies kann nur der große Strudel des Maelström sein.«

»So wird er manchmal genannt«, sagte der Mann. »Wir Norweger nennen ihn Moskoeström, nach der Insel Moskoe in seiner Nähe.«

Die bekannten Berichte über diesen Strudel hatten mich in keiner Hinsicht auf das vorbereitet, was ich da sah. Die Beschreibung, die Jonas Ramus gibt und die vielleicht die umständlichste von allen ist, kann weder von der Großartigkeit noch von dem Grauen des Ganzen oder von dem seltsam verwirrenden Gefühl des »Neuartigen«, das den Beschauer befällt, auch nur die geringste Vorstellung erwecken. Ich bin nicht sicher, von welchem Punkt aus jener Schriftsteller das Naturschauspiel beobachtete, noch zu welcher Zeit; aber es konnte weder vom Gipfel des Helseggen noch während eines Sturmes gewesen sein. Immerhin hat seine Beschreibung einige Stellen, die erwähnenswert sind, obschon ihre Wirkung im Vergleich mit dem Schauspiel selbst nur eine sehr schwache sein kann.

»Zwischen Lofoten und Moskoe«, berichtet er, »schwankt die Tiefe des Wassers zwischen fünfunddreißig und vierzig Faden; nach der anderen Seite aber, in der Richtung von Ver (Vurrgh), nimmt diese Tiefe ab, sodass ein Schiff dort nicht passieren kann, ohne Gefahr zu laufen, an den Klippen zu zerschellen, was selbst bei ruhigem Wetter vorkommen kann. Wenn Flutzeit ist, so geht die Strömung landwärts zwischen Lofoten und Moskoe in lärmender Hast dahin, das Tosen ihrer Ebbe zum Meere hin aber wird selbst von den lautesten und fürchterlichsten Katarakten nicht erreicht – man hört das Getöse viele Meilen weit, und die Strudel oder Abgründe sind von solcher Tiefe und Ausdehnung, dass ein Schiff, das in ihren Kreislauf gerät, unvermeidlich angezogen und in den Abgrund hinabgerissen wird, wo es an den Felsen zerschellt und, wenn die Wasser sich beruhigen, in Trümmern wieder emporgetragen wird. Solche Ruhepausen gibt es aber nur beim Übergang von Ebbe zu Flut und von Flut zu Ebbe und nur bei ruhigem Wetter, auch dauern sie nur eine Viertelstunde, dann nimmt der Wirbel langsam wieder zu. Wenn die Strömung am heftigsten und ihre Wut durch einen Sturm gesteigert ist, wird es gefährlich, ihr auf eine norwegische Meile nahezukommen. Boote, Jachten und auch größere Schiffe wurden mit fortgerissen, weil sie sich dem Bereich des Strudels nicht fern genug hielten. Es kommt auch vor, dass Walfische der Strömung zu nahe kommen und in ihre Gewalt geraten, und es ist unmöglich, das Heulen und Bellen zu beschreiben, das sie bei ihren vergeblichen Anstrengungen ausstoßen. Einmal wurde ein Bär, der von Lofoten nach Moskoe zu schwimmen versuchte, von der Strömung erfasst und hinabgerissen, und sein entsetzliches Gebrüll wurde bis ans Ufer gehört. Große Vorräte von Fichten und Kiefern kamen, nachdem sie im Strudel gewesen, so zersplittert und zerfetzt an die Oberfläche, dass sie aussahen wie seltsame Borstentiere; und dies zeigt klar, dass im Abgrund des Strudels Felsgrate sind, zwischen denen sie hin und her geschleudert wurden. Die Strömung wird durch Ebbe und Flut reguliert – sodass alle sechs Stunden hohes und niederes Wasser miteinander wechseln. Im Jahre 1645 in der Frühe des Sonntags Sexagesima raste sie mit solchem Ungestüm und Getöse, dass die Häuser an der Küste zusammenstürzten.«

Was nun die Tiefe des Wassers anlangt, so begriff ich nicht, wie sie in der Nähe des Strudels überhaupt hatte gemessen werden können. Die vierzig Faden konnten sich nur auf Teile des Kanals nahe an der Küste von Moskoe oder Lofoten beziehen. Die Tiefe inmitten des Moskoeström muss unermesslich viel größer sein, und man kann keinen besseren Beweis für diese Tatsache finden, als wenn man vom höchsten Grad des Helseggen seitwärts in den Abgrund hinabblickt. Ich, der ich vom Gipfel oben in den heulenden Phlegethon hinuntersah, konnte mich eines Lächelns nicht erwehren über die Einfalt, mit der der ehrenwerte Jonas Ramus die seiner Ansicht nach fast unglaubwürdigen Anekdoten von den Walfischen und dem Bären berichtet; mir schien es tatsächlich ganz selbstverständlich, dass das größte Linienschiff, wenn es in jene tödliche Anziehungskraft geriet, ihr ebenso wenig widerstehen konnte wie eine Feder dem Orkan und sogleich und für immer verschwinden müsse.

Die Erklärungsversuche für das Phänomen, deren einige mir beim Durchlesen ziemlich einleuchtend erschienen waren, sah ich jetzt in ganz anderem Licht und musste sie als völlig unzureichend verwerfen. Die Anschauung, der am meisten Glauben geschenkt wird, ist, dass dieser Strudel, gleich drei anderen kleineren in der Gegend der Ferroe-Inseln, seinen Ursprung habe in dem Zusammenprall der Wogen an unterirdischen Felsenriffen, die das Wasser derart einengen, dass es zur Zeit der Flut gewaltig aufschäumen, zur Zeit der Ebbe aber in große Tiefen zurückfallen muss. Die natürliche Folge des Ganzen ist ein Strudel, dessen wunderbare Einsaugekraft man schon an kleineren Versuchen erproben kann. So etwa sagt die ›Encyclopaedia Britannica‹. Kircher und andere nehmen an, dass in der Mitte des Maelström-Kanals ein Abgrund sich befinde, der den Erdball durchbohre und in irgendeiner fernen Gegend endige – irgendwer bezeichnet übrigens mit ziemlicher Bestimmtheit den Bottnischen Meerbusen als Durchbruchstelle des Strudelkanals. Diese an sich recht törichte Annahme erschien mir jetzt beim Anblick des gewaltigen Naturereignisses gar nicht so unhaltbar; ich sprach davon zu meinem Führer, der mir zu meiner Verwunderung erwiderte, obgleich er wisse, dass diese Auffassung der Sache von den meisten Norwegern geteilt werde, so könne er selbst ihr doch nicht beistimmen. Was die vorher erwähnte Annahme des Jonas Ramus betreffe, so müsse er gestehen, dass er sie nicht begreifen könne, und darin musste ich ihm beipflichten, denn so glaubwürdig sie sich auch auf dem Papier ausgenommen, so unverständlich, ja geradezu absurd erschien sie hier inmitten des Sturmgetöses des Strudels selbst.

»Sie haben sich jetzt den Strudel gut betrachten können«, sagte der alte Mann, »und wenn Sie sich nun hier auf die andere Seite des Felsvorsprungs niederlassen würden, wo wir vor dem Wind geschützt sind und das Brausen der Wellen weniger laut hören, so werde ich Ihnen eine Geschichte erzählen, die Sie davon überzeugen wird, dass ich wohl etwas vom Moskoeström wissen muss.«

Ich setzte mich so wie er es wünschte, und er fuhr fort:

»Meine beiden Brüder und ich besaßen eine schoonerartig aufgetakelte Schmack von etwa siebzig Tonnen Tragfähigkeit, mit der wir zwischen den Inseln hinter Moskoe nahe bei Vurrgh zu fischen pflegten. Überall, wo das Meer heftig brandet, ist zu geeigneten Zeiten der Fischfang gut, wenn man nur den Mut hat, ihn zu wagen; doch unter allen Küstenbewohnern der Lofoten waren wir drei die Einzigen, die es sich regelrecht zum Beruf machten, nach jenen Inseln hinauszufahren. Die eigentlichen Fischgründe sind eine gute Strecke weiter nach Süden gelegen. Dort kann man zu allen Zeiten fangen, und es ist keine Gefahr dabei; darum werden jene Plätze bevorzugt. Die ertragreichen Fangplätze hier zwischen den Felsen aber liefern nicht nur die besten Sorten, sondern diese sogar in reichstem Maß, sodass wir oft in einem einzigen Tag so viel fingen, wie ängstlichere Fischer mühsam in einer Woche zusammenbrachten. Es war in der Tat ein verzweifeltes Unternehmen, bei dem das Wagnis die Arbeit ersetzte und Mut das Anlagekapital war.

Der Ankerplatz unseres Schiffes war in einer Bucht, die etwa fünf Meilen von dieser hier entfernt ist, und es war unsere Gewohnheit, bei schönem Wetter die Viertelstunde Totwasser zwischen Ebbe und Flut auszunutzen, um über den Hauptkanal des Moskoeström weit oberhalb des Strudels hinüberzusegeln und irgendwo in der Nähe von Otterholm oder Sandflesen, wo die Brandung nicht allzu heftig ist, vor Anker zu gehen. Hier pflegten wir zu bleiben, bis wiederum Totwasser einsetzte, worauf wir die Anker lichteten und uns auf den Heimweg machten. Wir unternahmen diese Fahrt nur dann, wenn wir für Hin- und Rückfahrt auf beständigen Wind rechnen konnten – einen Wind, von dem wir überzeugt waren, dass er uns bei der Rückfahrt nicht im Stich lassen werde –, und in dieser Hinsicht war unsere Berechnung selten falsch. Zweimal in sechs Jahren waren wir genötigt, die ganze Nacht vor Anker zu liegen, infolge einer gerade hier äußerst seltenen völligen Windstille, und einmal mussten wir fast eine Woche draußen bei den Fischplätzen ausharren und waren dem Hungertod nahe; aber wir konnten die Überfahrt nicht wagen, denn ein Sturmwind blies, der den Kanal allzu gefährlich machte. Bei dieser Gelegenheit wären wir trotz aller Anstrengungen in die See hinausgetrieben worden (denn die Strudel warfen uns so heftig herum, dass wir schließlich den Anker einzogen), wären wir nicht zufällig in eine der zahlreichen Gegenströmungen geraten, die heute da sind und morgen wieder fort. Diese Strömung trieb uns in die windgeschützte Gegend von Flimen, wo wir das Glück hatten, landen zu können.

Ich könnte Ihnen nicht den zwanzigsten Teil all der Schwierigkeiten aufzählen, mit denen wir an den Fangplätzen zu kämpfen hatten, denn selbst bei gutem Wetter ist es da draußen übel genug; dennoch gelang es uns immer, den Moskoeström selbst ohne Unfall zu passieren, obgleich mir oft genug das Herz erschrak, wenn wir bisweilen ein oder zwei Minuten vor oder nach dem Totwasser dort waren. Der Wind war manchmal nicht so stark, wie wir beim Ausfahren gedacht hatten, und dann kamen wir langsamer voran, als wünschenswert war, und verloren in der Strömung die Gewalt über das Schiff. Mein ältester Bruder hatte einen achtzehnjährigen Sohn, und ich selbst besaß zwei kräftige Buben. Diese wären zu solchen Zeiten beim Ein- und Ausziehen der Fischtaue wie auch beim Fischen selbst sehr brauchbar gewesen, aber trotzdem wir für uns die Gefahr nicht fürchteten, hatten wir doch nicht das Herz, die Jungen dem Wagnis auszusetzen – denn es ist schon so und muss gesagt werden: Es war ein entsetzliches Wagnis.

Es sind jetzt in wenigen Tagen drei Jahre, seit sich das ereignete, was ich Ihnen nun erzählen will. Es war der zehnte Juli 18.., ein Tag, den man hierzulande nie vergessen wird, denn es blies der schrecklichste Orkan, der je aus den Himmeln niederstürzte; und doch hatte am Vormittag und sogar bis in den späten Nachmittag ein sanfter Südwest geweht, während die Sonne heiter strahlte, sodass die ältesten Seeleute unter uns nicht hätten voraussehen können, was sich später ereignete.

Wir drei – meine beiden Brüder und ich – waren gegen zwei Uhr nachmittags zu den Inseln hinübergekreuzt und hatten bald die Schmack mit edlen Fischen voll, die, wie wir alle bemerkten, an diesem Tag zahlreicher als je aufgetreten waren. Auf meiner Uhr war es gerade sieben, als wir lichteten und die Heimfahrt antraten, um den schlimmsten Teil des Ström bei Totwasser zurückzulegen, das nach unserer Erfahrung um acht einsetzte.

Ein frischer Wind kam von Steuerbord her, und eine Zeitlang hatten wir eilige Fahrt und ließen uns keine Gefahr träumen, denn wir sahen nicht den geringsten Grund dazu. Ganz plötzlich aber wurden wir von einer Brise von Helseggen her rückwärts getrieben. Das war höchst seltsam – etwas, das sich noch nie ereignet hatte – und ich begann unruhig zu werden, ohne recht zu wissen, weshalb. Wir stellten das Boot nach dem Wind, konnten aber infolge der starken Brandung nicht vorwärts kommen, und ich wollte gerade den Vorschlag machen, zum Ankerplatz zurückzukehren, als wir, rückwärts blickend, den ganzen Horizont von einer einzigen kupferfarbenen Wolke bedeckt sahen, die mit unheimlicher Schnelligkeit heraufzog.

Währenddessen hatte sich der Wind, der uns soeben zurückgeworfen, ganz plötzlich gelegt, und in der Totenstille trieb unser Schiff haltlos umher. Dieser Zustand dauerte jedoch nicht so lange, dass wir Zeit gehabt hätten, ihn zu bedenken. In kaum einer Minute war der Sturm über uns – in kaum zweien war der ganze Himmel schwarz, und es wurde so dunkel, dass wir im Schiff einander nicht mehr erkennen konnten.

Es wäre Wahnsinn, den Orkan, der nun einsetzte, beschreiben zu wollen. Der älteste Seemann in ganz Norwegen hatte dergleichen nicht erlebt. Wir hatten unsere Segel dem Wind überlassen, ehe der uns richtig packte. Nun flogen beim ersten Stoß unsere beiden Maste über Bord, als seien sie abgemäht – und der Hauptmast nahm meinen jüngsten Bruder mit sich, der sich sicherheitshalber an ihn angebunden hatte.

Unser Boot war das federleichteste Ding, das je auf dem Wasser geschwommen. Es hatte ein vollkommen geschlossenes Verdeck mit nur einer Luke nahe am Bug, und diese Luke pflegten wir immer bei Annäherung an den Ström zu schließen, um uns gegen die Sturzseen zu sichern. Ohne diese gewohnte Vorsichtsmaßregel wären wir sofort zugrunde gegangen – denn wir waren minutenlang buchstäblich im Wasser begraben. Wie mein älterer Bruder der Vernichtung entrann, kann ich nicht sagen; ich hatte nie Gelegenheit, das festzustellen. Ich für mein Teil warf mich sofort flach zu Boden, nachdem ich das Vordersegel losgelassen, stemmte die Füße gegen das schmale Schandeck des Bugs und erfasste mit den Händen einen Ringbolzen in der Nähe des Vormastes. Es war lediglich Instinkt, was mich zu solchem Handeln trieb, denn zum Denken war ich viel zu verwirrt – aber ich hätte jedenfalls gar nichts Besseres tun können.

Minutenlang waren wir, wie ich schon sagte, vollkommen unter Wasser; und während dieser ganzen Zeit hielt ich den Atem an und klammerte mich an den Ring. Als ich es nicht mehr aushalten konnte, erhob ich mich auf die Knie und bekam so den Kopf frei; den Ring hielt ich noch immer fest. Da schüttelte sich unser kleines Boot, gerade wie ein Hund, wenn er aus dem Wasser kommt. und befreite sich dadurch ein wenig aus den Wellen. Ich versuchte nun, der Bestürzung, die mich überrumpelt hatte, Herr zu werden und meine Sinne zum Überlegen zu sammeln, als ich mich plötzlich am Arm erfasst fühlte. Es war mein älterer Bruder, und mein Herz hüpfte vor Freude, denn ich war überzeugt gewesen, auch er sei über Bord geschwemmt. Im nächsten Augenblick aber wandelte sich all diese Freude in Entsetzen; – er presste seinen Mund an mein Ohr und gellte das Wort hinaus: Moskoeström!

Niemand wird je ermessen, was ich in jenem Augenblick fühlte. Ich erbebte von Kopf zu Fuß, wie in einem heftigen Anfall von Schüttelfrost. Ich wusste gut, was er mit diesem einen Worte meinte – ich wusste, was er mir begreiflich machen wollte. Mit dem Wind, der uns jetzt vorwärts jagte, waren wir dem Strudel des Ström verfallen, und nichts konnte uns retten!

Sie müssen im Auge behalten, dass wir uns zur Überquerung des Kanals stets eine Stelle weit oberhalb der Strudels aussuchten; auch bei ruhigstem Wetter taten wir das und warteten sorgsam das Totwasser ab – nun aber trieben wir direkt auf den Wirbelstrom zu – und dabei in diesem Orkan! ›Sicherlich‹, dachte ich, ›kommen wir gerade bei Totwasser dort an – es ist wenigstens Hoffnung dafür vorhanden –‹, im nächsten Augenblick aber verwünschte ich mich selbst, dass ich Narr genug war, überhaupt von Hoffnung zu träumen. Ich wusste recht gut, dass wir dem Untergang verfallen waren, und wären wir auch zehnmal ein großes, festes Kriegsschiff gewesen.

Die erste Wut des Sturmes hatte sich gelegt, oder vielleicht fühlten wir ihn nur weniger, da er uns vor sich hertrieb – jedenfalls erhoben sich jetzt die Wogen, die der Wind bisher niedergehalten, zu wahren Bergen. Auch der Himmel hatte sich seltsam verändert. Nach allen Richtungen in der Runde war noch immer pechschwarze Nacht, doch beinahe uns zu Häupten brach ein kreisrundes Stück klaren Himmels durch – so klar, wie ich ihn nur je gesehen, und von tiefem strahlenden Blau –, und aus seiner Mitte leuchtete der volle Mond in nie geahntem Glanz! Er rückte unsere ganze Umgebung in hellstes Licht – o Gott, welch ein Schauspiel beleuchtete er!

Ich machte jetzt ein paar Versuche, mit meinem Bruder zu sprechen, aber das Getöse hatte unerklärlicherweise derart zugenommen, dass ich ihm nicht ein einziges Wort verständlich machen konnte, obgleich ich ihm mit aller Gewalt ins Ohr schrie. Er schüttelte den Kopf, sah totenbleich aus und erhob einen Finger, als wolle er sagen: ›Horch!‹

Zuerst begriff ich ihn nicht – bald aber überfiel mich ein entsetzliches Begreifen. Ich zog die Uhr aus der Tasche. Sie ging nicht mehr. Ich hielt das Zifferblatt ins Mondlicht und brach in Tränen aus, als ich sie nun weit ins Meer schleuderte. *Sie war um sieben Uhr stehen geblieben! Die Zeit des Totwassers war vorüber und der Strudeltrichter des Ström in voller Wut!*

Ist ein Boot gut gebaut und richtig und nicht allzu schwer beladen, so scheinen in einem heftigen Sturm die Wellen unter dem Schiff hervorzukommen, was einem Unerfahrenen stets merkwürdig erscheint; in der Seemannssprache sagt man, das Schiff reitet. Bisher also waren wir auf den Wogen geritten, nun aber erfasste uns eine riesenhafte Welle gerade unter der Gilling und hob uns mit sich empor – hinauf, hinauf –, als ginge es in den Himmel. Ich hätte es gar nicht für möglich gehalten, dass eine Woge so hoch steigen könne. Und dann ging es wieder schleifend und gleitend und stürzend hinunter, dass mir ganz übel und schwindlig wurde, wie wenn man im Traum von einem Berggipfel herunterstürzt. Aber während wir oben waren, hatte ich schnell Umschau gehalten – und dieser eine Rundblick genügte. Ich erkannte im Augenblick unsere ganze Lage. Der Strudel des Moskoeströms lag etwa eine Viertelmeile vor uns – aber er glich so wenig dem gewöhnlichen Moskoeström wie der Strudel da etwa der Welle eines Mühlbachs. Hätte ich nicht bereits gewusst, wo wir uns befanden und was uns bevorstand, so hätte ich den Ort überhaupt nicht erkannt. Ich schloss vor Entsetzen unwillkürlich die Augen. Die Lider krampften sich wie im Todeskampf zusammen.

Es konnten kaum zwei Minuten vergangen sein, als wir plötzlich glatteres Wasser spürten und in Gischt eingehüllt waren. Das Boot machte eine kurze, halbe Drehung nach Backbord und schoss dann wie der Blitz in seiner neuen Richtung dahin. Im selben Augenblick ertrank das Brüllen der Wasser in einer Art schrillem Gekreisch – einem Ton, wie ihn etwa die Ventile mehrerer tausend Dampfschiffe beim Auslassen des Dampfes zusammen hervorbringen könnten. Wir befanden uns jetzt in dem Schaumgürtel, der stets den Strudel umringt, und ich dachte natürlich, dass der nächste Augenblick uns in den Abgrund schleudern werde, den wir infolge der Schnelligkeit, mit der wir dahinsausten, nur unklar erkennen konnten. Das Boot schien überhaupt nicht im Wasser zu liegen, sondern wie eine Luftblase über den Schaum dahinzutanzen. Seine Steuerbordseite war dem Strudel zugekehrt, und hinter Backbord dehnte sich das unendliche Meer, mit dem wir noch eben gekämpft hatten. Es stand wie ein mächtiger wandelnder Wall zwischen uns und dem Horizont.

Es mag seltsam erscheinen – aber jetzt, wo wir uns im Rachen des Abgrundes befanden, fühlte ich mich ruhiger als während der Zeit, da wir uns ihm erst näherten. Nun ich mich damit vertraut gemacht, alle Hoffnung aufzugeben hatte, verlor ich auch ein gut Teil des Schreckens, der mich zuerst lähmte. Ich glaube, es war Verzweiflung, die meine Nerven stählte.

Wie prahlerisch es auch klingt, es ist dennoch wahr: Ich begann zu empfinden, welch herrliche Sache es sei, auf diese Weise zu sterben, und wie töricht es von mir war, beim Anblick solch großartigen Beweises von Gottes Herrlichkeit an mein eigenes erbärmliches Leben zu denken. Ich glaube, ich errötete vor Scham, als dieser Gedanke mir in den Sinn kam. Nach einiger Zeit erfasste mich eine wilde Neugier bezüglich des Strudels selbst. Ich fühlte tatsächlich den Wunsch, seine Tiefen zu ergründen, obgleich ich mich selbst dabei opfern musste, und mein hauptsächlicher Kummer war der, dass ich meinen alten Gefährten an Land niemals von den Wundern berichten sollte, die ich erschauen würde. Das waren gewiss sonderbare Betrachtungen für einen Mann in meiner Lage, und ich habe schon manchmal gedacht, dass die Drehungen des Bootes im Strudel mir ein wenig den Kopf verrückt hatten.

Noch ein anderer Umstand trug dazu bei, mir meine Selbstbeherrschung wiederzugeben, und das war das Aufhören des Windes, der uns in unserer gegenwärtigen Lage nicht erreichen konnte – denn wie Sie selbst sahen, liegt der Schaumgürtel beträchtlich tiefer als der Ozean selbst, und dieser Letztere türmte sich jetzt über uns auf wie ein hoher schwarzer Bergrücken. Wenn Sie nie bei heftigem Sturm auf See gewesen sind, können Sie sich gar keinen Begriff machen von der allgemeinen Sinnesverwirrung, die Wind und Sturzsee verursachen. Man ist blind und taub und dem Ersticken nahe und verliert alle Kraft zum Denken oder Handeln. Jetzt aber waren wir diese Qualen los – gerade wie zum Tode verurteilte Verbrecher kleine Erleichterungen genießen, die ihnen versagt bleiben, solange ihr Schicksal noch nicht ganz entschieden ist.

Wie oft wir den Schaumgürtel umkreisten, kann ich nicht sagen. Wir jagten wohl schon eine Stunde lang in der Runde und gelangten allmählich, mehr fliegend als schwimmend, in die Mitte des Gischtstreifens und näher und immer näher an seinen furchtbaren inneren Rand. In dieser ganzen Zeit hatte ich den Ringbolzen nicht losgelassen. Mein Bruder war am Heck und klammerte sich dort an ein kleines leeres Wasserfass, das an der Gilling festgebunden und der einzige Gegenstand auf Deck war, den der Sturm nicht über Bord gefegt hatte. Als wir uns dem Rand des Trichters näherten, ließ er seinen Halt fahren und langte nach dem Ring, von dem er in seiner Todesangst meine Hände fortzureißen suchte, denn der Ring war nicht groß genug, uns beiden einen sicheren Griff zu bieten. Nie empfand ich tieferen Kummer, als da ich ihn diese Tat begehen sah – obschon ich wusste, dass er toll war, als er es tat – ein Wahnsinniger aus namenloser Angst. Es lag mir nichts daran, mit ihm um diesen Halt zu kämpfen. Ich wusste, dass es gleichgültig war, ob einer von uns sich anklammerte oder nicht; so überließ ich ihm den Ring und ging nach hinten zum Fass. Das war nicht schwierig zu bewerkstelligen, denn die Schmack flog in glatter Bahn vorwärts und schwang nur in dem ungeheuren Bogen des Strudels mit. Kaum hatte ich an dem neuen Ort Fuß gefasst, als wir einen wilden Satz nach Steuerbord machten und in den inneren Trichter hineinjagten. Ich murmelte ein Stoßgebet und glaubte, alles sei vorüber.

In dem taumelnden Schwindelgefühl, das mich bei dem Hinabsausen erfasste, presste ich die Hände fester um das Fass und schloss die Augen. Sekundenlang wagte ich nicht, sie zu öffnen, ich erwartete den sofortigen Tod und begriff nicht, dass ich nicht schon im Todeskampf mit dem Wasser rang. Doch Minute nach Minute verrann. Ich lebte noch immer. Das Gefühl des Hinabfallens hatte aufgehört, und die Bewegung des Schiffes schien ganz die gleiche wie vordem im Schaumgürtel, nur dass es jetzt mehr auf der Seite lag. Ich fasste Mut und warf von neuem einen Blick auf den Schauplatz.

Nie werde ich die Empfindung von Ehrfurcht, Entsetzen und staunender Bewunderung vergessen, mit der ich um mich schaute. Das Boot lag vollkommen auf der Seite, schien wie durch Zaubermacht an der inneren Oberfläche eines ungeheuer weiten Trichters von unerkennbarer Tiefe festzukleben, eines Trichters, dessen vollkommen glatte Wände man für Ebenholz hätte halten können, hätten sie sich nicht mit verwirrender Schnelligkeit im Kreise gedreht und ein seltsam gespenstisches Licht ausgestrahlt, als der Glanz des Vollmonds aus der kreisförmigen Wolkenöffnung in goldener Flut die schwarzen Wälle herabströmte und tief in das Innere des Abgrunds hinableuchtete.

Zuerst war ich zu verwirrt, um irgendetwas deutlich wahrzunehmen. Ich hatte nur den Eindruck eines erhabenen, entsetzlichen Schauspiels. Als ich mich jedoch ein wenig erholt hatte, wandte sich mein Blick unwillkürlich in die Tiefe. In dieser Richtung konnte ich deutlich sehen, auf welche Weise die Schmack am steilen Hang des Abgrunds hinschwebte. Sie lag ganz gleichlastig, das heißt, ihr Deck lag in gleicher Höhe mit dem Wasserspiegel, der sich in einer Neigung von mehr als fünfundvierzig Grad in die Runde schwang, sodass die Deckbalken unmittelbar auf dem Wasser zu ruhen schienen. Ich bemerkte jedoch, dass es mir gegenwärtig kaum schwerer fiel, festen Halt und Fuß zu fassen, als da wir uns noch in normaler Schiffslage befunden hatten, und das war vermutlich auf die Geschwindigkeit zurückzuführen, mit der wir uns drehten.

Die Strahlen des Mondes schienen bis auf den Grund des ungeheuren Schlundes hinabtauchen zu wollen. Dennoch konnte ich dort nichts deutlich erkennen, infolge eines dichten Nebels, der alles umhüllte und über den sich ein prächtiger Regenbogen spannte gleich der schmalen und schwanken Brücke, von der die Muslime sagen, dass sie der einzige Pfad zwischen Zeit und Ewigkeit sei. Dieser Nebel oder Gischt wurde wahrscheinlich durch das Aufeinanderprallen der unten am Ende des Trichters zusammenstürzenden Wasserfälle verursacht – das Geheul aber, das aus dem Nebel zu den Himmeln aufgellte, wage ich nicht zu beschreiben.

Unser erstes Hinabgleiten aus dem Schaumgürtel oben in den Trichter selbst hatte uns ein beträchtliches Stück den Abhang hinuntergetragen, unser fernerer Abstieg aber stand in gar keinem Verhältnis zu diesem ersten Sturz. Um und um schwangen wir – nicht in gleichmäßigem Bogen – sondern in schwindelerregenden Schwüngen und Sprüngen, die uns manchmal nur ein paar hundert Meter vorwärts brachten, manchmal um die ganze Rundung des Strudels warfen. Unser Abwärtsgleiten bei jeder solchen Umdrehung war gering, doch immerhin merklich.

Als ich auf der ungeheuren Fläche flüssigen Ebenholzes, auf der wir so entlang getragen wurden, Umschau hielt, gewahrte ich, dass unser Boot nicht der einzige Gegenstand im Schlund des Abgrunds war. Sowohl über als unter uns waren einzelne Schiffstrümmer erkennbar, mächtige Haufen Bauholz und Baumstämme nebst allerlei kleineren Gegenständen, wie Hausrat, Kisten, Fässer und Dauben. Ich habe schon erwähnt, dass mein erstes Entsetzen einer fast unnatürlichen Neugier gewichen war. Sie schien mehr und mehr anzuwachsen, je näher ich meinem Untergang kam. Ich begann jetzt mit merkwürdigem Eifer alle die Dinge zu verfolgen, die mit uns dahinjagten. Ich muss entschieden im Fieberwahnsinn gewesen sein, denn ich fand sogar Freude daran, die relative Geschwindigkeit, mit welcher die einzelnen Dinge dem Nebelstaub drunten zujagten, zu berechnen. ›Diese Fichte‹, überlegte ich einmal, ›wird gewiss das Nächste sein, was den fürchterlichen Sprung ins Unergründliche tut‹ – und ich war sehr enttäuscht, als das Wrack eines holländischen Handelsschiffes die Fichte überholte und vor ihr verschwand. Als ich schließlich mehrere solcher Mutmaßungen angestellt hatte und dann in allen getäuscht worden war, gab mir diese Tatsache – die Tatsache, dass meine Berechnungen ohne Ausnahme falsch gewesen waren – einen Gedanken ein, bei dem meine Glieder von Neuem erbebten und mein Herz in schweren Schlägen pulste.

Es war nicht neues Entsetzen, das mich erfasste, sondern die dämmernde Ahnung einer noch viel aufregenderen Hoffnung. Diese Hoffnung knüpfte sich sowohl an frühere Erfahrungen als an soeben gemachte Beobachtungen. Ich erinnerte mich des zahlreichen Strandgutes, das an die Küste der Lofoten angeschwemmt wurde – alles Dinge, die der Moskoeström an sich gerissen und wieder emporgeschleudert hatte. Die große Mehrzahl dieser Dinge war ganz außerordentlich zerfetzt und zerbrochen – so rau und zersplittert war manches, dass es wie mit Stacheln besät aussah – doch erinnerte ich mich bestimmt, dass einige dieser Dinge gänzlich unversehrt waren. Nun konnte ich mir diese Verschiedenheit nicht anders erklären, als dass die zerfetzten Trümmer die einzigen Dinge waren, die wirklich den Grund des Strudels erreicht hatten, und dass die anderen erst gegen Ende einer Tätigkeitsperiode des Maelstrom in den Trichter geraten oder darin so langsam hinabgeglitten waren, dass sie noch nicht unten angelangt waren, als schon die Flut oder Ebbe – je nachdem – einsetzte. In beiden Fällen hielt ich es für möglich, dass sie wieder an die Oberfläche des Meeres hinaufgewirbelt werden könnten, ohne das Schicksal jener Dinge zu teilen, die früher eingesogen oder schneller hinabgerissen worden waren. Ich machte ferner drei bedeutsame Beobachtungen. Die erste war die allgemeine Regel: je größer die Gegenstände, desto schneller ihre Abwärtsbewegung; die zweite: zwischen zwei Dingen gleicher Größe, von denen das eine sphärische (kugelige) und das andere irgendeine andere Gestalt hat, wird das sphärische die größte Schnelligkeit im Abwärtsgleiten aufweisen; die dritte: zwischen zwei Dingen gleicher Größe, von denen das eine zylindrische (längliche), das andere irgendeine andere Gestalt hat, wird das zylindrische langsamer eingesogen werden. Seit meiner Rettung habe ich mit einem alten Lehrer unserer Gegend mehrfach über diese Dinge gesprochen, und von ihm lernte ich die Anwendung der Bezeichnungen ›Zylinder‹ und ›Sphäre‹. Er erklärte mir – ich habe die Erklärung allerdings vergessen – wie das, was ich beobachtet hatte, in der Tat die natürliche Folgeerscheinung der jeweiligen Formen der schwimmenden Gegenstände sei, und zeigte mir, wie es komme, dass ein in einen Strudel geratener Zylinder der Einsaugekraft desselben mehr Widerstand entgegensetze und langsamer niedergezogen werde als irgendein anders geformter Körper gleicher Größe*.

Da war noch ein überraschender Umstand, der diesen Beobachtungen recht gab und mich begierig machte, sie zu verwerten, und das war, dass wir bei jeder Umdrehung an irgendeinem Fass oder einer Rahe oder einem Mast vorüberkamen, während viele solcher Dinge, die auf gleicher Höhe mit uns trieben, als ich die Augen zuerst den Wundern des Strudels zu öffnen wagte, jetzt hoch über uns dahinschwammen und ihren Ort nur wenig verändert hatten.

Ich wusste nun, was ich zu tun hatte. Ich beschloss, mich an das Wasserfass, an dem ich mich noch immer anklammerte, festzubinden, es von der Gilling loszuschneiden und mich mit ihm ins Wasser zu werfen. Ich machte meinen Bruder durch Zeichen aufmerksam, deutete auf die schwimmenden Fässer, an denen wir vorüberschwangen, und tat alles, was in meiner Macht stand, um ihm mein Vorhaben begreiflich zu machen. Ich glaubte schließlich, er habe meine Absicht begriffen, doch – mochte das nun der Fall sein oder nicht – er schüttelte verzweifelt den Kopf und weigerte sich, seinen Platz am Ringbolzen aufzugeben. Es war un-

* Siehe Archimedes »De Incidentibus in Fluido« – lib. 2.

möglich, zu ihm hinzukommen, die schreckliche Lage gestattete keinen Aufschub, und so überließ ich ihn nach hartem Kampf seinem Schicksal, band mich mit den Stricken, die das Fass an der Gilling festgehalten, an Ersteres fest und warf mich ohne weiteres Zögern ins Meer.

Der Erfolg war ganz so, wie ich ihn erhofft hatte. Da ich selbst es bin, der Ihnen diese Geschichte erzählt, da Sie sehen, dass ich tatsächlich das Leben rettete, und da Sie schon wissen, auf welche Weise diese Rettung bewerkstelligt wurde, will ich meine Geschichte schnell zu Ende bringen.

Es mochte etwa eine Stunde vergangen sein, seit ich die Schmack verlassen hatte, als sie, von der ich weit, weit überholt war, schnell hintereinander drei oder vier rasende Umdrehungen machte und – meinen geliebten Bruder mit sich führend – kopfüber und für immer in das Chaos von Gischt hinabstürzte. Das Fass, an dem ich mich festgebunden, hatte kaum die Hälfte des Zwischenraums durchlaufen, der damals, als ich den Sprung tat, das Schiff vom Abgrund trennte, da ging mit dem Strudel eine große Veränderung vor sich. Die Neigung der Seitenwände des ungeheuren Trichters wurde weniger und weniger steil. Die Umdrehungen des Wirbels wurden allmählich langsamer und langsamer. Der Gischt und der Regenbogen verschwanden nach und nach, und der Boden des Schlundes begann sich höher und höher zu heben. Der Himmel war klar, der Wind hatte sich gelegt, und der volle Mond ging strahlend im Westen unter, als ich mich auf der Oberfläche des Meeres fand, angesichts der Küste von Lofoten und über der Stelle, wo der Trichter des Moskoeström gewesen war. Es war die Stunde des Totwassers – aber das Meer rollte infolge des vorangegangenen Sturms noch immer in haushohen Wogen. Ich wurde von der Strömung heftig mitgerissen und die Küste entlang zu den Fischplätzen der anderen getrieben. Ein Boot nahm mich auf. Ich war vor Müdigkeit völlig erschöpft und jetzt, da die Gefahr vorüber, sprachlos in der Erinnerung an ihre Schrecken. Die mich an Bord zogen, waren meine alten Kameraden und täglichen Gefährten, aber sie kannten mich ebenso wenig, wie sie irgendeinen Wanderer aus dem Reich der Schatten gekannt haben würden. Mein Haar, das tags vorher rabenschwarz gewesen, war so weiß, wie Sie es jetzt erblicken. Man sagt auch, mein Gesichtsausdruck habe sich völlig verändert. Ich erzählte ihnen meine Geschichte – man glaubte sie mir nicht. Ich erzähle sie jetzt Ihnen, doch kann ich auch von Ihnen kaum erwarten, dass Sie ihr mehr Glauben schenken als die kühnen Fischer von Lofoten.«

Das ovale Porträt

Egli è vivo e parlerebbe se non osservasse la rigola del silentio.

Inschrift unter einem Gemälde von St. Bruno

Ich hatte in einem außerordentlichen, heftigen und langandauernden Fieber gelegen. Alle Heilmittel, die sich in dieser unwirtlichen Gegend der Apenninen auftreiben ließen, waren erfolglos angewendet worden, und schließlich hatten sie sich erschöpft. Was war nun zu tun? Mein Diener und einziger Gefährte in dem verlassenen Schloss war zu unbedacht und zu ungeschickt, um mir zur Ader lassen zu können; überdies hatte ich in der Schlägerei mit den Banditen schon allzu viel Blut verloren. Auch konnte ich meinen Knecht nicht nach fremder Hilfe ausschicken und selbst allein und hilflos hier zurückbleiben. Da erinnerte ich mich endlich eines Päckchens Opium, das sich bei meinem Rauchtabak und der Huhkapfeife befinden musste; ich hatte nämlich in Konstantinopel die Gewohnheit angenommen, den Tabak mit dem Gift gemischt zu rauchen.

Pedro reichte mir die Tabaksbüchse. Ich suchte und fand das Narkotikum. Doch als ich ein Stück abschneiden wollte, fühlte ich, dass hier erst überlegt werden müsse. Beim Rauchen war es ziemlich belanglos, wie viel Opium dem Tabak beigemengt wurde. Für gewöhnlich hatte ich den Pfeifenkopf zur Hälfte mit einem Gemisch von Opium und geschnittenem Tabak gefüllt, von beidem gleich viel. Zuweilen konnte ich diese Mischung ganz aufrauchen, ohne irgendwie besondere Folgen zu verspüren; zu anderen Zeiten hatte ich kaum zwei Drittel dieser Dosis geraucht, als ich schon beunruhigende Anzeichen geistiger Verwirrung verspürte, die mich warnten, weiterzurauchen. Aber die Wirkung des Giftes nahm stets nur gradweise und allmählich zu, und so konnte ich, indem ich jener ersten Warnung folgte, jede ernstliche Gefahr vermeiden.

Hier jedoch lag der Fall anders. Ich hatte nie vorher Opium geschluckt. Laudanum und Morphium waren gelegentlich schon von mir genommen worden, und diesen Mitteln gegenüber hätte ich keine Ursache gehabt, zu zögern. Konzentriertes Opium aber hatte ich noch nie angewendet. Pedro wusste ebensowenig wie ich, welche Dosis genommen werden durfte, und so war ich in diesem dringenden und wichtigen Fall ganz und gar meinen Mutmaßungen überlassen. Trotzdem empfand ich keine sonderliche Unruhe, denn ich hatte beschlossen, in der Anwendung dieses Medikaments gradweise vorzugehen. Zunächst wollte ich eine sehr kleine Dosis nehmen; sollte sie sich wirkungslos erweisen, so würde ich die zweite gleich große Portion folgen lassen – und so weiter, bis ich ein Nachlassen des Fiebers verspüren oder den so dringend notwendigen Schlaf finden würde, dessen Segen meine taumelnden Sinne nun schon fast eine Woche nicht genossen hatten.

Ohne Zweifel war eben diese Sinnverwirrung, war das dumpfe Delirium, das schon auf mir lastete, die Ursache, dass ich meine Schlussfolgerung nicht als falsch erkannte, sondern so blind blieb, hier, wo doch kein Normalmaß mir als Anhaltspunkt dienen konnte, irgendetwas für groß oder klein anzusehen. Ich hatte in jenem Augenblick nicht die leiseste Ahnung davon, dass das, was ich für ein außerordentlich geringes Quantum von Opium hielt, in Wirklichkeit ein übermäßig großes sei. Im Gegenteil, ich erinnere mich gut, dass ich das Stückchen, das ich nehmen wollte, einfach nach seinem Größenverhältnis zu dem ganzen Klumpen abschätzte, den ich in der Hand hielt, und bei diesem Vergleich war die Portion, die ich also schluckte – tatsächlich nur ein sehr kleiner Teil.

Das Schloss, in das mein Diener einzudringen gewagt hatte, um mich, der ich arg verwundet war und mich in trostlosem Zustand befand, nicht die Nacht unter freiem Himmel zubringen zu lassen, war ein grandioser, düsterer Bau, der wohl schon lange grimmig in die Berge starrte. Allem Anschein nach musste er für einige Zeit, und zwar erst kürzlich, verlassen worden sein. Wir hatten uns in einem Zimmer eines vom Hauptgebäude etwas abgelegenen Turmes eingerichtet. Die Ausstattung des Raums war reich, jedoch alt und verschlissen. Die Wände waren mit Teppichen behangen und mit zahlreichen und mannigfaltigen kriegerischen Trophäen sowie mit einer großen Reihe lebensvoller Gemälde in reichornamentierten goldenen Rahmen überladen.

Diese Bilder, die nicht nur an den vier Wänden, sondern auch in all den Ecken und Nischen hingen, welche die bizarre Architektur des Schlossturmes bedingt hatte – diese Bilder interessierten mich aufs lebhafteste, wahrscheinlich infolge meines beginnenden Deliriums. Ich bat daher Pedro, die schweren Fensterladen zu schließen – denn es war schon Nacht –, die Lichter eines hohen Kandelabers, der am Kopfende meines Bettes stand, anzuzünden und die befransten Vorhänge aus schwarzem Samt, die das Bett umschlossen, weit zurückzuziehen. Ich ordnete das alles an, um mich, wenn schon nicht dem Schlaf, so wenigstens der Betrachtung dieser Bilder und der Lektüre eines kleinen Büchleins hinzugeben, das ich auf dem Bettkissen gefunden hatte und das eine Beschreibung und Würdigung der Bilder enthielt.

Lange, lange las ich, und andächtig schaute ich. Die herrlichen Stunden flohen, und tiefe Mitternacht nahte. Ich wollte dem Kandelaber eine etwas andere Stellung geben, und um meinen schlummernden Diener nicht zu wecken, streckte ich selbst die Hand aus und stellte den Leuchter so, dass seine Strahlen voll auf mein Buch fielen.

Die Veränderung hatte aber einen ganz unerwarteten Erfolg. Die Strahlen der zahlreichen Kerzen fielen jetzt in eine Nische des Zimmers, die bislang im tiefen Schatten eines mächtigen Bettpfostens gelegen hatte. So sah ich nun ein mir bisher entgangenes Bild plötzlich in vollstem Licht. Es war das Porträt eines jungen, zum Weibe reifenden Mädchens.

Ich blickte hastig auf das Bild und schloss dann die Augen. Es war mir selbst zunächst nicht verständlich, weshalb ich das tat. Aber während ich die Lider geschlossen hielt, dachte ich über die Ursache hierfür nach. Ich hatte diese Bewegung ganz impulsiv gemacht, um Zeit zum Nachsinnen zu gewinnen – um die feste Überzeugung zu gewinnen, dass meine Blicke mich nicht betrogen hatten – um meine Gedanken, ehe ich einen nachprüfenden, festeren Blick wagen würde, zunächst zu sammeln und zu beruhigen. Einen Moment später sah ich dann offen und scharf auf das Bild hin.

Ich konnte nun nicht mehr daran zweifeln, dass ich wach und völlig bei Sinnen war, denn schon vorhin, als der erste flackernde Kerzenschein auf diese Leinwand fiel, war ich aus der traumhaften Benommenheit, die meine Sinne beschlichen hatte, jäh erwacht.

Das Bild war, wie ich schon sagte, das Porträt eines jungen Mädchens. Das in der Medaillonform der beliebten Porträts von Sully ausgeführte Gemälde zeigte nur Kopf und Schultern. Die Arme, der Busen und das strahlende Haar verschmolzen unmerklich mit den unbestimmten, doch tiefen Schatten, die den Hintergrund des Ganzen bildeten. Der ovale Rahmen bestand aus reich vergoldetem Schnitzwerk. Dies Gemälde war ein bewunderungswürdiges Kunstwerk. Aber weder die hervorragende Ausführung des Bildes noch die überirdische Schönheit des Porträtkopfes konnten mich so unerwartet und tief ergriffen haben. Noch weniger berechtigt war die Annahme, meine so plötzlich aus dem Schlummer geweckte Fantasie habe diesen Kopf da für das Antlitz eines lebenden Menschen gehalten. Ich sah sofort, dass sowohl die Zeichnung selbst wie auch ihre Einrahmung solchen Gedanken augenblicklich zerstreuen mussten – ja, ihn überhaupt nicht aufkommen lassen konnten.

Ich versank in Nachdenken über diese Fragen und lag wohl eine Stunde so da, halb aufgerichtet, die Blicke auf das Bild geheftet. Endlich, als ich das wahre Geheimnis seiner seltsamen Wirkung gefunden zu haben meinte, sank ich in die Kissen zurück. Der Zauber dieses eigenartigen Bildes schien mir in einer absoluten Lebensechtheit des Ausdrucks zu liegen – des Ausdrucks, der mich zuerst überrascht hatte, mich dann verwirrte, erschreckte und überwältigte.

Voll tiefer, ehrfürchtiger Scheu schob ich den Kandelaber an seinen früheren Platz zurück. Und nachdem nun der Gegenstand meiner Unruhe meinen Blicken entzogen war, griff ich begierig nach dem Büchlein, das die Gemälde und ihre Geschichte behandelte. Ich schlug die Nummer auf, die das ovale Porträt führte, und las dort die wunderlichen Worte:

»Sie war ein Mädchen von seltenster Schönheit und ebenso heiter und lebensdurstig wie liebreizend. Und übel war die Stunde, da sie den Maler sah und liebte –

den sie heiratete. Er: leidenschaftlich, gelehrt, ernst und finster, seiner Kunst wie einer Geliebten zugetan; sie: ein Mädchen von seltenster Schönheit und ebenso heiter und lebensdurstig wie liebreizend; ganz wie ein junges Reh nur Licht und Lächeln und spielende Heiterkeit, liebte sie alle Dinge, liebkoste alle Dinge und hasste nur die Kunst, ihre Rivalin, verabscheute nur Palette und Pinsel und alle die Dinge, die ihr die Neigung des Geliebten streitig machten.

Schrecklich war es für sie, als der Maler den Wunsch aussprach, sogar sie, sein junges Weib, porträtieren zu wollen. Aber sie war demütig und gehorsam und saß geduldig viele Wochen lang im hohen dunklen Turmzimmer, in das nur von oben her ein bleiches Licht hereinkroch. Er, der Maler, trank Seligkeit aus seinem Werk, das fortschritt von Stunde zu Stunde und von Tag zu Tag. Und er war ein leidenschaftlicher und wunderlicher und launischer Mann, der sich in Fantasien ganz verlieren konnte. Und er wollte nicht sehen, dass der gespenstische Lichtschein in dem alten einsamen Turm Gesundheit und Lebenswillen seiner jungen Frau aufzehrte.

Sie siechte hin, doch sie lächelte noch immer – und immer ohne zu klagen; denn sie sah, dass ihr Mann, dieser berühmte Maler, eine glühende, eine unsagbare Freude aus seiner Arbeit schöpfte und Tag und Nacht danach rang, das Bild zu vollenden – das Bild von ihr, die ihn hingebend liebte und täglich teilnahmsloser und schwächer wurde. Und in Wahrheit: mancher, der das Porträt sah, rühmte in leisen Worten seine Ähnlichkeit – und es war, als rede man von einem seltsamen, machtvollen Wunder, das ein Beweis sei sowohl für das Können des Malers wie für seine tiefe Liebe zu ihr, die er so über die Maßen gut getroffen habe. Aber schließlich, als die Arbeit ihrer Vollendung näher rückte, wurde niemand mehr im Turmzimmer vorgelassen; denn der Maler war fast toll vor brünstigem Arbeitseifer und wandte nur selten die Augen ab von der Leinwand und sah selbst seinem Weib nur selten noch ins Antlitz. Und er *wollte* nicht sehen, dass die blühenden Farben, die er auf die Leinwand strich, den Wangen der Geliebten, die neben ihm saß, entzogen wurden. Und als viele Wochen vergangen waren und nur noch wenig zu tun übrigblieb, nur noch ein Pinselstrich am Mund, ein Glanzlicht am Auge, da flackerte das Lebensverlangen des jungen Weibes noch einmal auf, wie die Flamme in der erlöschenden Lampe noch einmal aufflackert. Und dann war der Pinselstrich gemacht und das Glanzlicht angebracht, und einen Augenblick stand der Maler entzückt vor dem Werk, das er geschaffen hatte. Im nächsten Augenblick aber begann er zu zittern und erbleichte und rang nach Atem, und ohne den Blick von seinem Werk abzuwenden, schrie er laut auf: Wahrlich, das ist das lebendige Leben selber! Und er wandte sich um, seine Geliebte anzusehen. – Sie war tot.

Die Maske des Roten Todes

Lange schon wütete der Rote Tod im Land; nie war eine Pest verheerender, nie eine Krankheit grässlicher gewesen. Blut war der Anfang, Blut das Ende – überall das Rot und der Schrecken des Blutes. Mit stechenden Schmerzen und Schwindelanfällen setzte es ein, dann quoll Blut aus allen Poren, und das war der Beginn der Auflösung. Die scharlachroten Tupfen am ganzen Körper der unglücklichen Opfer – und besonders im Gesicht – waren des Roten Todes Bannsiegel, das die Gezeichneten von der Hilfe und der Teilnahme ihrer Mitmenschen ausschloss; und alles, vom ersten Anfall bis zum tödlichen Ende, war das Werk einer halben Stunde.

Prinz Prospero aber war fröhlich und unerschrocken und weise. Als sein Land schon zur Hälfte entvölkert war, erwählte er sich unter den Rittern und Damen des Hofes eine Gesellschaft von tausend heiteren und leichtlebigen Kameraden und zog sich mit ihnen in die stille Abgeschiedenheit einer befestigten Abtei zurück. Es war dies ein ausgedehnter prächtiger Bau, eine Schöpfung nach des Prinzen eigenem exzentrischen, aber vornehmen Geschmack. Das Ganze war von einer hohen, mächtigen Mauer umschlossen, die eiserne Tore hatte. Nachdem die Höflingsschar dort eingezogen war, brachten die Ritter Schmelzöfen und schwere Hämmer herbei und schmiedeten die Riegel der Tore fest. Es sollte weder für die draußen wütende Verzweiflung noch für ein etwaiges törichtes Verlangen der Eingeschlossenen eine Tür offen sein. Da die Abtei mit Proviant reichlich versehen war und alle erdenklichen Vorsichtsmaßregeln getroffen worden waren, glaubte die Gesellschaft der Pestgefahr Trotz bieten zu können. Die Welt da draußen mochte für sich selbst sorgen! Jedenfalls schien es unsinnig, sich vorläufig bangen Gedanken hinzugeben. Auch hatte der Prinz für allerlei Zerstreuungen Sorge getragen. Da waren Gaukler und Komödianten, Musikanten und Tänzer – da war Schönheit und Wein. All dies und dazu das Gefühl der Sicherheit war drinnen in der Burg – draußen war der Rote Tod.

Im fünften oder sechsten Monat der fröhlichen Zurückgezogenheit versammelte Prinz Prospero – während draußen die Pest noch mit ungebrochener Gewalt raste – seine tausend Freunde auf einem Maskenball von unerhörter Pracht. Reichtum und zügellose Lust herrschten auf dem Fest. Doch ich will zunächst die Räumlichkeiten schildern, in denen das Fest abgehalten wurde.

Es waren sieben wahrhaft königliche Gemächer. Im Allgemeinen bilden in den Palästen solche Festräume – da die Flügeltüren nach beiden Seiten bis an die Wand zurückgeschoben werden können – eine lange Zimmerflucht, die einen weiten Durchblick gewährt. Dies war hier jedoch nicht der Fall. Des Prinzen Vorliebe für alles Absonderliche hatte die Gemächer vielmehr so zusammengegliedert, dass man von jedem Standort immer nur einen Saal zu überschauen vermochte. Nach Durchquerung jedes Einzelraumes gelangte man an eine Biegung, und jede dieser Wendungen brachte ein neues Bild. In der Mitte jeder Seitenwand befand sich ein hohes, schmales gotisches Fenster, hinter dem eine schmale Galerie den Windungen der Zimmerreihe folgte. Die Fenster hatten Scheiben aus Glasmosaik, dessen Farbe immer mit dem vorherrschenden Farbenton des betreffenden Raumes übereinstimmte. Das am Ostende gelegene Zimmer zum Beispiel war in Blau gehalten, und so waren auch seine Fenster leuchtend blau. Das folgende Gemach war in Wandbekleidung und Ausstattung purpurn, und auch seine Fenster waren purpurn. Das dritte war ganz in Grün und hatte dementsprechend grüne Fensterscheiben. Das vierte war orangefarben eingerichtet und hatte orangefarbene Beleuchtung. Das fünfte war weiß, das sechste violett. Die Wände des siebenten Zimmers aber waren dicht mit schwarzem Sammet bezogen, der sich auch über die Deckenwölbung spannte und in schweren Falten auf einen Teppich von gleichem Stoff niederfiel. Und nur in diesem Raum glich die Farbe der Fenster nicht derjenigen der Dekoration: Hier waren die Scheiben scharlachrot – wie Blut.

Nun waren sämtliche Gemächer zwar reich an goldenen Ziergegenständen, die an den Wänden entlang standen oder von der Decke herabhingen, kein einziges aber besaß einen Kandelaber oder Kronleuchter. In der ganzen Zimmerreihe gab es weder Lampen- noch Kerzenlicht. Stattdessen war draußen in den an den Zimmern hinlaufenden Galerien vor jedem Fenster ein schwerer Dreifuß aufgestellt, der ein kupfernes Feuerbecken trug, dessen Flamme ihren Schein durch das farbige Fenster hereinwarf und so den Raum schimmernd erhellte. Hierdurch wurden die fantastischsten Wirkungen erzielt. In dem westlichsten oder schwarzen Gemach aber war der Glanz der Flammenglut, der durch die blutigroten Scheiben in die schwarzen Sammetfalten fiel, so gespenstisch und gab den Gesichtern der hier Eintretenden ein derart erschreckendes Aussehen, dass nur wenige aus der Gesellschaft kühn genug waren, den Fuß über die Schwelle zu setzen.

In diesem Gemach befand sich an der westlichen Wand auch eine hohe Standuhr in einem riesenhaften Ebenholzkasten. Ihr Pendel schwang mit dumpfem, wuchtigem, eintönigem Schlag hin und her; und wenn der Minutenzeiger seinen Kreislauf über das Zifferblatt beendet hatte und die Stunde schlug, so kam aus den ehernen Lungen der Uhr ein voller, tiefer, sonorer Ton, dessen Klang so sonderbar ernst und so feierlich war, dass bei jedem Stundenschlag die Musikanten des Orchesters, von einer unerklärlichen Gewalt gezwungen, ihr Spiel unterbrachen, um diesem Ton zu lauschen. So musste der Tanz plötzlich aussetzen, und eine kurze Missstimmung befiel die heitere Gesellschaft. So lange die Schläge der Uhr ertönten, sah man selbst die Fröhlichsten erbleichen, und die Älteren und Besonneneren strichen mit der Hand über die Stirn, als wollten sie wirre Traumbilder oder unliebsame Gedanken verscheuchen. Kaum aber war der letzte Nachhall verklungen, so durchlief ein lustiges Lachen die Versammlung. Die Musikanten blickten einander an und schämten sich lächelnd ihrer Empfindsamkeit und Torheit, und flüsternd vereinbarten sie, dass der nächste Stundenschlag sie nicht wieder derart aus der Fassung bringen solle. Allein wenn nach wiederum sechzig Minuten (dreitausendsechshundert Sekunden der flüchtigen Zeit) die Uhr von Neuem anschlug, trat dasselbe allgemeine Unbehagen ein, das gleiche Bangen und Sinnen wie vordem.

Doch wenn man hiervon absah, war es eine prächtige Lustbarkeit. Der Prinz hatte einen eigenartigen Geschmack bewiesen. Er hatte ein feines Empfinden für Farbenwirkungen. Alles Herkömmliche und Modische war ihm zuwider, er hatte seine eigenen, kühnen Ideen, und seine Fantasie liebte seltsame, glühende Bilder. Es gab Leute, die ihn für wahnsinnig hielten. Sein Gefolge aber wusste, dass er es nicht war. Doch man musste ihn sehen und kennen, um dessen gewiss zu sein.

Die Einrichtung und Ausschmückung der sieben Gemächer waren eigens für dieses Fest fast ganz nach des Prinzen eigenen Angaben gemacht worden, und sein eigener, merkwürdiger Geschmack hatte auch den Charakter der Maskerade bestimmt. Gewiss, sie war grotesk genug. Da gab es viel Prunkendes und Glitzerndes, viel Fantastisches und Pikantes. Da gab es Masken mit seltsam verrenkten Gliedmaßen, die Arabesken vorstellen sollten, und andere, die man nur mit den Hirngespinsten eines Wahnsinnigen vergleichen konnte. Es gab viel Schönes und viel Üppiges, viel Übermütiges und viel Groteskes und auch manch Schauriges – aber nichts, was irgendwie widerwärtig gewirkt hätte. In der Tat, es schien, als wogten in den sieben Gemächern eine Unzahl von Träumen durcheinander. Und diese Träume wanden sich durch die Säle, deren jeder sie mit seinem besonderen Licht umspielte, und die tollen Klänge des Orchesters schienen wie ein Echo ihres Schreitens. Von Zeit zu Zeit aber riefen die Stunden der schwarzen Riesenuhr in dem Sammetsaal, und eine kurze Weile herrschte eisiges Schweigen – nur die Stimme der Uhr erdröhnte. Die Träume erstarrten. Doch das Geläut verhallte – und ein leichtes halbunterdrücktes Lachen folgte seinem Verstummen. Die Musik rauschte wieder auf, die Träume belebten sich von Neuem und wogten noch fröhlicher hin und her, farbig beglänzt durch das Strahlenlicht der Flammenbecken, das durch die vielen bunten Scheiben strömte. Aber in das westlichste der sieben Gemächer wagte sich jetzt niemand mehr hinein, denn die Nacht war schon weit vorgeschritten, und greller noch floss das Licht durch die blutroten Scheiben und überflammte die Schwärze der düsteren Draperien; wer den

Fuß hier auf den dunklen Teppich setzte, dem dröhnte das dumpfe, schwere Atmen der nahen Riesenuhr warnender, schauerlicher ins Ohr als allen jenen, die sich in der Fröhlichkeit der anderen Gemächer umhertummelten.

Diese anderen Räume waren überfüllt, und in ihnen schlug fieberheiß das Herz des Lebens. Und der Trubel rauschte lärmend weiter, bis endlich die ferne Uhr den Zwölfschlag der Mitternacht erschallen ließ. Und die Musik verstummte, so wie früher; und der Tanz wurde jäh zerrissen, und wie früher trat ein plötzlicher, unheimlicher Stillstand ein. Jetzt aber musste der Schlag der Uhr zwölfmal ertönen; und daher kam es, dass jenen, die in diesem Kreis die Nachdenklichen waren, noch trübere Gedanken kamen und dass ihre Versonnenheit noch länger andauerte. Und daher kam es wohl auch, dass, bevor noch der letzte Nachhall des letzten Stundenschlages erstorben war, manch einer Muße genug gefunden hatte, eine Maske zu bemerken, die bisher noch keinem aufgefallen war. Das Gerücht von dieser neuen Erscheinung sprach sich flüsternd herum, und es erhob sich in der ganzen Versammlung ein Summen und Murren des Unwillens und der Entrüstung – das schließlich zu Lauten des Schreckens, des Entsetzens und höchsten Abscheus anwuchs.

Man kann sich wohl denken, dass es keine gewöhnliche Erscheinung war, die den Unwillen einer so toleranten Gesellschaft erregen konnte. Man hatte in dieser Nacht der Maskenfreiheit zwar sehr weite Grenzen gezogen, doch die fragliche Gestalt war in der Tat zu weit gegangen – über des Prinzen weitgehende Duldsamkeit hinaus. Auch in den Herzen der Übermütigsten gibt es Saiten, die nicht berührt werden dürfen, und selbst für die Verstocktesten, denen Leben und Tod nur Spiel sind, gibt es Dinge, mit denen sie nicht Scherz treiben lassen. Einmütig schien die Gesellschaft zu empfinden, dass in Tracht und Benehmen der befremdenden Gestalt weder Witz noch Anstand sei. Lang und hager war die Erscheinung, von Kopf zu Fuß in Leichentücher gehüllt. Die Maske, die das Gesicht verbarg, war dem Antlitz eines Toten täuschend nachgebildet. Doch all dies hätten die tollen Gäste des tollen Gastgebers, wenn es ihnen auch nicht gefiel, hingehen lassen. Aber der Verwegene war so weit gegangen, die Gestalt des Roten Todes darzustellen. Sein Gewand war blutbesudelt, und seine breite Stirn, das ganze Gesicht sogar war mit dem scharlachroten Todessiegel gefleckt.

Als die Blicke des Prinzen Prospero diese Gespenstergestalt entdeckten, die, um ihre Rolle noch wirkungsvoller zu spielen, sich langsam und feierlich durch die Reihen der Tanzenden bewegte, sah man, wie er im ersten Augenblick von einem Schauer des Entsetzens oder des Widerwillens geschüttelt wurde; im nächsten Moment aber rötete sich seine Stirn in Zorn.

»Wer wagt es«, fragte er mit heiserer Stimme die Höflinge an seiner Seite, »wer wagt es, uns durch solch gotteslästerlichen Hohn zu empören? Ergreift und demaskiert ihn, damit wir wissen, wer es ist, der bei Sonnenaufgang an den Zinnen unseres Schlosses aufgeknüpft werden wird!«

Es war in dem östlichen, dem blauen Zimmer, wo Prinz Prospero diese Worte rief. Sie hallten laut und deutlich durch alle sieben Gemächer – denn der Prinz war ein kräftiger und kühner Mann, und die Musik war durch eine Bewegung seiner Hand zum Schweigen gebracht worden.

Das blaue Zimmer war es, in dem der Prinz stand, umgeben von einer Gruppe bleicher Höflinge. Sein Befehl brachte Bewegung in die Höflingsschar, als wolle man den Eindringling ergreifen, der gerade jetzt ganz in der Nähe war und mit würdevoll gemessenem Schritt dem Sprecher näher trat. Doch das namenlose Grauen, das die wahnwitzige Vermessenheit des Vermummten allen eingeflößt hatte, war so stark, dass keiner die Hand ausstreckte, um ihn aufzuhalten. Ungehindert kam er bis dicht an den Prinzen heran – und während die zahlreiche Versammlung, zu Tode entsetzt, zur Seite wich und sich in allen Gemächern bis an die Wand zurückdrängte, ging er unangefochten seines Weges, mit den nämlichen, feierlichen und gemessenen Schritten wie zu Beginn. Und er schritt von dem blauen Zimmer in das purpurrote – von dem purpurroten in das grüne – von dem grünen in das orangefarbene – und aus diesem in das weiße – und weiter noch in das violette Zimmer, ehe eine entscheidende Bewegung gemacht wurde, um ihn aufzuhalten. Dann aber war es Prinz Prospero, der rasend vor Zorn und Scham über seine eigene, unbegreifliche Feigheit die sechs Zimmer durcheilte – er allein, denn von den anderen vermochte vor tödlichem Schrecken kein einziger ihm zu folgen. Den Dolch in der erhobenen Hand, war er in wildem Ungestüm der weiterschreitenden Gestalt bis auf drei oder vier Schritte nahe gekommen, als sie, die jetzt das Ende des Sammetgemaches erreicht hatte, sich plötzlich zurückwandte und dem Verfolger gegenüberstand. Man hörte einen durchdringenden Schrei, der Dolch fiel blitzend auf den schwarzen Teppich, und im nächsten Augenblick sank auch Prinz Prospero im Todeskampf zu Boden.

Nun stürzten mit dem Mut der Verzweiflung einige der Gäste in das schwarze Gemach und ergriffen den Vermummten, dessen hohe Gestalt aufrecht und regungslos im Schatten der schwarzen Uhr stand. Doch unbeschreiblich war das Grauen, das sie befiel, als sie in den Leichentüchern und hinter der Leichenmaske, die sie mit rauem Griff packten, nichts Greifbares fanden – sie war leer …

Und nun erkannte man die Gegenwart des Roten Todes. Er war gekommen wie ein Dieb in der Nacht. Und einer nach dem anderen sanken die Festgenossen in den blutbetauten Hallen ihrer Lust zu Boden und starben – ein jeder in der verzerrten Lage, in der er verzweifelnd niedergefallen war. Und das Leben in der Ebenholzuhr erlosch mit dem Leben des letzten der Fröhlichen. Und die Gluten in den Kupferpfannen verglommen. Und unbeschränkt herrschte über alles mit Finsternis und Verwesung der Rote Tod.

Das Geheimnis der Marie Rogêt

Vorbemerkung

Ein junges Mädchen namens Mary Cecilia Rogers war in der Nähe New Yorks ermordet worden. Ihr Tod hatte eine ungeheure und nachhaltige Aufregung hervorgerufen; das Geheimnis desselben war in der Zeit, da diese Geschichte geschrieben und veröffentlicht wurde, noch nicht aufgedeckt. In vorliegender Erzählung folgt der Autor unter dem Vorgeben, das tragische Geschick einer Pariser Grisette zu berichten, bis in die kleinsten Einzelheiten den wesentlichen Tatsachen des wirklichen Mordes an der Mary Rogers, während er die unwesentlichen nur parallel stellte. So ist also jede auf die Fiktion gegründete Schlussfolgerung auf das wahre Ereignis anwendbar, und der Zweck der Geschichte war die Ergründung der Wahrheit.

»Das Geheimnis der Marie Rogêt« wurde weit entfernt vom Tatort niedergeschrieben und basierte lediglich auf den betreffenden Zeitungsberichten. So entging dem Schreiber manches, woraus er an Ort und Stelle hätte Nutzen ziehen können. Dessen ungeachtet ist zu bemerken, dass die Aussagen zweier Personen (deren eine die Frau Deluc der Erzählung ist), die zu verschiedenen Zeiten und lange nach Veröffentlichung der folgenden Blätter gemacht wurden, nicht nur die allgemeine Schlussfolgerung, sondern auch die hauptsächlichsten hypothetischen Einzelheiten, durch die diese Schlussfolgerung gewonnen wurde, voll bestätigten.

Es gibt eine Reihe idealischer Begebenheiten,
die der Wirklichkeit parallel läuft.
Selten fallen sie zusammen.
Menschen und Zufälle modifizieren
gewöhnlich die idealische Begebenheit,
sodass sie unvollkommen erscheint und ihre
Folgen gleichfalls unvollkommen sind.
So bei der Reformation; statt des Protestantismus kam das Luthertum hervor.

Novalis, Moral-Ansichten

Selbst unter den kühlsten Denkern gibt es nur wenige, die nicht gelegentlich durch ein fast wundervolles Zusammentreffen von Ereignissen sich versucht gefühlt hätten, an übernatürliche Dinge zu glauben. Solches Fühlen – denn dies halbe Glauben, von dem ich rede, wird nur *gefühlt*, nicht streng *gedacht* – solches Fühlen ist schwer zu unterdrücken, höchstens durch die Lehre von den Zufälligkeiten, oder, wie der terminus technicus lautet, durch die Wahrscheinlichkeitsrechnung. Nun ist solche Berechnung in ihrem Wesen rein mathematisch, und da haben wir also die Absonderlichkeit, die exakteste aller Wissenschaften auf die Schatten und Schemen der spekulativsten Wissenschaft angewendet zu sehen.

Man wird finden, dass meine zeitlich voranliegende Geschichte, zu deren Veröffentlichung ich jetzt aufgefordert worden bin, in ihren Einzelheiten höchst merkwürdigerweise das vollkommene Seitenstück bildet zu der jüngst geschehenen Mordtat an der Mary Cecilia Rogers in New York.

Als ich vor Jahresfrist in einer Erzählung, betitelt »Der Doppelmord in der Rue Morgue«, versuchte, die auffallenden Geistesgaben meines Freundes, des Chevaliers C. August Dupin zu schildern, ahnte ich nicht, dass ich dies Thema je wieder aufnehmen würde. Meine Absicht hatte sich vollkommen erfüllt, und der seltsame Gang der Ereignisse hatte den Beweis für Dupins eigentümliche Fähigkeiten zur Genüge erbracht. An keinem anderen Beispiel hätte ich sie so trefflich zeigen können. Jüngste Ereignisse aber, überraschende Enthüllungen, haben mir einige weitere höchst seltsame Dinge offenbart, über die ich nicht schweigend hinweggehen kann.

Nachdem Dupin die Tragödie aufgedeckt, die über dem geheimnisvollen Tod der Frau L'Espanaye und ihrer Tochter lag, widmete er der Angelegenheit keine Aufmerksamkeit mehr und fiel wieder in seine alte träumerische Versunkenheit zurück. Selbst immer zur Einsamkeit geneigt, teilte ich ohne Weiteres seine Stimmung. In unsere Zimmer im Faubourg Saint-Germain vergraben, schlugen wir alle Zukunftspläne in den Wind und schlummerten friedlich dahin, die düstere Welt mit Träumen vergoldend.

Diese Träume waren jedoch nicht ganz ungestört. Man kann sich denken, dass die Rolle, die mein Freund in dem Drama der Rue Morgue gespielt, auf die Pariser Polizei nicht wenig Eindruck gemacht hatte. Bei ihren Beamten wurde der Name Dupins viel genannt. Da die einfachen Rückschlüsse, mit Hilfe deren er das Geheimnis entwirrt hatte, nicht einmal dem Präfekten, sondern einzig nur mir bekannt waren, ist es weiter nicht erstaunlich, dass man die Sache für ein Wunder und des Chevaliers analytische Fähigkeiten für eine Art Sehergabe nahm. Seine Offenheit würde ihn veranlasst haben, ein solches Vorurteil zu zerstreuen; dazu kam es aber nicht, weil seine Indolenz ihm gegenüber das Berühren eines Themas verbot, das für ihn selbst alles Interesse verloren hatte. So kam es, dass die Augen der Polizei bewundernd an ihm hingen und man in nicht wenigen Fällen versuchte, seine Dienste für die Präfektur in Anspruch zu nehmen. Einer der bemerkenswertesten Fälle war der der Ermordung eines jungen Mädchens namens Marie Rogêt.

Dieser Mord ereignete sich ungefähr zwei Jahre nach den Gräueltaten in der Rue Morgue. Marie, deren Tauf- und Familienname durch seine Ähnlichkeit mit jenem der unglücklichen »Zigarrenverkäuferin« sofort auffällt, war die einzige Tochter der Witwe Estelle Rogêt. Der Vater war gestorben, als Marie noch ein Kind gewesen, und seit seinem Tod bis achtzehn Monate vor der Mordtat, die den Gegenstand unserer Erzählung bildet, hatten Mutter und Tochter gemeinsam in der Rue Pavée Sainte Andrée gewohnt, wo die Mutter unter Mithilfe ihrer Tochter eine Pension leitete. So lebten sie dahin, bis das junge Mädchen zweiundzwanzig Jahre zählte; da erregte ihre große Schönheit die Aufmerksamkeit eines Parfümeurs, der im Erdgeschoss des Palais Royal einen Laden hatte und dessen Kundschaft in der Hauptsache von den verzweifelten Abenteurern gebildet wurde, die die Nachbarschaft unsicher machten. Herr Le Blanc war sich über den Vorteil klar, der seinem Parfümeriegeschäft durch Anwesenheit der schönen Marie erwachsen würde, und seine glänzenden Angebote wurden von dem Mädchen gern, von der Mutter nach einigem Zögern angenommen.

Die Erwartungen des Kaufmanns erfüllten sich, und die Reize der anmutigen »Grisette« machten seinen Laden bald bekannt. Sie stand fast ein Jahr in seinen Diensten, als ihre Verehrer durch ihr plötzliches Verschwinden in Verwirrung gesetzt wurden. Herr Le Blanc wusste für ihr Fernbleiben keine Erklärung zu geben, und Frau Rogêt war in verzweifelter Angst und

Aufregung. Die Zeitungen nahmen die Sache auf, und die Polizei wollte gerade ernstliche Nachforschungen anstellen, als Marie eines schönen Morgens nach Verlauf einer Woche gesund, wenn auch mit etwas trüber Miene, wieder hinter dem Ladentisch erschien. Selbstredend wurde alles Forschen und Fragen sofort unterdrückt. Herr Le Blanc behauptete wie vorher, nichts zu wissen. Marie und ihre Mutter erwiderten auf alle Fragen, das junge Mädchen habe die letzte Woche bei Verwandten auf dem Lande zugebracht. Man beruhigte sich also, und die Sache wurde bald vergessen, umso mehr, als das Mädchen, augenscheinlich um sich der dreisten Neugier zu entziehen, ihre Stellung aufgab und sich in den Schutz der mütterlichen Behausung, Rue Pavée Sainte Andrée, zurückzog.

Es war etwa fünf Monate nach dieser Rückkehr, als ihre Freunde zum zweiten Mal durch ihr plötzliches Verschwinden beunruhigt wurden. Drei Tage gingen hin, und man hörte nichts von ihr. Am vierten fand man ihren Leichnam in der Seine, und zwar in einer Gegend, die dem Viertel der Rue Sainte Andrée nahezu entgegengesetzt und nicht sehr weit von der Barrière du Roule lag.

Die Grässlichkeit dieses Mordes – denn es war klar, dass ein Mord geschehen war –, die Jugend und Schönheit des Opfers und vor allem des Mädchens allgemeine Beliebtheit riefen bei den leicht erregbaren Gemütern der Pariser große Aufregung hervor. Ich kann mich keines ähnlichen Ereignisses erinnern, das einen so allgemeinen und so tiefen Eindruck gemacht hätte. Wochenlang vergaß man im Gespräch über diesen einen Fall selbst die wichtigsten politischen Tagesereignisse. Der Präfekt machte ganz ungewöhnliche Anstrengungen, und die gesamte Pariser Polizei spannte ihre Kräfte aufs Äußerste an.

Zuerst, als man die Leiche entdeckte, nahm man an, der Mörder werde sich höchstens ganz kurze Zeit vor den sofort in Angriff genommenen Nachstellungen verborgen halten können. Erst nach Ablauf einer Woche hielt man es für nötig, eine Belohnung auszusetzen, und selbst da meinte man, mit tausend Franken genug getan zu haben. Inzwischen wurden die Nachforschungen mit Eifer, wenn auch nicht immer mit Verstand fortgesetzt, und zahlreiche Personen wurden zwecklos verhaftet; da aber nach wie vor jeder Schlüssel zu dem Geheimnis fehlte, wuchs die allgemeine Aufregung aufs Höchste. Nach zehn Tagen hielt man es für ratsam, die ursprünglich festgesetzte Summe zu verdoppeln, und schließlich, als die zweite Woche verstrichen war, ohne irgendwelche Anhaltspunkte zu liefern, und das Vorurteil, das in Paris gegen die Polizei nun einmal herrscht, sich in mehreren ernsthaften Angriffen Luft gemacht hatte, nahm es der Präfekt auf sich, die Summe von zwanzigtausend Franken auszusetzen »für Überführung des Mörders« oder, falls es sich erweisen sollte, dass mehr als einer beteiligt gewesen, »für Überführung irgendeines der Mörder«. In der Proklamation, die diese Belohnung verkündete, wurde jedem, der seinen Mitschuldigen nannte, völlige Straffreiheit zugesichert, und dieser Proklamation war ein privater Aufruf einiger Bürger angefügt, die sich zusammengetan hatten, um der von der Präfektur ausgesetzten Summe aus eigenen Mitteln zehntausend Franken hinzuzufügen. Die gesamte Belohnung belief sich also auf nicht weniger als dreißigtausend Franken, ein ganz ungewöhnlich hoher Betrag in Anbetracht der niedrigen sozialen Stellung des Mädchens und der Häufigkeit solcher Mordtaten in der Großstadt.

Niemand bezweifelte mehr, dass sich nun schnell das Dunkel über dem geheimnisvollen Mord lichten werde. Doch obgleich ein oder zwei Verhaftungen vorgenommen wurden, von denen man sich Aufklärung versprach, ergab sich nichts, was die Verdächtigungen gegen die Betreffenden gerechtfertigt hätte, und man musste sie wieder entlassen. So seltsam es auch scheinen mag, so war doch schon die dritte Woche nach Auffindung der Leiche hingegangen – und hingegangen, ohne in das Dunkel der Sache Licht zu bringen –, ehe auch nur ein Gerücht über diese, die öffentliche Meinung so aufregenden Ereignisse Dupin und mir zu Ohren kam. In Forschungen vertieft, die unsere ganze Aufmerksamkeit erforderten, war es fast ein Monat, seit einer von uns zuletzt ausgegangen war oder Besucher empfangen oder mehr als einen flüchtigen Blick auf den politischen Leitartikel der führenden Tageszeitung geworfen hatte. G. selbst war es, der uns die erste Mitteilung von dem Mord machte. Er besuchte uns am 13. Juli 18.. früh am Nachmittag und blieb bis tief in die Nacht. Er war über das Fehlschlagen aller seiner Bemühungen, die Mordbuben ausfindig zu machen, sehr gereizt. Sein Ruf – so sagte er mit der Selbstgefälligkeit des Parisers – stehe auf dem Spiel. Selbst seine Ehre sei gefährdet. Die Augen der Menge seien auf ihn gerichtet und es gäbe kein Opfer, das er nicht für die Aufdeckung des Geheimnisses bereitwillig brächte. Er schloss seine etwas konfuse Rede mit einem Kompliment für etwas, was er Dupins »Taktgefühl« zu nennen beliebte, und machte ein direktes Angebot – ein glänzendes Angebot, das näher darzutun ich mich nicht berufen fühle, das aber auch für den eigentlichen Gegenstand meiner Erzählung von keiner Bedeutung ist.

Das Kompliment wies mein Freund zurück, so gut er konnte, das Angebot aber nahm er ohne Weiteres an, trotzdem dasselbe lediglich in der Zuerkennung einer Provision bestand. Dies erledigt, erging sich der Präfekt sogleich in Darlegung seiner eigenen Ansichten, sie mit langen Kommentaren über die tatsächlichen Geschehnisse würzend. Über diese letzteren waren wir noch immer nicht aufgeklärt. Er redete viel und keineswegs unerfahren, während ich hier und da eine Vermutung, einen Rat einwarf und die Nacht langsam hinschlich. Dupin, der behaglich in seinem gewohnten Lehnstuhl saß, schien die verkörperte Aufmerksamkeit. Er hatte die ganze Zeit seine Brille auf, und ein gelegentlicher Blick hinter ihre grünen Gläser genügte, mich zu überzeugen, dass er während der ganzen sieben oder acht bleiernen Stunden, die der Präfekt noch bei uns weilte, tief und friedlich schlief.

Am Morgen beschaffte ich von der Präfektur einen genauen Bericht der Beweisaufnahme und aus den verschiedenen Zeitungsverlagen ein Exemplar jeder einzelnen Nummer, in der irgendwelche Angaben in dieser traurigen Angelegenheit veröffentlicht worden waren. Unter Weglassung alles dessen, was sich als positiv falsch erwies, lauteten die Angaben wie folgt:

Marie Rogêt verließ die Wohnung ihrer Mutter in der Rue Pavée Sainte Andrée am Sonntag, dem 22. Juni 18.. gegen 9 Uhr morgens. Beim Fortgehen machte sie einem Herrn Jacques St. Eustache – und diesem allein – Mitteilung von ihrer Absicht, den Tag bei einer Tante in der Rue des Drômes zu verbringen. Die Rue des Drômes ist eine kurze und schmale, doch sehr belebte Straße, nicht allzu weit vom Fluss und auf dem nächsten Weg etwa zwei Meilen von der Pension Frau Rogêts entfernt. St. Eustache war der anerkannte Bewerber Maries und wohnte und speiste in der Pension. Er sollte seine Verlobte bei Dunkelwerden abholen und heimbegleiten. Am Nachmittag jedoch begann es stark zu regnen, und in der Voraussetzung, sie werde, wie das bei ähnlichen Gelegenheiten bereits geschehen, die Nacht bei der Tante verbleiben, hielt er es nicht für nötig, sein Versprechen zu halten. Als die Nacht kam, äußerte Frau Rogêt – eine kränkliche alte Dame von siebzig Jahren –, sie fürchte, »Marie nie wiederzusehen«; diese Bemerkung fand aber damals wenig Beachtung.

Am Montag wurde festgestellt, dass das Mädchen nicht in der Rue des Drômes gewesen war. Und als der Tag verging, ohne dass man von ihr hörte, nahm man an verschiedenen Punkten der Stadt und ihrer Umgebung eine verspätete Streife vor. Doch erst am vierten Tag ihres Verschwindens ließ sich Bestimmtes feststellen. An diesem Tag (Mittwoch, den 25. Juni) wurde ein Herr Beauvais, der gemeinsam mit einem Freund in der Nähe der Barrière du Roule Nachforschungen anstellte, davon benachrichtigt, dass zwei Fischer soeben einen Leichnam aus dem Wasser gezogen hätten. Bei Besichtigung der Leiche erkannte Beauvais nach einigem Zögern in ihr das gesuchte Ladenmädchen. Sein Freund erkannte sie mit Bestimmtheit. Das Gesicht war ganz mit geronnenem Blut bedeckt; auch aus dem Mund floss Blut. Der bei Ertrunkenen übliche Schaum fehlte. Das Zellengewebe zeigte normale Färbung. Am Hals waren Quetschwunden und Fingerabdrücke. Die Arme waren über der Brust gekreuzt und steif, die rechte Hand geballt, die linke halb offen. Am linken Handgelenk zeigten sich rundum Hautabschürfungen, wie von Stricken; auch das rechte Handgelenk war arg zerschunden, ebenso der ganze Rücken, besonders aber die Schulterblätter. Um die Leiche an Land zu ziehen, hatten die Fischer ein Seil daran befestigt, doch hatte dies keine der Hautabschürfungen verursacht. Der Hals war stark geschwollen. Schnittwunden waren nicht sichtbar, auch keine blutunterlaufenen Stellen, die etwa auf Schläge mit einem stumpfen Instrument hingedeutet hätten. Ein Spitzenstreifen war so fest um den Hals geschlungen, dass er zunächst nicht sichtbar war; er war tief im Fleisch vergraben und mit einem Knoten geschlossen, der gerade unter dem linken Ohr lag. Der Streifen allein hätte genügt, den Tod herbeizuführen. Das ärztliche Gutachten sprach der Verstorbenen einen tugendhaften Lebenswandel zu. Sie sei, so hieß es, brutaler Gewalt unterlegen. Als die Leiche gefunden wurde, war ihr Zustand noch derartig, dass sie unschwer von Bekannten identifiziert werden konnte.

Die Bekleidung war sehr beschädigt und zerrissen. Aus dem Oberkleid war ein Streifen von etwa einem Fuß Breite vom unteren Saum bis zur Taille auf-, aber nicht abgerissen. Er war drei Mal um die Hüften geschlungen und im Rücken zu einer Art Henkel verknotet. Auch aus dem Unterkleid aus feinem Musselin war ein achtzehn Zoll breiter Streifen herausgerissen – und zwar fadengerade und sorgsam. Er lag lose um ihren Hals und war mit festem Knoten geschlossen. Über dem Musselinstreifen und dem Spitzenstreifen lagen die zusammengeknüpften Bänder einer Haube, die lose daran hing. Der Knoten, mit dem die Haubenbänder geschlossen waren, war ein regelrechter Seemannsknoten.

Nach Rekognoszierung der Leiche wurde diese nicht, wie sonst üblich, nach der Morgue verbracht, sondern, da diese Formalität diesmal überflüssig, schleunigst beerdigt – nicht weit von der Stelle, wo sie gelandet worden war. Durch die Bemühungen Beauvais' gelang es, die Sache vorläufig nicht bekanntwerden zu lassen, und mehrere Tage vergingen, ehe sie von der Öffentlichkeit aufgenommen wurde. Ein Wochenblatt griff dann aber doch den Fall auf, die Leiche wurde wieder ausgegraben und einer nochmaligen Untersuchung unterzogen. Neues ergab sich dadurch aber nicht. Die Kleidungsstücke wurden nun jedoch der Mutter und den Bekannten der Verstorbenen vorgelegt und von diesen als jene bezeichnet, die sie bei ihrem Fortgehen von Hause getragen.

Inzwischen wuchs die Aufregung von Stunde zu Stunde. Mehrere Personen wurden festgenommen und wieder freigegeben. Besonders auf St. Eustache fiel der Verdacht, und er vermochte zunächst nicht, eine zufriedenstellende Erklärung über sein Tun und Lassen während des fraglichen Sonntags abzugeben. Später jedoch gab er Herrn G. eidlich Rechenschaft von jeder Stunde des Tages. Als die Zeit verging, ohne dass man irgendetwas entdeckte, zirkulierten wohl tausend einander widersprechende Gerüchte, und die Journalisten gaben die verschiedensten Mutmaßungen zum Besten. Am meisten Aufsehen erregte eine davon, die dem Gedanken Raum gab, dass Marie Rogêt noch am Leben und die in der Seine gefundene Leiche diejenige einer anderen Unglücklichen sei. Ich halte es für nötig, dem Leser einige Stellen, die ebendiese Vermutung dartun, zu übermitteln. Die betreffenden Stellen sind eine wörtliche Übersetzung aus dem »Etoile«, einem Blatt, das sehr geschickt geleitet wird.

> »Fräulein Marie Rogêt verließ das Haus ihrer Mutter am 22. Juni 18.., einem Sonntagmorgen, mit der ausgesprochenen Absicht, ihre Tante oder sonstige Bekannte in der Rue des Drômes aufzusuchen. Von dieser Stunde an hat sie erwiesenermaßen keiner mehr gesehen. Keine Spur war mehr von ihr zu finden, keine Nachricht zu erlangen … Niemand hat sich bis jetzt gemeldet, der sie an jenem Tag, da sie von Hause fortgegangen, gesehen hätte … Wenn es also auch nicht erwiesen ist, dass Marie Rogêt am Sonntag, dem 22. Juni, morgens nach neun Uhr noch unter den Lebenden weilte, so haben wir doch Beweise dafür,

dass sie bis zu dieser Stunde noch lebte. Am Mittwochmittag entdeckte man in der Gegend der Barrière du Roule eine auf dem Wasser treibende Frauenleiche. Das waren also, selbst wenn wir voraussetzen, dass Marie Rogêt innerhalb drei Stunden nach Verlassen der mütterlichen Wohnung ins Wasser geworfen worden wäre, nur drei Tage, seit sie von Hause fortgegangen – genau drei Tage! Es ist aber Torheit, anzunehmen, dass der Mord – falls hier ein Mord vorliegt – früh genug ausgeführt werden konnte, um den Mördern zu ermöglichen, die Leiche vor Mitternacht in den Fluss zu werfen. Wer sich so scheußlicher Verbrechen schuldig macht, wählt die Nacht und nicht den Tag zu seiner Tat … Wir sehen also, dass die gefundene Leiche, wenn sie diejenige der Marie Rogêt gewesen sein sollte, nur zwei und einen halben Tag, im Höchstfall drei Tage im Wasser gewesen sein kann. Die Erfahrung zeigt aber, dass Leichen Ertrunkener oder sofort nach dem Tode gewaltsam ins Wasser Geworfener sechs bis zehn Tage brauchen, ehe die Zersetzung eingetreten ist, die sie an die Oberfläche bringt. Selbst wenn man über einer unter Wasser ruhenden Leiche eine Kanone abfeuert und so das Steigen der ersteren vor dem fünften oder sechsten Tage veranlasst, sinkt dieselbe wieder unter, sowie die Erschütterung vorbei ist. Wir fragen nun: Weshalb sollte in diesem Fall ein Abweichen von der natürlichen Regel stattgefunden haben? … Hätte die Leiche in ihrem verstümmelten Zustand bis Dienstagnacht an Land gelegen, so hätte man Spuren von den Mördern finden müssen; auch ist es höchst zweifelhaft, ob der Körper, selbst wenn er erst zwei Tage nach eingetretenem Tod ins Wasser geworfen worden wäre, so bald schon an der Oberfläche treiben kann. Und fernerhin ist es äußerst unwahrscheinlich, dass Kerle, die einen solchen Mord begangen, den Leichnam ins Wasser geworfen haben sollten, ohne ihn durch einen Ballast zum Sinken zu bringen, wo solche Vorsichtsmaßregel doch so leicht getroffen werden kann.«

Der Schreiber fährt nun fort, darzutun, dass der Körper »nicht drei, sondern mindestens fünf Mal drei Tage« im Wasser gelegen haben muss, weil er so stark verwest war, dass Beauvais ihn nur mit Mühe identifizieren konnte. Dieser letzte Punkt wurde übrigens später völlig widerlegt. Ich fahre in der Übersetzung fort:

»Worin bestehen nun die Tatsachen, auf Grund deren Herr Beauvais aussagt, die Leiche sei die der Marie Rogêt? Er riss den Kleiderärmel auf und sagt, er fand Zeichen, die ihn von der Identität überzeugten. Man hat allgemein angenommen, diese Zeichen hätten in irgendwelchen Narben oder Flecken bestanden. Er hatte den Arm gerieben und ihn behaart gefunden! Etwas Unbestimmteres lässt sich gar nicht denken – es ist dasselbe, wie wenn man in einem Ärmel einen Arm findet. Herr Beauvais kehrte in jener Nacht nicht zurück, sondern sandte Frau Rogêt am Mittwochabend um sieben Uhr Nachricht, dass die Untersuchungen noch im Gange seien. Wenn wir zugeben, dass Frau Rogêt, von Alter und Gram gebeugt, unfähig war, der Untersuchung beizuwohnen, so müsste doch immerhin irgendjemand es für wert gehalten haben, sich hinzubegeben, wenn man der Meinung war, die Leiche könne die des jungen Mädchens sein. Doch niemand tat

> das. Man war so verschwiegen, dass nicht einmal die Mitbewohner des Hauses in der Rue Pavée Sainte Andrée etwas von der Sache erfuhren. Herr St. Eustache, der Liebhaber und künftige Gatte Maries, der im Haus ihrer Mutter wohnte, gibt an, er habe von der Auffindung der Leiche seiner Zukünftigen erst am folgenden Morgen gehört, als Herr Beauvais bei ihm eintrat und ihm davon berichtete. Wir sind erstaunt, wie kühl die Schreckensbotschaft entgegengenommen wurde.«

In dieser Weise versuchte die Zeitung ihre Leser zu überzeugen, dass die Familie Maries den Ereignissen eine Gleichgültigkeit entgegenbringe, die unvereinbar sei mit der Annahme, dass jene die Leiche als die des Mädchens anerkenne. Die Vermutungen des Blattes sind diese: Marie habe mit Wissen ihrer Freunde die Stadt verlassen, aus Gründen, die ihre jungfräuliche Reinheit in Frage stellten, und diese Freunde hätten die Gelegenheit der Auffindung einer Leiche, die mit der Vermissten einige Ähnlichkeit aufweise, benutzt, um die Öffentlichkeit von ihrem Tod zu überzeugen. Doch der »Etoile« war übereifrig gewesen. Es wurde klar erwiesen, dass aufseiten der Familie durchaus keine Gleichgültigkeit herrschte; dass die alte Dame außerordentlich hinfällig und viel zu aufgeregt war, um irgendwelchen Pflichten genügen zu können; dass St. Eustache, weit davon entfernt, die Nachricht kühl aufzunehmen, vor Kummer außer sich war und sich so rasend gebärdete, dass Herr Beauvais einen Freund und Verwandten ersuchte, ihn zu bewachen und zu verhindern, dass er der Wiederausgrabung der Leiche beiwohne. Und obgleich der »Etoile« behauptete, dass die Leiche nunmehr auf öffentliche Kosten beerdigt wurde – dass ein vorteilhaftes Angebot eines Privat-Begräbnisses von der Familie schroff abgelehnt wurde – und dass kein Familienmitglied der Zeremonie beiwohnte –, obgleich, sage ich, alles dies vom »Etoile« zur Bekräftigung der von ihm aufgestellten Ansicht behauptet wurde –, so wurde doch alles genügend widerlegt. In einer späteren Nummer machte das Blatt den Versuch, Beauvais selbst zu verdächtigen. Es hieß da:

> »Die Sachlage ändert sich nun. Wir erfahren, dass Herr Beauvais eines Tages zu einer sich damals im Hause Rogêt aufhaltenden Frau B. sagte, er beabsichtige auszugehen, es werde vermutlich ein Gendarm kommen, dem sie nichts über die Angelegenheit sagen solle, ehe er zurück sei; sie möge die Sache ihm selbst überlassen … So wie die Dinge jetzt stehen, scheint es, als habe Herr Beauvais sie in seinem Gehirnkasten hinter Schloss und Riegel gesetzt. Nicht der kleinste Schritt kann ohne Herrn Beauvais geschehen, denn welchen Weg man auch einschlägt – immer stößt man auf ihn … Aus irgendeinem Grund wünscht er, dass niemand außer ihm mit den Nachforschungen zu tun habe, und er hat nach Angabe der männlichen Verwandten sie alle in höchst sonderbarer Weise beiseitegeschoben. Es widerstrebte ihm anscheinend sehr, den Verwandten die Besichtigung der Leiche zu gestatten.«

Folgende Tatsache wirft ein wenig Licht auf die Verdächtigung gegen Herrn Beauvais. Einige Tage vor dem Verschwinden des Mädchens hatte ein Herr, der Beauvais in seinem Büro besuchen kam und diesen abwesend fand, im Schlüsselloch eine Rose stecken gesehen und auf einer nahebei hängenden Tafel den Namen »Marie« gelesen.

Die allgemeine Auffassung der Sache – soweit wir sie den Zeitungen entnehmen konnten – schien die zu sein, dass Marie das Opfer einer wüsten Bande geworden sei, die sie über den Fluss geschleppt, misshandelt und ermordet habe. Der ›Commercial‹ jedoch, ein Blatt von weittragender Bedeutung, suchte ernstlich diese Volksmeinung zu widerlegen. Ich zitiere ein paar Stellen aus seinen Spalten:

»Wir sind überzeugt, dass die Verfolgung bisher auf falscher Fährte war, sofern sie die Barrière du Roule im Auge hatte. Es ist ausgeschlossen, dass eine Tausenden bekannte Persönlichkeit, wie dieses junge Weib, drei Häuserquadrate durchqueren könnte, ohne erkannt zu werden; und wer sie erkannt hätte, würde sich dessen erinnern, denn sie interessierte jeden, der sie kannte. Ihr Fortgang erfolgte zu einer Zeit, da die Straßen voller Menschen waren … Es ist unmöglich, dass sie zur Barrière du Roule oder Rue des Drômes gegangen sein sollte, ohne von einem Dutzend Leuten erkannt worden zu sein; dennoch hat sich niemand gemeldet, der sie außerhalb des mütterlichen Hauses gesehen hätte, und was spricht dafür, dass sie es überhaupt verlassen hat – ausgenommen die ausgesprochene Absicht dazu? Ihr Kleid war zerrissen und wie ein Strick um ihren Leib geknotet – offenbar ist die Leiche daran wie ein Bündel getragen worden. Wäre der Mord an der Barrière du Roule begangen worden, so wäre eine solche Maßregel überflüssig gewesen. Die Tatsache, dass die Leiche bei der Barrière im Wasser treibend gefunden wurde, ist kein Beweis dafür, dass sie auch dort ins Wasser geworfen worden … Aus dem Unterrock der Unglücklichen war ein zwei Fuß langes und ein Fuß breites Stück herausgerissen und ihr um Kopf und Kinn gebunden, vermutlich

> um sie am Schreien zu verhindern. Das müssen Leute getan haben, die nicht im Besitz von Taschentüchern waren.«

Ein oder zwei Tage, ehe der Präfekt uns besuchte, hatte die Polizei eine bedeutsame Nachricht erhalten, die zumindest die vom »Commercial« vertretene Hauptansicht über den Haufen warf. Zwei kleine Knaben, Söhne einer Frau Deluc, drangen bei einer Streife durch die Wälder nahe der Barrière du Roule in ein Dickicht, wo drei oder vier große Steine eine Art Sitz mit Lehne und Fußbank bildeten. Auf dem oberen Stein lag ein weißer Unterrock, auf dem zweiten eine seidene Schärpe. Auch ein Sonnenschirm, Handschuhe und ein Taschentuch wurden hier gefunden. Das Taschentuch trug den Namen ›Marie Rogêt‹. An den benachbarten Brombeerbüschen hingen Kleiderfetzen. Die Erde war zerstampft, die Zweige waren geknickt, und alles deutete auf einen stattgehabten Kampf. Zwischen Dickicht und Fluss waren die Hecken umgebrochen, und der Boden zeigte, dass hier eine schwere Last entlanggeschleppt worden war.

Ein Wochenblatt, der »Soleil«, machte zu dieser Entdeckung folgende Bemerkung – die übrigens ein Echo der gesamten Pariser Presse war:

> »Alle diese Dinge haben offenbar mindestens drei bis vier Wochen dort gelegen; sie waren sämtlich vom Regen durchfeuchtet und modrig geworden und klebten zusammen vor Moder. Das eine oder andere war hoch von Gras überwachsen. Die Seide des Sonnenschirms war kräftig, aber so verwittert und modrig, dass sie beim Öffnen des Schirms zerfiel. Die an den Büschen hängenden Kleiderfetzen hatten eine Größe von drei zu sechs

Zoll. Ein Fetzen war der Saum des Kleides und war geflickt; ein anderer war aus dem Unterrock, nicht der Saum. Sie glichen abgerissenen Streifen und hingen am Dornbusch, etwa einen Fuß über dem Erdboden … Es kann also kein Zweifel sein, dass man die Stelle der empörenden Gewalttat aufgefunden hat.«

Diese Entdeckung brachte neue Tatsachen ans Licht. Frau Deluc sagte aus, dass sie an der Landstraße, nicht weit vom Flussufer, gegenüber der Barrière du Roule, eine Gastwirtschaft betreibe. Die Umgegend ist sehr einsam. Sie ist besonders Sonntags der Zufluchtsort schlechter Elemente aus der Stadt, schlimmer Burschen, die in Booten übersetzen. Am fraglichen Sonntag erschien nachmittags gegen drei Uhr ein junges Mädchen im Gasthaus, in Begleitung eines jungen Mannes von dunkler Gesichtsfarbe. Die beiden hielten sich einige Zeit hier auf. Als sie gingen, schlugen sie die Richtung nach den dichten Wäldern der Umgegend ein. Frau Delucs Aufmerksamkeit war durch des Mädchens Kleid gefesselt worden, das dem einer verstorbenen Verwandten ähnlich gewesen war. Besonders der Schärpe erinnerte sie sich. Bald nach Fortgang des Paares erschien eine Rotte »Bösewichter«, gebärdete sich wüst und lärmend, aß und trank, ohne zu bezahlen, folgte dem Weg, den der junge Mann und das Mädchen genommen, kehrte zur Dämmerzeit zum Gasthof zurück und setzte in Eile wieder über den Fluss.

Es war am selben Abend, bald nach Dunkelwerden, als Frau Deluc und ihr ältester Sohn in der Nähe des Gasthofs eine Frauenstimme schreien hörten. Die Schreie waren heftig, doch kurz. Frau D. erkannte nicht nur die Schärpe wieder, die man im Dickicht gefunden, sondern auch das Kleid, das die Leiche getragen.

Jetzt bekundete auch ein Omnibuskutscher, Valence, dass er am fraglichen Sonntag Marie Rogêt gesehen habe, wie sie in Begleitung eines jungen Mannes von dunkler Gesichtsfarbe auf einem Fährboot die Seine überquerte. Er, Valence, kannte Marie und konnte über ihre Identität nicht im Zweifel sein. Die im Dickicht gefundenen Gegenstände wurden alle von den Verwandten Maries wiedererkannt.

Die Ansichten und Tatsachen, die ich auf Dupins Anregung hin aus den Zeitungen gesammelt hatte, enthielten nur noch einen weiteren Punkt – doch dies war ein Punkt von scheinbar weittragender Bedeutung. Es ergab sich, dass kurz nach Auffindung der oben beschriebenen Kleidungsstücke der leblose – oder nahezu leblose – Körper St. Eustaches, des Verlobten Maries, in der Nähe des Ortes gefunden wurde, den alle jetzt für den Mordplatz hielten. Ein Fläschchen mit der Aufschrift »Laudanum« lag leer neben ihm. Sein Atem roch nach Gift. Er starb, ohne gesprochen zu haben. Man fand einen Brief bei ihm, der kurz besagte, dass er Marie liebe und in den Tod gehen wolle.

»Ich brauche Ihnen wohl nicht zu sagen«, bemerkte Dupin, nachdem er meine Notizensammlung überflogen hatte, »dass dieser Fall weit verwickelter ist als jener aus der Rue Morgue, von dem er besonders in einem Punkt abweicht. Dies hier ist trotz seiner Scheußlichkeit ein *gewöhnliches* Verbrechen. Es hat nichts Absonderliches, nichts Unerklärliches. Aus diesem Grund hat man die Lösung des Geheimnisses für leicht gehalten – die aber aus ebendiesem Grund besonders schwierig ist. Man hielt es also zunächst für überflüssig, eine Belohnung auszusetzen. G.s Häscher wussten unschwer zu begreifen, wie und warum solche Scheußlichkeit begangen worden sein mochte. Sie hatten Erfindungskraft genug, um sich mannigfache Art und Weisen und mannigfache Gründe auszumalen; und weil es *nicht unmöglich* war, dass eine dieser zahlreichen Vermutungen den Tatsachen entspräche, nahmen sie das einfach für *gewiss* an. Doch die Leichtigkeit, mit der man zu allen diesen Möglichkeiten kam, und die Wahrscheinlichkeit, die jede für sich hatte, hätten als bezeichnend für die Schwierigkeit, nicht für die Leichtigkeit der Lösung erachtet werden müssen. Ich sagte vorhin, dass gerade die Absonderlichkeiten es sind, die der Vernunft auf ihrer Suche nach der Wahrheit die beste Handhabe bieten, und dass in Fällen wie diesem hier die Frage nicht sein sollte: Was ist geschehen?, sondern vielmehr: Was ist geschehen, das noch nie vorher geschehen ist? Bei den Nachforschungen im Haus der Frau L'Espanaye waren die Beamten G.s entmutigt und verzweifelt wegen eben der Ungewöhnlichkeit des Ereignisses, die einem gut geschulten Intellekt gerade das sicherste Zeichen zum Erfolg geboten hätte. Derselbe Intellekt könnte aber durch den gewöhnlichen Verlauf dieser anderen Mordsache, die den Polizeibeamten so leichten Triumph vorgaukelt, in Verzweiflung gestürzt werden.

In der Angelegenheit der Frau L'Espanaye und ihrer Tochter gab es schon bei Beginn unserer Untersuchungen keinen Zweifel, dass ein Mord stattgefunden hatte. Der Gedanke an Selbstmord war von Anfang an ausgeschlossen. Auch hier können wir diese Vermutung sofort zurückweisen. Der an der Barrière du Roule gelandete Leichnam wurde unter Umständen gefunden, die uns in diesem wichtigen Punkt alle Zweifel nehmen. Es ist aber die Annahme aufgetaucht, die aufgefundene Leiche sei gar nicht jene der Marie Rogêt – und nur für Überführung *ihres* Mörders oder ihrer Mörder ist die Belohnung ausgesetzt, und nur auf sie bezieht sich unsere Abmachung mit dem Präfekten. Wir beide kennen den Herrn gut. Man darf ihm nicht allzu sehr trauen. Wenn wir bei unseren Nachforschungen von der gefundenen Leiche ausgehen und dann einen Mörder aufstellen, so geschähe es vielleicht doch, dass man die Leiche gar nicht als jene der Marie ansieht; gehen wir aber von der lebenden Marie aus, so haben wir wohl sie, finden sie aber nicht ermordet – in beiden Fällen tun wir nutzlose Arbeit, da wir es mit Herrn G. zu tun haben. Also schon um unsertwillen, wenn nicht um des Rechtes willen, ist es durchaus notwendig, dass unser erster Schritt sein muss, die Identität der Leiche mit der vermissten Marie Rogêt festzustellen.

Im Publikum haben die Beweisführungen des ›Etoile‹ Gewicht gehabt; und dass die Zeitung selbst von ihrer Bedeutung durchdrungen ist, geht aus der Art hervor, wie sie einen ihrer Aufsätze über dieses Thema einleitet: ›Mehrere Tagesblätter‹, sagt sie, ›sprechen von dem entscheidenden Artikel in unserer Montagsnummer.‹ Mir scheint der Artikel nur für den Eifer seines Verfassers entscheidend zu sein. Wir müssen im Auge behalten, dass die Aufgabe unserer Zeitungen im Allgemeinen mehr darin besteht, Sensation zu erwecken, Fragen aufzuwerfen, als die Sache der Wahrheit zu fördern. Dieser Zweck wird nur dann verfolgt, wenn er mit dem ersteren zusammenfällt. Das Blatt, das einfach die allgemeine Ansicht teilt, erntet – so wohlbegründet diese Ansicht auch sein mag – keinen Glauben beim Volk. Die Menge sieht nur den als weise an, der die *schärfsten Widersprüche* mit der allgemeinen Ansicht aufstellt. In der Schlussfolgerung wie in der Literatur ist es das Epigramm, das am schnellsten und am meisten geschätzt wird, obschon es am wenigsten wirklichen Wert hat.

Was ich sagen will, ist, dass lediglich diese Mischung von Sensationellem und Melodramatischem und nicht etwa irgendwelche Wahrscheinlichkeitsgründe maßgebend waren, dass der ›Etoile‹ die Behauptung, Marie

Rogêt sei noch am Leben, aufstellte, und was ihm den Erfolg beim Publikum sicherte. Prüfen wir die Punkte, von denen aus das Blatt seine Beweisführung antritt, indem wir die üblichen falschen Beweisfolgerungen aufdecken.

Das Bestreben des Schreibers geht zunächst dahin, an der geringen Zeit zwischen Maries Verschwinden und der Auffindung der Leiche zu zeigen, dass diese Leiche nicht jene der Marie sein kann. Dem Dialektiker wird es somit Zweck, den Zeitraum so viel als möglich zu verkürzen. In eiliger Verfolgung dieses Ziels setzt er an den Beginn seiner Argumentierung weiter nichts als eine Hypothese. ›Es ist Torheit, anzunehmen‹, sagt er, ›dass der Mord – falls hier ein Mord vorliegt – früh genug ausgeführt werden konnte, um es den Mördern zu ermöglichen, die Leiche vor Mitternacht in den Fluss zu werfen.‹ Wir fragen sofort und selbstverständlich *warum?* Warum ist es Torheit, anzunehmen, dass der Mord fünf Minuten nach Verlassen des mütterlichen Hauses erfolgte? Warum ist es Torheit, anzunehmen, dass der Mord zu irgendeiner Tageszeit ausgeführt wurde? Es hat zu allen Stunden Ermordungen gegeben. Aber hätte der Mord am Sonntag zu irgendeiner Zeit zwischen neun Uhr früh und fünfzehn Minuten vor Mitternacht stattgefunden, so wäre immer noch Zeit genug gewesen, die Leiche vor Mitternacht in den Fluss zu werfen. Jene Voraussetzung kommt also zu der Schlussfolgerung, dass der Mord am Sonntag überhaupt nicht begangen worden sei; und wenn wir dem ›Etoile‹ eine derartige Annahme gestatten, so können wir ihm ebenso gut alle erdenklichen anderen Willkürlichkeiten gestatten. Die missglückte Äußerung, die im ›Etoile‹ mit den Worten beginnt: ›Es ist Torheit, anzunehmen, dass …‹, könnte aber im Hirn ihres Verfassers so gelautet haben: ›Es ist Torheit, anzunehmen, dass der Mord –

falls die Person ermordet worden ist – früh genug ausgeführt werden konnte, um es den Mördern zu ermöglichen, die Leiche vor Mitternacht in den Fluss zu werfen.‹ Es ist Torheit, sage ich, dies anzunehmen und gleichzeitig anzunehmen (wozu wir aber entschlossen sind), dass die Leiche *nicht* früher als *nach* Mitternacht hineingeworfen worden – eine an sich höchst inkonsequente Behauptung, aber immerhin nicht so widersinnig wie die abgedruckte.

Wäre es meine Absicht«, fuhr Dupin fort, »lediglich die Unhaltbarkeit dieses vom ›Etoile‹ aufgestellten Satzes nachzuweisen, so lohnte es sich wohl kaum der Mühe. Es ist aber nicht der ›Etoile‹, womit wir es zu tun haben, sondern die Wahrheit. Der fragliche Satz hat, so wie er dasteht, nur *einen* Sinn, und diesen Sinn habe ich festgestellt. Es ist jedoch nötig, dass wir hinter die Worte blicken, die die Aufgabe hatten, einen Gedanken zu vermitteln. Die Absicht des Journalisten ging dahin, zu sagen, dass es unwahrscheinlich sei, dass die Mörder gewagt haben sollten, die Leiche vor Mitternacht in den Fluss zu werfen – zu welcher Tages- oder Nachtzeit am Sonntag der Mord auch begangen sein sollte. Und hierin liegt die Annahme, die ich verwerfe: Es wird angenommen, dass die Mordtat an solchem Ort und unter solchen Umständen geschah, dass es nötig wurde, die Leiche zum Fluss *zu schleppen*. Nun könnte der Mord z.B. am Flussufer oder auf dem Fluss selbst stattgefunden haben, und so könnte das Inswasserwerfen der Leiche zu jeder Tages- oder Nachtzeit sich als die naheliegendste und selbstverständlichste Art zu ihrer Entledigung erwiesen haben. Sie werden verstehen, dass ich hier nichts als wahrscheinlich aufstelle oder etwa als meiner eigenen Ansicht entsprechend. Meine Ansicht hat bis jetzt mit den *Tatsachen* des Falles nichts zu tun. Ich will Sie nur vor dem ganzen Ton der vom ›Etoile‹ ausgesprochenen *Vermutung* warnen, indem ich Ihre Aufmerksamkeit darauf hinlenke, von wie falschen Voraussetzungen das Blatt ausgeht.

Nachdem die Zeitung diese ihrer vorgefassten Meinung entsprechende Grenze gezogen und zu dem Schluss gekommen, dass die Leiche Maries – falls es ihre Leiche sei – nur ganz kurze Zeit im Wasser gelegen haben könne, fährt sie fort:

> ›Die Erfahrung zeigt aber, dass Leichen Ertrunkener oder sofort nach dem Tode gewaltsam ins Wasser Geworfener sechs bis zehn Tage brauchen, ehe die Zersetzung eingetreten ist, die sie an die Oberfläche bringt. Selbst wenn man über einer unter Wasser ruhenden Leiche eine Kanone abfeuert und so das Steigen der ersteren vor dem fünften oder sechsten Tag veranlasst, sinkt dieselbe wieder unter, sowie die Erschütterung vorbei ist.‹

Diese Versicherungen sind von allen Pariser Blättern stillschweigend hingenommen worden, mit Ausnahme des ›Moniteur‹. Letztere Zeitung versucht lediglich die Äußerung über die Leichen Ertrunkener zu bekämpfen, und zwar indem sie fünf oder sechs Fälle zitiert, in denen Ertrunkene schon nach kürzerer Zeit an der Wasseroberfläche gesehen wurden, als der ›Etoile‹ für möglich hält. Aber der ›Moniteur‹ geht in seinem Bemühen, die allgemeine Annahme des ›Etoile‹ durch Zitierung einzelner abweichender Fälle zu widerlegen, sehr unphilosophisch vor. Hätte man auch fünfzig statt fünf Beispiele von bereits nach zwei bis drei Tagen wieder emporgetauchten Leichen anführen können, so hätten selbst diese fünfzig Beispiele nur als Ausnahme von der vom ›Etoile‹ aufgestellten Regel betrachtet werden müssen – so lange, bis die Regel selbst widerlegt wäre. Gibt man die Regel zu (der ›Moniteur‹ weist sie nicht zurück, sondern besteht nur auf seinen Ausnahmen), so behält die Beweisführung des ›Etoile‹ ihre volle Kraft, denn sie will ja nichts weiter, als die *Wahrscheinlichkeit* in Frage stellen, dass die Leiche nach weniger als drei Tagen an die Oberfläche gelangt sei; und diese Wahrscheinlichkeit bleibt so lange bestehen, bis die angeführten Beispiele eine genügende Zahl aufweisen, um eine entgegengesetzte Regel zu ergeben.

Sie sehen sofort, dass jede Beweisführung hier nur gegen die Regel selber vorzugehen hätte; und aus diesem Grund müssen wir die *Begründung* der Regel nachprüfen. Nun ist der menschliche Körper im Allgemeinen weder viel leichter noch viel schwerer als das Wasser der Seine; ich meine: Das spezifische Gewicht des menschlichen Körpers entspricht für gewöhnlich der Menge des von diesem verdrängten Süßwassers. Die Körper fetter und fleischiger Menschen mit dünnen Knochen, besonders also von Frauen, sind leichter als solche von Mageren und Grobknochigen und von Männern; und das spezifische Gewicht des Flusswassers wird etwas von Ebbe und Flut beeinflusst. Sehen wir aber von dieser unbedeutenden Tatsache ab, so kann man sagen, dass höchst selten ein menschlicher Körper, selbst im Süßwasser, *aus eigenem Antrieb* untergeht. Fast jeder, der ins Wasser fällt, kann sich an der Oberfläche halten, wenn er das spezifische Gewicht des Wassers mit seinem eigenen ins Gleichgewicht zu bringen weiß – das heißt, wenn er seinen ganzen Körper so weit als irgend möglich unter Wasser bringt. Die richtige Stellung für einen, der nicht schwimmen kann, ist die aufrechte Haltung, mit zurückgelegtem und so weit untergetauchtem Kopf, dass nur Mund und Nüstern aus dem Wasser ragen. In dieser Lage treiben wir mühelos an der Oberfläche dahin. Es ist jedoch Tatsache, dass das Gewicht unseres Körpers und das der verdrängten Wassermenge einander so gleich sind, dass eine Kleinigkeit das eine oder andere überwiegen lässt. So bedeutet z.B. ein aus dem Wasser erhobener Arm eine genügende Gewichtszunahme, um den ganzen Kopf unter Wasser zu drücken, wohingegen der zufällige Beistand des kleinsten Treibholzes es uns ermöglichen würde, den Kopf so weit zu erheben, um Umschau halten zu können. Nun wird ein Nichtschwimmer in seiner Angst unfehlbar die Arme emporwerfen und den Versuch machen, den Kopf in seiner üblichen senkrechten Lage zu erhalten. Die Folge ist, dass Mund und Nase unter Wasser kommen und dass dann durch das Atmen Wasser in die Lungen eindringt. Vieles gelangt auch in den Magen, und der ganze Körper wird um das Gewicht des eingedrungenen Wassers schwerer, abzüglich des Gewichts der verdrängten Luft, die vorher die Höhlungen ausfüllte. Diese Differenz genügt in der Regel, den Körper zum Sinken zu bringen, ist aber ungenügend in Fällen, wo es sich um Leute mit feinen Knochen und ungewöhnlicher Fleisch- und Fettmasse handelt. Solche Leute treiben selbst nach dem Ertrinken an der Oberfläche.

Der auf den Grund des Flusses hinabgesunkene Körper wird so lange dort bleiben, bis aus irgendwelchen Ursachen sein spezifisches Gewicht geringer wird als die von ihm verdrängte Wassermenge. Diese Wirkung wird durch Zersetzung oder sonstige Ursachen erzielt. Die Folge der Zersetzung ist die Entstehung von Gas, das das Zellengewebe erweitert, alle Höhlungen auftreibt und die Leichen fürchterlich aufbläht. Ist diese Ausdehnung so weit fortgeschritten, dass der Umfang des Körpers zugenommen hat, ohne dass doch eine entsprechende Zunahme der Masse und des Gewichts erfolgt wäre, so wird sein spezifisches Gewicht geringer als das des verdrängten Wassers, und er erscheint an der Oberfläche. Die Zersetzung wird aber durch zahllose Umstände beeinflusst, zum Beispiel durch hohe oder niedere Lufttemperatur, durch Mineralgehalt oder Reinheit des Wassers, durch dessen Tiefe oder Untiefe, Strömung oder Stagnation, durch die Körpertemperatur, durch etwaige vor dem Tod vorhanden gewesene Krankheitserscheinungen und so weiter. Dies zeigt klar, dass wir unmöglich mit Genauigkeit die Zeit angeben können, zu der ein Körper infolge Zersetzung an der Oberfläche erscheinen kann. Unter gewissen Umständen könnte diese Wirkung schon nach einer Stunde eintreten, unter anderen überhaupt nicht. Es gibt chemische Einflüsse, welche den Leib *für immer* vor Zerstörung bewahren; dazu gehört zum Beispiel doppelt-chlorsaures Quecksilber. Doch abgesehen von der Zersetzung kann, was häufig vorkommt, im Magen eine Gaserzeugung infolge Gärung vegetabilischer Substanzen (oder in anderen Höhlungen infolge anderer Vorgänge) stattfinden, die genügt, den Körper so weit auszudehnen, dass er steigt. Die durch das Abfeuern einer Kanone erzielte Wirkung ist einfach eine Vibration. Diese kann entweder den Körper aus dem weichen Schlamm lösen, in den er eingebettet ist, und ihm so das Steigen ermöglichen, wenn andere Einflüsse ihn schon dazu vorbereitet haben, oder die Zähigkeit faulender Teile des Zellengewebes vermindern, sodass die Höhlungen sich nunmehr unter der Einwirkung des Gases auszudehnen vermögen.

Nachdem wir so den ganzen Gegenstand beherrschen, fällt es uns leicht, die Behauptung des ›Etoile‹ zu beurteilen.

›Die Erfahrung zeigt aber‹, sagt dieses Blatt, ›dass Leichen Ertrunkener oder sofort nach dem Tode gewaltsam ins Wasser Geworfener sechs bis zehn Tage brauchen, ehe die Zersetzung eingetreten ist, die sie an die Oberfläche bringt. Selbst wenn man über einer unter Wasser ruhenden Leiche eine Kanone abfeuert und so das Steigen der ersteren vor dem fünften oder sechsten Tag veranlasst, sinkt sie wieder unter, sowie die Erschütterung vorbei ist.‹

Dieser ganze Absatz erscheint nun zusammenhanglos und folgewidrig. Die Erfahrung zeigt *nicht*, dass Leichen Ertrunkener sechs bis zehn Tage *brauchen*, bis die Zersetzung so weit gediehen ist, um sie an die Oberfläche zu bringen. Vielmehr zeigen Wissenschaft und Erfahrung, dass der Zeitpunkt ihres Emporsteigens unbestimmt ist und notgedrungen sein muss. Ist überdies eine Leiche infolge eines Kanonenschusses emporgestiegen, so wird sie *nicht* ›wieder untersinken, sowie die Erschütterung vorbei ist‹, nicht eher vielmehr, als bis die Zersetzung so weit fortgeschritten ist, dass das entstandene Gas entweichen kann. Doch ich möchte Ihre Aufmerksamkeit auf den Unterschied lenken, der gemacht ist zwischen ›Leichen Ertrunkener‹ und ›Leichen sofort nach dem Tode gewaltsam ins Wasser Geworfener‹. Obgleich der Schreiber einen Unterschied zulässt, bringt er doch beide in dieselbe Kategorie. Ich habe gezeigt, wie es kommt, dass der Körper eines Ertrinkenden spezifisch schwerer wird als die verdrängte Wassermenge und dass man überhaupt nicht untersinken würde, wenn man nicht in seiner Verzweiflung die Arme aus dem Wasser streckte und unter Wasser Atembewegungen machte – Atembewegungen, die an Stelle der in den Lungen enthaltenen Luft Wasser einführen. Diese Arm- und Atembewegungen würden aber bei einem ›sofort nach dem Tode gewaltsam ins Wasser Geworfenen‹ nicht vorkommen. Infolgedessen würde in letzterem Fall der Körper *in der Regel überhaupt nicht untersinken* – eine Tatsache, die dem ›Etoile‹ offenbar unbekannt ist. Wenn die Zersetzung sehr weit fortgeschritten wäre – wenn das Fleisch zum großen Teil schon von den Knochen verschwunden wäre –, dann, doch nicht *eher*, würde der Körper unseren Blicken entschwinden.

Und was haben wir nun von der Schlussfolgerung zu halten, dass die gefundene Leiche nicht die der Marie Rogêt sein könne, weil erst drei Tage vergangen waren, als man diese Leiche an der Oberfläche treibend fand? Ist sie eine Ertrunkene, so war sie, ein Weib, vielleicht überhaupt nicht untergegangen oder konnte, falls sie gesunken, in vierundzwanzig Stunden oder früher wieder emporgestiegen sein. Doch niemand vermutet hier ein Ertrinken. War das Weib aber tot, ehe es in den Fluss geriet, so hätte die Leiche jederzeit danach treibend gefunden werden können.

›Aber‹, sagt der ›Etoile‹, ›hätte die Leiche in ihrem verstümmelten Zustand bis Dienstagnacht an Land gelegen, so hätte man Spuren von den Mördern finden müssen.‹ Hier ist es zunächst schwer, herauszufinden, was der Schreiber gewollt hat. Er will einen eventuellen Einwand gegen seine Theorie widerlegen – den Einwand nämlich, dass die Leiche zunächst zwei Tage an Land gelegen und rascher Verwesung unterworfen gewesen sein könne – rascherer Verwesung als im Wasser. Er nimmt an, dass sie in diesem Fall am Mittwoch an der Oberfläche aufgetaucht sein könne, und meint, dass dies *nur* unter solchen Umständen geschehen sein könne. Er hat es infolgedessen eilig, zu zeigen, dass sie nicht an Land gelegen hat, denn wenn das gewesen wäre, ›hätte man Spuren von den Mördern finden müssen‹. Ich denke, Sie lächeln über diese Schlussfolgerung. Sie können nicht einsehen, wieso ein längeres Anlandliegen der Leiche die Spuren der Mörder hätte vermehren sollen – auch ich kann das nicht verstehen.

›Und fernerhin ist es äußerst unwahrscheinlich‹, fährt die Zeitung fort, ›dass Kerle, die einen solchen Mord begangen, den Leichnam ins Wasser geworfen haben sollten, ohne ihn durch einen Ballast zum Sinken zu bringen, wo solche Vorsichtsmaßregel doch so leicht getroffen werden kann.‹ Beachten Sie hier die lächerliche Gedankenverwirrung. Niemand – nicht einmal der ›Etoile‹ – bestreitet, *dass an dem aufgefundenen Körper* ein Mord begangen worden. Die Spuren roher Vergewaltigung sind zu auffällig. Unseres Dialektikers Absicht geht nur dahin, zu zeigen, dass dieser Körper nicht mit Marie identisch ist. Er wünscht nachzuweisen, dass *Marie* nicht ermordet worden – nicht etwa, dass die Leiche es nicht sei. Dennoch beweist seine Äußerung nur diesen letzteren Punkt: Hier ist eine Leiche ohne beschwerendes Gewicht. Mörder würden beim Inswasserwerfen derselben nicht versäumt haben, ein Gewicht daran zu befestigen. Daher ist sie also nicht von Mördern hineingeworfen. Das ist alles, was bewiesen wird – wenn überhaupt etwas bewiesen wird. Die Frage der Identität wird nicht einmal berührt, und das Blatt hat sich furchtbare Mühe gemacht, lediglich das zu leugnen, was es einen Moment früher zugegeben. ›Wir sind vollkommen überzeugt‹, sagt es weiter, ›dass die gefundene Leiche diejenige eines ermordeten Weibes war.‹

Dies ist aber nicht das einzige Mal, dass unser Dialektiker sich selbst widerlegt. Seine offenbare Absicht ist, wie ich schon sagte, den Zwischenraum zwischen Maries Verschwinden und der Auffindung der Leiche so viel als möglich zu verringern. Dennoch sehen wir ihn den Punkt geltend machen, dass kein Mensch das Mädchen nach Verlassen ihrer Wohnung mehr gesehen hat. ›Es ist nicht erwiesen‹, sagt er, ›dass Marie Rogêt am Sonntag, dem 22. Juni, nach neun Uhr noch unter den Lebenden weilte.‹ Da seine Beweisführung offenbar nur eine einseitige ist, hätte er wenigstens diese Sache außer Acht lassen sollen; denn wäre es erwiesen, dass irgendjemand, sei es nun am Montag oder am Dienstag, Marie gesehen habe, so wäre der fragliche Zeitraum sehr vermindert und durch seine eigene Schlussfolgerung die Wahrscheinlichkeit verringert worden, dass die Leiche jene der Grisette sei. Es ist nichtsdestoweniger amüsant zu sehen, dass der ›Etoile‹ auf diesem Punkt besteht, in der Überzeugung, dass er ihm für seine Beweisführung dienlich sei.

Lesen wir nun nochmals den Teil der Beweisführung, der sich auf die Identifizierung der Leiche durch Beauvais bezieht. Was das *Haar* auf den Armen anlangt, so ist der ›Etoile‹ augenscheinlich in diesem Punkt unaufrichtig. Herr Beauvais ist kein Idiot und konnte unmöglich bezüglich der Identifizierung der Leiche nichts weiter geltend gemacht haben, als dass sie *Haare auf den Armen* habe. Kein Arm ist aber *ohne* Haare. Die Verallgemeinerung der Äußerung des ›Etoile‹ ist einfach eine Verdrehung der Worte des Zeugen. Er muss von irgendeiner *Eigenart* dieses Haares gesprochen haben; es muss eine Besonderheit in der Farbe, der Menge, der Länge oder der Anordnung gewesen sein.

›Ihr Fuß‹, sagt das Blatt, ›war klein – so sind tausend Füße. Ihre Strumpfbänder sind überhaupt kein Beweis, ebenso wenig ihre Schuhe, denn gleiche Schuhe und Strumpfbänder werden massenweise verkauft. Dasselbe ist von den Blumen auf ihrem Hut zu sagen. Eine Sache, auf die Herr Beauvais sich besonders stützt, ist die, dass die Schließe des Strumpfbands zurückgesetzt war, um es enger zu machen. Das besagt gar nichts; denn die meisten Frauen pflegen nicht die Strumpfbänder im Kaufladen anzuprobieren, sondern kaufen sich ein Paar und ändern es zu Hause entsprechend um.‹ Hier ist es schwer, den Schreiber ernst zu nehmen. Hätte Herr Beauvais auf seiner Suche nach Marie eine Leiche gefunden, die an Gestalt und Aussehen dem vermissten Mädchen ähnlich gewesen, so wäre er (ganz abgesehen von der Kleiderfrage) zu der Behauptung berechtigt gewesen, dass seine Suche Erfolg gehabt habe. Wenn außer der Übereinstimmung von Gestalt und Aussehen noch hinzukam, dass die Behaarung der Arme eine Eigenart aufwies, die er bei der lebenden Marie wahrgenommen, so mag seine Überzeugung sich verstärkt haben, und diese Zunahme wird zu der Seltsamkeit oder Ungewöhnlichkeit der Haarbildung im entsprechenden Verhältnis gestanden haben. Wenn überdies Maries Fuß schmal und jener der Leiche ebenso gewesen, so würde die Wahrscheinlichkeit, dass diese Leiche die der Marie war, nicht eine Verstärkung in lediglich arithmetischer, sondern eine solche in geometrischer oder akkumulativer Hinsicht erfahren. Und zu alledem Schuhe, wie Marie sie am Tag ihres Verschwindens getragen! Obgleich diese Schuhe ›massenweise‹ verkauft werden, so steigt doch nun die Wahrscheinlichkeit bis an die Grenze der Gewissheit. Was an und für sich kein Identitätsbeweis wäre, wird durch sein Zusammentreffen mit anderen zum sichersten Beweis. Finden wir nun noch Blumen auf dem Hut, die denen des vermissten Mädchens gleichen, so suchen wir keine weiteren Zeichen. Schon *eine* Blume würde genügen – wie nun, wenn es zwei oder drei oder gar mehr sind? Jede hinzukommende vervielfältigt den Beweis, fügt nicht Erkennungszeichen zu Erkennungszeichen, sondern multipliziert diese mit Hunderten und Tausenden. Lassen Sie uns nun noch bei der Leiche solche Strumpfbänder finden, wie die Lebende sie getragen, und es ist Torheit, noch weiter zu suchen. Doch diese Strumpfbänder sind durch Zurücksetzen einer Schnalle enger gemacht, in derselben Weise, wie

Marie die ihrigen, nicht lange ehe sie von Hause fortging, verändert hatte. Nun ist es Wahnsinn oder Heuchelei weiterzusuchen. Was der ›Etoile‹ darüber sagt, dass solches Engernähen der Strumpfbänder häufig vorgenommen werde, zeigt nichts als seine eigene Verranntheit. Die Elastizität der Strumpfbänder beweist allein schon die *Ungewöhnlichkeit* einer solchen Maßnahme. Was so beschaffen ist, dass es sich selbst anpasst, braucht notwendigerweise nur selten passend geändert zu werden. Es muss im wahrsten Sinne des Wortes ein besonderes Ereignis gewesen sein, was das Engernähen von Maries Strumpfbändern nötig machte. Sie allein hätten ihre Identität zur Genüge nachgewiesen. Aber es war nun nicht so, dass man an der Leiche die Strumpfbänder der Vermissten oder ihre Schuhe oder ihren Hut oder die Blumen ihres Hutes fand, oder ihre kleinen Füße oder ein besonderes Kennzeichen auf den Armen oder ihre Größe und Erscheinung – man fand vielmehr jedes dieser Dinge und *alle zusammen*. Der ›Etoile‹ hat es für klug gefunden, die kleinliche Redeweise der Rechtsgelehrten nachzuahmen, die sich zum großen Teil damit begnügen, die Regeln und Formeln der Gerichtshöfe herunterzuschnurren. Ich möchte hier bemerken, dass sehr viel von dem, was ein Gericht als Beweis verwirft, dem Intellekt als bester Beweis erscheint. Denn das Gericht, das sich zur Erlangung von Beweisen nach den allgemeinen Grundregeln richtet – den festgesetzten und gebuchten Grundregeln –, betrachtet eine abweichende Beweisführung als Abschweifung. Und dieses standhafte Kleben an den Formeln, unter schärfster Missachtung aller diesen zuwiderlaufenden Punkten, ist wohl ein sicherer Weg, das Maximum der ergründbaren Wahrheiten herauszufinden; aber es ist nicht weniger gewiss, dass es zu ungeheuren Irrtümern führen kann.

Was die gegen Beauvais vorgebrachten Verdächtigungen betrifft, so werden Sie diese ohne Weiteres abtun. Sie haben den wahren Charakter des guten Mannes erraten. Er ist sensationsgierig, fantastisch und beschränkt und spielt sich gerne ein bisschen auf. Wer so veranlagt ist, wird sich in Fällen wirklicher Aufregung leicht so benehmen, dass er sich den Überschlauen und Unwissenden verdächtig macht. Herr Beauvais hatte, wie es den Anschein hat, ein persönliches Interview mit dem Herausgeber des Blattes und kränkte diesen, indem er, ungeachtet der Theorie des Herausgebers, seine Ansicht zu äußern wagte, dass die Leiche tatsächlich mit Marie identisch sei. ›Er besteht darauf‹, sagt das Blatt, ›dass die Leiche jene der Marie sei, weiß aber außer den Angaben, die wir hier einer Beurteilung unterzogen haben, nichts anzuführen, was auch für andere überzeugend wäre.‹ Ohne dass wir nun auf die Tatsache zurückkommen, dass stärkere Beweise, ›die auch für andere überzeugend wären‹, gar nicht erbracht werden könnten, so ist doch zu bemerken, dass in einem Fall wie dem vorliegenden ein Mann sehr wohl selbst überzeugt sein kann, ohne dass es ihm möglich wäre, einen einzigen Grund anzugeben, der für andere stichhaltig wäre. Nichts ist unbestimmter als das Gefühl für individuelle Identität. Jeder kann seinen Nachbarn erkennen, dennoch gibt es wenig Anlässe, bei denen irgendeiner *den Grund* für dieses Erkennen anzugeben vermöchte. Der Herausgeber des ›Etoile‹ hatte kein Recht, über Herrn Beauvais' unbegründete Überzeugung beleidigt zu sein. Die gegen diesen vorliegenden Verdachtsmomente passen viel besser zu meiner Hypothese eines sensationshungrigen Fantasten als zu des Artikelschreibers Vermutung, dass Beauvais der Schuldige sei. Neigen wir dieser milderen Auffassung zu, so gibt uns die Rose im Schlüsselloch, das ›Marie‹ auf der

Tafel keine Rätsel mehr auf. Wir verstehen nun das ›Beiseiteschieben der männlichen Verwandten‹, sein ›Widerstreben, den Verwandten die Besichtigung der Leiche zu gestatten‹, die der Frau B. erteilte Warnung, dass sie bis zu seiner (Beauvais') Rückkehr kein Gespräch mit dem Gendarmen führen solle, und endlich sein offenbares Bestreben, ›dass niemand außer ihm mit den Nachforschungen zu tun haben solle‹. Es scheint mir außer Frage, dass Beauvais ein Verehrer Maries gewesen, dass sie mit ihm kokettierte und dass ihm daran lag, als ihr naher Freund und Vertrauter zu gelten. Ich habe über diesen Punkt nichts mehr zu sagen; und da die Tatsachen die Behauptung des ›Etoile‹ bezüglich der Gleichgültigkeit vonseiten der Mutter und der anderen Verwandten völlig widerlegt haben – einer Gleichgültigkeit, die unvereinbar war mit der Voraussetzung, dass sie die Leiche als jene des vermissten Mädchens anerkannten –, so wollen wir nun fortfahren, als wäre die Frage der Identität zu unserer vollen Zufriedenheit erledigt.«

»Und was«, fragte ich jetzt, »halten Sie von den Äußerungen des ›Commercial‹?«

»Dass sie weit mehr Beachtung verdienen als alle anderen, die in der Sache vorgebracht worden sind. Die aus den Prämissen gezogenen Schlüsse sind gewissenhaft und scharfsinnig; aber die Prämissen beruhen – in zwei Punkten wenigstens – auf falscher Beobachtung. Der ›Commercial‹ wünscht anzudeuten, dass Marie nicht weit vom Haus ihrer Mutter von einer Rotte roher Burschen aufgegriffen worden sei. ›Es ist unmöglich‹, äußert er, ›dass eine Tausenden bekannte Persönlichkeit wie dieses junge Weib drei Häuserquadrate durchqueren könnte, ohne erkannt zu werden.‹ Dies ist die Anschauung eines in Paris lange Ansässigen – eines im öffentlichen Leben Stehenden – und eines, dessen

Gänge ins Stadtinnere sich meistens auf die Gegend öffentlicher Gebäude beschränkten. Er ist sich bewusst, dass *er* selten vom Büro aus ein Dutzend Häuserquadrate passiert, ohne erkannt und gegrüßt zu werden. Und nach dem Umfang seines eigenen Bekanntenkreises berechnet er jenen der Verkäuferin, findet keinen großen Unterschied zwischen beiden und kommt ohne Weiteres zu dem Schluss, dass sie auf ihren Gängen ebenso oft erkannt werden müsse wie er selbst auf seinen. Das könnte nur dann der Fall sein, wenn ihre Gänge denselben methodischen, einförmigen Charakter aufwiesen und ihnen dieselben engen Grenzen gezogen wären wie den seinigen. Er macht seine Wege zu immer denselben Zeiten, durch immer dieselben Straßen, die voller Menschen sind, deren Interessen den seinigen gleichen und die darum auch an ihm ein Interesse nehmen. Die Gänge Maries aber mögen im Allgemeinen ein größeres Gebiet umfasst haben. In diesem besonderen Fall ist es als sehr wahrscheinlich anzunehmen, dass sie eine von ihren gewohnten Wegen sehr abweichende Richtung nahm. Die Parallele, die, wie wir annehmen, der ›Commercial‹ im Geiste zog, wäre nur dann aufrecht zu erhalten, wenn beide Personen die ganze Stadt durchquerten. Angenommen, der persönliche Bekanntenkreis wäre gleich groß, so wäre in diesem Fall auch die Möglichkeit einer gleichen Anzahl von Begegnungen dieselbe. Ich für mein Teil halte es nicht nur für möglich, sondern für mehr als wahrscheinlich, dass Marie zu jeder gewünschten Zeit irgendeinen der vielen Wege zwischen ihrer eigenen Behausung und der der Tante hätte nehmen können, ohne einem einzigen Menschen zu begegnen, den sie kannte oder dem sie bekannt war. Wollen wir diese Frage ins rechte Licht rücken, so müssen wir uns immer das große Missverhältnis vorstellen, das zwischen dem Bekanntenkreis selbst der bekanntesten Persönlichkeit in Paris und der Gesamtbevölkerung von Paris besteht.

Doch welche überzeugende Kraft die Vermutung des ›Commercial‹ auch immer haben mag, sie wird sehr vermindert, wenn wir *die Stunde* in Betracht ziehen, zu der das Mädchen ausging. ›Ihr Fortgang erfolgte zu einer Zeit, da die Straßen voller Menschen waren‹, sagte der ›Commercial‹. Aber weit gefehlt! Es war um neun Uhr morgens. Nun sind an jedem Morgen um neun Uhr, mit *Ausnahme des Sonntags*, die Straßen der Stadt gedrängt voll. Am Sonntagmorgen um neun ist die Bevölkerung großenteils zu Hause und *bereitet sich zum Kirchgang vor.* Keinem Menschen mit Beobachtungsgabe kann es entgehen, wie geradezu vereinsamt die Straßen an jedem Feiertag von acht bis zehn Uhr morgens sind. Zwischen zehn und elf sind die Straßen überfüllt, nicht aber zu so früher Zeit wie der angegebenen.

Da ist noch ein Punkt, der einen Beobachtungsfehler vonseiten des ›Commercial‹ aufzuweisen scheint. Er sagt: ›Aus dem Unterrock der Unglücklichen war ein zwei Fuß langes und ein Fuß breites Stück herausgerissen und ihr um Kopf und Kinn gebunden, vermutlich um sie am Schreien zu verhindern; das müssen Leute getan haben, die nicht im Besitz von Taschentüchern waren.‹ Inwiefern dieser Gedanke mehr oder weniger gut begründet ist, werden wir später sehen; aber unter ›Leuten, die nicht im Besitz von Taschentüchern waren‹, versteht der Herausgeber die niedrigste Klasse von Lumpen. Diese sind aber gerade die Art von Leuten, die man immer im Besitz von Taschentüchern sehen wird – selbst wenn sie nicht einmal Hemden haben. Sie müssen schon Gelegenheit gehabt haben, zu bemerken, wie geradezu unentbehrlich dem wirklichen Vagabunden in den letzten Jahren das Taschentuch geworden ist.«

»Und was haben wir von dem Artikel im ›Soleil‹ zu halten?«, fragte ich.

»Dass es ungemein zu bedauern ist, dass sein Verfasser nicht als Papagei geboren worden – in welchem Fall er der bedeutendste Papagei seiner Zeit geworden wäre. Er hat lediglich die verschiedenen Einzelpunkte der bereits veröffentlichten Meinungen wiederholt, nachdem er sie mit lobenswertem Eifer aus diesem und jenem Blatt zusammengetragen. ›Alle diese Dinge‹, sagte er, ›haben offenbar mindestens drei bis vier Wochen dort gelegen, und es kann also kein Zweifel sein, dass man die Stelle der empörenden Gewalttat aufgefunden hat.‹ Die hier vom ›Soleil‹ wiederangeführten Tatsachen sind weit davon entfernt, meine Zweifel in dieser Hinsicht zu beheben, und wir wollen sie späterhin in Verbindung mit einer anderen Seite unseres Themas eingehender nachprüfen.

Zunächst müssen wir uns mit anderen Beobachtungen befassen. Es muss Ihnen aufgefallen sein, wie außerordentlich oberflächlich die Untersuchung der Leiche gehandhabt wurde. Gewiss, die Frage der Identität war schnell entschieden – oder hätte es wenigstens sein müssen; aber es gab andere Dinge festzustellen. War die Leiche etwa *geplündert* worden? Hatte die Verstorbene, als sie von Hause fortging, irgendwelche Schmucksachen bei sich? Und wenn, hatte sie dieselben noch, als man ihre Leiche fand? Das sind wichtige Fragen, die bei der Untersuchung ganz übergangen wurden; und es gibt noch andere, ebenso wichtige, die unberücksichtigt blieben. Wir müssen versuchen, uns diese Fragen selbst zu beantworten. Der Fall St. Eustache muss nachgeprüft werden. Ich habe keinen Verdacht auf diesen Herrn, aber wir wollen methodisch vorgehen. Wir wollen den Wert seiner eidlichen Aussage darüber, wie und wo er den Sonntag verbracht, feststellen. In solchen Fällen sind Meineide nichts Seltenes. Sollte aber hier nichts Böses zu entdecken sein, so wollen wir St. Eustache aus unserem Forschungsgebiet ausscheiden. Sein Selbstmord, wie verdächtig er auch im Falle eines Meineids wäre, ist ohne solchen Meineid durchaus nichts so Unerklärliches, als dass es uns von der geraden Linie unserer Analyse abbringen könnte.

Mein Vorschlag geht nun dahin, den inneren sichtbaren Kern dieser Tragödie außer acht zu lassen und unserer Aufmerksamkeit weitere Grenzen zu ziehen. Ein nicht geringer Fehler bei solcher Nachforschung ist das Beschränken derselben auf die unmittelbaren Ereignisse, unter völliger Nichtachtung der mittelbaren, nebensächlichen Umstände. Es ist eine üble Angewohnheit der Gerichte, Beweisaufnahme und Zeugenverhör auf das anscheinend Wichtige zu beschränken. Denn Erfahrung hat gezeigt, dass ein großer, vielleicht der größere Teil der Wahrheit aus dem scheinbar Unwichtigen geschöpft wird. Diesem Grundsatz folgend, hat sich die heutige Wissenschaft entschlossen, mit dem *Unvorhergesehenen zu rechnen.* Doch vielleicht verstehen Sie mich nicht. Die Geschichte menschlicher Erkenntnis hat uns so unausgesetzt gezeigt, wie wir den unwichtigen, nebensächlichen, zufälligen Ereignissen die wertvollsten Entdeckungen schulden, dass es schließlich nötig geworden ist, im weitesten Sinne den zufälligen Vermutungen, wenn sie auch ganz abseits vom gewöhnlichen Wege liegen, Beachtung zu schenken. Der *Zufall* ist als ein grundlegender Teil zur weiteren Nachforschung anerkannt worden; das Unvorhergesehene, Unvermutete legen wir den mathematischen Formeln zugrunde.

Ich wiederhole: Es ist Tatsache, dass der größere Teil aller Wahrheiten aus dem Nebensächlichen gewonnen wurde; und in der Überzeugung von der Bedeutsamkeit dieser Erkenntnis möchte ich die Nachforschungen in unserem Fall hier von dem vielbegangenen und bisher unfruchtbaren Boden des Ereignisses selbst auf die ihm eng verknüpften Begleitumstände ablenken. Während Sie die Zeugeneide auf ihre Wahrhaftigkeit nachprüfen, will ich die Zeitungen in weiterem Sinne durchsuchen, als Sie es bisher getan haben. Bis jetzt haben wir nur das Feld für unsere Nachforschungen festgestellt; aber es wäre wirklich sonderbar, wenn eine verständnisvolle Durchsicht der öffentlichen Blätter, wie ich sie beabsichtige, uns nicht einige winzige Andeutungen für die einzuschlagende *Richtung* unserer Suche einbrächte.«

Dupins Anregung folgend, unterzog ich die eidlichen Aussagen einer sorgfältigen Nachprüfung. Das Resultat war meine feste Überzeugung von ihrer Wahrhaftigkeit und demnach von der Unschuld St. Eustaches. Währenddessen beschäftigte sich mein Freund mit einer Durchsicht der verschiedensten Zeitungsblätter, was mir als eine höchst überflüssige Umständlichkeit erschien. Nach Verlauf einer Woche legte er mir folgende Auszüge vor:

> »Vor etwa dreieinhalb Jahren ereignete sich ein Fall, der mit dem vorliegenden große Ähnlichkeit hat. Jene selbe Marie Rogêt verschwand damals aus dem Parfümerieladen des Herrn Le Blanc im Palais Royal. Nach Ablauf einer Woche erschien sie jedoch wieder wohlbehalten im Geschäft, nur dass sie ungewöhnlich bleich war. Durch Herrn Le Blanc und ihre Mutter wurde bekanntgegeben, dass sie eine Freundin auf dem Lande besucht habe, und die ganze Angelegenheit wurde vertuscht und vergessen. Wir nehmen an, dass ihr diesmaliges Verschwinden einer ähnlichen Laune entspringt und dass nach Verlauf einer Woche oder

auch eines Monats Marie wieder auftaucht.« – Abendzeitung, Montag, 23. Juni.

»Ein gestriges Abendblatt erinnert an ein früheres geheimnisvolles Verschwinden des Fräulein Rogêt. Es ist bekannt, dass sie die Woche ihrer Abwesenheit aus Herrn Le Blancs Parfümerieladen in Gesellschaft eines jungen Marineoffiziers, der einen Ruf als leichtsinniger Verführer hat, verbrachte. Eine Veruneinigung, so mutmaßt man, war die Ursache ihrer Rückkehr nach Hause. Wir kennen den Namen des in Frage stehenden Lothario, der gegenwärtig in Paris stationiert ist, unterlassen aber aus naheliegenden Gründen, ihn zu nennen.« – »Le Mercure«, Dienstag, 24. Juni, morgens.

»Eine abscheuliche Gewalttat wurde vorgestern in der Nähe der Stadt verübt. Ein Herr, in Begleitung von Frau und Tochter, ließ sich in der Dämmerung von sechs jungen Leuten, die auf der Seine ziellos umherruderten, in ihrem Boot übersetzen. Am anderen Ufer angekommen, stiegen die drei Passagiere aus und waren dem Boot bereits außer Sicht, als die Tochter gewahr wurde, dass sie ihren Sonnenschirm darin zurückgelassen. Sie kehrte um, ihn zu holen, wurde von der Bande ergriffen, in den Strom hinausgeschleppt, geknebelt, vergewaltigt und schließlich nicht weit von der Stelle, wo sie mit ihren Eltern das Boot bestiegen, an Land gesetzt. Die Schurken sind für den Augenblick entkommen, aber die Polizei ist auf ihrer Spur, und mehrere werden bald gefasst sein.« – Morgenzeitung, 25. Juni.

»Wir haben einige Zuschriften erhalten, die das jüngst begangene Verbrechen einem gewissen Mennais zur Last legen. Da dieser Herr aber vor dem Untersuchungsrichter seine Unschuld nachweisen konnte und da die Beweisführungen jener verschiedenen Korrespondenten mehr Übereifer als Scharfsinn zeigen, halten wir es nicht für ratsam, sie zu veröffentlichen.« – Morgenzeitung, 28. Juni.

»Es sind uns von anscheinend verschiedenen Seiten mehrere Zuschriften zugegangen, die in bestimmtestem Ton behaupten, die unglückliche Marie Rogêt sei das Opfer einer der zahlreichen Banden von Herumstreichern geworden, die des Sonntags die Umgebung der Stadt unsicher machen. Dies stimmt mit unserer eigenen Meinung vollkommen überein. Wir werden versuchen, demnächst für einige dieser Beweisführungen hier Raum zu finden.« – Abendzeitung, Montag, 30. Juni.

»Am Sonntag sah einer der beim Zolldienst beschäftigten Bootsknechte ein leeres Boot auf der Seine treiben. Die Segel lagen auf dem Boden des Bootes. Der Knecht vertaute es unterhalb des Zollgebäudes. Am anderen Morgen aber war es von dort wieder verschwunden, ohne dass einer der Beamten darüber Rechenschaft zu geben wusste. Das Steuerruder liegt im Zollgebäude.« – »Le Diligence«, Donnerstag, 26. Juni.

Als ich diese verschiedenen Auszüge las, schienen sie mir nicht nur nebensächlich, sondern ich konnte auch nicht einsehen, wie sie zu der vorliegenden Sache in Beziehung zu bringen sein sollten. Ich erwartete Dupins Erklärungen.

»Es ist vorläufig nicht meine Absicht«, sagte er, »bei dem ersten und zweiten dieser Auszüge zu verweilen. Ich habe sie hauptsächlich deshalb herausgeschrieben, um Ihnen die geradezu verblüffende Nachlässigkeit der

Polizei zu zeigen, die, soweit ich den Präfekten richtig verstanden habe, sich überhaupt nicht mit einem Verhör des betreffenden Marineoffiziers befasst hat. Dennoch ist es wirklich Torheit, anzunehmen, dass zwischen dem ersten und zweiten Verschwinden Maries keine Möglichkeit eines Zusammenhangs bestehe. Nehmen wir an, das erstmalige Entweichen des Mädchens habe mit einem Streit zwischen den Liebenden und der Rückkehr der Enttäuschten geendet. Nun sind wir vorbereitet, ein zweites Entweichen (falls wir *wissen*, dass ein Entweichen stattgefunden) eher als die Folge eines Wiederanknüpfungsversuchs des ersten Verführers anzusehen, als dass wir etwa neue Anträge einer zweiten Person annehmen – wir glauben eher an ein Wiederanspinnen des alten Liebesverhältnisses als an den Beginn eines neuen. Die Wahrscheinlichkeit ist wie zehn zu eins, dass eher der, der schon einmal mit Marie entflohen war, sie zum zweiten Mal zur Flucht auffordern würde, als dass ihr, der schon einmal jemand einen derartigen Antrag gemacht, nun wieder ein anderer denselben Vorschlag machen sollte. Und hier lassen Sie mich Ihre Aufmerksamkeit darauf hinweisen, dass die Zeit zwischen dem ersten festgestellten und dem zweiten vermuteten Fluchtversuch gerade ein paar Monate mehr ist, als eine Seefahrt unserer Marinesoldaten zu dauern pflegt. Ist der Liebhaber bei seinem ersten Bubenstreich dadurch, dass er zur See musste, gestört worden, und hat er den ersten Augenblick der Rückkehr dazu benutzt, die noch nicht ganz erfüllten bösen Absichten oder die *von ihm* noch nicht ganz erfüllten bösen Absichten nun wahr zu machen? Von alledem wissen wir nichts.

Sie werden nun aber sagen, beim zweiten Fall handle es sich um keine Entführung. Gewiss nicht – doch können wir mit Bestimmtheit die vereitelte Absicht dazu verneinen? Außer St. Eustache und vielleicht Beauvais sehen wir keine anerkannten, keine ernsthaften Verehrer Maries. Von keinem anderen wird je gesprochen. Wer ist denn da der geheimnisvolle Liebhaber, von dem die Verwandten und Bekannten (wenigstens die meisten von ihnen) nichts wissen, doch mit dem Marie am Sonntagmorgen zusammentrifft und der so sehr ihr Vertrauen genießt, dass sie keine Bedenken trägt, mit ihm in den einsamen Gehölzen an der Barrière du Roule zu verweilen, bis die Abenddämmerung sinkt? Wer ist dieser geheimnisvolle Liebhaber, frage ich, von dem wenigstens die *meisten* Bekannten nichts wissen? Und was bedeutet die seltsame Prophezeiung Frau Rogêts am Morgen von Maries Fortgang: ›Ich fürchte, ich werde Marie nie wiedersehen?‹

Doch wenn wir uns auch nicht vorstellen, dass Frau Rogêt von dem Entführungsplan gewusst habe, können wir nicht wenigstens bei dem Mädchen dieses Wissen vermuten? Als sie das Haus verließ, gab sie zu verstehen, dass sie ihre Tante in der Rue des Drômes besuchen wolle, und St. Eustache wurde ersucht, sie bei Dunkelwerden abzuholen. Diese Tatsache spricht allerdings auf den ersten Blick gegen meine Vermutung, doch lassen Sie uns nachdenken. Dass sie *wirklich* mit einem Begleiter zusammentraf und mit ihm über den Fluss setzte und erst um drei Uhr nachmittags an der Barrière du Roule ankam, ist bekannt. Als sie aber zustimmte, den Betreffenden zu begleiten (ganz gleich, aus welchem Grund und ob ihre Mutter davon wusste oder nicht), musste sie sich erinnern, welche Absicht sie beim Verlassen des Hauses ausgesprochen; sie musste sich das Erstaunen und den Argwohn St. Eustaches, ihres erklärten Bräutigams, denken können, wenn er, zur angegebenen Stunde in der Rue des Drômes vorsprechend, entdecken würde, dass sie gar nicht dagewesen war, und wenn er überdies, mit dieser beunruhigenden Botschaft in die Pension zurückkehrend, gewahr werden würde, dass sie noch immer nicht heimgekommen. Ich sage, sie muss an diese Dinge gedacht haben. Sie muss den Kummer St. Eustaches, den Argwohn aller vorausgesehen haben. Sie kann nicht vorgehabt haben, zurückzukehren und diesem Argwohn standzuhalten; wenn wir aber annehmen, dass sie *nicht* zurückzukehren beabsichtigte, so sehen wir, dass ihr der Argwohn der anderen gleichgültig sein konnte.

Ihr Gedankengang wird etwa so gewesen sein: ›Ich will mit einer bestimmten Person zusammentreffen, um mit ihr zu entfliehen – oder aus anderen nur mir bekannten Gründen. Es ist nötig, jede Möglichkeit einer Störung fernzuhalten – wir müssen Zeit genug haben, der Verfolgung auszuweichen – ich werde zu verstehen geben, dass ich den Tag bei meiner Tante in der Rue des Drômes verbringen will – ich werde St. Eustache auftragen, mich nicht vor Dunkelwerden abzuholen – auf diese Weise wird meine Abwesenheit von Hause für einen möglichst langen Zeitraum erklärt, ohne Verdacht oder Beunruhigung zu wecken, und ich gewinne mehr Zeit, als wenn ich irgendetwas anderes vorgegeben hätte. Wenn ich St. Eustache bitte, mich bei Dunkelwerden abzuholen, wird er bestimmt nicht früher kommen; wenn ich aber ganz unterlasse, ihn dazu aufzufordern, verringert sich meine Zeit zur Flucht, da man meine Rückkehr früher erwarten, mein Fernbleiben also früher Beunruhigung erwecken wird. Wenn ich überhaupt zurückzukehren beabsichtigte – wenn ich nur den einen Tag in Gesellschaft des Betreffenden verbringen wollte – wäre es unklug von mir, St. Eustache zu bitten, mich abzuholen; denn wenn er es tut, entdeckt er mit *Bestimmtheit*, dass ich ihn hintergangen habe – was ich ihm vollkommen verbergen könnte, wenn ich fortginge, ohne ein Ziel anzugeben, vor Dunkelwerden zurückkäme und dann angäbe, ich hätte meine Tante in der Rue des Drômes besucht. Da es aber meine Absicht ist, *nie* zurückzukehren – oder wenigstens für mehrere Wochen nicht – oder nicht, ehe gewisse Dinge geschehen sind –, ist das einzige, um was ich mich jetzt zu kümmern brauche, Zeit zu gewinnen.‹

Sie haben aus Ihren Notizen gesehen, dass die allgemeine Auffassung in dieser traurigen Angelegenheit von Anfang an dahin geht, das Mädchen sei ein Opfer von Herumstreichern geworden. Nun ist die Volksmeinung in gewisser Beziehung keineswegs zu missachten. Wenn sie aus sich selbst entsteht – sich in spontaner Weise äußert –, sollten wir sie wie eine Intuition einschätzen. In neunundneunzig von hundert Fällen würde ich für ihr sicheres Urteil eintreten. Aber es ist auffallend, dass wir hier keine Art *Eingebung* bemerken. So eine Ansicht muss durchaus im *Volke selbst entstanden*, seine eigenste Meinung sein; und der Unterschied ist oft äußerst schwer zu sehen und festzuhalten. Im vorliegenden Fall scheint es mir, als sei die öffentliche Meinung bezüglich einer Bande von Herumstreichern sehr beeinflusst durch den gleichzeitigen Vorfall, der in der dritten meiner Notizen dargelegt wird. Ganz Paris ist in Aufregung über die gefundene Leiche der Marie, eines jungen, schönen und vielgekannten Mädchens. Diese Leiche wird mit schweren Verletzungen im Strom aufgefischt. Nun ist aber bekannt geworden, dass zur selben Zeit, in der die Ermordung des Mädchens angenommen wird, eine ähnliche, wenn auch weniger grausame Untat, wie man sie an diesem jungen Mädchen festgestellt, von einer Bande Herumstreichern an einem anderen jungen Mädchen verübt worden ist. Ist es verwunderlich, dass die *eine* bekanntgewordene Schändlichkeit das öffentliche Urteil über die *andere* beeinflusst hat? Man brauchte für dies Urteil eine Richtung, und die eine Tat schien sie auch für die andere anzugeben! Marie war im Fluss gefunden worden, und auf diesem selben Fluss war die andere Untat begangen worden. Die beiden Ereignisse miteinander in Beziehung zu bringen, war so naheliegend, dass es ein Wunder gewesen wäre, wenn das Volk dies unterlassen hätte. In der Tat aber ist – wenn irgendetwas – gerade die eine begangene Tat ein Beweis, dass der sich fast zu gleicher Zeit abspielende zweite Fall *nicht* so verlaufen ist. Es wäre doch wirklich mehr als seltsam, wenn zur selben Zeit in derselben Stadt und an demselben Ort, wo eine Bande Rohlinge eine unerhörte Schandtat verübte, unter denselben Umständen eine andere Bande ganz das gleiche getan haben sollte! Dies Wundersame aber ist es, was die Volksmeinung uns glauben machen will.

Ehe wir weiter urteilen, wollen wir die angebliche Mordstelle im Gehölz an der Barrière du Roule betrachten. Dieses Dickicht war ganz nahe an einer öffentlichen Straße. Es befanden sich dort drei oder vier große Steine, die eine Art Sitz mit Lehne und Fußbank bildeten. Auf dem oberen Stein lag ein weißer Unterrock, auf dem zweiten eine seidene Schärpe. Auch ein Sonnenschirm, Handschuhe und ein Taschentuch wurden hier gefunden. Das Taschentuch trug den Namen ›Marie Rogêt‹. An den benachbarten Büschen hingen Kleiderfetzen. Die Erde war zerstampft, die Zweige waren geknickt, und alles deutete auf einen stattgehabten Kampf.

Ungeachtet der Einmütigkeit, mit der die Presse dieses Dickicht als den Mordplatz ansah, muss gesagt werden, dass die Sache doch anzuzweifeln war. Ich mag nun glauben oder nicht glauben, dass dies der Platz war – jedenfalls gab es hervorragenden Grund, zu zweifeln.

Wäre, wie der ›Commercial‹ annahm, die *wahre* Mordstelle in der Nähe der Rue Pavée Sainte Andrée gewesen, so hätte es die Verbrecher, falls sie noch in Paris weilten, erschrecken müssen, die öffentliche Aufmerksamkeit so ganz auf den richtigen Weg gebracht zu sehen, und in bestimmten Seelen wäre sofort der Gedanke an die Notwendigkeit aufgestiegen, diese Aufmerksamkeit abzulenken. Und da das Dickicht an der Barrière du Roule schon in Verdacht gezogen war, mag man leicht darauf verfallen sein, die Dinge dahin zu legen, wo sie dann gefunden worden sind. Obgleich der ›Soleil‹ annimmt, die Sachen hätten wochenlang dagelegen, so ist doch kein wirklicher Beweis dafür vorhanden, dass es mehr als einige Tage waren; wohingegen es sehr wahrscheinlich ist, dass sie nicht die zwanzig Tage zwischen dem betreffenden Sonntag und dem Nachmittag, als die Knaben sie fanden, dagelegen haben konnten, ohne gesehen zu werden. ›Sie waren sämtlich vom Regen durchfeuchtet und modrig geworden und klebten zusammen vor Moder‹, sagt der ›Soleil‹. ›Das eine oder andere war hoch von Gras überwachsen. Die Seide des Sonnenschirms war kräftig, aber so verwittert und modrig, dass sie beim Öffnen des Schirms zerfiel.‹ Was nun das Gras anlangt, von dem sie ›überwachsen‹ waren, so wissen wir, dass man diese Tatsache nur den Worten und also dem Gedächtnis zweier kleiner Knaben entnahm; denn diese Knaben nahmen die Sachen fort und trugen sie heim, ehe sie noch von dritter Seite gesehen worden waren. Aber Gras wächst sehr rasch, und besonders bei warmem und feuchtem Wetter (wie es zur Mordzeit herrschte) kann es in einem einzigen Tag zwei bis drei Zoll wachsen. Ein Sonnenschirm, der auf einem kurzgeschorenen Rasen liegt, kann in einer einzigen Woche durch das aufschießende Gras den Blicken entzogen sein. Der Moder aber, von dem der ›Soleil‹ so überzeugt ist, dass er das Wort in dem kurzen Absatz nicht weniger als drei Mal gebraucht – weiß das Blatt wirklich nicht, was dieser Moder ist? Muss ihm gesagt werden, dass er zu einer jener zahlreichen Pilzarten gehört, deren Hauptmerkmal das Aufschießen und Vergehen innerhalb vierundzwanzig Stunden ist?

So sehen wir also mit einem Blick alles, was triumphierend zur Bekräftigung der Mutmaßung, dass die Sachen wenigstens drei oder vier Wochen dagelegen hätten, angeführt wurde, vollständig null und nichtig werden, sobald man den Tatsachen nachgeht. Andererseits ist es ungeheuer schwer zu glauben, dass die Sachen länger als eine Woche – länger als von einem Sonntag zum andern – dort gelegen haben sollten. Wer die Umgebung von Paris kennt, weiß, wie außerordentlich schwer es ist, dort *Einsamkeit* zu finden. So etwas wie ein unentdecktes oder auch nur selten besuchtes Plätzchen inmitten der Wälder und Haine ist überhaupt nicht anzunehmen. Lassen Sie irgendeinen Naturschwärmer, den die Pflicht an Staub und Hitze der Großstadt fesselt – lassen Sie ihn selbst wochentags versuchen, seinen Durst nach Einsamkeit in der lieblichen Natur, die uns so nahe umgibt, zu stillen – auf Schritt und Tritt wird er den Zauber durch die Stimme und das Erscheinen eines Vagabunden oder einer Rotte betrunkener Strolche gestört finden. Im dichtesten Buschwerk wird er vergeblich Alleinsein suchen. Hier eben sind die Orte, zu denen sich die schlechten Elemente hingezogen fühlen – hier sind die verrufenen Tempel. Mit Leid im Herzen wird der Wanderer ins sündige Paris zurückfliehen als zu dem weniger schlimmen, weil weniger naturwidrigen Pfuhl der Verderbnis. Wenn aber die Umgebung der Stadt an Werktagen so bevölkert ist, wie viel mehr an Feiertagen! Denn nun, befreit von den Forderungen der Arbeit oder der werktäglichen Gelegenheiten zum Verbrechen beraubt, sucht der Strolch die nahen Wälder auf – nicht aus Liebe zum Landleben, das er in seinem Herzen verachtet, sondern um beengenden Schranken zu entfliehen. Es verlangt ihn weniger nach frischer Luft und grünen Bäumen als nach der völligen Freiheit dort draußen. Hier, im Wirtshaus an der Landstraße oder unterm Blätterdach, gibt er sich, verborgen vor allen unliebsamen Blicken, in Gesellschaft seiner Genossen einer künstlich geschaffenen Heiterkeit hin – den vereinten Folgen der Ungebundenheit und des Branntweins. Ich sage nicht mehr, als was jedem objektiven Beobachter einleuchten muss, wenn ich wiederhole: Die Tatsache, dass die fraglichen Dinge länger als von einem Sonntag zum andern in irgendeinem Dickicht der nächsten Umgebung von Paris gelegen haben sollten, wäre mehr als ein Wunder.

Aber wir bedürfen keiner weiteren Gründe für die Vermutung, dass die Gegenstände in der Absicht im Dickicht niedergelegt wurden, die Aufmerksamkeit von der wahren Mordstätte abzulenken. Lassen Sie mich zuerst auf das *Datum* der Auffindung der Dinge hinweisen. Vergleichen Sie dasselbe mit jenem des fünften Auszugs, den ich aus den Zeitungen gemacht. Sie werden finden, dass die Entdeckung fast sofort nach den der Abendzeitung zugegangenen Hinweisen erfolgte. Diese Zuschriften, die aus verschiedenen Quellen stammen sollten, liefen alle in einen Punkt zusammen – in den Hinweis, dass eine Herumstreicherbande die Tat verübt und dass die Gegend der Barrière du Roule der Tatort sei. Nun ist der Verdacht hier natürlich nicht der, dass die Sachen als Folge dieser Mitteilungen oder der von ihnen beeinflussten öffentlichen Meinung von den Knaben gefunden worden seien; doch der Verdacht liegt nahe, dass die Sachen nicht *frü-*

her von den Knaben gefunden wurden, weil sie eben früher nicht in dem Dickicht gelegen haben, sondern erst am Tag der betreffenden Mitteilungen oder kurz vor diesem Tag von den Verfassern der Zuschriften selbst hingelegt worden waren.

Dieses Dickicht war von besonderer Art. Es war ungewöhnlich dicht. Hinter seinen grünen Wällen befanden sich drei seltsame Steine, *die eine Art Sitz mit Lehne und Fußbank bildeten.* Und dieses so anmutige Plätzchen lag in der nächsten Nähe – nur wenige Ruten entfernt – von der Behausung der Frau Deluc, deren Knaben die umliegenden Gebüsche nach der Rinde des Sassafras zu durchstöbern pflegten. Wäre es übereilt, eine Wette einzugehen, dass nie ein Tag verging, ohne dass wenigstens einer der Jungen auf dem natürlichen Thron in der schattigen Laube gesessen? Wer zögern würde, diese Wette anzunehmen, ist entweder selbst nie ein Junge gewesen, oder er hat die kindliche Natur vergessen. Ich wiederhole: Es ist kaum zu begreifen, dass die Sachen mehr als ein oder zwei Tage unentdeckt in jenem Dickicht gelegen haben sollten, und daher haben wir trotz der Unwissenheit des ›Soleil‹ allen Grund, anzunehmen, dass sie an einem verhältnismäßig späten Datum an der Fundstelle niedergelegt wurden.

Doch es gibt noch andere und triftigere Gründe für diese Annahme, als ich bisher vorgebracht habe. Lassen Sie mich auf die so überaus auffällige Anordnung der Gegenstände hinweisen. Auf dem *oberen* Stein lag ein weißer Unterrock; auf dem zweiten eine seidene Schärpe; rundum verstreut lagen ein Sonnenschirm, Handschuhe und ein Taschentuch mit dem Namen ›Marie Rogêt‹. Hier haben wir so recht eine Anordnung, wie sie einer vorgenommen haben würde, der den Anschein erwecken wollte, dass die Sachen seit dem Mord da gelegen hätten. Mir schiene es natürlicher, wenn die Sachen alle am Boden gelegen und zertrampelt gewesen wären. Bei dem engen Raum in jenem Buschwerk wäre es kaum möglich gewesen, dass Unterrock und Schärpe während des Hin und Her mehrerer miteinander ringender Menschen auf den Steinen liegen geblieben wären. ›Alle Anzeichen‹, so heißt es, ›deuteten auf einen stattgehabten Kampf, die Erde war zerstampft, die Zweige waren geknickt‹ – aber Unterrock und Schärpe werden gefunden, als hätten sie weit aus dem Bereich des Kampfes gelegen. ›Die an den Büschen hängenden Kleiderfetzen hatten eine Größe von drei zu sechs Zoll. Ein Fetzen war der Saum des Kleides und war geflickt; ein anderer war ein Stück vom Unterrock, aber nicht der Saum. Sie *glichen* abgerissenen Streifen.‹ Hier hat der ›Soleil‹ unbeabsichtigt eine sehr verdächtige Wendung gebraucht. Die beschriebenen Stücke gleichen in der Tat abgerissenen Streifen – aber absichtlich und mit der Hand abgerissenen. Es ist einer der seltensten Zufälle, dass von irgendeinem der genannten Kleidungsstücke ein Fetzen durch einen *Dorn* herausgerissen wird. Bei der Art solcher Stoffe aber wird ein Dorn oder Nagel, der sich in sie verfängt, sie rechtwinklig auseinanderreißen – in zwei längliche Risse, die da, wo der Dorn eingedrungen, zusammentreffen – aber es ist kaum je möglich, das Stück ›herausgerissen‹ zu sehen. Weder Sie noch ich haben das je erlebt. Um aus solchen Stoffen ein Stück *heraus*zureißen, bedarf es wohl immer zweier verschiedener Kräfte, die in zwei verschiedenen Richtungen tätig sind. Wenn der Stoff zwei Enden hat – wenn es zum Beispiel ein Taschentuch wäre, von dem man einen Fetzen abzureißen wünschte –, dann und nur dann würde die eine Kraft genügen. Doch im vorliegenden Fall handelt es sich um ein Kleid, das nur einen Rand hat. Nur ein Wunder konnte bewirken, dass Dornen aus den inneren Stoffteilen, wo kein Rand sich bietet, einen Fetzen herauszureißen imstande wären – und ein *einzelner* Dorn würde es nie fertigbringen. Doch selbst wo ein Rand vorhanden ist, bedarf es zweier Dornen, von denen der eine in zwei verschiedenen und der andere in einer Richtung arbeitet – und das unter der Voraussetzung, dass der Rand ungesäumt ist. Ist ein Saum vorhanden, so ist es beinahe ein Unding. Wir sehen also die zahlreichen und großen Hindernisse, die dem ›Herausreißen‹ von Fetzen durch ›Dornen‹ im Weg stehen; dennoch sollen wir glauben, dass nicht nur ein Stück, sondern viele so herausgerissen wurden. Und eins der Stücke war noch dazu der Saum! Ein anderes war aus dem Unterrock, nicht der Saum – war also aus dem inneren Stoffteil mittels Dornen vollständig herausgerissen! Dies, sage ich, sind Dinge, denen mit Unglauben zu begegnen verzeihlich ist. Dennoch bilden sie zusammengenommen vielleicht weniger Gründe zum Argwohn als der eine verblüffende Umstand, dass die Dinge von Mördern, die vorsichtig genug waren, die Leiche fortzuschaffen, in diesem Dickicht zurückgelassen sein sollten. Sie hätten mich aber falsch verstanden, wenn Sie meinen, ich beabsichtigte, nachzuweisen, dass das Dickicht als Tatort nicht in Frage komme. Das Unrecht mag *hier* oder wahrscheinlicher bei Frau Deluc geschehen sein. Doch das ist im Grunde ein nebensächlicher Punkt. Wir machen nicht den Versuch, den Tatort zu entdecken, sondern die Täter. Was ich anführte, geschah, ungeachtet der peinlichen Sorgfalt, mit der es geschah, erstens, um die Albernheit der positiven und überstürzten Behauptungen des ›Soleil‹ nachzuweisen; zweitens aber und hauptsächlich, um auf allernatürlichstem Wege Zweifel in Ihnen zu wecken, dass dieser Mord das Werk einer Bande von Strolchen gewesen ist.

Wir wollen diese Frage beantworten, indem wir uns der empörenden Einzelheiten erinnern, die der mit der Untersuchung betraute Wundarzt feststellte. Es braucht nur gesagt zu werden, dass seine veröffentlichten Schlussfolgerungen hinsichtlich der Zahl der Strolche als ungerechtfertigt und unbegründet ehrlich verlacht worden sind – und zwar von den angesehensten Anatomen von Paris. Nicht, dass die Sache nicht so gewesen sein dürfte, wie er gefolgert, sondern dass überhaupt kein Grund vorhanden war, so zu folgern – war das nicht Grund genug zu einer anderen Vermutung?

Prüfen wir nun die ›Spuren eines Kampfes‹ und lassen Sie mich fragen, was diese Spuren beweisen sollten. Eine Bande Strolche! Aber beweisen sie nicht gerade das Gegenteil? Welch ein *Kampf* konnte stattgefunden haben – ein Kampf, so heftig und langdauernd, dass er nach allen Seiten Spuren hinterließ – zwischen einem schwachen und wehrlosen Mädchen und einer Bande Strolche? Ein paar kräftige Arme zum Zupacken – und alles wäre erledigt gewesen! Das Opfer wäre ihrem Willen vollständig unterworfen gewesen. Sie müssen im Auge behalten, dass die gegen das Dickicht als Tatort vorgebrachten Argumente nur dann stichhaltig sind, wenn es sich um *mehr als einen* Täter handeln sollte. Wenn wir nur einen Mörder annehmen, so können wir begreifen, dass ein Kampf stattgefunden hat, heftig genug, um sichtbare Spuren zu hinterlassen.

Und noch einmal! Ich erwähnte schon, dass diese Vermutung vor allem durch die Tatsache erweckt wird, dass die fraglichen Gegenstände im Dickicht belassen wurden. Es scheint geradezu ausgeschlossen, dass diese Schuldbeweise zufällig am Fundort liegengeblieben seien. Es war (so scheint es) Geistesgegenwart genug vorhanden, die Leiche fortzuschaffen; und da sollte man einen weit überzeugenderen Beweis als die Leiche selbst (deren Züge infolge der Verwesung schnell unkenntlich geworden wären) offen am Mordplatz liegenlassen? Ich meine das Taschentuch der Verstorbenen. Wenn das ein Zufall war, so konnte dieser Zufall unmöglich bei einer ganzen Bande von Mordbuben vorgekommen sein. Wir können ein solches Versehen nur einem einzelnen zutrauen. Lassen Sie sehen! Ein einzelner hat den Mord begangen. Er ist allein mit dem Geist der Abgeschiedenen. Er ist entsetzt über den regungslosen Körper da vor ihm. Die Raserei der Leidenschaft ist vorbei, und sein Herz hat Raum genug für die natürliche Folge der Tat – für das Entsetzen. Ihm fehlt die Zuversicht, die die Gegenwart anderer dem einzelnen verleiht. Er ist *allein* mit der Toten. Er zittert und ist fassungslos. Dennoch ist es nötig, sich der Leiche zu entledigen. Er trägt sie zum Fluss, lässt aber die anderen Schuldbeweise hinter sich; denn es ist schwer, wenn nicht unmöglich, die ganze Last auf einmal zu tragen, und es wird leicht sein, wiederzukommen und das Zurückgelassene zu holen. Doch während seiner mühsamen Wanderung zum Wasser verdoppeln sich seine Ängste. Nachtgeräusche umtönen seinen Weg. Ein Dutzend Mal hört er den Schritt eines Spähers – glaubt ihn zu hören. Selbst die Lichter der Stadt erschrecken ihn. Endlich aber und nach langen und häufigen Pausen halber Ohnmacht erreicht er das Ufer des Flusses und entledigt sich seiner gespenstischen Last – vielleicht mit Hilfe eines Bootes. Doch *nun* – welchen Schatz böte die Welt – welche Rachedrohung könnte sie haben, die Macht hätte, den einsamen Mörder zu bewegen, jenen qualvollen und gefährlichen Pfad nach dem Dickicht und seinen grausenhaften Gegenständen zurückzukehren? Er geht *nicht* zurück, mögen die Folgen sein, welche sie wollen. Sein einziger Gedanke ist sofortige Flucht. Er wendet jenem furchtbaren Buschwerk *für immer* den Rücken und enteilt wie von Furien gejagt.

Doch wie nun eine ganze Bande? Ihre Zahl würde sie mit Zuversicht erfüllt haben, wenn überhaupt je in der Brust des Strolches an Zuversicht Mangel wäre. Ihre Zahl, sage ich, würde den verwirrenden und lähmenden Schrecken, der den einzelnen befallen, gar nicht haben aufkommen lassen. Könnten wir uns bei einem oder zweien oder dreien ein zufälliges Versehen denken – ein vierter würde es wiedergutgemacht haben! Sie würden nichts hinter sich gelassen haben; denn ihre Zahl hätte es ihnen ermöglicht, *alles* auf einmal zu tragen. Sie hätten nicht nötig gehabt, *zurückzukehren.*

Bedenken Sie ferner den Umstand, dass ›aus dem Oberkleid ein Streifen von etwa einem Fuß Breite vom unteren Saum bis zur Taille auf-, aber nicht abgerissen war. Er war drei Mal um die Hüften geschlungen und im Rücken zu einer Art Henkel verknotet.‹ Dies war in der offenbaren Absicht geschehen, einen *Handgriff* zu schaffen, an dem die Leiche sich tragen ließe. Doch würden *mehrere* Männer auf den Einfall gekommen sein, sich solch ein Hilfsmittel zu schaffen? Dreien oder vieren hätten die Arme und Beine der Leiche nicht nur einen genügenden, sondern den allerbesten Halt geboten. Der Einfall kann nur einem einzelnen gekommen sein, und dies führt uns auf die Erscheinung, dass ›zwischen Dickicht und Fluss die Hecken umgebrochen waren und der Boden zeigte, dass hier eine schwere Last entlanggeschleppt worden war.‹ Aber würden *mehrere* Männer sich die überflüssige Mühe gemacht haben, eine Hecke umzubrechen, um eine Leiche hindurchzuzerren, die sie mit Leichtigkeit über jede Hecke hätten hinüberheben können? Würden *mehrere* Männer eine Leiche überhaupt so *geschleift* haben, dass davon deutlich sichtbare Beweise zurückblieben?

Und hier müssen wir uns einer Bemerkung des ›Commercial‹ zuwenden, über die ich bereits teilweise mein Urteil abgegeben. ›Aus dem Unterrock der Unglücklichen‹, heißt es da, ›war ein zwei Fuß langes und ein Fuß breites Stück herausgerissen und ihr um Kopf und Kinn gebunden, vermutlich um sie am Schreien zu verhindern. Das müssen Leute getan haben, die nicht im Besitz von Taschentüchern waren.‹

Ich sprach schon vorhin die Vermutung aus, dass ein echter Herumtreiber *nie ohne* Taschentuch sei. Doch nicht auf diese Tatsache will ich jetzt besonders hinweisen. Dass es nicht der Mangel eines Taschentuchs war, weshalb das Band geknüpft wurde, ist durch das im Dickicht gelassene Taschentuch ersichtlich; und dass das Band auch nicht geknüpft worden, ›um sie am Schreien zu verhindern‹, zeigt sich auch eben daran, dass es dem dazu so viel besser geeigneten Taschentuch vorgezogen worden. Aber die Beweisaufnahme sagt von jenem Streifen: ›Er lag lose um den Hals und war mit festem Knoten geschlossen.‹ Diese Worte sind unklar genug, weichen aber von denen des ›Commercial‹ einigermaßen ab. Der Streifen war achtzehn Zoll breit und musste darum, obgleich von Musselin, der Länge nach zusammengefaltet, eine kräftige Fessel bilden. Und so gefaltet wurde er gefunden.

Meine Folgerung ist so: Nachdem der einsame Mörder die Leiche eine Strecke lang an dem um die Taille angebrachten Henkelband getragen hatte (sei es nun vom Dickicht oder von sonstwo her), schien ihm der Transport der Last auf diese Weise zu schwer. Er beschloss, sie zu schleifen – die Beweise zeigen, dass er das *getan hat.* Da er also diese Absicht hatte, war es notwendig, so etwas wie einen Strick an einem der Gliedmaßen zu befestigen. Am besten ließ sich dergleichen am Hals anbringen, wo der Kopf ein Abrutschen verhindern würde. Und nun fiel dem Mörder ohne Frage das Band um die Hüften ein. Er würde dieses genommen haben, wäre es nicht so fest um den Leib geschlungen gewesen, auch war der Henkel daran hinderlich und ferner die Tatsache, dass dieser Streifen ja nicht ›abgerissen‹ war, sondern noch im Kleid festsaß. Es war einfacher, einen neuen Streifen aus dem Unterrock zu reißen. Das tat er, befestigte ihn um den Hals und schleifte so sein Opfer zum Flussufer. Dass diese Schlinge, die nur mit Mühe und Zeitverlust zu erlangen gewesen und wenig zweckentsprechend war – dass diese Schlinge *überhaupt* gebraucht wurde, beweist, dass die Umstände, die ihre Anwendung notwendig machten, erst eintraten, als das Taschentuch nicht mehr erreichbar war, das heißt, eintraten, nachdem das Dickicht (falls es das Dickicht war) bereits verlassen worden – also auf dem Weg zwischen Dickicht und Fluss.

Aber, werden Sie sagen, das Zeugnis Frau Delucs weist ausdrücklich auf die Anwesenheit einer Bande von Strolchen in der Gegend des Dickichts und zur ungefähren Mordzeit hin. Das gebe ich zu. Es soll mich wundern, wenn nicht in der Gegend der Barrière du Roule und zu jener Zeit ein Dutzend Banden, wie Frau Deluc sie beschrieben, sich herumgetrieben haben sollten. Aber die Bande, die sich die Ungnade Frau Delucs zugezogen, ist laut der verspäteten und zweifelhaften Aussage der alten Dame die *einzige*, die ihren Kuchen gegessen und ihren Schnaps getrunken, ohne dafür zu bezahlen. Et hinc illae irae!

Doch was besagt die bestimmte Aussage der Frau Deluc? Eine Bande übler Subjekte erschien bei ihr, benahm sich frech, aß und trank, ohne zu zahlen, ging in der Richtung davon, die vorher das Pärchen eingeschlagen, kam *zur Dämmerzeit* zurück und setzte in großer Eile über den Fluss.

Nun erschien dieser Rückzug Frau Deluc sicher *eiliger*, als er in Wirklichkeit war, eilig, weil sie noch immer auf Bezahlung gehofft hatte. Nie hätte sie sonst etwas an der Eile der Leute finden können, da es doch *zur Dämmerzeit* war? Es ist doch wahrlich nichts Verwunderliches, dass selbst Herumtreiber Eile haben, heimzukommen, wenn ein breiter Fluss in kleinen Booten überquert werden muss, wenn ein Sturm heraufzieht und wenn die Nacht naht.

Ich sage *naht*; denn *noch* war sie *nicht* da. Es war erst *Dämmerzeit*, als die unhöfliche Eile der ›Bösewichter‹ die gute Frau Deluc beleidigte. Aber uns wurde gesagt, dass Frau Deluc und ihr ältester Sohn an *demselben* Abend ›in der Nähe des Gasthofs eine Frauenstimme schreien hörten‹. Und mit welchen Worten bezeichnet Frau Deluc die Abendzeit, zu der diese Schreie vernommen worden? Es war ›*bald nach Dunkelwerden*‹, sagte sie. Aber *bald nach Dunkelwerden* ist zum mindesten dunkel und ›*zur Dämmerzeit*‹ ist bestimmt noch bei Tageslicht. Es ist also vollkommen klar, dass die Bande die Barrière du Roule verlassen hatte, *ehe* Frau Deluc jene Schreie vernahm. Und obgleich bei den zahlreichen Wiedergaben der Zeugenberichte die von den Zeugen gebrauchten Ausdrücke deutlich und unverändert angewendet wurden, genau wie ich sie in diesem Gespräch mit Ihnen angewendet habe, ist doch weder von den öffentlichen Blättern noch von der Polizei der Unterschied in den beiden Ausdrücken der Zeugin festgestellt worden.

Ich will den *gegen* eine größere Bande angeführten Gründen nur noch einen hinzufügen, dieser *eine* aber fällt, wenigstens für meine Begriffe, entscheidend ins Gewicht. Unter den vorliegenden Umständen einer ungeheuer großen Belohnung und völliger Straffreiheit kann keinen Moment angenommen werden, dass ein Mitglied einer *Bande* gemeiner Strolche oder irgendwelcher Kerle überhaupt seine Schuldgenossen nicht verraten haben sollte. Jeder einzelne solch einer Bande ist weniger auf die Belohnung oder die Straffreiheit versessen als ängstlich, verraten zu werden. Er verrät schnell und ohne Besinnen, damit er selbst nicht verraten werde. Dass das Geheimnis nicht aufgedeckt worden, ist der allerbeste Beweis dafür, dass es eben wirklich ein Geheimnis ist. Die Schrecken dieser dunklen Tat sind außer Gott nur *einem* oder zwei lebenden Wesen bekannt.

Lassen Sie uns nun die mageren, doch einwandfreien Früchte unserer langen Analyse zusammenzählen. Wir sind dahin gekommen, entweder einen tödlichen Unfall unter dem Dach der Frau Deluc oder einen im Dickicht an der Barrière du Roule begangenen Mord anzunehmen – einen Mord, den ein Liebhaber oder wenigstens ein intimer und geheimer Freund der Verstorbenen begangen. Dieser Freund ist von dunkler Hautfarbe. Diese Farbe, der ›Henkel‹ am Tragband und der ›Seemanns-Knoten‹, mit dem die Hutbänder zusammengebunden waren, deuten auf einen Seemann. Sein Verhältnis zu der Verstorbenen, einem verwegenen, aber nicht verworfenen Mädchen, kennzeichnete ihn als über den gemeinen Matrosen stehend. Hierin bestärken uns die gut und überzeugend geschriebenen Mitteilungen, die den Zeitungen zugegangen sind. Der Umstand jener ersten Entführung legt den Gedanken nahe, diesen Seemann mit jenem vom ›Mercure‹ erwähnten ›Marine-Offizier‹, der damals das Mädchen zu unrechtem Tun verleitet, zu identifizieren.

Und hierher passt nun sehr gut die auffallende Tatsache, dass jener Mann mit der dunklen Gesichtsfarbe bisher nicht wieder aufgetaucht ist. Ich möchte nochmals bemerken, dass er von dunkler Gesichtsfarbe ist – sie muss schon außergewöhnlich dunkel sein, da sie das *einzige* Merkmal bildet, das sowohl Valence als Frau Deluc für den Betreffenden anzugeben wissen. Aber warum ist dieser Mann abwesend? Wurde er von der Bande gemordet? Und wenn, wieso waren nur Spuren des *Mädchens* zu finden? Der Tatort für beide Morde muss natürlich als ein und derselbe angenommen werden. Und wo ist seine Leiche? Die Mörder hätten sich doch wahrscheinlich beider Leichen in gleicher Weise entledigt. Man könnte aber sagen, der Mann lebt und meldet sich nicht, aus Angst, dass ihm der Mord zur Last gelegt werde. Diese Betrachtung könnte ihm jetzt – zu so später Zeit – gekommen sein, nachdem ausgesagt worden, dass man ihn mit Marie gesehen hat, sie hätte aber zur Zeit der Tat keine Bedeutung gehabt. Der erste Impuls eines Unschuldigen hätte doch sein müssen, die Untat anzuzeigen und zur Feststellung der Mordbuben mitzuwirken. Diese Klugheit hätte ihn gerettet. Er war mit dem Mädchen gesehen worden. Er hatte mit ihr in einem öffentlichen Fährboot den Fluss gekreuzt. Die Denunzierung der Mörder hätte selbst einem Idioten als sicherstes und einziges Mittel erscheinen müssen, sich selbst vom Verdacht zu reinigen. Wir können nicht annehmen, dass er an den Ereignissen jener Sonntagnacht erstens unschuldig sei und zweitens auch von der Gräueltat nichts wisse. Dennoch ist nur unter solchen Umständen die Tatsache zu erklären, dass er – falls er am Leben – die Denunzierung der Mörder unterließ.

Und welche Mittel besitzen wir, die Wahrheit zu ergründen? Wir werden sehen, wie diese Mittel während unseres Fortschreitens sich multiplizieren und klarere Gestalt annehmen. Wir müssen die Geschichte der ersten Entführung bis zu Ende verfolgen, müssen das ganze Leben und Treiben des ›Offiziers‹, seine gegenwärtige Tätigkeit, sein Tun und Lassen zur Zeit des Mordes in Erfahrung bringen. Wir müssen die der ›Abendzeitung‹ zugegangenen Zuschriften, sowohl Stil wie Handschrift, sorgfältig miteinander und mit den schon früher der ›Morgenzeitung‹ zugegangenen vergleichen, die so heftig darauf bestanden, dass Mennais der Schuldige sei. Und all dies getan, müssen wir diese sämtlichen Schreiben mit der wohlbekannten Handschrift jenes Offiziers vergleichen. Wir müssen versuchen, aus Frau Deluc und ihren Knaben sowie dem Omnibuskutscher Valence etwas mehr über die äußere Erscheinung und das Benehmen des ›Mannes mit der dunklen Gesichtsfarbe‹ herauszubekommen. Es muss klug gestellten Fragen gelingen, von diesem oder jenem Informationen über diesen speziellen Punkt oder auch über andere zu erhalten – Informationen, von denen die Leute selbst nicht einmal wissen mögen, dass sie sie besitzen.

Doch wenden wir uns nun dem Boot zu, das der Bootsknecht am Montagmorgen, am 23. Juni, aufgriff und das, ohne dass die wachhabenden Beamten etwas bemerkten und ohne Steuerruder kurz vor Auffindung der Leiche vom Zollgebäude wieder verschwunden war. Mit genügender Um- und Vorsicht müssen wir unfehlbar das Boot ausfindig machen; denn nicht nur, dass der Bootsmann, der es aufgriff, es identifizieren kann – wir haben auch das Steuerruder als Beweis. Einer mit einem ruhigen Gewissen hätte wohl kaum das Steuerruder eines Segelbootes so ohne Weiteres im Stich gelassen. Und hier lassen Sie mich eine Frage aufwerfen. Über die Auffindung des Bootes wurde nichts bekanntgegeben; es wurde stillschweigend am Zollgebäude angekettet und ebenso heimlich wieder fortgeholt. Wie aber *konnte* sein Besitzer, ohne Mitteilung erhalten zu haben, schon am Dienstagmorgen wissen, wo am Montag das Boot aufgegriffen worden war, wenn wir nicht annehmen, dass der Betreffende mit der Seine-Schifffahrt Bescheid wusste, dass dauernde persönliche Beziehungen ihm hier die Kenntnis aller lokalen Geschehnisse sofort verschafften?

Als ich davon sprach, wie der einsame Mörder seine Last zum Ufer schleifte, erwähnte ich schon die Möglichkeit, dass er sich ein Boot verschafft habe. Das ist sehr wahrscheinlich der Fall gewesen. Die Leiche durfte den seichten Wassern am Ufer nicht anvertraut werden. Die eigentümlichen Wunden auf Rücken und Schultern des Opfers stammen von den Bodenrippen eines Bootes. Dass die Leiche ohne Belastung gefunden wurde, trägt zu meiner Ansicht bei. Wäre sie vom Ufer aus ins Wasser geworfen worden, so wäre eine Belastung gewiss nicht unterblieben. Wir können uns das Fehlen einer solchen nur so erklären, dass der Mörder es versäumt hatte, sich, ehe er vom Ufer abstieß, mit Ballast zu versehen. Als er die Leiche dem Wasser übergab, wird er zweifellos das Versäumnis bemerkt haben; doch da war nichts mehr zur Hand. Man wollte lieber die Gefahr auf sich nehmen, als noch einmal ans fluchbeladene Ufer zurückkehren. Als er sich seiner unheimlichen Last entledigt hatte, trieb es den Mörder zur Stadt zurück. An dunkler, geeigneter Stelle sprang er ans Land. Aber das Boot – würde er es festgelegt haben? Er wird es zu eilig gehabt haben, um sich um so etwas zu kümmern. Und außerdem, hätte er es am Landungsplatz verankert, so hätte er damit selbst Zeugnis gegen sich abgelegt. Sein natürlicher Gedanke musste sein, so weit wie möglich alles von sich zu werfen, was zu seinem Verbrechen in Beziehung stand. Er wird nicht nur eilends vom Landungsplatz entflohen sein, sondern auch das Boot nicht dort zurückgelassen haben; er wird es in den Fluss zurückgestoßen haben. – Weiter. Am Morgen wird der Schurke von unaussprechlichem Entsetzen erfasst, als er das Boot an einem Ort angekettet findet, den er täglich aufzusuchen pflegt – den aufzusuchen vielleicht zu seiner Pflicht gehört. In der folgenden Nacht bringt er das Boot fort – ohne es gewagt zu haben, das Steuerruder einzufordern. Wo ist nun dieses steuerlose Boot? Es wird eine unserer ersten Aufgaben sein, das ausfindig zu machen. Sowie wir eine Spur davon entdecken, beginnt unser Erfolg zu tagen. Dies Boot wird uns mit einer Schnelligkeit, über die sogar wir selbst erstaunen werden, zu ihm führen, der es in jener unheilvollen Sonntagnacht benutzte. Klarer und klarer wird eins sich aus dem anderen ergeben, und der Mörder wird gefunden sein.« –

(Aus Gründen, auf die wir nicht näher eingehen wollen, die aber vielen Lesern klar sein werden, haben wir uns die Freiheit genommen, aus dem in unsere Hände gelegten Manuskript hier das fortzulassen, was sich auf die Verfolgung des von Dupin gegebenen Fingerzeigs bezieht. Wir halten es für ratsam, nur kurz zu erwähnen, dass der erwünschte Erfolg erzielt wurde und dass der Präfekt, wenn auch widerwillig, den Bedingungen seines mit dem Chevalier geschlossenen Vertrages nachkam. Herrn Poes Erzählung schließt mit den hier folgenden Bemerkungen. – Die Redaktion*.)

Man wird verstehen, dass ich von seltsamem *Zusammentreffen* spreche und von *nichts weiter*. Was ich oben über diesen Gegenstand gesagt, muss genügen. In meinem eigenen Herzen lebt kein Glaube an Übernatürliches. Dass Natur und Gott zweierlei ist, wird kein denkender Mensch verneinen. Dass letzterer, der die erstere geschaffen hat, diese nach Wunsch meistern und ändern kann, steht ebenfalls außer Frage. Ich sage »nach Wunsch«, denn es handelt sich hier um den Wunsch

* Der Zeitschrift, in der die Erzählung ursprünglich veröffentlicht wurde.

und nicht, wie eine unsinnige Logik meinte, um die Macht. Nicht dass die Gottheit ihre Gesetze nicht ändern *könnte*, sondern wir beleidigen sie, indem wir die Notwendigkeit einer Änderung überhaupt voraussetzen. Von vornherein sind ihre Gesetze so beschaffen, dass sie alle Möglichkeiten, die je im Schoß der Zukunft ruhen konnten, umfassen. Bei Gott ist alles *Jetzt*.

Ich wiederhole also, dass ich jene Dinge nur als Zusammentreffen erwähne. Und ferner: Man wird aus meinem Bericht ersehen, dass zwischen dem Schicksal der unseligen Mary Cecilia Rogers, soweit man dieses Schicksal kennt, und dem einer gewissen Marie Rogêt bis zu einem bestimmten Punkt eine Parallele besteht, deren wundersame Genauigkeit die Vernunft verwirren könnte. Ich sage, alles dies wird man sehen. Möge man aber auch nicht einen Augenblick annehmen, dass es meine versteckte Absicht gewesen sei, im weiteren Verlauf dieser Geschichte und in der Wiedergabe der Aufdeckung ihres Geheimnisses diese Parallele zu verlängern oder etwa anzudeuten, dass die in Paris zur Entdeckung des Mörders einer Grisette angewandten Maßnahmen nun in einem ähnlichen Fall unbedingt ein ähnliches Resultat zeitigen würden.

Denn hinsichtlich dieser letzteren Annahme sollte man bedenken, dass die unbedeutendste Abweichung in den Einzelheiten der beiden Fälle zu den bedeutsamsten Fehlschlüssen führen könnte, da sie den Lauf der beiden Geschehnisse ganz voneinandertreiben würde, gleichwie in der Arithmetik ein an sich unwesentlicher Fehler schließlich durch die Macht der Multiplikation an allen Enden ein Resultat zeitigt, das von der Richtigkeit ungeheuer abweicht. Und was die erstere Annahme anlangt, so müssen wir im Auge behalten, dass gerade die Wahrscheinlichkeitsrechnung, auf die ich hingewiesen, jeden Gedanken an die weitere

Ausdehnung der Parallele verbietet – verbietet mit einer Positivität, die umso strenger ist, als diese Parallele bereits lang und genau verlaufen ist. Dies ist einer jener sonderbaren Sätze, die scheinbar einer höchst unmathematischen Denkweise entspringen, auf die aber gerade nur der Mathematiker einzugehen weiß. Nichts zum Beispiel ist schwerer, als den Durchschnittsleser zu überzeugen, dass man beim Würfelspiel, nachdem einer zwei Mal hintereinander die Sechs geworfen hat, die höchste Wette darauf eingehen kann, dass derselbe Spieler die Sechs nicht zum dritten Mal werfen wird. Der Verstand kann im Allgemeinen einen Grund dafür nicht einsehen. Es scheint unmöglich, dass die beiden erledigten Würfe, die schon ganz der Vergangenheit angehören, auf den Wurf Einfluss haben könnten, der noch in der Zukunft liegt. Die Aussichten auf einen Wurf der Sechs scheinen genau dieselben zu sein, wie sie jederzeit gewesen – das heißt, abhängig nur von den verschiedenen anderen Würfen, die mit dem Würfel gemacht werden können. Und dies ist eine Betrachtung, die so einleuchtend ist, dass Versuche, sie zu widerlegen, weit öfter einem spöttischen Lächeln als achtungsvoller Aufmerksamkeit begegnen. Den hierin enthaltenen Irrtum – ein großer, unheilvoller Irrtum – darzulegen, kann ich innerhalb der mir hier gezogenen Grenzen nicht versuchen, und dem philosophisch Denkenden braucht er nicht dargetan zu werden. Es mag genügen, hier zu sagen, dass er ein Glied einer endlosen Kette von Irrtümern ist, die auf dem Wege der Vernunft entstehen, weil diese den Trieb hat, im Kleinen der Wahrheit nachzuspüren.

Wassergrube und Pendel

Impia tortorum longas hic turba furores
Sanguinis innocui, non satiata, aluit.
Sospite nunc patria, fracto nunc funeris antro,
Mors ubi dira fuit, vita salusque patent.

Inschrift für ein Markttor,
das für den Platz des
Jakobiner-Hauses in Paris
bestimmt war

Ich war krank – erschöpft und todkrank infolge der langen Todesangst –, und als man mir die Fesseln löste und mir erlaubte niederzusitzen, fühlte ich, dass mir die Sinne schwanden. Das Urteil, das entsetzliche Todesurteil war der letzte Ausspruch, den meine Ohren deutlich vernahmen. Hiernach schmolzen die Stimmen der Richter in ein traumhaftes, ununterbrochenes Summen zusammen, das in meiner Seele die Vorstellung eines Kreislaufs erweckte – vielleicht weil es an das Sausen eines Mühlrades erinnerte. Das dauerte nur kurze Zeit, denn bald hörte ich nichts mehr. Doch *sah* ich noch eine Zeit lang – aber in welch seltsamer, schrecklicher Verzerrtheit erschien mir alles! Ich sah die Lippen der schwarzgekleideten Richter. Sie erschienen mir weiß – weißer als das Blatt, auf das ich diese Worte schreibe – und dünn bis zur Groteske; dünn und grausam fest geschlossen, dünn in unbeweglicher Härte, in strenger Verachtung aller Menschenleiden. Ich sah, dass Aussprüche, die mein Schicksal bedeuteten, noch immer über diese Lippen kamen, sah, wie sie sich im Sprechen des Todesurteils verzerrten. Ich sah sie die Silben meines Namens bilden, und ich schauderte, weil kein Laut zu hören war. Ich sah auch für ein paar Augenblicke wahnsinnigen Schreckens das leise, kaum wahrnehmbare Schwanken der schwarzen Stoffe, mit denen die Wände des Gemachs bekleidet waren; und dann fiel mein Blick auf die sieben hohen Kerzen auf dem Tisch. Zuerst blickten sie mitleidig drein und glichen schlanken weißen Engeln, die mich retten würden. Doch dann – ganz plötzlich – wurde mein Geist todmüde, jeder Nerv in mir erbebte, als hätte ich den Draht einer galvanischen Batterie berührt; die Engelsgestalten wurden gleichgültige Gespenster, deren Kopf eine Flamme war, und ich sah, dass von ihnen keine Hilfe kommen konnte. Und dann stahl sich in meine Seele gleich einem vollen, tröstenden Akkord der Gedanke, wie köstlich die Ruhe im Grab sein müsse. Der Gedanke kam sanft und verstohlen, und es dauerte lange, bis er in voller Klarheit vor mir stand; doch gerade als mein Geist ihn ganz begriff, ihn gleichsam innig fühlte, verschwanden wie durch Zauberschlag die Richter vor meinen Blicken; die hohen Kerzen versanken ins Nichts, ihre Flammen loschen aus; schwarze Finsternis siegte; alle Empfindungen gingen unter in einem tollen, rasenden Sturz – als falle die Seele in den Hades. Dann war meine Welt nur Schweigen und Stille und Nacht.

Ich lag in Ohnmacht, doch kann ich nicht sagen, dass mein Bewusstsein geschwunden war. Wieviel davon noch blieb, versuche ich nicht zu enträtseln oder zu beschreiben; doch war nicht alles geschwunden. Im tiefsten Schlummer – nein! im Delirium – nein! in Ohnmacht und Betäubung – nein! im Tode – nein! selbst im Grab ist nicht alles *Bewusstsein* geschwunden. Sonst gäbe es keine Unsterblichkeit. Aus dem tiefsten

Schlummer erwachend, zerreißen wir das Spinngewebe eines Traums; aber eine Sekunde später – so zart ist das Gewebe oft – wissen wir schon nicht mehr, dass wir geträumt. Bei dem Erwachen aus einer Ohnmacht gibt es zwei Stadien: zuerst das Gefühl geistigen oder seelischen – dann das Bewusstsein körperlichen Daseins. Es ist wahrscheinlich, dass wir, falls es uns gelänge, im zweiten Zustand die Eindrücke des ersten zurückzurufen, diese Eindrücke voll fänden von Erinnerungen aus dem Abgrund des Jenseits. Und dieser Abgrund ist – was? Wie sollen wir seine Schatten von denen des Grabes unterscheiden? Wenn nun aber die Eindrücke dessen, was ich den ersten Zustand nannte, nicht willkürlich hervorgerufen werden können, kommen sie nicht – nach langer Pause oft – ungerufen und uns befremdend? Wer nie in Ohnmacht lag, der gehört nicht zu denen, die oft in der Kohlenglut seltsame Paläste und merkwürdig bekannte Gesichter erschauen; gehört nicht zu denen, die in der Luft düstere Visionen erblicken, die der Menge verborgen bleiben; gehört nicht zu denen, die über den Duft einer neuen Blume tiefsinnig grübeln; gehört nicht zu denen, deren Hirn sich nach dem geheimnisvollen Sinn irgendeiner musikalischen Strophe abmüht, die nie vorher ihre Aufmerksamkeit erregte.

Bei meinen häufigen bewussten Anstrengungen, mich zu erinnern, bei meinen gewaltsamen Mühen, irgendein Merkmal aus dem Zustand scheinbaren Nichtseins, in den meine Seele entglitten, ins klare Bewusstsein herüberzuretten, gab es Augenblicke, in denen ich ein Gelingen träumte; es gab kurze, sehr kurze Momente, in denen ich Erinnerungen heraufbeschwor, die mir in der hellen Vernunft späteren völligen Wachseins als unbedingt jenem Zustand scheinbarer Bewusstlosigkeit entstammend erschienen. Diese Schatten eines Erinnerns reden undeutlich von hohen Gestalten, die mich aufhoben und schweigend abwärts trugen, hinab – hinab – und tiefer hinab, bis ein furchtbares Schwindelgefühl mich erfasste bei dem bloßen Gedanken der Unendlichkeit des Niedergleitens. Sie reden auch von dumpfem Schreckgefühl im Herzen, weil dieses Herz so unnatürlich still war. Dann kommt ein Empfinden völliger Unbewegtheit aller Dinge, als ob die, die mich trugen – ein gespenstischer Zug – in ihrem Abwärtsdringen die Grenzen des Grenzenlosen überschritten hätten und nun ausruhten von der Mühsal ihres Werks. Hiernach erinnere ich mich an ein flach ausgestrecktes Liegen, an feuchten Dunst; und dann ist alles Wahnsinn – Wahnsinn eines Bewusstseins, das sich mit dem Unfassbaren, dem Verbotenen abmüht.

Ganz plötzlich empfand meine Seele wieder Bewegung und Klang: die stürmischen Schläge des Herzens – und in den Ohren ihren Widerhall. Dann eine Pause, in der alles nichts war. Dann wieder Klang und Bewegung und Gefühl, ein Prickeln durch den ganzen Körper. Dann das bloße Bewusstsein des Daseins, ohne jeglichen Gedanken – ein Zustand, der lange dauerte. Dann, ganz plötzlich, das *Denken* und schaudernder Schrecken und ernstliches Mühen, meine wahre Lage zu erfassen. Dann ein gieriges Verlangen, in Fühllosigkeit zurückzusinken. Dann ein hastiges Neuerwachen der Seele und ein erfolgreicher Versuch zur Bewegung. Und nun ein volles Erinnern an das Verhör, an die Richter, an die düsteren Wandbehänge, an den Urteilsspruch, an die Ohnmacht. Dann völliges Vergessen alles Folgenden: alles dessen, was ein späterer Tag und eifriges Bemühen mir unklar wieder ins Gedächtnis rief.

Bis dahin hatte ich die Augen nicht geöffnet. Ich fühlte, dass ich ungefesselt auf dem Rücken lag. Ich streckte die Hand aus, und sie fiel schwer auf etwas

Feuchtes und Hartes. Da ließ ich sie viele Minuten liegen, während ich versuchte, mir vorzustellen, wo und *was* ich wohl sei. Ich hätte gern die Augen geöffnet, aber ich wagte es nicht. Ich fürchtete den ersten Blick auf meine Umgebung. Es war nicht Furcht, etwas Entsetzliches zu erblicken, sondern das Grauen, *nichts* zu sehen. Endlich, mit wilder Verzweiflung im Herzen, öffnete ich schnell die Augen. Meine schlimmsten Ahnungen bestätigten sich. Schwarze, ewige Nacht umgab mich. Die Dichtigkeit der Finsternis lastete auf mir und ließ mich erstarren. Die Luft war unerträglich dumpf. Ich lag immer noch still und strengte mich an, meine Vernunft in Gang zu bringen. Ich rief mir den Verlauf der Gerichtsverhandlung ins Gedächtnis zurück und versuchte von da aus meine jetzige Lage abzuleiten. Das Urteil war gesprochen, und es schien mir, als sei seitdem eine lange Zeit vergangen. Dennoch nahm ich keinen Augenblick an, dass ich tot sei. Solch eine Vorstellung ist, was auch darüber geschrieben sein mag, völlig unvereinbar mit dem wirklichen Leben. Doch wo und in welcher Verfassung war ich? Ich wusste, die zum Tode Verurteilten endeten in einem Autodafé, und ein solches war in der Nacht, die meiner Verurteilung folgte, abgehalten worden. War ich in den Kerker geführt worden, um die nächste Hinopferung abzuwarten, die erst in einigen Monaten stattfinden würde? Das konnte nicht sein. Es war geradezu ein Mangel an Opfern gewesen. Auch entsann ich mich, dass mein Kerker, wie alle Gefängniszellen in Toledo, einen Steinboden hatte und nicht ganz ohne Lichtzutritt war.

Ein fürchterlicher Gedanke trieb plötzlich mein Blut in Wogen zum Herzen, und für kurze Zeit sank ich von Neuem in Bewusstlosigkeit. Als ich mich erholt hatte, sprang ich sofort auf die Füße; jeder Nerv in mir zuckte. Ich streckte die Arme in die Höhe und rundum nach allen Seiten. Ich fühlte nichts und fürchtete dennoch, einen Schritt zu machen, aus Angst, an die Mauern eines *Grabes* zu stoßen. Der Angstschweiß brach mir aus allen Poren und stand in großen kalten Tropfen auf meiner Stirn.

Die Angst der Ungewissheit wurde schließlich unerträglich, und ich bewegte mich vorsichtig mit ausgebreiteten Armen vorwärts; meine Augen drangen fast aus ihren Höhlen; so gierig hoffte ich, einen schwachen Lichtstrahl zu erhaschen. Ich machte viele Schritte vorwärts, doch noch immer war alles Finsternis und Leere. Ich atmete freier. Es war offenbar, dass meiner wenigstens nicht das scheußlichste Geschick harrte.

Und nun, während ich mich vorsichtig weitertastete, drängten sich tausend unbestimmte Gerüchte über die Schrecken von Toledo meinem Gedächtnis auf. Seltsame Geschichten waren über die Kerker in Umlauf – unwahr hatte ich sie immer genannt – aber sie waren furchtbar und so grausig, dass man nur im Flüsterton davon reden konnte. Hatte man mich für den Hungertod in dieser ewigen unterirdischen Nacht bestimmt; oder welches vielleicht noch grässlichere Schicksal erwartete mich? Dass das Ende Tod sein würde, und zwar ein Tod von mehr als gewöhnlicher Bitternis, schien mir, der ich den Charakter meiner Richter kannte, gewiss. Die Art und die Stunde des Sterbens waren das einzige, was mich noch beschäftigte und beunruhigte.

Meine ausgestreckten Hände fanden endlich ein festes Hemmnis. Es war eine Mauer – sehr glatt, schlüpfrig und kalt. Ich folgte ihr mit all der misstrauischen Vorsicht, die gewisse Berichte uralter Begebenheiten in mir erweckt hatten. Dieses Vorgehen brachte mir aber keinen Aufschluss über den Umfang meines Kerkers; denn ich konnte, ohne es zu wissen, seinen ganzen Umkreis umschritten haben und wieder am Ausgangspunkt angelangt sein – so glatt und gleichmäßig schien die Mauer. Ich suchte daher nach dem Messer, das sich in meiner Tasche befunden hatte, als man mich in das Untersuchungszimmer geführt; es war fort. Man hatte meine Kleider gegen eine Umhüllung aus grober Wolle vertauscht. Ich hatte beabsichtigt, die Klinge in irgendeinen feinen Spalt des Mauerwerks zu stoßen, um so einen Ausgangspunkt festzustellen. Dies war übrigens nicht so schwierig, als es mir anfangs in meiner Sinnesverwirrung erschien. Ich riss ein Stückchen von meinem Kleidersaum und legte den Fetzen in voller Länge rechtwinklig zur Mauer auf den Boden. Wenn ich meinen Weg rund um mein Gefängnis machte, musste ich selbstredend bei Vollendung des Umkreises wieder auf den Fetzen stoßen. So dachte ich wenigstens. Aber ich hatte weder mit der Ausdehnung des Kerkers noch mit meiner eigenen Schwäche gerechnet. Der Boden war feucht und schlüpfrig. Ich war eine Zeit lang vorwärts getappt, als ich strauchelte und fiel. Meine ungeheure Müdigkeit zwang mich, ausgestreckt liegen zu bleiben, und bald befiel mich in dieser Lage der Schlaf.

Als ich erwachte und den Arm ausstreckte, fand ich neben mir ein Stück Brot und einen Krug Wasser. Ich war zu erschöpft, um über diesen Umstand nachzudenken; sofort aß und trank ich gierig. Bald darauf vollendete ich meinen Rundgang in dem Gefängnis und kam nach vieler Mühe wieder bei dem Wollfetzen an. Bis zu dem Augenblick, da ich hinfiel, hatte ich zweiundfünfzig Schritte gezählt, und als ich nun meinen Gang fortsetzte, zählte ich achtundvierzig, bis ich bei meinem Zeichen wieder ankam. Das ergab zusammen hundert Schritt, und indem ich je zwei Schritt als einen Meter rechnete, schloss ich, dass mein Kerker einen Umfang von fünfzig Metern habe. Doch ich hatte eine Menge Winkel in der Mauer gefunden und konnte mir daher keine Vorstellung über die Form der Gruft bilden – denn eine Gruft war es nach meinem Dafürhalten.

Ich fand wenig Sinn – jedenfalls keine Hoffnung – in diesen Nachforschungen, aber eine unbestimmte Neugier veranlasste mich, sie fortzusetzen. Ich verließ die Wand und beschloss, den Raum zu durchqueren. Zuerst ging ich mit äußerster Vorsicht voran, denn obgleich der Boden anscheinend aus festem Material war, war er doch äußerst schlüpfrig. Endlich aber fasste ich Mut und zögerte nicht, sicher auszuschreiten, wobei ich mich bemühte, in möglichst gerader Linie hinüberzugelangen. Auf diese Weise war ich zehn oder zwölf Schritt vorwärtsgekommen, als der zerrissene Saum meines Gewandes sich in meinen Füßen verfing. Ich trat darauf und fiel mit voller Gewalt vornüber zu Boden.

In der ersten Verwirrung bemerkte ich nicht sogleich einen befremdenden Umstand, der jetzt, ein paar Sekunden später und während ich noch ausgestreckt dalag, meine Aufmerksamkeit erregte. Es war Folgendes: Mein Kinn ruhte auf dem Boden des Kerkers, meine Lippen aber und der obere Teil des Kopfes, die meinem Gefühl nach tiefer lagen als das Kinn, *berührten nichts.* Gleichzeitig schien meine Stirn in klebrigen Dämpfen zu baden, und der unverkennbare Geruch verwesender Schwämme drang mir in die Nase. Ich streckte den Arm aus und schauderte, als ich fand, dass ich genau am Rand einer kreisrunden Schachtöffnung hingefallen war, deren Umkreis festzustellen natürlich gegenwärtig nicht in meiner Macht lag. Es gelang mir, von dem feuchten Mauerrand ein Steinchen loszubröckeln; ich ließ es in den Abgrund fallen. Viele Sekunden lang horchte ich dem Widerhall, den sein Anschlagen an die Seitenwände verursachte; endlich hörte ich ein dumpfes Aufklatschen in Wasser, dem ein vielfältiges Echo folgte. Im selben Augenblick ertönte ein Geräusch wie das rasche Öffnen und Wiederzuschlagen einer Tür mir zu Häupten, während ein schwacher Lichtschimmer durch das Dunkel huschte und ebenso schnell wieder verschwand.

Ich erkannte, welches Los man mir zugedacht hatte, und beglückwünschte mich zu dem rechtzeitigen Unfall, der mich rettete. Noch einen Schritt weiter vor meinem Sturz – und die Welt hätte mich nicht wiedergesehen! Die Form der Urteilsvollstreckung, der ich soeben durch einen Zufall entronnen war, entsprach ganz den mir bekannten Berichten über die Inquisition, die ich jedoch stets als Erfindung und alberne Übertreibung angesehen hatte. Ihren Opfern blieb nur die Wahl zwischen Sterben unter entsetzlichen Körperqualen und Sterben unter unerhörten Geistesschrecken. Mich hatte man für letztere aufbewahrt. Durch lange Leiden waren meine Nerven so zerrüttet, dass ich beim Klang meiner eigenen Stimme erbebte und in jeder Hinsicht ein geeignetes Objekt für die auserlesenen Martern geworden war, die man mir zugedacht.

An allen Gliedern zitternd tastete ich meinen Weg zur Mauer zurück. Ich war entschlossen, lieber dort zu sterben, als mich in die Schrecken der Grube zu wagen; meine Fantasie malte sich jetzt aus, dass ihrer viele hier im Raum verteilt seien. In anderer Seelenverfassung hätte ich vielleicht den Mut gehabt, mein Elend durch einen Sprung in solch einen Abgrund zu enden, jetzt aber war ich der Feigste der Feigen. Auch konnte ich nicht vergessen, was ich über diese Brunnen gelesen: dass das *sofortige* Auslöschen des Lebens keineswegs in der Absicht derer lag, die diese entsetzlichen Wassergruben angelegt hatten.

Die Seelenaufregung hielt mich viele lange Stunden wach. Schließlich aber schlief ich wieder ein. Als ich erwachte, fand ich wie vorher ein Stück Brot und einen Krug voll Wasser neben mir. Brennender Durst erfasste mich, und ich leerte das Gefäß auf einen Zug. Dem Wasser musste ein Schlafmittel beigemengt sein, denn kaum hatte ich es getrunken, als mich unwiderstehliche Schlafsucht befiel. Ich sank in tiefen Schlummer, in eine Art Todesschlummer. Wie lange er währte, weiß ich natürlich nicht, als ich aber wieder die Augen öffnete, waren die Dinge um mich her sichtbar. Ein seltsamer schwefliger Glanz, dessen Ursprung ich zunächst nicht feststellen konnte, gestattete mir, den Umfang und das Aussehen meines Kerkers wahrzunehmen.

In seiner Größe hatte ich mich gewaltig geirrt. Die ganze Mauerrundung umfasste nicht mehr als fünfundzwanzig Meter. Minutenlang verursachte mir diese Tatsache eine Welt von überflüssiger Beunruhigung; wirklich ganz überflüssig, denn was war unter den Schrecken, die mich umgaben, bedeutungsloser als der Umfang meiner Zelle? Doch meine Seele nahm ein merkwürdiges Interesse an Kleinigkeiten, und ich plagte mich sehr, den Irrtum aufzudecken, der mich zu so falscher Messung veranlasst hatte. Endlich fand ich die Ursache. Bei meinem ersten Versuch zur Erforschung des Raumes hatte ich bis zu meinem Hinfallen zweiundfünfzig Schritt gezählt; ich musste damals nur noch zwei oder drei Schritt von dem Wollstreifen entfernt gewesen sein und also den Umkreis beinahe vollendet gehabt haben. Dann schlief ich ein, und nach dem Erwachen muss ich meine Schritte rückwärts gelenkt haben, das heißt ich durchmaß nochmals die vorher bereits zurückgelegte Strecke und berechnete so den Umfang doppelt so groß, als er tatsächlich war. Meine Geistesverwirrung war schuld, dass es mir nicht auffiel, dass ich bei Beginn des Rundgangs die Mauer links, bei der Fortsetzung dagegen rechts gehabt hatte.

Auch über die Form des Gefängnisses hatte ich mich getäuscht. Beim Abtasten der Mauer hatte ich viele Winkel gefunden und so den Eindruck großer Unregelmäßigkeit erhalten – so sehr kann völlige Dunkelheit jenen täuschen, der aus Ohnmacht oder Schlaf erwacht! Die Winkel waren nichts als leichte Vertiefungen, die der Zahn der Zeit in unregelmäßigen Zwischenräumen in die Mauer gefressen hatte. Die Grundform des Gefängnisses war ein Viereck. Was ich zuerst für Steinmauern gehalten, schien mir jetzt Eisen oder sonst ein Metall zu sein, dessen große Platten da, wo sie aneinandergenietet waren, die leichten Vertiefungen bildeten. Die ganze Fläche dieser erzenen Wände war mit groben Zeichnungen bemalt, mit all den abscheulichen und abstoßenden Darstellungen, wie der Aberglaube der Mönche sie erfunden. Drohende Teufelsfratzen auf Totenskeletten und andere noch viel grässlichere Gestalten bedeckten und verunzierten die Wände. Ich stellte fest, dass die Umrisse dieser Ungeheuerlichkeiten ziemlich klar, die Farben dagegen, anscheinend infolge der Einwirkung einer feuchten Atmosphäre, verblichen und fleckig waren. Ich betrachtete nun auch den Fußboden, der von Stein war. In seiner Mitte gähnte das runde Brunnenloch, dessen Schlund ich entronnen; es war indes nur dieses einzige im Kerker.

Nur undeutlich und mit vieler Mühe konnte ich dies alles erblicken, denn während meines Schlafes hatte sich meine Lage sehr verändert. Ich lag jetzt lang ausgestreckt auf einer Art niedrigem Holzrahmen. Ich lag auf dem Rücken und war mit einem langen Riemen, der einem Sattelgurt glich, an das Holz festgebunden. Der Riemen war mir vielemal um Leib und Glieder geschlungen und ließ nur dem Kopf und dem linken Arm so viel Bewegungsfreiheit, dass ich mich mit vieler Anstrengung aus einer irdenen Schüssel am Boden mit Nahrung versehen konnte. Ich sah zu meinem Entsetzen, dass man den Krug fortgenommen hatte; ich sage: zu meinem Entsetzen, denn ich war von unerträglichem Durst geplagt. Diesen Durst zu erwecken, schien in der Absicht meiner Peiniger zu liegen, denn das mir gebotene Mahl bestand aus scharfgewürztem Fleisch.

Aufwärts blickend betrachtete ich die Decke meines Gefängnisses. Sie war etwa dreißig bis vierzig Fuß hoch und aus demselben Material wie die Seitenwände. Auf einem der Deckenfelder erregte eine sonderbare Figur meine ganze Aufmerksamkeit. Es war eine gemalte Gestalt der *Zeit*, so wie sie gewöhnlich dargestellt wird, nur dass sie anstatt der Sichel etwas in Händen hielt, was ich auf den ersten Blick als ein gemaltes Pendel ansah, dergleichen man oft auf alten Uhren findet. Dennoch war da etwas in der Erscheinung des Instruments, was mich veranlasste, es aufmerksamer zu betrachten. Während ich nun senkrecht hinaufstarrte – denn es befand sich genau über mir – bildete ich mir ein, dass es sich bewege. Eine Minute später bestätigte sich meine Einbildung. Seine Schwingungen waren kurz und selbstredend langsam. Ich beobachtete es einige Minuten etwas ängstlich, doch vor allem verwundert. Schließlich ermüdeten mich aber die langsamen Bewegungen, und ich wandte meine Blicke anderen Dingen zu.

Ein leises Geräusch erregte meine Aufmerksamkeit; ich sah auf den Boden und gewahrte mehrere riesenhafte Ratten. Sie waren aus dem Brunnen gekommen, der rechter Hand gerade meinen Blicken sichtbar war. Noch während ich hinstarrte, kamen sie scharenweise und hastig herauf, und ihre Augen suchten gierig nach dem Fleisch, das sie gerochen. Es bedurfte vieler Mühe und Aufmerksamkeit, sie von der Schüssel fernzuhalten.

Es mochte eine halbe Stunde vergangen sein, vielleicht sogar eine ganze Stunde – denn ich konnte die Zeit nur unvollkommen berechnen –, als ich meine Augen wieder aufwärts wandte. Was ich nun sah, verwunderte und entsetzte mich. Die Schwingungen des Pendels hatten an Ausdehnung fast um einen Meter zugenommen. Als natürliche Folge war auch die Schnelligkeit viel größer; was mich aber hauptsächlich beunruhigte, war die Tatsache, dass es sich merklich *herabgesenkt* hatte. Ich bemerkte jetzt mit namenlosem Schrecken, dass sein unterer Teil in einem Halbmond aus blitzendem Stahl bestand, der von einem Horn zum andern etwa einen Fuß maß; die Hörner waren nach oben gerichtet, und die untere Kante schien scharf wie ein Rasiermesser. Das Pendel schien auch so massiv und schwer wie ein solches, denn es verdickte sich nach oben zusehends. Es hing an einem dicken Messingstab, und das Ganze zischte beim Durchschneiden der Luft.

Ich konnte nicht länger zweifeln, welche neue Todesmarter die in Grausamkeiten so erfinderischen Mönche für mich ausgewählt hatten. Es war den Knechten der Inquisition nicht entgangen, dass ich den Brunnen entdeckt hatte – den Brunnen, dessen Schrecken für mich verstockten Ketzer bestimmt gewesen – den Brunnen, diesen Höllenpfuhl, von dem das Gerücht ging, dass er das schlimmste aller ihrer Marterinstrumente sei. Dem Sturz in den Brunnen war ich durch einen bloßen Zufall entronnen, und ich wusste, dass zum Wesen dieser schauerlichen Kerkertode eine Geißelung durch immer wieder neue Schrecken gehörte. Da ich dem Sturz entgangen war, hatten meine Henker, die mich nicht etwa gewaltsam hinabstürzen würden, von jenem teuflischen Plan Abstand genommen, und es erwartete mich also eine andere, mildere

Todesart. Milder! Ich musste trotz meines Grauens über diese Bezeichnung lächeln.

Was nützt es, die langen, langen Stunden übermenschlichen Entsetzens zu schildern, in denen ich die sausenden Schwingungen des scharfen Stahls zählte! Zoll um Zoll – Linie um Linie – mit einer allmählichen Senkung, die nur in großen Zwischenräumen, die mir wie Jahre schienen, zu bemerken war – kam es herab und immer tiefer herab! Tage vergingen – es können viele Tage gewesen sein – ehe es so dicht über mich hinfegte, dass mich sein heißer Atem fächelte. Der Geruch des scharfen Stahls drang mir in die Nase. Ich betete – ich beschwor den Himmel, ein schnelleres Ende zu machen. Ich wurde toll und rasend und strengte mich an, soviel ich konnte, um mich dem Schwung der fürchterlichen Schneide entgegenzuheben. Und dann wurde ich plötzlich ruhig und lag und lächelte auf zu dem glitzernden Tod, wie ein Kind wohl ein seltsames Spielzeug anlächelt.

Wieder befiel mich Bewusstlosigkeit; sie dauerte nicht lange, denn als ich wieder zu mir kam, war keine wesentliche Senkung des Pendels zu bemerken. Sie konnte allerdings trotzdem lange gedauert haben, denn ich wusste, dass die Teufel mich beobachteten und die Schwingungen nach Willkür gehemmt haben konnten. Nach meinem Wiedererwachen fühlte ich mich – o! unaussprechlich schwach und elend, als hätte ich lange gehungert. Selbst inmitten solcher Todesqualen verlangte die Natur ihre Rechte. Mit schmerzvoller Anstrengung streckte ich den linken Arm aus, so weit es meine Fesseln erlaubten, und ergriff den kleinen Rest der Speise, den mir die Ratten noch übrig gelassen hatten. Als ich ein Stückchen in den Mund schob, durchzuckte es mich wie eine Ahnung von Freude – von Hoffnung. Dennoch, welchen Grund hatte ich zur Hoffnung? Es war, wie ich sagte, nur eine Ahnung, ein halber Gedanke, wie er den Menschen manchmal überkommt, aber ich fühlte auch, dass sich dies Empfinden zu keinem klaren Begriff formen ließ. Vergebens mühte ich mich darum; langes Leiden hatte meine Geisteskräfte untergraben. Ich war ein Dummkopf, ein Idiot.

Die Schwingungen des Pendels liefen rechtwinklig zu meiner Körperlage. Ich sah, dass der Halbmond bestimmt war, mir quer durchs Herz zu schneiden. Er würde den Stoff meines Kleides schlitzen; er würde zurückschwingen und den Schnitt wiederholen – wieder und wieder. Ungeachtet seiner schrecklich weiten Schwingung (einige dreißig Fuß oder mehr) und der pfeifenden Gewalt im Niedersausen, die wohl sogar diese Eisenwände zu durchschneiden vermochte, würde das Pendel doch minutenlang nur meine Kleider schlitzen; und bei diesem Gedanken hielt ich inne. Ich wagte nicht weiterzudenken. Ich prüfte ihn mit hartnäckiger Aufmerksamkeit – als ob ich bei dem Verweilen gerade hier den Stahl aufhalten könnte. Ich zwang mich, mir den Ton auszumalen, mit dem der Halbmond das Gewand durchschneiden würde – das eigentümlich fröstelnde Empfinden, das das Zerschneiden von Stoff auf unsere Nerven auszuüben pflegt. Ich grübelte über alle diese Kleinigkeiten, bis meine Zähne klapperten.

Nieder – langsam und stetig kroch es nieder! Ich fand ein wahnsinniges Vergnügen darin, die Schnelligkeit der Schwingungen nach oben und nach unten miteinander zu vergleichen. Nach rechts – nach links – auf und ab – mit dem Kreischen einer verdammten Seele! Los auf mein Herz mit dem schleichenden Schritt des Tigers! Ich lachte und heulte abwechselnd, je nachdem die eine oder andere Vorstellung in mir die Oberhand gewann.

Nieder – nieder ohne Erbarmen! Nur noch drei Zoll über meiner Brust sauste es dahin. Ich mühte mich wild – rasend – um meinen linken Arm ganz freizubekommen; er war nur vom Ellbogen bis zur Hand frei. Letztere konnte ich mit großer Anstrengung vom Teller neben mir zum Mund führen, weiter aber nicht. Hätte ich die Gurte über dem Ellbogen sprengen können, so würde ich das Pendel erfasst und versucht haben, es zum Stehen zu bringen. Gerade so gut hätte ich versuchen können, eine Lawine aufzuhalten!

Nieder – unaufhaltsam – unerbittlich nieder! Der Atem versagte mir, und ein Krampf schüttelte mich bei jeder Schwingung. Meine Augen folgten der Aufwärtsbewegung mit dem Eifer sinnlosester Verzweiflung; sie schlossen sich krampfhaft beim Niedersausen, obgleich Tod eine unaussprechliche Erlösung gewesen wäre. Und dennoch erbebte ich in jedem Nerv bei dem Gedanken, welch eines geringen Sinkens der Maschinerie es noch bedurfte, um den scharfen, gleißenden Stahl durch meine Brust zu treiben. Es war *Hoffnung*, die meine Nerven erschauern – meinen Körper zusammenzucken ließ. Es war Hoffnung – Hoffnung, die über die Foltern triumphierte – die selbst den zum Tode Verurteilten in den Kerkern der Inquisition von neuem Leben raunt.

Ich sah, dass weitere zehn oder zwölf Schwingungen den Stahl nun tatsächlich in Berührung mit meinen Kleidern bringen würden, und bei dieser Beobachtung überkam meinen Geist ganz plötzlich die klare, gesammelte Ruhe der Verzweiflung. Zum ersten Mal seit vielen Stunden oder vielleicht Tagen *dachte* ich. Ich gewahrte jetzt, dass die Riemen oder Gurte, die mich umschlangen, aus einem einzigen Stück bestanden. Ich war nirgends mit einem besonderen Seil festgebunden. Der erste Schnitt des rasiermesserscharfen Halbmonds würde also meine gesamten Fesseln derart lösen, dass ich sie mit Hilfe meiner linken Hand abwinden konnte. Doch wie gefahrvoll war in diesem Fall die Schärfe des Stahls! Die Folge des geringsten Aufbäumens war der Tod. War übrigens anzunehmen, dass meine Marterknechte jene Möglichkeit nicht vorausgesehen und ihr vorgebeugt hatten? War es wahrscheinlich, dass die Fesseln gerade an der Stelle meine Brust kreuzten, die das Pendel berühren würde? Besorgt, meine schwache und, wie es schien, letzte Hoffnung zerstört zu sehen, hob ich den Kopf so hoch, dass ich meine Brust deutlich überblicken konnte. Die Gurte umwanden Glieder und Körper nach allen Richtungen – *nur nicht in der Schnittbahn des zerstörenden Pendels!*

Kaum war mein Kopf in seine frühere Lage zurückgesunken, als in meiner Seele etwas aufleuchtete, was ich nicht anders bezeichnen kann, als dass ich es die zweite Hälfte jenes vorerwähnten Gedankens an Befreiung nenne, der mir damals, als ich die Speise an die Lippen führte, nur unklar vorgeschwebt. Jetzt hatte sich der ganze Gedanke klar geformt – zaghaft, unsicher, kaum fassbar – aber dennoch klar und ganz. Ich begann sofort mit der Willenskraft der Verzweiflung an seine Ausführung zu gehen.

Seit vielen Stunden wimmelten die Ratten um den niedrigen Holzrahmen, auf dem ich lag. Sie waren wild, frech, zudringlich, ihre roten Augen glühten mich an, als warteten sie nur darauf, dass ich mich nicht mehr rührte, um über mich herzufallen. An welche Nahrung, dachte ich, mochten sie im Brunnenloch gewöhnt gewesen sein?

Trotz aller meiner Anstrengungen, sie davon abzuhalten, hatten sie den Inhalt meines Speisenapfes bis auf einen geringen Rest aufgezehrt. Ich hatte die Hand unausgesetzt über dem Napf hin und her geschwenkt, und schließlich hatte die unbewusste Gleichmäßigkeit der Bewegung diese ihrer Wirkung beraubt. In seiner Habgier hatte das Ungeziefer häufig seine scharfen Zähne in meine Finger geschlagen. Mit den Stückchen des fettigen und stark gewürzten Fleisches, das mir noch geblieben, rieb ich nun die Gurte überall da ein, wo sie mir erreichbar waren; dann zog ich die Hand zurück und lag atemlos still.

Zuerst waren die raubgierigen Tiere darüber, dass die Bewegung der Hand aufgehört hatte, verblüfft und erschreckt. Sie flohen in Scharen zurück; viele eilten zum Brunnen. Doch nur für einen Augenblick. Ich hatte nicht umsonst auf ihre Gefräßigkeit gerechnet. Als sie bemerkten, dass ich regungslos verharrte, sprangen ein oder zwei der kühnsten auf den Holzrahmen und schnüffelten an den Gurten. Dies schien das Signal zu einem allgemeinen Sturm. Aus dem Brunnen ergoss es sich in neuen Schwärmen. Sie klammerten sich ans Holz, stürzten darüber her und sprangen zu Hunderten auf mich herauf. Das gleichmäßige Schwingen des Pendels störte sie nicht im Mindesten. Seinen Streichen ausweichend, befassten sie sich mit den eingefetteten Gurten; sie stürmten mich, sie ergossen sich auf mich in immer neuen Scharen; sie krochen über meinen Hals; ihre kalten Lippen suchten die meinen; der immer zunehmende Druck erstickte mich fast. Ein Ekel, für den es keine Worte gibt, hob meine Brust und legte sich wie eisige Klammern um mein Herz. Doch ich fühlte: noch eine Minute – und der Kampf war zu Ende! Deutlich empfand ich, wie sich die Fesseln lockerten. Ich wusste, dass sie an mehr als einer Stelle schon zernagt sein mussten. Mit übermenschlicher Willenskraft lag ich still.

Ich hatte mich in meiner Berechnung nicht geirrt, ich hatte nicht umsonst ausgehalten. Ich fühlte endlich, dass ich *frei* war. Die Gurte hingen in Fetzen um meinen Leib. Aber das schwingende Pendel berührte schon meine Brust. Es hatte den Stoff meines Kleides geschlitzt. Es hatte das Hemd durchschnitten. Zwei weitere Schwingungen machte es, und ein stechender Schmerz zuckte mir durch alle Nerven. Aber der Augenblick der Befreiung war gekommen. Auf einen schnellen Wink mit der Hand jagten meine Befreier entsetzt von dannen. Ruhig und vorsichtig, mich seitwärts zusammenkrümmend, entglitt ich langsam den umschlingenden Bändern und dem Bereich der stählernen Schneide. Für den Augenblick wenigstens *war ich frei.*

Frei! – Und in den Klauen der Inquisition! Ich war kaum von meinem hölzernen Marterbett auf den Steinboden der Zelle getreten, als die Bewegung der Höllenmaschine aufhörte und ich gewahrte, wie sie von irgendeiner unsichtbaren Kraft zur Decke emporgezogen wurde. Das war eine Lehre, die mir verzweifelt zu Herzen ging. Jede meiner Bewegungen wurde offenbar überwacht. Frei! – Ich war nur einer Todesart entgangen, um nun vielleicht Schlimmeres als Tod zu finden. Bei diesem Gedanken prüften meine angstvollen Blicke die Eisenwände, die mich einschlossen. Irgendetwas Ungewöhnliches – eine Veränderung, die ich zunächst nicht genau feststellen konnte – hatte unverkennbar hier stattgefunden. Viele Minuten lang quälte ich mich in tiefer Versonnenheit mit vergeblichen Vermutungen. In dieser Zeit gewahrte ich zum ersten Mal die Quelle des schwefligen Scheins, der meine Zelle erhellte. Er drang aus einem Spalt von etwa einem halben Zoll Breite, der am Boden der Kerkerwände um den ganzen Raum lief und so Wände und Fußboden völlig trennte. Ich versuchte natürlich vergeblich, durch diese Fuge hinunterzuspähen.

Als ich mich nach diesem Versuch wieder erhob, begriff ich auf einmal die geheimnisvolle Veränderung des Raums. Ich erwähnte schon, dass die Konturen der auf den Wänden befindlichen Darstellungen deutlich hervortraten, dass aber die Farben verblasst und unklar schienen. Diese Farben erstrahlten jetzt von Augenblick zu Augenblick in immer stärker werdendem Glanz, der den gespenstischen Teufelsfratzen ein Aussehen gab, das auch stärkere Nerven als meine angegriffen haben dürfte. Seltsam gespensterhafte Augen glotzten mich von tausend Seiten an – Augen, die vorher gar nicht dagewesen waren – und glühten im schauerlichen Glanz eines Feuers, das hinter den Wänden flammen musste, so sehr ich mir auch einzureden suchte, es bestände nur in meiner Einbildung.

Einbildung! Bei jedem Atemzug drang in meine Nase der Dunst von glühendem Eisen. Ein erstickender Geruch beherrschte den ganzen Raum. Immer tiefer erglühten die tausend Augen, die meines Todeskampfes harrten. Ein satteres Karmin ergoss sich über die blutigen Gemälde. Ich keuchte. Ich rang nach Atem. An der Absicht meiner Peiniger war nicht zu zweifeln – o erbarmungslose, o satanische Menschen! Ich flüchtete vor dem glühenden Metall in die Mitte der Zelle. Gegenüber der Vernichtung durch das Feuer, die meiner wartete, erschien mir der Gedanke an die Kühle des Brunnens wie lindernder Balsam. Ich eilte an seinen gefahrvollen Rand; ich spähte gespannt hinunter. Der Glutschein von der glühenden Decke erleuchtete seine verborgensten Winkel. Dennoch – eine verzweifelte Minute lang – sträubte sich mein Geist, den Sinn dessen zu erfassen, was ich da unten sah. Doch endlich zwang – wand es sich in meine Seele – brannte es sich ein in meinen schaudernden Verstand. O entsetzliches Begreifen! O wortloser Ekel! – O Grauen über alles

Maß! – »Alle anderen Schrecken, nur nicht diese!«, ächzte ich und stürzte schreiend vom Brunnenrand fort; ich vergrub das Gesicht in die Hände und weinte bitterlich.

Die Hitze nahm rasch zu, und wiederum hob ich den Blick, halb wahnsinnig, zur Decke. Eine neue Veränderung hatte sich vollzogen – eine Veränderung in der Form der Zelle. Wie vorher war es vergeblich, dass ich mich bemühte, den Vorgang zu begreifen und einzusehen, was damit beabsichtigt war. Doch nicht lange ließ man mich in Zweifel. Zweimal war ich dem Tode entronnen, die Rachsucht der Inquisitoren war aufs Äußerste angestachelt, man zögerte nicht, mich nun gewaltsam mit dem König der Schrecken bekannt zu machen. Der Raum war quadratisch gewesen. Jetzt sah ich, dass zwei seiner Eisenecken spitzwinklig, die anderen folglich stumpfwinklig geworden waren. Die schreckliche Veränderung ging mit leisem Knarren immer weiter vorwärts. Einen Augenblick später hatte der Raum die Gestalt eines schiefen Vierecks. Aber die Bewegung hielt hier nicht inne – ich hoffte und wünschte dies nicht einmal. Ich hätte die rotglühenden Wände an meine Brust ziehen mögen wie ein Gewand ewiger Ruhe. »Tod!«, sagte ich. »Willkommen jeder Tod, nur nicht der im Brunnen!« Narr, der ich war! Musste ich nicht wissen, dass es der einzige Zweck des brennenden Eisens war, *mich in den Brunnen zu drängen?* Konnte ich denn der Glut Widerstand leisten? Und wenn ich es gekonnt – musste ich nicht seiner pressenden Kraft nachgeben? Und jetzt – enger und immer enger schob sich das Viereck zusammen mit einer Schnelligkeit, die mir keine Zeit zum Überlegen ließ. Seine Mitte und also auch sein weitester Raum bildete sich genau über dem gähnenden Abgrund. Ich wich zurück – aber die schließenden Wände pressten mich Schritt um Schritt vorwärts. Endlich gab es für meinen wunden, zuckenden Körper keinen Zoll Raum mehr auf dem festen Boden. Ich kämpfte nicht länger, aber die Todesangst meiner Seele schrie auf in einem einzigen langen, lauten, verzweifelten Schrei. Ich fühlte, wie ich auf dem Brunnenrand wankte – ich wandte die Augen ab –

Ein verworrenes Geräusch wie von Menschenstimmen! Ein lauter Ton wie gewaltiger Trompetenstoß! Ein Dröhnen und Krachen wie tausendfacher Donner! Die feurigen Wände wichen zurück! Ein Arm packte den meinigen, als ich ohnmächtig in den Abgrund zu fallen drohte. Es war der Arm des Generals Lasalle. Die französische Armee war in Toledo eingezogen. Die Inquisition befand sich in den Händen ihrer Feinde.

Das schwatzende Herz

Wahr ist es: Nervös, entsetzlich nervös war ich damals und bin es noch. Warum aber müsst ihr durchaus behaupten, dass ich wahnsinnig sei? Mein nervöser Zustand hatte meinen Verstand nicht zerrüttet, sondern geschärft, hatte meine Sinne nicht abgestumpft, sondern wachsamer gemacht. Vor allem hatte sich mein Gehörsinn wunderbar fein entwickelt. Ich hörte alle Dinge im Himmel und auf Erden. Ich hörte viele Dinge in der Hölle. Und das sollte Wahnsinn sein? Hört zu und merkt auf, wie sachlich, wie ruhig ich die ganze Geschichte erzählen kann.

Ich kann nicht sagen, wann der Gedanke mich zum ersten Mal überfiel. Er war urplötzlich da und verfolgte mich Tag und Nacht. Ein wichtiges Motiv war nicht vorhanden. Hass war nicht vorhanden. Ich liebte den alten Mann. Er hatte mir nie etwas zuleid getan. Er hatte mir nie eine Kränkung zugefügt. Nach seinem Geld trug ich kein Verlangen. Ich glaube, es war sein Auge. Ja, das war es! Eins seiner Augen glich vollständig dem Auge eines Geiers – ein blasses, blaues Auge mit einem Häutchen darüber. Wann immer es mich anblickte, erstarrte mir das Blut. Und so – nach und nach – immer zwingender – setzte sich der Gedanke in mir fest, dem alten Mann das Leben zu nehmen und mich auf diese Weise für immer von dem Auge zu befreien.

Nun merkt wohl auf! Ihr haltet mich für verrückt. Verrückte erwägen nichts. Aber mich hättet ihr sehen sollen! Ihr hättet sehen sollen, wie klug ich vorging – mit wie viel Vorsicht – mit wie viel Umsicht – mit wie viel Heuchelei ich zu Werke ging! Ich war nie freundlicher zu dem alten Mann als während der ganzen Woche, bevor ich ihn umbrachte. Und jede Nacht gegen Mitternacht drückte ich auf seine Türklinke und öffnete die Tür – o, so leise! Und dann, wenn der Spalt weit genug war, dass ich den Kopf hindurchstecken konnte, hielt ich eine verdunkelte, ganz geschlossene Laterne ins Zimmer; sie war ganz geschlossen, sodass kein Lichtschein herausdrang. Und dann folgte mein Kopf. O, ihr hättet gelacht, wenn ihr gesehen hättet, wie geschickt ich ihn vorstreckte! Ich bewegte ihn ganz langsam vorwärts, um nicht den Schlaf des alten Mannes zu stören. Ich brauchte eine Stunde dazu, den Kopf so weit durch die Öffnung zu schieben, dass ich den Alten in seinem Bett sehen konnte. Ha! wäre ein Wahnsinniger wohl so weise vorgegangen? Und dann, wenn ich meinen Kopf glücklich im Zimmer hatte, öffnete ich vorsichtig die Laterne – o, so vorsichtig! Ganz sachte, denn die Scharniere kreischten, öffnete ich sie so weit, dass ein einziger feiner Strahl auf das Geierauge fiel. Und das tat ich sieben Nächte lang, jede Nacht gerade um Mitternacht. Aber ich fand das Auge immer geschlossen, und so war es unmöglich, das Werk zu vollenden; denn es war nicht der alte Mann, der mich ärgerte, sondern sein Scheelauge. Und jeden Morgen, wenn der Tag anbrach, ging ich kühn zu ihm hinein und sprach mit ihm. Ich nannte ihn munter und herzlich beim Namen und fragte ihn, ob er eine gute Nacht verbracht habe. Ihr seht, er hätte wirklich ein sehr schlauer alter Mann sein müssen, um zu vermuten, dass ich allnächtlich um zwölf Uhr, während er schlief, zu ihm hereinsah.

In der achten Nacht ging ich beim Öffnen der Tür mit ganz besonderer Vorsicht zu Werke. Der Minutenzeiger einer Uhr rückt gewiss schneller voran als damals meine Hand. Niemals vor dieser Nacht hatte ich die Größe meiner Macht, meines Scharfsinns so gefühlt. Ich konnte kaum meinen Triumph unterdrücken. Da war ich nun hier und öffnete ganz sacht, ganz allmählich die Tür – und ihm träumte nicht einmal von meinem geheimen Tun und Denken. Ich kicherte bei diesem Gedanken, und vielleicht hörte er mich, denn er rührte sich – wie erschreckt. Jetzt könntet ihr denken, ich sei zurückgefahren. Aber nein! Sein Zimmer war ganz dunkel, denn er hatte die Fensterladen aus Furcht vor Einbrechern fest geschlossen; es war pechschwarz. Und ich wusste also, dass er das Öffnen der Tür nicht sehen konnte, und ich fuhr fort, sie langsam, langsam aufzumachen.

Ich war mit dem Kopf im Zimmer und machte mich daran, die Laterne zu öffnen; da glitt mein Daumen an dem Blechverschluss ab, und der alte Mann schrak im Bett empor und schrie: »Wer ist da?«

Ich verhielt mich ganz still und sagte nichts. Eine volle Stunde lang rührte ich kein Glied, und in dieser ganzen Zeit hörte ich nicht, dass er sich wieder niederlegte. Er saß noch aufrecht im Bett und horchte; geradeso, wie ich Nacht um Nacht auf das Ticken der Totenuhren in den Stubenwänden gehorcht habe.

Da hörte ich ein leises Ächzen, und ich wusste, das war das Ächzen tödlichen Entsetzens. So stöhnte nicht Schmerz und nicht Kummer – o nein, es war das Grauen! Das war der dumpfe, erstickte Laut, der aus den Tiefen der Seele kommt, wenn das Grauen sie gepackt hält. Ich kannte gut diesen Laut. In mancher Nacht, wenn alle Welt schlief, in mancher Mitternacht war er aus meiner eigenen Brust heraufgequollen und hatte mit seinem schrecklichen Klang das Entsetzen, das mich von Sinnen brachte, noch vermehrt.

Ich sage, ich kannte gut diesen ächzenden Laut. Ich wusste, was der alte Mann fühlte, und ich bemitleidete ihn, obschon ich innerlich kicherte. Ich wusste, dass er wach lag, schon seit dem ersten schwachen Geräusch, das ihn aufgeschreckt hatte. Seitdem war seine Angst von Minute zu Minute gewachsen. Er hatte versucht, sie als grundlos anzusehen, aber es gelang ihm nicht. Er hatte sich gesagt, »es ist nur eine Maus, die durchs Zimmer läuft« oder »es ist nur eine Grille, die ein einziges Mal gezirpt hat«. Ja, er hatte versucht, sich mit diesen Vermutungen zu beruhigen; aber es war alles vergebens gewesen. Alles war vergebens gewesen, weil der nahende Tod schon vor ihn hingetreten war und sein Opfer mit schwarzem Schatten umhüllte. Und die dunkle Gewalt des unsichtbaren Schattens war es, die ihn – obschon er weder sah noch hörte – die ihn fühlen ließ, dass mein Kopf im Zimmer war.

Nachdem ich lange Zeit sehr geduldig gewartet hatte, ohne doch zu hören, dass er sich wieder niederlegte, beschloss ich endlich, einen kleinen – einen winzig kleinen Spalt der Laterne zu öffnen. Ich begann also – ihr könnt euch gar nicht vorstellen, wie bedachtsam, wie leise –, die Laterne zu öffnen, bis schließlich ein einziger matter, spinnfadenfeiner Strahl herausdrang und auf das Geierauge fiel.

Es war offen, weit offen, und ich wurde rasend, als ich drauf hinstarrte. Ich sah es mit vollkommener Deutlichkeit: nichts als ein stumpfes Blau mit einem ekelhaften Schleier darüber. Ich erschauerte bis ins Mark. Aber ich konnte von des alten Mannes Gesicht und Gestalt nichts weiter sehen, denn ich hatte den Strahl wie instinktiv ganz genau auf die verfluchte Stelle gerichtet.

Und nun – habe ich euch nicht gesagt, dass das, was ihr für Wahnsinn haltet, nur eine Überfeinerung der Sinne ist? – nun, sage ich, vernahm mein Ohr ein leises, dumpfes, schnelles Geräusch, ein Geräusch wie das Ticken einer Uhr, die man mit einem Tuch umwickelt hat. Auch diesen Laut kannte ich gut. Es war des alten Mannes Herz, das so schlug. Es steigerte meine Wut, wie das Schlagen einer Trommel den Soldaten zu mutigerem Vorgehen anreizt.

Aber selbst jetzt bezwang ich mich und blieb still. Ich atmete kaum. Ich hielt die Laterne regungslos. Ich versuchte den Strahl so beständig wie möglich auf das Auge zu heften. Inzwischen steigerte sich das höllische Trommeln des Herzens. Es wurde jede Minute schneller und schneller und lauter und lauter. Das Entsetzen des alten Mannes muss furchtbar gewesen sein. Das Klopfen wurde lauter, sage ich, lauter von Minute zu Minute! – Hört ihr mich wohl? Ich habe euch gesagt, dass ich nervös sei, und das bin ich. Und nun, in so toter Nachtstunde, in diesem alten Haus, das so grauenhaft schweigsam war, erweckte dies eine, seltsame Geräusch in mir ein maßloses Entsetzen. Doch noch einige Minuten länger bezwang ich mich und stand still. Aber das Klopfen wurde lauter und lauter! Ich dachte, das Herz müsse zerspringen. Und nun fasste mich eine neue Angst: Das Geräusch könnte von einem Nachbarn vernommen werden!

Da war des Alten Stunde gekommen! Mit einem lauten Geheul riss ich die Blendlaterne auf und sprang ins Zimmer. Er schrie auf – nur ein einziges Mal! Im Augenblick zerrte ich ihn auf den Boden hinunter und zog das schwere Federbett über ihn. Dann lächelte ich, froh, die Tat so weit vollbracht zu sehen. Aber noch viele Minuten hörte ich den erstickten Laut des klopfenden Herzens. Das kümmerte mich jedoch nicht. Das konnte nicht durch die Wände hindurch gehört werden. Endlich hörte es auf. Der alte Mann war tot. Ich entfernte das Bett und untersuchte den Leichnam. Ja, er war tot – tot wie ein Stein. Ich legte ihm meine Hand aufs Herz und ließ sie minutenlang da liegen. Kein Schlag war zu spüren. Er war endgültig tot. Sein Auge würde mich nicht mehr belästigen.

Solltet ihr mich noch immer für wahnsinnig halten, so werdet ihr eure Anschauung sicher ändern, wenn ich euch schildere, welch kluge Vorsichtsmaßregeln ich ergriff, um den Leichnam zu verbergen. Die Nacht schwand hin, und ich arbeitete eilig, aber in großer Stille.

Aus dem Fußboden des Zimmers hob ich drei Dielen heraus und bereitete darunter dem Toten sein Grab. Dann legte ich die Bretter wieder an Ort und Stelle. So geschickt, so sorgfältig tat ich dies, dass kein menschliches Auge – nicht einmal das seine – irgendetwas Auffallendes hätte bemerken können. Da gab es nichts wegzuwaschen – keinen Fleck irgendwelcher Art – nicht das kleinste Blutströpfchen. Dafür war ich viel zu bedachtsam vorgegangen.

Als ich mit dieser Arbeit fertig wurde, war es vier Uhr – noch immer schwarz wie Mitternacht. Als die Turmuhr die Stunde anschlug, pochte es am Haustor. Ich ging leichten Herzens hinunter, um zu öffnen – denn was hatte ich jetzt zu fürchten? Es traten drei Männer herein, die sich sehr liebenswürdig als Polizeibeamte vorstellten. Ein Nachbar hatte in der Nacht einen Schrei vernommen; man hatte Verdacht gefasst, hatte dem Polizeiamt Mitteilung gemacht, und sie, die drei Beamten, waren abgesandt worden, um nach der Ursache zu forschen.

Ich lächelte – denn was hatte ich zu fürchten? Ich hieß die Herren willkommen. Den Schrei, sagte ich, hätte ich selbst ausgestoßen, in einem Traum. Der alte Mann sei abwesend, sei aufs Land gereist, bemerkte ich. Ich führte die Besucher durchs ganze Haus. Ich bat sie, sich umzusehen – gut umzusehen. Ich führte sie schließlich in sein Zimmer. Ich zeigte ihnen seine Wertsachen vollzählig und unberührt. Begeistert über meine Gewissensruhe brachte ich Stühle herbei und ersuchte die Herren, sich hier von ihrer Ermüdung zu erholen, während ich, im Bewusstsein meines vollständigen Sieges, voll ausgelassener Kühnheit meinen eigenen Stuhl genau dorthin stellte, wo unter den Dielen der Leichnam des Opfers ruhte.

Die Beamten waren zufrieden. Mein Benehmen hatte sie überzeugt. Ich war ungewöhnlich aufgeräumt. Sie saßen also, und während ich fröhlich Antwort gab, plauderten sie von privaten Angelegenheiten. Aber nicht lange, da fühlte ich, dass ich erbleichte, und ich wünschte sie fort. Mein Kopf schmerzte, und ich glaubte, Ohrensausen zu haben; aber noch immer saßen sie da und plauderten. Das Sausen wurde deutlicher – es hörte nicht auf und wurde immer deutlicher. Ich sprach noch unbefangener, um das seltsame Gefühl loszuwerden. Aber es blieb und nahm an Deutlichkeit zu – bis mir endlich klar wurde, dass das Geräusch nicht in den Ohren selbst war.

Zweifellos: Jetzt wurde ich sehr bleich – aber ich redete noch eifriger und mit erhobener Stimme. Doch das Geräusch wurde lauter – und was konnte ich tun? Es war ein leises, dumpfes, schnelles Geräusch – ein Geräusch wie das Ticken einer Uhr, die man mit einem Tuch umwickelt hat. Ich rang nach Atem – und dennoch – die Beamten hörten es noch immer nicht. Ich sprach schneller – heftiger; aber das Geräusch wuchs beständig. Ich stand auf und redete gereizt und zornig; meine Stimme war schrill, und ich gestikulierte wild. Aber das Geräusch wuchs beständig. Warum gingen sie denn nicht? Ich lief mit wuchtigen Schritten auf und ab, als ob mich die Reden der Männer in Wut gebracht hätten. Aber das Geräusch nahm fortwährend zu. O

Gott! Was konnte ich tun? Ich schäumte – ich raste – ich fluchte! Ich ergriff den Stuhl, auf dem ich gesessen hatte und kratzte damit auf den Dielen hin und her. Aber das Geräusch erhob sich über alles und nahm fortgesetzt zu. Es wurde lauter – lauter – lauter! Und immer noch plauderten die Männer freundlich und lächelten. War es möglich, dass sie nicht hörten? Allmächtiger Gott! – nein, nein! Sie hörten! – sie argwöhnten! – sie wussten! Sie trieben Spott mit meinem Entsetzen! – Das war es, was ich dachte, und das denke ich noch. Aber alles andere war besser als diese Pein. Alles war erträglicher als dieser Hohn. Ich konnte dies heuchlerische Lächeln nicht länger ertragen. Ich fühlte, dass ich hinausschreien musste oder sterben! – Und jetzt – wieder! – horch! lauter! lauter! lauter! lauter! –

»Schurken!«, kreischte ich, »verstellt euch nicht länger! Ich bekenne die Tat! – Reißt die Dielen auf! – Hier, hier! – Es ist das Schlagen dieses fürchterlichen Herzens.«

Die schwarze Katze

Dass man den so unheimlichen und doch so natürlichen Geschehnissen, die ich jetzt berichten will, Glauben schenkt, erwarte ich nicht, verlange es auch nicht. Ich müsste wirklich wahnsinnig sein, wenn ich da Glauben verlangen wollte, wo ich selbst das Zeugnis meiner eigenen Sinne verwerfen möchte. Doch wahnsinnig bin ich nicht – und sicherlich träume ich auch nicht. Morgen aber muss ich sterben, und darum will ich heute meine Seele entlasten. Aller Welt will ich kurz und sachlich eine Reihe von rein häuslichen Begebenheiten enthüllen, deren Wirkungen mich entsetzt – gemartert – vernichtet haben. Ich will jedoch nicht versuchen, sie zu deuten. Mir brachten sie die fürchterlichste Qual – anderen werden sie vielleicht nicht mehr scheinen als groteske Zufälligkeiten. Es ist wohl möglich, dass später einmal irgendein besonderer Geist sich findet, der meine anscheinend fantastischen Berichte als nüchterne Selbstverständlichkeiten zu erklären vermag – ein klarer und scharfer Geist, weniger exaltiert als ich, der in den Umständen, die ich mit bebender Scheu enthülle, nichts weiter sieht als die einfache Folge ganz natürlicher Ursachen und Wirkungen.

Seit meiner Kindheit galt ich als ein weichherziger, anschmiegsamer Mensch. Ja, meine hingebende Herzlichkeit trat so offen hervor, dass sie oft den Spott meiner Kameraden herausforderte. Da ich eine ganz besondere Zuneigung für die Tiere empfand, beglückten mich meine Eltern gern mit allerlei Lieblingen. Mit diesen verbrachte ich all meine freie Zeit, und nie war ich glücklicher, als wenn ich sie fütterte und liebkoste. Diese Liebhaberei wuchs mit mir heran, und noch im Mannesalter war sie mir eine Hauptquelle meiner Freuden. Wer jemals für einen treuen und klugen Hund wahre Zärtlichkeit hegte, den brauche ich nicht auf die innige Dankbarkeit, die das Tier uns dafür entgegenbringt, hinzuweisen. In der selbstlosen und opferfreudigen Liebe eines Tieres ist etwas, das jedem tief zu Herzen gehen muss, der je Gelegenheit hatte, die armselige ›Freundschaft‹ und geschwätzige Treue des ›erhabenen‹ Menschen zu erproben.

Ich heiratete früh und war herzlich froh, in meinem Weib ein mir verwandtes Gemüt zu finden. Als sie meine Liebhaberei für allerlei zahmes Getier erkannt hatte, versäumte sie keine Gelegenheit, solche Hausgenossen der angenehmsten Art anzuschaffen. Wir besaßen Vögel, Goldfische, einen schönen Hund, Kaninchen, einen kleinen Affen und – eine Katze.

Diese letztere war ein auffallend großes und schönes Tier, ganz schwarz und erstaunlich klug. Wenn wir auf ihre Intelligenz zu sprechen kamen, gedachte meine Frau, die übrigens nicht im Geringsten abergläubisch war, manchmal des alten Volksglaubens, dass Hexen oft die Gestalt schwarzer Katzen anzunehmen pflegen. Nicht, dass sie damit jemals eine ernstliche Anspielung hätte machen wollen – ich erwähne es nur, weil ich gerade jetzt daran dachte.

Die Katze war mein bevorzugter Freund und Spielkamerad. Ich selbst fütterte sie, und wo ich im Hause stand und ging, war sie bei mir. Nur schwer konnte ich sie davon zurückhalten, mir auch auf die Straße zu folgen.

So bestand und bewährte sich unsere Freundschaft mehrere Jahre lang. In dieser Zeit aber hatte mein Charakter infolge meiner teuflischen Trunksucht – ich erröte bei diesem Bekenntnis – eine völlige Wandlung zum Bösen durchgemacht. Ich wurde von Tag zu Tag mürrischer, reizbarer, rücksichtsloser gegen die Gefühle anderer. Ich erlaubte mir selbst meiner Frau gegenüber rohe Worte. Schließlich schlug ich sie sogar. Meine Tiere mussten unter meiner Verkommenheit selbstverständlich ganz besonders leiden. Ich vernachlässigte sie nicht nur, sondern misshandelte sie auch. Auf die Katze indessen nahm ich noch immer so viel Rücksicht, dass ich sie nicht ebenso schlecht behandelte wie die Kaninchen, den Affen und auch den Hund, die ich bei jeder Gelegenheit misshandelte, wenn sie mir zufällig oder aus alter Anhänglichkeit in den Weg liefen. Doch mein Leiden wuchs – denn welches Leiden ist lebenszäher als der Hang zum Alkohol! – und endlich musste selbst die Katze, die jetzt alt und daher etwas grämlich zu werden begann, die Ausbrüche meiner Übellaunigkeit fühlen.

Eines Nachts, als ich schwer betrunken aus einer meiner Schnapsspelunken nach Hause kam, schien es mir so, als ob die Katze mir auswiche. Ich packte sie – und da, wahrscheinlich erschreckt durch meine Heftigkeit, riss sie mir mit den Zähnen eine leichte Schramme über die Hand. Im Augenblick geriet ich in wahnsinnige Wut. Ich war nicht mehr ich selbst. Mein wahres Wesen war plötzlich entflohen, und an seiner Stelle spannte eine viehische, trunkene Bosheit jeden Nerv in mir. Ich nahm aus der Westentasche ein Federmesser, öffnete es, riss das arme Tier am Hals empor und bohrte bedachtsam eines seiner Augen aus seiner Höhle heraus! – Die brennende Glut der Scham und kalte Schauer des Entsetzens überfallen mich jetzt, da ich jener höllischen Verruchtheit gedenke.

Am anderen Morgen, nachdem ich meinen Rausch verschlafen hatte und mir die Vernunft zurückgekehrt war, empfand ich halb Grauen, halb Reue über das Verbrechen, dessen ich mich schuldig gemacht hatte; aber es war nur ein schwaches, oberflächliches Gefühl, und meine Seele blieb unbewegt. Ich stürzte mich aufs Neue in wüste Ausschweifungen, und bald war im Wein jede Erinnerung an meine Untat ersäuft.

Inzwischen erholte sich die Katze langsam. Die leere Augenhöhle bot allerdings einen schrecklichen Anblick, aber Schmerzen schien das Tier nicht mehr zu haben. Wie früher ging es im Haus umher, floh aber, wie nicht anders zu erwarten war, in wahnsinniger Angst davon, sobald ich in seine Nähe kam. Es war mir noch immer so viel von meinem Gefühl geblieben, dass ich diese offenbare Abneigung eines Geschöpfes, das mich vordem so geliebt hatte, anfangs schmerzlich empfand. Doch dieses Empfinden wich bald einem anderen – der Erbitterung. Und dann kam, wie zu meiner endgültigen und unaufhaltsamen Vernichtung, noch der Geist des Eigensinns hinzu. Diesen Geist beachtet die Philosophie nicht, und dennoch bin ich wie von dem Leben meiner Seele davon überzeugt, dass Eigensinn eine der ursprünglichsten Regungen des menschlichen Wesens ist – eine der elementaren, primären Eigenschaften oder Empfindungen, die dem Charakter des Menschen seine Richtung geben. Wer hat nicht schon hundertmal eine gemeine oder dumme Handlung begangen, einzig und allein, weil er wusste, dass er eigentlich nicht so handeln solle! Haben wir nicht eine beständige Neigung, das Gesetz zu übertreten, nur weil wir eben wissen, dass es »Gesetz« ist? Ich sage, dieser Geist des Eigensinns war es, der mich endgültig umwarf. Es war jene unergründliche Gier der Seele, sich selbst zu quälen und im Trotz gegen ihre erhabene Reinheit allein um des Bösen Willen das Böse zu tun, die mich antrieb, meine Schuld an der wehrlosen Katze noch zu erweitern, soweit nur eben möglich. So legte ich ihr eines Morgens eine Schlinge um den Hals und knüpfte sie an einem Baumast auf; ich erhängte sie unter strömenden Tränen und bittersten Gewissensqualen; erhängte sie, eben weil ich wusste, dass sie mich geliebt hatte, und weil ich fühlte, dass sie mir keinen Grund zu dieser Gräueltat gegeben hatte; erhängte sie, weil ich wusste, dass ich damit eine Sünde beging – eine Todsünde, die meine unsterbliche Seele so befleckte, dass, wenn irgendeine Sünde nicht vergeben werden könnte, die unendliche Gnade des allbarmherzigen Gottes sich meiner Seele nicht erbarmen könnte.

In der auf diese grausame Tat folgenden Nacht wurde ich durch Feuerlärm aus dem Schlaf aufgeschreckt. Meine Bettvorhänge brannten. Das ganze Haus stand in Flammen. Mit knapper Not entrannen wir, meine Frau, unsere Magd und ich, dem Feuertod. Alles wurde vernichtet. Meine ganze irdische Habe war dahin, und ich überließ mich von nun an haltloser Verzweiflung.

Ich habe nicht die Schwäche, zwischen meiner Schandtat und diesem Unglück einen Zusammenhang, wie etwa Ursache und Wirkung, suchen zu wollen. Da ich aber eine Kette von Tatsachen anführe, so glaube ich, auch das allerkleinste Glied nicht unerwähnt lassen zu dürfen. Am Tag nach dem Brand besichtigte ich die Trümmerstätte. Die Mauern waren bis auf eine eingestürzt. Dies war eine nicht sehr starke Scheidewand, ungefähr aus der Mitte des Hauses, an der das Kopfende meines Bettes gestanden war. Sie hatte die Einwirkung des Feuers hartnäckig überdauert, eine Tatsache, die ich dem Umstand zuschrieb, dass dort der Bewurf erst kürzlich erneuert worden war. Vor dieser Mauer stand eine dichte Menschenmenge, und einzelne Personen schienen eine bestimmte Stelle eingehend und aufmerksam zu untersuchen. Die Worte »sonderbar!«,

»seltsam!« und andere ähnliche Ausrufe erregten meine Neugier. Ich trat heran – und sah auf die helle Fläche eingedrückt das Reliefbild einer großen Katze. Der Abdruck war erstaunlich naturgetreu. Um den Hals des Tieres lag ein Strick.

Als ich zuerst diesen Höllenspuk erblickte – denn für etwas anderes konnte ich es nicht halten –, geriet ich außer mir vor Staunen und Entsetzen. Schließlich aber kam mir die Überlegung zu Hilfe. Der Garten, in dem ich die Katze erhängt hatte, lag dicht bei dem Haus. Auf den Feuerlärm hin war sofort eine Menschenmenge in den Garten eingedrungen, und irgendeiner musste dort das Tier abgeschnitten und durch das offenstehende Fenster in mein Zimmer geworfen haben, wahrscheinlich in der guten Absicht, mich dadurch aus dem Schlaf zu wecken. Durch stürzendes Mauerwerk war das Opfer meiner Grausamkeit in die Masse des frisch aufgetragenen Bewurfs eingedrückt worden, und der Kalk dieses letzteren, in Verbindung mit der Brandglut und dem Ammoniak des Kadavers, hatte dann das Reliefbild so wunderbar geprägt, wie es nun zu sehen war.

Obgleich ich dieser eigenen, vernünftigen Erklärung bereitwillig Glauben schenkte, konnte mein Gewissen sich nicht so leicht beruhigen, und das Ereignis lastete schwer auf meiner Seele. Monatelang beschäftigte sich meine Fantasie mit der Katze, und es erwachte in mir ein Gefühl, das beinahe Reue sein konnte. Es kam so weit, dass ich den Verlust des Tieres bedauerte und mich in den Spelunken, in denen ich mich jetzt meistens herumtrieb, nach einer anderen Katze umsah, die der gemordeten möglichst ähnlich sein und deren Platz bei mir ausfüllen sollte.

Als ich einmal in der Nacht halb stumpfsinnig vor Trunkenheit in einer ganz gemeinen Schnapskneipe saß, wurde ich plötzlich auf einen schwarzen Gegenstand aufmerksam, der oben auf einem riesenhaften Oxhoft Branntwein oder Rum, dem Hauptmöbel der dunstigen Höhle, thronte. Da ich schon einige Minuten lang stier auf die Höhe des Fasses geblickt hatte, war ich jetzt erstaunt darüber, dass ich den Gegenstand dort oben nicht schon früher bemerkt hatte. Es war eine schwarze Katze – eine sehr große – gerade so groß wie die ermordete und dieser auch in allem ähnlich – bis auf eins: Die meine hatte nicht ein einziges weißes Haar am ganzen Körper, diese Katze aber hatte einen großen, allerdings nicht scharf abgegrenzten weißen Fleck, der fast die ganze Brust bedeckte.

Als ich sie berührte, erhob sie sich sofort, schnurrte laut, rieb sich an meiner Hand und schien von der Beachtung, die ich ihr schenkte, entzückt zu sein. Das war also ganz ein Geschöpf, wie ich es suchte. Ich bot dem Wirt sofort an, ihm das Tier abzukaufen; der aber erhob keinen Anspruch auf die Katze: er kenne sie gar nicht – habe sie nie vorher gesehen.

Ich liebkoste das Tier, und als ich mich zum Heimgehen anschickte, zeigte es Lust, mich zu begleiten. Das erlaubte ich ihm. Unterwegs beugte ich mich manchmal zu ihm nieder und streichelte es. In meinem Haus fühlte sich die Katze sofort heimisch, und auch mit meiner Frau war sie vom ersten Tag an sehr befreundet.

In mir aber regte sich bald eine Abneigung gegen die Katze; das war gerade das Gegenteil dessen, was ich erwartet hatte, aber – ich weiß nicht, wie und weshalb es so kam – ihre aufdringliche Liebe zu mir war mir unangenehm, ja sogar zuwider. Nach und nach steigerte sich dieses Gefühl der Abneigung und des Ekels bis zu bitterstem Hass. Ich ging dem Vieh aus dem Weg; was mich davon zurückhielt, es zu misshandeln, waren allein ein gewisses Schamgefühl und die Erinnerung an meine frühere Gräueltat. Einige Wochen lang konnte ich mich noch so weit beherrschen, die Katze weder zu schlagen noch sonstwie absichtlich schlecht zu behandeln, aber allmählich – mit jedem Tag mehr – sah ich sie nur noch mit unaussprechlichem Abscheu und floh bei ihrem unerträglichen Anblick so entsetzt davon wie vor dem Gifthauch der Pestilenz.

Was meinen Hass gegen das Katzenvieh zweifellos genährt hatte, war eine Entdeckung gewesen, die ich sofort, nachdem ich es zu mir genommen, gemacht hatte – die Entdeckung, dass es, wie die erste Katze, um eins seiner Augen beraubt war. Für meine Frau hingegen, die, wie ich schon sagte, jene unendliche Herzensgüte besaß, die auch mich einst auszeichnete und mir viel reine und harmlose Freuden gebracht hatte, war dies nur ein Grund mehr, das Tier zu lieben.

Mit meiner Abneigung gegen die Katze schien deren Vorliebe für mich nur zu wachsen. Sie folgte meinen Schritten mit einer unbeschreiblichen Beharrlichkeit, von der man sich kaum einen Begriff machen kann. Wenn ich mich setzte, kroch sie unter meinen Stuhl oder sprang auf meine Knie und belästigte mich mit ihren widerwärtigen Liebkosungen. Wenn ich aufstand, um fortzugehen, lief sie mir zwischen die Beine, sodass ich in Gefahr geriet, hinzufallen, oder sie hing sich mit ihren langen und scharfen Krallen in meine Kleider und kletterte mir bis zur Brust herauf. Trotzdem ich mich dann stets versucht fühlte, sie mit einem Faustschlag umzubringen, schreckte ich doch davor zurück, teils im Gedenken an mein früheres Verbrechen, hauptsächlich aber – ich will es nur gleich bekennen – aus sinnloser Angst vor der Bestie.

Diese Angst war nicht gerade Furcht davor, dass mir das Tier irgendeine Verletzung zufügen könnte, aber ich wüsste auch nicht, wie ich sie anders erklären sollte. Ich kann nur mit Beschämung gestehen – ja, selbst in dieser Verbrecherzelle schäme ich mich dessen –, dass die Gefühle des Schreckens und Entsetzens, die das Tier in mir hervorrief, durch ein Hirngespinst, wie man sich kaum eins närrischer denken kann, maßlos gesteigert wurden. Meine Frau hatte mich mehr als einmal auf die Form des weißen Brustflecks aufmerksam gemacht, von dem ich bereits gesprochen habe und der das einzig sichtbare Unterscheidungsmerkmal zwischen dieser fremden und der von mir umgebrachten Katze bildete. Man wird sich meiner obigen Beschreibung entsinnen, wonach dieser Fleck, obschon er ziemlich groß war, ursprünglich nur undeutlich hervortrat; doch nach und nach, in kaum merklich fortschreitendem Wachstum – einem Vorgang, den meine Vernunft lange Zeit als reine Augentäuschung zu verwerfen strebte – wurde dieses Zeichen in scharfen Umrissen deutlich sichtbar. Es hatte nun die Form eines Gegenstandes, den ich nur mit Grausen nenne und dessen Abbild mich mehr als alles andere schreckte und entsetzte, sodass ich das Scheusal am liebsten umgebracht hätte, wenn ich nur den Mut dazu hätte finden können. Es war das Bild – so sei es denn herausgesagt – eines unheimlichen, eines fürchterlichen Dings – eines Galgens! – O schrecklich drohendes Werkzeug des gräuelhaften Mordens – des martervollen Todes!

Und jetzt war ich wirklich elend – elend weit über alles Menschenelend hinaus. Und ein vernunftloses Vieh – von dessen Geschlecht ich eines verächtlich umgebracht hatte – ein vernunftloses Vieh konnte mich – mich, den Menschen, das Ebenbild Gottes – so unsäglich elend machen! Ach, ich kannte nicht mehr den Segen der Ruhe, weder bei Tag noch bei Nacht! Bei Tage ließ das Tier mich nicht einen Augenblick allein, und in der Nacht fuhr ich fast jede Stunde aus qualvollen Angstträumen empor, um den heißen Atem des Viehs über mein Gesicht wehen zu fühlen und den Druck seines schweren Gewichts – wie die Verkörperung eines grässlichen Alpgespenstes, das ich nicht abzuschütteln vermochte – auf meiner Brust zu tragen.

Unter der Wucht solcher Qualen erlag in mir der schwache Rest des Guten. Böse Gedanken wurden die Vertrauten meiner Seele – schwarze, ekle Höllengedanken! Meine bisherige Stimmung schwoll an zu bösem Hass gegen alles in der Welt und gegen die ganze Menschheit; und meistens war es, ach! mein schweigend duldendes Weib, das nun das unglückliche Opfer meiner häufigen, plötzlichen und zügellosen Wutausbrüche wurde.

Eines Tages begleitete sie mich irgendeines häuslichen Geschäfts wegen in den Keller des alten Gebäudes, das wir in unserer Armut zu bewohnen genötigt waren. Die Katze folgte mir die Stufen der steilen Treppe hinab und war mir dabei so hinderlich, dass ich beinahe kopfüber hinuntergestürzt wäre. Das machte mich rasend. In sinnlosem Zorn vergaß ich die kindische Furcht, die meine Hand bisher zurückgehalten hatte, ergriff eine Axt und führte einen Hieb nach dem Tier, der augenblicklich tödlich gewesen wäre, wenn er sein Ziel getroffen hätte. Aber meine Frau fiel mir in den Arm. Diese Einmischung brachte mich in wahrhaft teuflische Wut. Ich entwand mich ihrem Griff und schlug die Axt tief in ihren Schädel ein. Sie brach lautlos zusammen.

Nachdem dieser grässliche Mord geschehen war, machte ich mich sogleich und mit voller Überlegung daran, den Leichnam zu verbergen. Ich wusste, dass ich ihn weder am Tag noch in der Nacht aus dem Haus schaffen konnte, ohne dabei Gefahr zu laufen, von den Nachbarn beobachtet zu werden. Mancherlei Pläne schossen mir durch den Sinn. Zuerst dachte ich daran, den Körper in kleine Stücke zu zerhacken und sie durch Feuer zu vernichten. Dann beschloss ich, ihm im Boden des Kellers ein Grab zu graben. Ich überlegte mir aber auch, ob ich ihn nicht lieber im Hof in den Brunnen werfen sollte – oder ob ich ihn wie eine Ware in eine mit unauffälligen Aufschriften versehene Kiste packen und diese durch einen Träger fortschaffen lassen sollte. Endlich kam ich auf einen Gedanken, der mir der richtige Ausweg zu sein schien: Ich entschloss mich, die Leiche im Keller einzumauern – ganz so, wie es alten Erzählungen zufolge die Mönche des Mittelalters mit ihren Opfern gemacht haben mochten.

Zur Ausführung gerade dieses Plans war der Keller sehr geeignet. Die Mauern waren leicht gebaut und erst kürzlich mit einem groben Mörtel beworfen worden, der infolge der Feuchtigkeit der Kellerluft noch nicht hart geworden war. Überdies war an einer der Mauern ein Vorsprung, hinter dem sich ein unbenutzter Rauchschlot oder eine Feuerstelle befand und der neuerdings wieder ausgefüllt und den übrigen Wänden des Kellers gleichgemacht worden war. Ich zweifelte nicht daran, dass es mir leicht möglich sein würde, an dieser Stelle die Ziegelsteine herauszunehmen, den Leichnam in die Höhlung hineinzubringen und die Wand wieder zuzumauern, sodass kein Mensch etwas Verdächtiges entdecken könnte.

Und diese Berechnung täuschte mich nicht. Mit Hilfe eines Brecheisens gelang es mir mühelos, die Steine zu lockern; nachdem ich den Leichnam mit aller Vorsicht aufrecht gegen die innere Wand gelehnt hatte, stützte ich ihn in dieser Stellung fest und füllte das Mauerloch ohne Schwierigkeit wieder aus, genau so, wie es zuvor gewesen war. Ich hatte mir in aller Stille Mörtel, Sand und Haar zu verschaffen gewusst und stellte daraus einen Bewurf her, der von dem der anderen Wände nicht zu unterscheiden war; mit ihm bestrich ich sehr sorgfältig die neue Vermauerung. Als ich damit fertig war, fand ich zu meiner Befriedigung, dass nun alles in Ordnung sei. Man sah der Mauer nicht im Geringsten an, dass sie aufgebrochen worden war. Den Schutt am Boden hatte ich mit peinlichster Sorgfalt entfernt. Triumphierend sah ich auf mein Werk und sagte zu mir selbst: »Hier wenigstens ist deine Arbeit nicht umsonst gewesen.«

Das nächste, was ich nun tat, war, mich nach der Bestie umzusehen, die so viel Elend veranlasst hatte, denn ich hatte ihr inzwischen längst das Urteil gesprochen: Sie musste sterben! Hätte sie sich jetzt vor mir blicken lassen, so wäre es zweifellos sofort um sie geschehen gewesen; aber es schien, als ob das verschlagene Tier, noch beunruhigt durch meinen heftigen Wutausfall, es mit Absicht vermied, mir in meiner gegenwärtigen Stimmung vor die Augen zu kommen. Es ist unmöglich, zu beschreiben oder auch nur sich vorzustellen, wie tief beruhigend das Gefühl der Erlösung war, das ich über die Abwesenheit der verhassten Katze empfand. Auch in der Nacht ließ sie sich nicht blicken – und so schlief ich, seitdem ich sie in mein Haus gebracht hatte, wenigstens eine Nacht hindurch tief und ruhig; ja, ich schlief, selbst mit der Last des Mordes auf der Seele.

Der zweite und der dritte Tag vergingen, ohne dass mein Quälgeist zurückkehrte. Ich atmete wieder auf wie ein Befreiter. Der Schrecken hatte das Ungeheuer für immer vertrieben. Ich sollte es nie mehr erblicken! Meine Seligkeit war grenzenlos! Das Bewusstsein meiner schwarzen Tat störte mich nur wenig. Ein paar Nachfragen, die erhoben worden waren, hatte ich schlagfertig beantwortet. Selbst eine Haussuchung hatte stattgefunden – aber natürlich war nichts zu entdecken gewesen. Ich brauchte also für die Zukunft nichts mehr zu befürchten.

Am vierten Tag nach dem spurlosen Verschwinden meiner Frau kam ganz unerwartet eine Polizeikommission und begann von Neuem alle Räumlichkeiten gründlich zu durchsuchen. Ich war jedoch nicht im Geringsten darüber beunruhigt, da ich sicher war, dass die Leiche in ihrem geheimen Versteck nicht entdeckt werden konnte. Die Beamten forderten mich auf, sie bei der Durchsuchung zu begleiten. Sie übersahen keinen Winkel, kein Versteck. Schließlich stiegen sie zum dritten oder vierten Mal in den Keller hinab. Ich blieb ruhig wie Stein. Mein Herz schlug so friedlich wie das eines Menschen, der in Unschuld schläft. Ich folgte den Herren von einem Ende des Kellers bis zum andern. Die Arme über der Brust verschränkt, ging ich festen Schrittes einher. Die Beamten waren vollkommen beruhigt und schickten sich an, fortzugehen. Die Freude meines Herzens war zu groß – ich musste sie irgendwie äußern! Ich brannte darauf, wenigstens ein Wort des Triumphes auszurufen, das zugleich aber auch die Herren in ihrer Überzeugung von meiner Unschuld bestärken sollte.

»Meine Herren«, sagte ich, als sie bereits wieder die Kellerstufen emporstiegen, »ich bin entzückt, Ihren Verdacht zerstreut zu haben. Ich wünsche Ihnen viel Glück und ein wenig mehr Höflichkeit. Nebenbei bemerkt, meine Herren, dies – dies ist ein sehr gut gebautes Haus« (in dem verrückten Wunsch, irgendetwas Herausforderndes zu sagen, wusste ich kaum, was ich überhaupt redete), »ich möchte sagen, ein hervorragend gut gebautes Haus. Diese Mauern – gehen Sie schon, meine Herren? – diese Mauern sind solide aufgeführt.« Und hier – rein aus tollem Übermut – schlug ich mit einem Stock, den ich gerade bei der Hand hatte, kräftig auf die Stelle des Mauerwerks, hinter der sich die Leiche meines einst so geliebten Weibes befand.

Aber – möge Gott mir gnädig sein und mich retten aus den Krallen des Erzfeindes! – kaum war der Schall meiner Schläge verhallt, als eine Stimme aus dem Grab mir Antwort gab. Es war ein Schreien, zuerst erstickt und abgebrochen wie das Weinen eines Kindes, dann aber schwoll es an zu einem ununterbrochenen, durchdringenden und unheimlichen Gekreisch, das keiner menschlichen Stimme mehr zu vergleichen war – zu einem bald jammervoll klagenden, bald höhnisch johlenden Geheul, wie es nur aus der Hölle kommt, wenn das Wehklagen der zu ewiger Todespein Verdammten sich mit dem Frohlocken der Höllengeister zu einem Schall vereint.

Es ist wohl überflüssig, noch davon zu sprechen, was ich in diesem Augenblick empfand. Ohnmächtig taumelte ich an die gegenüberliegende Mauer. Die Leute auf der Treppe standen regungslos, von Schreck und Entsetzen gelähmt. Im nächsten Moment aber arbeitete ein Dutzend kräftiger Hände daran, die Mauer einzureißen. Sie fiel. Der schon stark in Verwesung übergegangene und mit geronnenem Blut bedeckte Leichnam stand aufrecht vor den Augen der Männer. Auf seinem Kopf saß, mit weit aufgesperrtem rotem Rachen und dem einen glühenden Auge, die fürchterliche Katze, deren teuflische Gewalt mich zum Mörder gemacht hatte und deren Stimme mich nun den Henkern überlieferte. Ich hatte das Scheusal in das Grab mit eingemauert.

Eine Erzählung aus den Ragged Mountains

Gegen Ende des Jahres 1827 während meines Aufenthalts in der Nähe von Charlottesville in Virginia machte ich zufällig die Bekanntschaft eines Herrn August Bedloe. Dieser junge Mann war in jeder Hinsicht ein höchst seltsamer Mensch und erweckte in mir ein tiefes Interesse, eine unbeschreibliche Neugier. Er war mir nicht allein in psychischer, sondern auch in physischer Beziehung ein Rätsel. Über seine Abstammung konnte ich keine befriedigende Auskunft erhalten. Woher er kam, konnte ich nie mit Sicherheit feststellen. Und selbst was sein Alter anbetraf, so gab es – trotzdem ich ihn einen jungen Mann genannt habe – manches, was mich nicht wenig verwirrte. Gewiss, er schien jung zu sein – und er betonte gern seine Jugend –, dennoch gab es Augenblicke, da es mich wenig Mühe kostete, mir einzubilden, er sei an hundert Jahre alt. Aber nichts an ihm war so sonderbar wie seine persönliche Erscheinung. Er war auffallend hoch gewachsen und mager. Seine Haltung war gebückt. Seine Gliedmaßen waren außerordentlich lang und dünn; seine Stirn war breit und niedrig, seine Hautfarbe vollkommen blutlos. Sein Mund war groß und sehr beweglich, und seine Zähne waren kräftig, standen jedoch so unregelmäßig und in so großen Zwischenräumen, wie ich das noch bei keinem anderen Menschen bemerkt hatte. Sein Lächeln aber war keineswegs unangenehm, wie man vielleicht hätte annehmen können, doch blieb es sich immer gleich. Es war voll tiefster Melancholie, voll gleichmäßiger, immerwährender Trauer. Seine Augen waren ungewöhnlich groß und rund, wie die einer Katze; und wie bei einer Katze erweiterten oder verengten sich die Pupillen je nach der Lichtstärke, die sie traf. In Augenblicken der Erregung trat in seine Augen ein fast unbegreiflicher Glanz, ein Leuchten und Strahlen ging von ihnen aus wie von einer selbständigen Lichtquelle, sie warfen nicht einen empfangenen Glanz zurück, sondern erstrahlten in eigenem, lebendigem Feuer, wie das Licht einer Kerze oder die Glut der Sonne. Gewöhnlich aber schienen seine Augen erloschen, verschleiert und trüb, man konnte sich einbilden, es seien die Augen eines schon lange in der Erde ruhenden Toten.

Diese Eigentümlichkeiten seiner persönlichen Erscheinung waren ihm selbst sehr unangenehm; er liebte es, sie zu erklären, zu entschuldigen, was mich zunächst recht peinlich berührte. Bald aber gewöhnte ich mich daran, und mein Unbehagen schwand. Er suchte, nicht gerade zu behaupten, doch anzudeuten, dass er physisch nicht immer so gewesen sei wie jetzt – dass vielmehr eine große Anzahl neuralgischer Anfälle ihn, einen früher sehr schönen Menschen, bis zu seinem jetzigen Zustand heruntergebracht habe.

Seit vielen Jahren schon wurde er von einem Arzt namens Templeton, einem alten Herrn von vielleicht siebzig Jahren, begleitet; Bedloe war ihm zuerst in Saratoga begegnet, wo ihm seine Behandlung sehr wohltuend gewesen oder wenigstens so erschienen war. So kam es, dass Bedloe, der wohlhabend war, mit Dr. Templeton ein Abkommen getroffen hatte, demzufolge dieser sich gegen ein bedeutendes Jahresgehalt bereit erklärte, seine Zeit und ärztliche Erfahrung ausschließlich in Bedloes Dienst zu stellen.

Dr. Templeton war in seinen jungen Jahren viel gereist und in Paris zum gläubigen Anhänger der Lehren

Mesmers geworden. Lediglich mit Hilfe magnetischer Mittel war es ihm gelungen, die akuten Schmerzanfälle seines Patienten zu lindern, und dieser Erfolg hatte letzterem natürlich einiges Vertrauen zu den Anschauungen eingeflößt, denen man so wirksame Heilmittel verdankte. Der Doktor jedoch hatte sich gleich allen Enthusiasten heiß bemüht, aus seinem Schüler einen überzeugten Anhänger zu machen, und war schließlich seinem Ziel so weit nahe gekommen, dass der Leidende sich willig zahlreichen Experimenten unterwarf. Die häufige Wiederholung derselben hatte ein Resultat gezeitigt, das heutzutage allgemein bekannt und anerkannt ist und daher kaum noch Beachtung findet, von dem man aber damals in Amerika so gut wie gar nichts wusste. Ich will damit sagen, dass zwischen Doktor Templeton und Bedloe nach und nach ein ganz bestimmter und streng begrenzter Rapport erwachsen war, dass also zwischen ihnen eine magnetische Beziehung bestand. Ich will zwar nicht behaupten, dass dieser Rapport über das einfache Resultat, dass der Arzt den Patienten einzuschläfern vermochte, hinausging, aber diese Macht war immer stärker geworden. Der erste Versuch, einen magnetischen Schlaf herbeizuführen, war dem Mesmeristen fehlgeschlagen; beim fünften oder sechsten Versuch erzielte er nach großer Anstrengung einen teilweisen Erfolg. Erst beim zwölften Male war der Sieg vollkommen.

Von nun an unterlag der Wille des Patienten sehr schnell dem des Arztes, und damals, als ich die beiden kennenlernte, genügte der bloße Gedanke Templetons, um Bedloe, selbst wenn dieser von der Gegenwart des Arztes nichts wusste, sofort in Schlaf zu versetzen. Erst jetzt, im Jahre 1845, wo Tausende täglich ähnliche Wunder erleben, darf ich es wagen, diese scheinbare Unmöglichkeit als ernst zu nehmende Tatsache zu berichten.

Bedloes Temperament war im höchsten Grad empfindsam, reizbar, enthusiastisch. Seine Einbildungskraft war erstaunlich lebhaft und schöpferisch und wurde noch durch den gewohnheitsmäßigen Genuss von Morphium gesteigert, das er in großen Mengen genoss und nicht entbehren konnte. Es war seine Gewohnheit, jeden Morgen gleich nach dem Frühstück eine große Dosis zu sich zu nehmen – oder vielmehr gleich nach dem Genuss einer Tasse schwarzen Kaffees, denn am Vormittag aß er nichts – und dann allein, nur von seinem Hund begleitet, spazieren zu gehen; er machte große Wanderungen durch das wilde und düstere Hügelgelände, das sich im Westen und Süden von Charlottesville hinzieht und dem man den Namen »Ragged Mountains« verliehen hat.

An einem warmen nebligen Tag gegen Ende November, zu einer Jahreszeit also, die man in Amerika den »Indianischen Sommer« nennt, machte sich Herr Bedloe wie üblich auf den Weg nach den Hügeln. Der Tag verging, und noch immer kehrte er nicht zurück.

Gegen acht Uhr abends, als sein unerwartet langes Ausbleiben uns beunruhigte und wir uns auf die Suche machen wollten, erschien er plötzlich; sein Befinden war nicht schlechter als gewöhnlich, seine Stimmung seltsam aufgeregt. Der Bericht, den er von seiner Wanderung gab und von den Ereignissen, die sein Ausbleiben veranlassten, war in der Tat höchst sonderbar.

»Sie werden sich erinnern«, sagte er, »dass es etwa neun Uhr morgens war, als ich Charlottesville verließ. Ich lenkte meine Schritte sogleich den Bergen zu und gelangte gegen zehn Uhr in eine Schlucht, die mir ganz unbekannt war. Ich folgte den Windungen des Engpasses mit großem Interesse. Die Szenerie, die sich rings bot, hatte, trotzdem sie nicht großartig genannt werden konnte, etwas ganz Eigenartiges und erfreute mich vor allem durch ihre vollständige Einsamkeit. Hier war geradezu jungfräulicher Boden. Ich konnte nicht umhin, mir einzubilden, dass der grüne Rasen, auf den ich trat, und die grauen Felsen, über die ich hinwanderte, noch von keinem menschlichen Fuß betreten worden seien. So vollkommen verborgen und tatsächlich nur durch allerlei wundersame Zufälle erreichbar ist der Eingang in dieses Tal, dass es durchaus nicht unmöglich ist, dass ich wirklich der erste war – der erste und einzige Abenteurer –, der je in diese Schlucht kam.

Der dichte, sonderbare Nebelrauch, der für den Indianischen Sommer bezeichnend ist und der jetzt schwer auf allen Dingen lag, vertiefte den unbestimmten Eindruck, den diese Dinge auf mich machten. So dicht war dieser sanfte Nebel, dass ich den Weg vor mir stets nur eine kurze Strecke weit überblicken konnte. Der Pfad war vielfach gewunden, und da die Sonne nicht zu sehen war, wusste ich bald nicht mehr, in welcher Richtung ich mich vorwärts bewegte. Inzwischen wirkte das Morphium wie gewöhnlich: Die Erscheinungen der äußeren Welt wurden für mich von tiefstem Interesse. Das Zittern eines Blattes – die Farbe eines Grashalms – die Form eines Kleeblattes – das Summen einer Biene – das Schimmern eines Tautropfens – das leise Wehen des Windes – die sanften Düfte vom Wald her – alles brachte mir eine Welt von Einbildungen, eine heitere, närrische Fülle unzusammenhängender krauser Gedanken.

So versunken ging ich stundenlang voran, und der Nebel um mich her wurde dichter und dichter, bis ich schließlich nur noch tastend vorwärts kam. Und nun ergriff mich eine unbeschreibliche Unruhe – ein nervöses Zittern und Verzagen – ich fürchtete, einen Fehltritt zu tun und in irgendeinen Abgrund zu stürzen. Auch erinnerte ich mich der seltsamen Geschichten, die über die

Ragged Mountains in Umlauf sind, und der fremden, wilden Menschenrasse, die in den Grotten und Höhlen dieser Berge hausen sollte. Tausend unbestimmte Einbildungen bedrückten und beunruhigten mich. Plötzlich drang lautes Trommelschlagen an mein Ohr.

Meine Bestürzung war natürlich grenzenlos. Trommelklang hier in den Bergen – das war etwas Unerhörtes! Die Posaunen des Jüngsten Gerichts hätten mich nicht tiefer erschrecken können! Aber etwas Neues und noch Verwirrenderes folgte. Es näherte sich ein rasselndes, klirrendes Geräusch, wie der Klang eines großen Schlüsselbundes – und im selben Augenblick jagte ein dunkelhäutiger, halbnackter Mann mit einem Schrei an mir vorüber. Er kam mir so nahe, dass ich seinen heißen Atem im Gesicht spürte. In der einen Hand trug er einen Gegenstand, der aus vielen stählernen Reifen zu bestehen schien und den er im Laufen heftig schüttelte. Kaum war er im Nebel verschwunden, als mit offenem Rachen und flammenden Augen ein großes Untier hinter ihm herkeuchte. Ich irrte mich nicht, es war eine Hyäne.

Der Anblick dieser Bestie verminderte mein Entsetzen, statt es zu vermehren, denn jetzt war ich gewiss, dass ich träumte, und ich bemühte mich, zu klarem Bewusstsein zu erwachen. Ich schritt schnell und mutig voran. Ich rieb mir die Augen. Ich schrie laut hinaus. Ich kniff mich in den Arm. Ein kleiner Quell bot sich meinen Augen, und ich beugte mich nieder und kühlte mir Hände und Nacken und Antlitz. Dies schien das unbestimmte Angstgefühl, das mich bisher geplagt hatte, zu zerstreuen. Ich erhob mich, wie ich vermeinte, als ein neuer Mensch und setzte meinen unbekannten Weg ruhig und besonnen fort.

Endlich, als ich vom Wandern sehr ermüdet war und eine seltsame Dichtigkeit der Atmosphäre mir die Luft benahm, setzte ich mich unter einen Baum. Im selben Augenblick durchdrang ein Sonnenstrahl den Nebel, und der Schatten des Baumes zeichnete sich schwach, doch deutlich im Gras ab. Minutenlang starrte ich diesen Schatten verwundert an. Seine sonderbare Form verblüffte mich aufs Höchste. Ich blickte zum Baum hinauf – es war eine Palme.

Jetzt erhob ich mich hastig und in furchtbarer Aufregung – denn die Annahme, dass ich träumte, war nun unhaltbar. Ich sah, ich fühlte, dass ich vollkommen bei Sinnen war – und meine Sinne waren es, die mir jetzt eine Welt neuer und absonderlicher Empfindungen brachten. Die Hitze wurde auf einmal unerträglich. Ein fremder Duft machte die Luft schwül und schwer. Ein leises, ununterbrochenes Gemurmel, wie das Rauschen eines sanft daherströmenden Flusses, drang an mein Ohr, vermischt mit dem eigentümlichen Summen zahlloser Menschenstimmen.

Während ich in unbeschreiblichem Staunen lauschte, kam ein kräftiger Windstoß und zerteilte den lastenden Nebel wie auf ein Zauberwort.

Ich fand mich am Fuße eines hohen Berges, und vor mir lag eine weite Ebene, durch die sich ein majestätischer Strom wand. Am Ufer des Flusses lag eine morgenländische Stadt – eine Stadt, wie wir sie aus den arabischen Märchen kennen, doch von noch eigenartigerem Charakter. Von meinem Platz aus, der hoch über der Ebene und der Stadt lag, konnte ich alle Gassen und Winkel überschauen. Die Straßen schienen zahllos und kreuzten einander nach allen Richtungen, doch glichen sie mehr langen gewundenen Alleen als Straßen und waren schwarz von Menschen. Die Häuser waren ungemein malerisch. Überall bot sich den Blicken eine Fülle von Balkonen, Säulenhallen, Minaretten, Altären und fantastisch geschnitzten Erkern. In den zahlreichen Basaren lagen allerart kostbare Waren aus: Seide, Musseline, blitzende Dolche und Messer, wunderbare Juwelen und edle Steine. Außer diesen Dingen sah man auf allen Seiten Fahnen und Sänften, Tragsessel mit tief verschleierten Damen, prächtig aufgezäumte Elefanten, seltsam geformte Götzenbilder, Trommeln, Standarten und Gongs, Speere, silberne und vergoldete Keulen. Und inmitten der Menge und dem Lärm und dem ganzen verworrenen Getriebe, inmitten der Millionen schwarzer und gelber Menschen – Menschen in Turban und Prachtgewand und mit wehenden Bärten – brüllte die zahllose Horde geschmückter heiliger Stiere, während ungeheure Scharen der schmutzigen, doch geheiligten Affen schwatzend und kreischend auf den Gesimsen der Moscheen herumkletterten oder sich an den Minaretten und Hausbalkonen hinaufschwangen.

Aus den überfüllten Straßen führten viele Treppen hinab an die Ufer des Flusses, zu Badeplätzen; der Fluss selber aber schien sich nur mit Mühe zwischen den endlosen Reihen schwerbeladener Schiffe, die ihn weit und breit bedeckten, einen Weg zu bahnen. An den Grenzen der Stadt erhoben sich majestätische Gruppen von Kokospalmen und anderen riesenhaften, uralten Bäumen; und hie und da gewahrte man ein Reisfeld, die Strohhütte eines Bauern, einen Teich, einen einsamen Tempel, ein Zigeunerlager oder ein anmutiges Mädchen, das mit einem Krug auf dem Kopf hinabschritt ans Ufer des herrlichen Stroms.

Natürlich werden Sie nun behaupten, ich hätte geträumt; aber dem war nicht so. Was ich sah, was ich hörte, was ich fühlte, was ich dachte – das hatte nichts von der Empfindungseigenheit des Traums. Alles war klar und folgerecht. Ich zweifelte zunächst selbst an meinem Wachsein und stellte daher eine Anzahl Proben an, die mir bald bewiesen, dass ich tatsächlich wach war. Wenn man träumt und im Traum vermutet, dass man träumt, so wird diese Vermutung sich immer mehr verstärken, bis schließlich der Schläfer erwacht. Novalis hat also recht, wenn er sagt: »Wenn wir träumen, dass wir träumen, so sind wir kurz vor dem Erwachen.« Hätte ich die beschriebene Vision gehabt, ohne dass mir die Vermutung gekommen wäre, es sei nur ein Traum, so hätte es durchaus ein Traum sein können; da aber die Erscheinung von mir angezweifelt und auf die Probe gestellt worden war, ohne dass ich erwachte, so bin ich genötigt, sie anders zu klassifizieren.«

»Ich bin nicht sicher, ob Sie nicht in diesem Punkt unrecht haben«, bemerkte Dr. Templeton, »doch fahren Sie fort. Sie erhoben sich und gingen hinunter in die Stadt.«

»Ich erhob mich«, fuhr Bedloe fort und sah den Doktor verwundert an, »ich erhob mich, wie Sie sagen, und stieg in die Stadt hinunter. Unterwegs geriet ich in eine ungeheure Volksmenge, die von allen Seiten, aus allen Wegen herbeiströmte und sich in wildester Aufregung in ein und derselben Richtung vorwärts bewegte. Ganz plötzlich und durch einen unbegreiflichen Antrieb wurde ich für diesen Vorgang von tiefstem persönlichen Interesse erfüllt. Es war mir, als habe ich irgendeine bedeutende Rolle zu spielen, deren Tragweite ich jedoch nicht ermessen konnte. Gegen die mich umgebende Menge aber empfand ich einen tiefen Hass. Ich wich ihr aus und eilte auf einem Umweg hinunter – und hinein in die Stadt. Hier herrschte Kampf und wildester Aufruhr. Eine kleine Gruppe von Männern, teils in indischer, teils in europäischer Kleidung, die ein Herr in britischer Uniform befehligte, verteidigte sich gegen den anstürmenden Volkshaufen. Ich nahm einem gefallenen Offizier die Waffen ab, schloss mich der schwächeren Partei an und schlug wie ein

Verzweifelter blindlings drauf los. Die Übermacht der Feinde zwang uns bald, in einer Art Kiosk Zuflucht zu suchen. Hier verbarrikadierten wir uns und waren für den Moment in Sicherheit. Durch ein Schlupfloch hinausspähend, gewahrte ich einen ungeheuren Volkshaufen, der in rasender Wut einen am Flussufer aufragenden glänzenden Palast umringte und zu stürmen versuchte. Plötzlich sah ich, wie sich aus einem oberen Fenster ein weibisch aussehender Mensch an einer Strickleiter herabgleiten ließ, die aus Turbanen seines Gefolges geknüpft worden war. Ein Boot lag bereit, das ihn sogleich an das gegenüberliegende Flussufer in Sicherheit brachte.

Und jetzt nahm ein neuer drängender Gedanke von meiner Seele Besitz. Ich richtete an meine Gefährten einige hastige, doch energische Worte und machte mit denen, die ich für meinen Vorschlag gewonnen hatte, einen kühnen Ausfall. Wir stürzten uns in die wogende Volksmasse. Man wich zunächst vor uns zurück. Bald aber stürmte die Menge wieder vorwärts, kämpfte wie toll und zog sich von Neuem zurück.

Inzwischen hatte man uns vom Kiosk weit fortgedrängt, hinein in enge, unbekannte Gassen, in deren finstere Tiefe die Sonne niemals einzudringen vermochte. Der Pöbel umringte uns, bewarf uns mit Speeren und überschüttete uns mit Pfeilen. Diese letzteren waren sehr eigentümlich und glichen in gewisser Hinsicht dem gewundenen Dolch der Malaien. Ihre Form ahmte die Gestalt der kriechenden Schlange nach, sie waren lang und schwarz, und ihre Spitze war vergiftet. Einer von ihnen traf mich an der rechten Schläfe. Ich taumelte und fiel. Entsetzliche Übelkeit erfasste mich. Ich wälzte mich – ich rang nach Atem – ich starb.«

»Nun werden Sie kaum noch darauf bestehen wollen«, sagte ich lächelnd, »dass Ihr Abenteuer kein Traum gewesen sei. Sie wollen doch nicht etwa behaupten, Sie seien tot?«

Auf diese Worte hin erwartete ich natürlich irgendeinen lebhaften Einspruch von Bedloe zu vernehmen; zu meiner Verwunderung aber zögerte er, zitterte, erbleichte und blieb stumm. Ich sah auf Templeton. Er saß starr und aufrecht in seinem Stuhl – seine Zähne klapperten, und seine Augen drangen fast aus ihren Höhlen. »Weiter!«, sagte er endlich mit heiserer Stimme zu Bedloe.

»Viele Minuten lang«, fuhr dieser fort, »war mein einziges Gefühl das der Dunkelheit und des Nichtseins bei dem Bewusstsein, dass ich tot sei. Auf einmal durchfuhr meine Seele eine plötzliche heftige Erschütterung, wie ein elektrischer Schlag. Gleichzeitig überkam mich ein Gefühl von Schwungkraft und Licht; letzteres sah ich nicht – ich fühlte es. Im selben Augenblick war es, als erhöbe ich mich vom Erdboden; aber ich hatte keine Körperlichkeit mehr, ich war nicht mehr sichtbar, hörbar und greifbar gegenwärtig.

Die Volksmenge hatte sich verlaufen. Der Tumult hatte aufgehört. In der Stadt herrschte Ruhe. Unter mir sah ich meinen Leichnam liegen; in der Schläfe steckte der Pfeil, der ganze Kopf war unförmig angeschwollen. Doch alle diese Dinge fühlte ich nur – ich sah sie nicht. Ich hatte an nichts mehr Interesse. Selbst meine Leiche war eine Sache, die mich nichts mehr anging. Willenskraft hatte ich nicht, jedoch den zwingenden Antrieb, mich vorwärtszubewegen. Ich schwebte zur Stadt hinaus und den gewundenen Pfad zurück, auf dem ich vorher herabgestiegen war. Als ich die Stelle der Bergschlucht erreichte, wo ich die Hyäne wahrgenommen hatte, empfand ich wieder einen Schlag wie von einer elektrischen Batterie; das Gefühl der Schwere, der Willenskraft, der Körperlichkeit kehrte zurück. Ich wurde wieder mein früheres Selbst und lenkte meine Schritte eilig heimwärts – doch das Geschehene blieb in meinem Gedächtnis mit aller Eindringlichkeit von wirklich Erlebtem haften – und auch jetzt kann ich mein Bewusstsein nicht einen Augenblick zwingen, das Ganze als einen Traum anzusehen.«

»Das war es auch nicht«, sagte Templeton mit feierlicher Miene; »dennoch würde es schwer sein, eine andere Bezeichnung dafür zu finden. Lassen Sie uns nur dies eine annehmen, dass die Seele des Menschen von heute an der Schwelle unerhörter psychischer Entdeckungen steht. Lassen Sie uns Genüge finden in dieser Annahme. Im Übrigen kann ich einige Erklärungen geben. Hier ist eine Aquarellzeichnung, die ich Ihnen schon früher gezeigt haben sollte, doch hielt mich bisher ein unerklärliches Gefühl des Grauens davon ab.«

Wir blickten auf das Bild, das er uns zeigte. Ich sah daran nichts Bemerkenswertes; auf Bedloe aber schien es ganz seltsam zu wirken. Er blickte darauf – und schien einer Ohnmacht nahe. Dabei war es nichts weiter als ein Miniaturporträt – ein wundersam ähnliches allerdings – seiner eigenen auffallenden Gesichtszüge. Das wenigstens war mein Gedanke beim Anblick des Bildes.

»Beachten Sie bitte«, sagte Templeton, »das Datum des Bildes – es steht hier in dieser Ecke – kaum erkennbar – 1780. In diesem Jahr wurde das Bildnis angefertigt. Es ist das Abbild eines toten Freundes von mir – eines Herrn Oldeb –, an den ich mich seinerzeit in Kalkutta während der Regierung Warren Hastings' sehr anschloss. Ich war damals erst zwanzig Jahre alt. Als ich Sie in Saratoga zum ersten Mal sah, Herr Bedloe, war es die wundersame Ähnlichkeit zwischen Ihnen und dem Bildnis, die mich veranlasste, Sie anzureden, Ihre Bekanntschaft zu suchen und danach zu trachten, dass Sie mich zu Ihrem beständigen Begleiter machten. Zu letzterem trieb mich teilweise – und vielleicht hauptsächlich – ein leidtragendes Gedenken an den Dahingegangenen, teilweise aber auch eine seltsame, unruhige Neugier in Bezug auf Sie selbst.

In Ihrer Schilderung der Vision, die Sie inmitten der Berge hatten, haben Sie bis ins kleinste genau die indische Stadt Benares am Ufer des heiligen Stroms beschrieben. Der Aufruhr, die Kämpfe, das Blutbad waren tatsächliche Begebenheiten im Gefolge des Aufstandes unter Cheyte Sing, der sich 1780 ereignete und Hastings in Todesgefahr brachte. Der Mann, der sich an der Turban-Strickleiter herabließ und flüchtete, war Cheyte Sing selbst. Die Leute im Kiosk waren Sipahis und britische Offiziere unter Hastings' Anführung. Zu diesen zählte auch ich, und ich tat, was ich nur konnte, um den voreiligen und verhängnisvollen Ausfall des jungen Offiziers zu verhindern, der dann in den überfüllten Straßen durch den vergifteten Pfeil eines Bengalen getötet wurde. Dieser Offizier war mein liebster Freund. Es war Oldeb. Und nun sehen Sie hier (der Sprecher hielt ihm ein Notizbuch hin, in dem sich mehrere frischbeschriebene Seiten befanden) – an dieser Niederschrift können Sie ersehen, dass genau zur selben Zeit, als Sie in den Bergen alle jene Dinge zu erleben glaubten, ich hier zu Hause damit beschäftigt war, sie schriftlich festzuhalten.«

Etwa eine Woche nach diesem Gespräch erschien in einer Zeitung von Charlottesville folgende Notiz:

> »Wir erfüllen die traurige Pflicht, von dem Ableben Herrn August Bedlos Kenntnis zu geben. Er war ein Mann, den sein tugendhafter Charakter und liebenswürdiges Wesen den Bürgern von Charlottesville lieb und teuer gemacht haben.
>
> Herr Bedlo war vor einigen Jahren neuralgischen Anfällen unterworfen, die ihn oft dem Tode

> nahe brachten, doch kann dies nur als die mittelbare Ursache seincs Ablebens angesehen werden. Die unmittelbare Veranlassung war äußerst seltsam. Bei einem vor einigen Tagen unternommenen Ausflug in die Ragged Mountains holte er sich eine leichte Erkältung, die von Fieber und Blutandrang zum Gehirn begleitet war. Zur Behebung des letzteren schritt Dr. Templeton zur Anwendung von lokalem Aderlass. Man setzte dem Kranken Blutegel an die Schläfen. In erschreckend kurzer Zeit starb der Patient. Man stellte fest, dass in die Schüssel, die die Blutegel enthielt, versehentlich einer jener giftigen wurmartigen Blutsauger hineingeraten war, die hie und da in den benachbarten Weihern gefunden werden. Dieses Tier sog sich an einer Stelle der rechten Schläfe fest; seine große Ähnlichkeit mit dem offizinellen Blutegel war schuld, dass man den Missgriff zu spät gewahrte.
>
> N. B. – Der giftige Blutsauger von Charlottesville unterscheidet sich von dem offizinellen Blutegel durch seine auffallende Schwärze und vor allem durch seine schlangenartigen Bewegungen.«

Ich sprach mit dem Herausgeber der betreffenden Zeitung über den so seltsamen Fall und erkundigte mich auch, weshalb der Name des Verstorbenen ›Bedlo‹ geschrieben worden war.

»Ich vermute«, sagte ich, »dass Sie zu solcher Schreibweise die Berechtigung hatten, aber ich habe stets angenommen, der Name werde am Ende mit einem ›e‹ geschrieben.«

»Berechtigung? – Nein«, erwiderte er. »Es ist lediglich ein Druckfehler. Der Name ist Bedloe mit ›e‹ am

Ende, und nie in meinem Leben habe ich ihn anders geschrieben gesehen.«

»Dann«, murmelte ich im Davongehen, »hat es sich gezeigt, dass eine Wahrheit seltsamer ist als irgendeine Erdichtung; denn Bedlo ohne das ›e‹ – was ist es anderes als ›Oldeb‹ umgekehrt? Und der Mann da sagt, es sei ein Druckfehler.«

Lebendig begraben

Es gibt Themen, die für unseren Geist stets von Interesse sein werden, die aber zu entsetzlich sind, als dass die Dichtung sie behandeln könnte. Der Romanschreiber muss sie vermeiden, wenn er nicht in die Gefahr geraten will, Abscheu und Ekel zu erwecken. Sie sind nur dann möglich, wenn Ernst und Majestät des Todes sie heiligen und stützen. Welch »angenehmes Gruseln« fühlen wir z.B. bei dem Bericht des Überganges über die Beresina, des Erdbebens von Lissabon, der Pest in London, der Metzeleien der Bartholomäusnacht oder des Erstickungstodes der hundertdreiundzwanzig Gefangenen im »Schwarzen Loch« von Kalkutta. Doch in allen diesen Berichten ist es die Tatsache – ist es die Wirklichkeit – das geschichtliche Ereignis, das aufregt. Als Dichtungen würden wir sie nur mit Abscheu betrachten.

Ich habe hier einige wenige der großen und folgenreichen Unglücksfälle erwähnt; in diesen aber ist es ebenso sehr die Größe wie die Art des Unglücks, was auf unsere Fantasie so lebhaften Eindruck macht. Ich brauche dem Leser nicht vorzuhalten, dass ich aus dem langen und schaurigen Register menschlichen Elends manchen Einzelfall hätte herausgreifen können, der leidvoller gewesen ist als irgendeiner dieser Massentode. Das wahre Elend – das tiefste Weh – erlebt der Einzelne, nicht die Gesamtheit. Und dass das Fürchterlichste, der Todeskampf, vom Einzelnen und nicht von der Gesamtheit getragen wird – dafür lasst uns dem barmherzigen Gott danken!

Lebendig begraben zu werden, ist ohne Frage die grauenvollste aller Martern, die je dem Sterblichen beschieden wurde. Dass es häufig, sehr häufig vorgekommen ist, wird von keinem Denkenden bestritten werden. Die Grenzen, die Leben und Tod scheiden, sind unbestimmt und dunkel. Wer kann sagen, wo das eine endet und das andere beginnt? Wir wissen, dass es Krankheitsfälle gibt, in denen ein völliger Stillstand all der sichtbaren Lebensfunktionen eintritt, und dennoch ist dieser Stillstand nur eine Pause, nur ein zeitweiliges Aussetzen des unbegreiflichen Mechanismus. Einige Zeit vergeht – und eine unsichtbare, geheimnisvolle Ursache setzt die zauberhaften Schwingen, das gespenstische Räderwerk wieder in Bewegung. Die silberne Saite war nicht zerrissen, der goldene Bogen war nicht unrettbar zerbrochen. Wo aber war währenddessen die Seele?

Doch abgesehen von der logischen Schlussfolgerung a priori, dass solche Ereignisse auch ihre Folgen haben müssen, dass diese wohlbekannten Fälle von Scheintod selbstredend hier und da zu einem vorzeitigen Begräbnis führen müssen – abgesehen von dieser Betrachtung haben wir das direkte Zeugnis der Ärzte und der Erfahrung als Beweis, dass zahlreiche solcher Begräbnisse stattgefunden haben. Ich kann auf Verlangen sofort hundert authentisch erwiesene Fälle anführen. Einer derselben, dessen eigenartige Umstände einigen meiner Leser noch frisch im Gedächtnis sein dürften, ereignete sich vor nicht allzu langer Zeit in der benachbarten Stadt Baltimore, wo er in allen Kreisen tiefe und schmerzliche Aufregung hervorrief.

Die Frau eines der angesehensten Bürger – berühmten Advokaten und Kongressmitgliedes – wurde von einer plötzlichen und unerklärlichen Krankheit befallen, an der die Kunst der Ärzte scheiterte. Nach schrecklichen Leiden starb sie oder wurde wenigstens für tot gehalten. Nicht einer vermutete, dass sie nur scheintot sei – nicht einer hatte Grund dazu. Sie zeigte alle üblichen Merkmale des Todes. Das Gesicht hatte die bekannten verkniffenen und eingesunkenen Züge; die Lippen hatten Marmorblässe; die Augen waren glanzlos. Sie hatte weder Blutwärme noch Pulsschlag. Drei Tage blieb der Körper unbeerdigt, und in dieser Zeit war er zu Eiseskälte erstarrt. Man beeilte die Bestattung, weil die vermeintliche Zersetzung so rasche Fortschritte machte.

Die Dame wurde in der Familiengruft beigesetzt, und drei Jahre lang blieb diese unberührt. Nach Ablauf dieser Frist wurde sie zur Aufnahme eines Sarkophags geöffnet; – aber ach! welch furchtbarer Schlag erwartete den Gatten, der eigenhändig das Tor aufschloss! Als die Türflügel nach außen aufflogen, sank ein weißgekleidetes Etwas ihm klappernd in die Arme. Es war das Totenskelett seines Weibes in dem noch unverwesten Leichenkleid.

Sorgfältige Nachforschungen ergaben, dass sie zwei Tage nach ihrem Begräbnis wieder erwacht und dass der Sarg infolge ihrer verzweifelten Befreiungsversuche von der Bahre herabgestürzt und zerbrochen war, sodass sie ihm entsteigen konnte. Eine Öllampe, die zufällig gefüllt in der Gruft zurückgelassen worden war, stand leer; das Öl konnte aber auch verdunstet sein. Auf der obersten Stufe der Treppe, die zur Totenkammer hinabführte, lag ein Teil des Sarges, mit dem sie wahrscheinlich gegen das Eisentor geschlagen hatte, um die Aufmerksamkeit auf sich zu lenken. Bei dieser Tätigkeit hatte sie vermutlich eine Ohnmacht – oder auch infolge des Grauens der Tod befallen; beim Niedersinken verfing sich ihr Leichenhemd in irgendeinem vorstehenden Eisenteil des Tores. So blieb sie, und so verweste sie – aufrecht.

Im Jahre 1810 ereignete sich in Frankreich ein vorzeitiges Begräbnis von so seltsamen Umständen, dass sie die Behauptung rechtfertigen: Die Wirklichkeit ist oft seltsamer als alle Dichtung. Die Heldin der Geschichte war ein Fräulein Victorine Lafourcade, ein junges und sehr schönes Mädchen aus vornehmer und wohlhabender Familie. Unter ihren zahlreichen Verehrern war auch ein Herr Julien Bossuet, ein armer Gelehrter oder Literat aus Paris. Sein Talent und sein einnehmendes Wesen hatten die Aufmerksamkeit der Erbin erregt, die ihn aufrichtig geliebt zu haben scheint; ihr Familienstolz bewog sie schließlich aber doch, ihn abzuweisen und einen Herrn Renelle zu heiraten, einen Bankier und gewandten Diplomaten. Nach der Hochzeit aber vernachlässigte sie der Gatte – ja misshandelte sie wohl gar, und nach einigen leidvollen Jahren starb sie – wenigstens glich ihr Zustand so ganz dem Tod, dass jeder, der sie sah, sich täuschen ließ. Sie wurde begraben – nicht in einer Gruft, sondern in einer gewöhnlichen Grabstätte ihres Heimatdorfes. Voll Verzweiflung und entflammt von der Erinnerung an ihre tiefe Zuneigung reist der abgewiesene Freier von der Hauptstadt nach der entlegenen Provinz, zu jenem Dorf, in der romantischen Absicht, die Leiche auszugraben und sich in den Besitz ihrer wunderbaren Locken zu setzen. Er findet das Grab. Um Mitternacht legt er den Sarg von der Erde bloß, öffnet ihn und ist dabei, das Haar abzuschneiden, als er innehält – denn die geliebten Augen öffnen sich. Man hatte die junge Frau lebendig begraben. Die Lebenskraft war noch nicht ganz entwichen, und die Liebkosungen ihres Getreuen erweckten sie aus der Lethargie, die man irrtümlich für Tod gehalten. In wahnsinniger Freude trug er sie nach seiner Wohnung im Dorf, wo er, der einige medizinische Kenntnisse hatte, ihr allerlei Belebungsmittel einflößte.

Endlich erholte sie sich. Sie erkannte ihren Erretter. Sie blieb bei ihm, bis sie ihre frühere Gesundheit wieder erlangt hatte. Ihr Frauenherz war nicht von Eisen, und dieser letzte Liebesbeweis erweichte es; sie gab es Bossuet zu eigen. Sie kehrte nicht zu ihrem Gatten zurück, sondern verbarg ihm ihre Auferstehung und entfloh mit dem Geliebten nach Amerika. Zwanzig Jahre später kamen die beiden wieder nach Frankreich, in der Überzeugung, die Zeit habe das Äußere der Frau so sehr verändert, dass ihre Angehörigen sie nicht wiedererkennen würden. Sie irrten sich jedoch, denn bei der ersten Begegnung erkannte Herr Renelle sein Weib und erhob Anspruch auf sie. Sie weigerte sich aber, zu ihm zurückzukehren, und das Gericht gab ihr recht, indem es entschied, dass die besonderen Umstände und die lange Reihe von Jahren nicht nur billigerweise, sondern auch gesetzlich die Rechte des Gatten ausgelöscht hätten.

Die Leipziger »Chirurgische Zeitung« – eine bedeutende und angesehene Zeitschrift, von der man wünschen möchte, dass sie, in unsere Sprache übersetzt, auch in Amerika erschiene – berichtet in einer der letzten Nummern ein ähnliches Ereignis furchtbarer Art.

Ein Artillerieoffizier, von prächtiger Gestalt und von robuster Gesundheit, wurde von einem störrischen Pferd abgeworfen und trug eine äußerst schwere Kopfwunde davon, die ihm sofort das Bewusstsein nahm; er hatte eine leichte Schädelfraktur, doch schien keine direkte Gefahr vorhanden. Die Trepanation war erfolgreich; man ließ ihm zur Ader, und viele andere Linderungsmittel wurden angewandt. Trotz alledem nahm die Betäubung, die Erstarrung mehr und mehr zu, und schließlich hielt man ihn für tot.

Es war warmes Wetter, und er wurde mit fast unziemlicher Eile zu Grabe getragen. Das geschah an einem Donnerstag. Am darauffolgenden Sonntag war der Friedhof wie üblich sehr besucht, und um die Mittagszeit brachte ein Bauer die ganze Menge in Aufruhr mit der Behauptung, während er auf dem Grab des Offiziers gesessen, habe sich die Erde unter ihm bewegt, als suche sich jemand herauszuarbeiten. Zunächst schenkte man der Versicherung des Mannes keinen Glauben, aber sein sichtliches Entsetzen und die Hartnäckigkeit, mit der er bei seiner Aussage verblieb, machten zum Schluss doch Eindruck auf die Menge. Man schaffte eilends Spaten herbei, und das nur oberflächlich zugeschüttete Grab war in wenigen Minuten so weit bloßgelegt, dass der Kopf des Eingesargten sichtbar ward. Er schien tot zu sein, aber er saß aufrecht in seinem Sarg, dessen Deckel er bei seinen wütenden Befreiungsversuchen teilweise abgehoben hatte.

Er wurde sofort ins nächste Hospital gebracht, wo man konstatierte, dass er, wenngleich in tiefer Ohnmacht, noch am Leben sei. Nach einigen Stunden erwachte er, erkannte die an sein Lager geeilten Freunde und sprach in abgerissenen Sätzen von seinen Befreiungsversuchen im Grab.

Aus dem, was er sagte, ging hervor, dass er im Grab mehr als eine Stunde wach gewesen sein musste, ehe ihn das Bewusstsein verließ. Das Grab war nur oberflächlich mit sehr lockerer Erde angefüllt und ließ daher der Luft etwas Zutritt. Er hörte die Schritte der Menge über sich und versuchte seinerseits, sich hörbar zu machen. Er war der Meinung, das Geräusch der vielen Schritte habe ihn erweckt, doch kaum erwacht, gewahrte er mit namenlosem Entsetzen seine schreckliche Lage.

Dieser Patient – hieß es in dem Bericht weiter – erholte sich wieder, und es schien, als werde er ganz gesunden, da wurde er das Opfer eines medizinischen

Experiments. Man wendete die galvanische Batterie bei ihm an, und er verstarb plötzlich in einem Paroxysmus, wie dieses Verfahren ihn manchmal zur Folge hat.

Bei Erwähnung der galvanischen Batterie fällt mir ein wohlbekannter und ganz seltsamer Fall ein, die Tatsache nämlich, dass ihre Anwendung bei einem jungen Londoner Advokaten, der bereits zwei Tage begraben gelegen hatte, diesen wieder ins Leben zurückrief. Das geschah im Jahre 1831 und machte überall, wo davon die Rede war, großes Aufsehen.

Der Patient, Herr Eduard Stapleton, war anscheinend an Typhus gestorben, doch unter eigenartigen Begleitumständen, welche die Neugier seiner Ärzte erregt hatten. Nach seinem Hinscheiden ersuchte man die Verwandten, eine Sezierung der Leiche zu gestatten, was aber abgelehnt wurde. Wie das nach solcher Weigerung oft geschieht, beschlossen die Ärzte, den Leichnam auszugraben und dennoch heimlich zu sezieren. Man einigte sich mit einer Bande von Leichenräubern, wie sie in London nicht selten sind, und in der dritten Nacht nach dem Begräbnis wurde die angebliche Leiche aus ihrem acht Fuß tiefen Grab hervorgeholt und in das Operationszimmer eines Privatspitals gebracht.

Ein ziemlich großer Schnitt in den Unterleib zeigte, dass das Fleisch noch frisch und unverwest war, und brachte die Ärzte auf den Einfall, die galvanische Batterie anzuwenden. Ein Experiment folgte dem anderen und hatte die üblichen Wirkungen, die nur in zwei Fällen den konvulsivischen Zuckungen ein mehr als gewöhnliches Leben gaben.

Es wurde spät. Der Tag dämmerte, und man hielt es für ratsam, endlich die Sektion vorzunehmen. Ein Student jedoch, der gern eine eigene Theorie erproben wollte, bestand darauf, die Batterie auf einen der Brustmuskel anzuwenden. Man machte schnell einen Schnitt und brachte einen Draht in Kontakt mit dem Muskel. Da plötzlich erhob sich der Patient mit einer schnellen, doch keineswegs konvulsivischen Bewegung vom Tisch, schritt in die Mitte des Zimmers, blickte sekundenlang unsicher umher und sprach. Was er sagte, war nicht zu verstehen; aber er äußerte Worte, bildete Silben. Als er gesprochen hatte, fiel er schwer zu Boden.

Einen Augenblick waren alle gelahmt von Entsetzen; doch das Bewusstsein, dass hier rasch eingegriffen werden müsse, gab ihnen bald die Geistesgegenwart zurück. Man entdeckte, dass Herr Stapleton ohnmächtig, aber am Leben war. Nach Anwendung von Äther erwachte er und konnte schnell wiederhergestellt und seinen Verwandten zurückgegeben werden. Ihr Erstaunen – ihre namenlose Verwunderung sei hier verschwiegen.

Das Unerhörteste aber an dem ganzen Ereignis ist das, was Herr Stapleton selbst berichtet. Er erklärt, die ganze Zeit über nie völlig besinnungslos gewesen zu sein, sondern – wenn auch unklar und verwirrt – alles gewusst zu haben, was mit ihm vorging – vom Augenblick an, da die Ärzte ihn für »tot« erklärten, bis zu dem, da er im Hospital ohnmächtig zu Boden sank. »Ich lebe« waren die unverständlichen Worte, die er, als er vom Seziertisch heruntertaumelte, in seiner äußersten Not herausstieß.

Es wäre ein leichtes, noch viele solcher Geschichten anzuführen; ich unterlasse es aber, denn wir bedürfen ihrer nicht zur Feststellung der Tatsache, dass verfrühte Begräbnisse stattfinden. Wenn wir bedenken, wie selten es naturgemäß in unserer Macht liegt, solche Fälle aufzudecken, so müssen wir zugeben, dass sie häufig genug ohne unser Wissen vorkommen. Tatsächlich finden kaum je in einem Friedhof umfangreiche Umgrabungen statt, ohne dass Skelette aufgefunden werden, deren Haltung die fürchterlichsten Vermutungen rechtfertigt.

Fürchterlich die Vermutung, doch fürchterlicher noch das Schicksal selbst! Es ist nicht zu viel gesagt mit der Behauptung, dass kein Ereignis so grauenvoll geeignet ist, Leib und Seele aufs Äußerste zu schrecken, wie das Lebendigbegrabensein. Der unerträgliche, atemraubende Druck – die erstickenden Dünste der feuchten Erde – das hemmende Leichengewand – die harte Enge des schmalen Hauses – das Dunkel vollkommener Nacht – die alles verschlingende Woge ewiger Stille – die unsichtbare, doch fühlbare Nähe des Eroberers Wurm – diese Dinge und der Gedanke, dass droben die Gräser im Winde wehn, und die Erinnerung an liebe Freunde, die, wenn sie nur unser Schicksal ahnten, zu unserer Rettung herbeieilen würden, und das Bewusstsein, dass sie dies Schicksal nie erfahren werden – dass wir ohne alle Hoffnung zu den wirklich Toten zählen – diese Betrachtungen, sage ich, tragen in das noch pulsende Herz ein so namenloses Grauen, wie selbst die stärkste Fantasie es nicht beschreiben kann. Gibt es auf Erden ähnlich Grauenvolles – können wir uns selbst für die tiefste Hölle solche Schrecken träumen? Und daher begegnet man derartigen Berichten mit so besonderem Interesse – aber einem Interesse, das ganz von unserem Glauben an die Wahrheit des geschilderten Ereignisses abhängig ist. Was ich jetzt erzählen will, habe ich selbst am eigenen Leibe erfahren.

Ich war jahrelang den Anfällen jener seltsamen Krankheit unterworfen, der die Ärzte in Ermangelung einer treffenden Bezeichnung den Namen Katalepsie gegeben haben. Obgleich die mittelbaren und unmittelbaren Ursachen fast unbekannt sind, ja sogar die Krankheitsdiagnose selbst noch dunkel ist, so sind doch ihre äußerlich wahrnehmbaren Merkmale zur Genüge bekannt. Ihre Haupteigenschaft besteht in der Verschiedenartigkeit ihrer Anfälle. Manchmal liegt der Patient nur einen Tag oder selbst kürzere Zeit in vollständiger Lethargie. Er ist gefühllos und regungslos, aber der Herzschlag ist noch schwach fühlbar, der Körper ist noch ein wenig warm, ein leichtes Rot färbt die Wangen, und wenn man den Lippen einen Spiegel nähert, so kann man ein träges, unregelmäßiges Atmen wahrnehmen. Dann wieder dauert dieser Zustand Wochen – ja Monate, und dann vermögen die sorgfältigsten ärztlichen Untersuchungen nicht mehr einen Unterschied festzustellen zwischen dem Zustand des Kranken und dem, was wir als Tod bezeichnen. Sehr häufig wird er nur dadurch vor vorzeitigem Begrabenwerden bewahrt, dass seine Freunde von früheren kataleptischen Anfällen wissen und daher argwöhnisch sind, und vor allem dadurch, dass keine Verwesung eintritt. Die Krankheit macht glücklicherweise nur langsame Fortschritte; schon ihre ersten Anzeichen sind unzweideutiger Natur. Nach und nach werden die Anfälle stärker und dauern von Mal zu Mal länger. Hierin hauptsächlich liegt die Sicherheit vor einem allzu frühen Begrabenwerden. Der Unglückselige, dessen erster Anfall bereits die Heftigkeit des letzten hätte, würde unvermeidlich lebendig zu Grab getragen.

Mein eigener Fall wich in nichts von den in medizinischen Büchern geschilderten Fällen ab. Ohne ersichtliche Ursache überfiel mich hier und da ein ohnmachtartiger Zustand, in dem ich ohne Schmerzen und regungslos, ja ohne Denkvermögen verharrte, immer aber mit dem schwachen Bewusstsein dessen, was an meinem Lager vorging, bis ich ganz plötzlich wieder zu vollem Bewusstsein erwachte. Zu anderen Zeiten packte es mich rasch und ungestüm. Mir wurde übel, mich fröstelte, und ein Schwindelanfall warf mich rasch zu Boden. Dann war wochenlang alles um mich her leer und stumm und schwarz, und das Weltall wurde zum Nichts.

Es war der vollkommene Tod. Aus diesen letzteren Anfällen aber erwachte ich weit langsamer, als ich davon befallen wurde. Gleichwie dem freund- und heimatlosen Bettler, der die lange einsame Winternacht durch die Straßen irrt, die Morgendämmerung nur zögernd, nur ganz allmählich und doch wie beglückend erscheint – geradeso kehrte das Licht meiner Seele zurück.

Abgesehen von diesen kataleptischen Anfällen schien mein Gesundheitszustand gut und keiner Beeinflussung durch diese Krankheit unterworfen – bis auf eine gewisse Eigentümlichkeit meines gewöhnlichen Schlafes. Wenn ich erwachte, war ich nie sofort Herr meiner Sinne, sondern blieb minutenlang erschreckt und verwirrt; die geistigen Fähigkeiten, besonders das Gedächtnis, waren wie gelähmt.

In all meinem Leiden gab es kaum physische Schmerzen, aber eine unerträgliche seelische Depression. Meine Fantasie sah nichts als Leichen. Ich sprach von Würmern, Grab und Leichenstein. Ich versank in Träumereien über den Tod und war von der düsteren Ahnung erfasst, einmal lebendig begraben zu werden. Diese gespenstische Gefahr verfolgte mich Tag und Nacht; bei Tag quälten mich grausige Grübeleien, des Nachts war ich dem Wahnsinn nahe. Wenn Dunkelheit sich über die Erde breitete, schreckten mich die Gedanken, und ich bebte – bebte wie die schwankenden Federn auf den Köpfen der Pferde beim Leichenbegängnis. Wenn ich mich nicht mehr wach halten konnte, so kostete es mich einen Kampf, schlafen zu gehen – denn mir grauste bei dem Gedanken, ich könne mich beim Erwachen im Grab finden. Und wenn ich schließlich in Schlummer sank, so vermochte ich es nur, um sogleich in einem Meer von Fantasien zu versinken, das überschattet wurde von den riesigen, schwarzen Schwingen jenes einen Grabgedankens.

Aus den zahllosen düsteren Bildern, die mich in Träumen ängsteten, will ich nur eine einzige Vision berichten. Mir war, als läge ich in einer Erstarrung, die tiefer war und länger dauerte als je vorher. Da plötzlich legte sich eine eisige Hand auf meine Stirn, und eine ungeduldige Stimme rasselte mir ins Ohr: »Steh auf!«

Ich saß aufrecht. Es war völlig finster. Ich konnte die Gestalt nicht sehen, die mich geweckt hatte. Ich konnte mich weder erinnern, wann dieser Anfall mich erfasst hatte noch wo ich mich überhaupt befand. Ich harrte regungslos und mühte mich, meine Gedanken zu sammeln, aber die kalte Faust packte mich wild am Handgelenk und schüttelte mich, und die rasselnde Stimme sagte von Neuem:

»Steh auf! Gebot ich dir nicht, aufzustehen?«

»Wer bist du?«, fragte ich.

»Ich habe keinen Namen dort, wo ich hause«, erwiderte die Stimme klagend; »ich war sterblich und bin doch Dämon. Ich war unbarmherzig und bin mitleidig. Du fühlst, dass ich schaudere. Meine Zähne klappern – aber nicht, weil die Nacht so frostig ist – die endlose Nacht. Doch dies Grauen, dieser Ekel ist unerträglich! Wie kannst du ruhig schlafen? Ich kann nicht Ruhe finden vor dem Schrei der Todesängste. Diese Seufzer sind mehr, als ich ertragen kann. Steh auf! Komm mit mir hinaus in die Nacht und lass mich dir die Gräber öffnen. Ist dieser Anblick nicht ein furchtbar Weh? – Sieh!«

Ich blickte; und die unsichtbare Gestalt, die mich noch immer an der Hand hielt, hatte die Gräber der ganzen Menschheit aufgeworfen, und aus einem jeden drang ein schwacher Phosphorschein der Verwesung, sodass ich in den tiefsten Schlund hinabsehen und die eingesargten Leichen in ihrem trauervollen Schlaf mit den Würmern schauen konnte. Aber ach! Der wirklichen Schläfer waren es Millionen weniger als der Wachenden; und da war ein Kämpfen und Wehren und eine allgemeine schmerzliche Unruhe; und aus den Tiefen der zahllosen Gruben drang das melancholische Rauschen der Totenhemden; und unter denen, die still zu ruhen schienen, sah ich, dass viele mehr oder weniger die kalte, unbequeme Lage, in der man sie hinabgesenkt, verändert hatten. Und wie ich blickte, sagte die Stimme von Neuem: »Ist es nicht – oh, ist es nicht ein schmerzlicher Anblick?« Doch ehe ich die Antwort finden konnte, hatte die Gestalt meine Hand losgelassen, der Phosphorschein erlosch, und die Gräber schlossen sich plötzlich; aus ihrem Innern aber hob sich ein Chaos verzweifelter Schreie, und wieder klang es: »Ist es nicht – o Gott! ist es nicht ein schmerzlicher Anblick?«

Solche Nachtfantasien übten auch auf meine wachen Stunden ihren entsetzlichen Einfluss. Meine Nerven waren völlig zerrüttet, und ich war die Beute ewigen Grauens. Ich wagte mich weder zu Fuß noch zu Pferd aus dem Haus, von dem ich mich nicht mehr entfernen wollte, um stets in der Nähe derer zu sein, die meine Neigung zu kataleptischen Anfällen kannten; hätte es sich anderenfalls nicht ereignen können, dass ich begraben wurde, ehe mein wahrer Zustand festgestellt werden konnte? Ich fürchtete, ein Anfall von außergewöhnlich langer Dauer könne sie an meinem Wiedererwachen zweifeln lassen. Ich ging sogar so weit, zu argwöhnen, man werde sich freuen, in einem besonders hartnäckigen Anfall willkommene Gelegenheit zu finden, sich meiner zu entledigen. Vergebens versuchten sie mich mit feierlichen Versprechungen zu beruhigen. Ich nahm ihnen die heiligsten Schwüre ab, mich unter keinen Umständen eher zu begraben, als bis die Verwesung so weit fortgeschritten wäre, dass ein längeres Lagern unmöglich sei; und selbst dann noch wollte meine tödliche Angst keiner Vernunft gehorchen, keinen Trost annehmen. Ich traf eine Reihe mühsamer Vorsichtsmaßregeln. Unter anderem ließ ich die Familiengruft so umbauen, dass sie von innen leicht geöffnet werden konnte. Der leiseste Druck auf einen langen Hebel, der tief in die Grabkammer hineinreichte, ließ die eisernen Tore auffliegen. Auch traf ich Vorsorge, dass Luft und Licht freien Zutritt hatten und dass dicht bei dem Sarg, der mich aufnehmen sollte, Gefäße für Speise und Trank bereitstanden. Der Sarg selbst war weich und warm gefüttert und mit einem Deckel versehen, der nach Art der Grufttür eingerichtet war, nur dass hier schon die leiseste Körperbewegung genügte, um den Deckel zu lüften. Überdies hing von der Decke der Grabkammer eine große Glocke herab, deren Seil durch ein Loch im Sarge hineingeführt und an der Hand der Leiche befestigt werden sollte. Aber ach! Was vermag alle Vorsicht gegen das Schicksal. Selbst diese wohlbedachten Maßregeln vermochten nicht, einen Unglücklichen, der dazu voraus bestimmt worden war, vor den unerhörten Schrecken des Lebendigbegrabenwerdens zu bewahren!

Es kam eine Zeit, da ich – wie schon so oft – aus völliger Bewusstlosigkeit zum ersten schwachen Daseinsgefühl wieder erwachte. Langsam – schneckenlangsam – dämmerte meiner Seele der Tag. Träge Unbehaglichkeit; dumpfes Schmerzgefühl; keine Sorgen – kein Hoffen – kein Wollen. Dann, nach langer Pause, Ohrensausen; dann, nach noch längerer Pause, ein stechendes, prickelndes Gefühl in den Gliedern. Dann eine ewiglange Zeit frohen Behagens, während das erwachende Bewusstsein nach Gedanken ringt; dann ein kurzes Zurücksinken ins Nichts; dann wieder plötzliches Erholen. Endlich leises Erbeben der Augenlider und gleich darauf ein Schreck wie ein elektrischer

Schlag, tödlich und endlos, der das Blut von den Schläfen zum Herzen peitscht. Und nun der erste positive Versuch, zu denken. Und nun der Versuch, sich zu erinnern. Und nun habe ich das Gedächtnis so weit zurückerlangt, dass ich mir in gewissem Grad von meinem Zustand Rechenschaft geben kann. Ich fühle, dass es nicht ein gewöhnlicher Schlaf ist, aus dem ich erwache. Ich entsinne mich, einen kataleptischen Anfall gehabt zu haben. Und nun überflutet meine schaudernde Seele wie ein rasendes Meer die eine grausige Angst – der eine gespenstische und herrschende Gedanke.

Minutenlang, nachdem diese Vorstellung mich erfasst, verblieb ich regungslos. Und warum? Ich konnte den Mut nicht finden, mich zu rühren. Ich wagte nicht, die Bewegung zu machen, die mir mein Schicksal offenbart hätte, und dennoch flüsterte eine Stimme in meinem Herzen: »Es ist so!« Verzweiflung – wie keine andere Lage sie schaffen kann – Verzweiflung veranlasste mich nach langer Unentschlossenheit, die schweren Augenlider zu heben. Es war finster – ganz finster. Ich wusste, der Anfall war vorüber. Ich wusste, die Krisis meiner Krankheit war lange vorbei. Ich wusste, dass ich jetzt den vollen Gebrauch meines Gesichtssinnes wiedererlangt hatte – und dennoch war es finster – ganz finster – die tiefe Dunkelheit ewiger Nacht.

Ich versuchte zu schreien, und meine Lippen und meine verdorrte Zunge mühten sich vereint und krampfhaft, aber keine Stimme entrang sich den hohlen Lungen, die, wie von Bergeslast bedrückt, bei jedem mühevollen Atemzug gemeinsam mit dem Herzen grausam aufzuckten.

Die Bewegung der Kinnbacken bei der Anstrengung des Rufenwollens zeigte mir, dass sie von Kinn zu Kopf mit einem Tuch umwunden waren, wie das bei Leichen zu geschehen pflegt. Auch fühlte ich, dass ich auf etwas

Hartem lag, und auch meine Seiten wurden von etwas Hartem eingeengt. Bis jetzt hatte ich nicht gewagt, ein Glied zu rühren – nun aber warf ich heftig die Arme empor, die bisher mit gekreuzten Händen dalagen. Sie berührten eine feste Holzmasse, die sich über meinem Körper in einer Höhe von kaum sechs Zoll hinzog. Ich konnte nicht länger zweifeln, dass ich im Sarg lag.

Und nun, inmitten all meines namenlosen Elends, nahte sich mir der süße Engel der Hoffnung – denn ich dachte an meine Vorsichtsmaßregeln. Ich rührte mich und machte krankhafte Versuche, den Deckel aufzuzwängen; er bewegte sich nicht. Ich suchte an meinen Handgelenken nach der Glockenschnur; sie war nicht zu finden. Und nun entfloh der Tröster für immer, und eine noch tiefere Verzweiflung gewann die Oberhand. Ich bemerkte, dass die von mir gewünschte Polsterung fehlte, und in meine Nase stieg der eigenartig herbe Geruch feuchter Erde. Die Schlussfolgerung war unumgänglich: Ich befand mich nicht in der Gruft. Ich war während einer Abwesenheit von Hause – unter Fremden – von einem Anfall ergriffen worden; an ein Wann oder Wie wusste ich mich nicht zu entsinnen. Und diese Fremden hatten mich begraben wie einen Hund – in irgendeinen Sarg gesteckt, den sie vernagelt und tief, tief und für immer in ein gewöhnliches und namenloses Grab gesenkt hatten.

Als diese grässliche Überzeugung sich im geheimsten Fach meiner Seele gebildet hatte, versuchte ich von Neuem, laut aufzuschreien; und dieser zweite Versuch gelang. Ein langer, wilder und anhaltender Schrei, ein Todesgellen, echote durch die Reiche der unterirdischen Nacht.

»Hallo, hallo, was gibt's?«, gab eine raue Stimme Antwort. »Was zum Teufel ist denn los?«, sagte eine zweite. »Heraus mit Euch!«, sagte eine dritte. »Was soll das heißen, dass Ihr losheult wie ein Kettenhund?«, sagte eine vierte. Und hierauf ward ich ergriffen und minutenlang unsanft von einer Gruppe wüst blickender Gesellen geschüttelt. Sie holten mich nicht etwa aus dem Schlaf – denn ich war hellwach, als ich schrie – aber sie setzten mich wieder in den Besitz meines Gedächtnisses.

Dieses Abenteuer ereignete sich in der Nähe von Richmond in Virginia. In Begleitung eines Freundes hatte ich eine Jagdexpedition an den Ufern des James-Flusses unternommen. Die Nacht kam, und ein Sturm überraschte uns. Die Kabine einer kleinen Schaluppe, die im Strom vor Anker lag und mit Gartenerde geladen war, bot uns den einzigen Schutz. Wir behalfen uns also, so gut es ging, und verbrachten die Nacht an Bord. Ich schlief in einer der zwei einzigen Kojen, die das Schiff aufzuweisen hatte – und die Kojen einer Schaluppe von sechzig bis siebzig Tonnen sind in ihrer Kleinheit kaum zu beschreiben. Die meinige hatte überhaupt kein Lager. Ihre größte Breite betrug achtzehn Zoll. Die Entfernung vom Boden zum Dach war genau dieselbe. Es wurde mir sehr schwer, mich hineinzuzwängen. Trotzdem schlief ich fest, und meine ganze Vision – denn es war kein Traum und kein Alp – entsprang natürlich den eigentümlichen Umständen meiner Lage, meinem gewohnten Gedankengang und der erwähnten Schwierigkeit, unter der ich litt, meine Sinne zu sammeln, besonders nach langem Schlaf das Gedächtnis wiederzuerlangen. Die Männer, die mich schüttelten, waren die Bemannung des Schiffes und ein paar Ladearbeiter. Von der Last selbst rührte der Erdgeruch her. Das Tuch um die Kinnladen war ein seidenes Taschentuch, das ich mir in Ermangelung meiner gewohnten Nachtmütze um den Kopf geschlungen hatte.

Die erduldeten Martern aber waren unzweifelhaft jenen des Lebendigbegrabenseins völlig gleich. Sie waren schrecklich – sie waren unsagbar grauenhaft. Doch der schlimme Umstand hatte eine günstige Folge. Meine Seele bekam Ruhe und Haltung. Ich ging auf Reisen. Ich unterwarf mich körperlichen Anstrengungen. Ich atmete freie Himmelsluft. Ich dachte an andere Dinge als Tod. Ich entfernte meine medizinischen Bücher. »Buchan« verbrannte ich. Ich las keine »Nachtgedanken«, keine bombastischen Kirchhofsmärchen und Schauergeschichten – wie diese hier. Binnen Kurzem wurde ich ein neuer Mensch und führte ein männliches Leben. Seit jener denkwürdigen Nacht verlor ich für immer meine Todesgedanken, und mit ihnen verschwanden meine kataleptischen Zustände, von denen sie vielleicht weniger die Folge als die Ursache gewesen waren.

Es gibt Augenblicke, wo selbst dem klugen Auge der Vernunft die Welt unseres traurigen Menschendaseins als Hölle erscheint; aber die Fantasie des Menschen vermag ihre ewigen Grüfte nicht ungestraft zu durchstreifen! Weh! Die grausigen Legionen der Grabesschrecken sind keine Hirngespinste; doch gleich den Dämonen, in deren Gesellschaft Afrasiab den Oxus hinabschiffte, müssen sie schlafen, oder sie verschlingen uns – muss man sie schlummern lassen, oder wir gehen zugrunde.

Der entwendete Brief

Nil sapientiae odiosus acumine nimio.
Seneca

Es war in Paris an einem stürmischen Herbstabend des Jahres 18... Ich saß im dritten Stockwerk des Hauses Nr. 33 der Rue Donot, Faubourg St. Germain, in dem nach hinten gelegenen Bibliothekzimmerchen bei meinem Freund August Dupin und gab mich dem zwiefachen Genuss des Nachdenkens und einer Meerschaumpfeife hin. Seit mindestens einer Stunde hatten wir beide kein Wort gesprochen. Ein zufälliger Beobachter hätte sicherlich geglaubt, wir seien einzig und allein damit beschäftigt, die kräuselnden Rauchwolken zu verfolgen, die in dichten Schwaden das Zimmer füllten. Indessen, was mich betraf, so sann ich dem Gesprächsstoff nach, mit dem wir uns zu einer früheren Stunde desselben Abends eifrig befasst hatten; ich meine die Affäre aus der Rue Morgue und den geheimnisvollen Mordfall der Marie Rogêt. Es erschien mir daher als ein wunderbares Zusammentreffen, dass sich die Tür unseres Zimmers plötzlich öffnete und unser alter Bekannter, Herr G., der Polizeipräfekt von Paris, eintrat.

Wir begrüßten ihn herzlich; denn wenn wir den Mann auch nicht eben achteten, so war er andererseits doch unterhaltend, und wir hatten ihn seit Jahren nicht gesehen. Wir hatten im Dunkeln gesessen, und Dupin erhob sich nun, um die Lampe anzuzünden; er unterließ es jedoch und setzte sich wieder, als G. sagte, er sei gekommen, uns um Rat zu fragen oder vielmehr die Meinung meines Freundes zu hören in einer Amtsangelegenheit, die ihm schon viel Beschwer gemacht habe.

»Wenn es eine Sache ist, die Nachdenken erfordert«, bemerkte Dupin, indem er mit Anzünden des Dochtes innehielt, »so ist es besser, wir prüfen sie im Dunkeln.«

»Wieder so eine Ihrer sonderbaren Ansichten!«, sagte der Präfekt, der alles ›sonderbar‹ nannte, was über sein Begriffsvermögen hinausging, und sich daher von einer Legion von Sonderbarkeiten umgeben sah.

»Sehr wahr«, sagte Dupin, während er seinem Besuch eine Pfeife reichte und einen bequemen Sessel hinschob.

»Und um was für Schwierigkeiten handelt es sich diesmal?«, fragte ich. »Hoffentlich nicht wieder eine Mordgeschichte?«

»O nein; nichts dergleichen. In der Tat – die Sache ist an sich *sehr* einfach, und ich bezweifle nicht, dass wir ganz gut allein damit fertig werden könnten; aber dann dachte ich, der Fall würde Dupin interessieren, denn er ist höchst sonderbar.«

»Einfach und sonderbar!«, sagte Dupin.

»Nun ja; und doch wieder keins von beiden. Es hat uns nur alle so verwirrt, dass die Geschichte so einfach ist und man ihr doch nicht beikommen kann.«

»Vielleicht ist es gerade die Einfachheit der Sache, die Sie irreleitet, mein Freund.«

»Was für Unsinn Sie reden!«, erwiderte der Präfekt lachend.

»Vielleicht ist das Geheimnis ein wenig zu klar«, sagte Dupin.

»Oh Himmel! Welche verrückte Idee!«

»Ein wenig *zu* durchsichtig.«

»Ha, ha, ha! – Ha, ha, ha! – Ho, ho, ho!«, brüllte unser Besuch aufs Höchste belustigt. »Oh Dupin, Sie werden noch an meinem Tode schuld sein.«

»Was für eine Sache ist es denn nun aber eigentlich?«, fragtc ich.

»Schön, Sie sollen es hören«, erwiderte der Präfekt und tat einen langen, kräftigen und nachdenklichen Zug aus der Pfeife; dann rückte er sich im Stuhl zurecht und begann: »Ich will es Ihnen in kurzen Worten sagen; doch ehe ich anfange, muss ich Sie darauf aufmerksam machen, dass die Sache tiefstes Geheimnis ist und größte Diskretion verlangt und dass ich höchstwahrscheinlich meinen Posten verlieren würde, wenn es herauskäme, dass ich sie jemand erzählt habe.«

»Fahren Sie fort«, sagte ich.

»Oder auch nicht«, sagte Dupin.

»Also gut; ich wurde von sehr hoher Stelle benachrichtigt, dass ein Dokument von höchster Wichtigkeit aus den königlichen Gemächern entwendet worden sei. Die Person, die den Diebstahl ausführte, kennt man; das steht fest, denn sie wurde bei der Tat beobachtet. Man weiß ferner, dass sie noch im Besitz des Dokuments ist.«

»Woher weiß man das?«, fragte Dupin.

»Dies ergibt sich aus der Natur des Dokuments selbst und daraus, dass gewisse Ergebnisse nicht eingetreten sind, die unausbleiblich erfolgen würden, wenn der Dieb das Papier aus den Händen gäbe – das heißt, wenn er es so anwendete, wie er es im Grunde beabsichtigen muss.«

»Seien Sie ein bisschen deutlicher«, sagte ich.

»Schön, ich kann so weit gehen, zu sagen, dass das Papier seinem gegenwärtigen Besitzer eine gewisse Macht verleiht an einer gewissen Stelle, wo diese Macht von ungeheurem Wert ist.« Der Präfekt liebte es, sich diplomatisch auszudrücken.

»Ich verstehe noch immer nicht ganz«, sagte Dupin.

»Nicht? Also: Würde der Inhalt des Dokuments einer dritten Person, die ich hier ungenannt lassen will, eröffnet, so würde das die Ehre einer sehr hochstehenden

Persönlichkeit in ein schlechtes Licht setzen, und dieser Umstand gibt dem Inhaber des Papiers ein Übergewicht über die erlauchte Person, deren Ruhe und Ehre dadurch gefährdet ist.«

»Aber dieses Übergewicht«, warf ich ein, »würde nur dann bestehen, wenn der Dieb wüsste, dass der Bestohlene selbst genaue Kenntnis von der Person des Täters hat. Wer aber könnte wagen –«

»Der Dieb«, sagte G., »ist der Minister D., der alle Dinge wagt, ob sie einem Ehrenmann nun anstehen oder nicht. Das Vorgehen des Diebes war ebenso sinnreich als kühn. Die hohe Persönlichkeit hatte das fragliche Dokument – einen Brief, frei herausgesagt – bekommen, als sie sich allein im königlichen Boudoir befand. Während sie ihn las, wurde sie plötzlich durch den Eintritt einer anderen hohen Person gestört, der nämlichen, vor der sie gerade diesen Brief geheimzuhalten wünschte. Nach einem hastigen und vergeblichen Versuch, den Brief in ein Schubfach zu werfen, war sie genötigt, ihn, offen wie er war, auf einen Tisch zu legen. Indessen lag die Adresse zuoberst, und da der Inhalt also nicht sichtbar war, fiel der Brief weiter nicht auf. So standen die Dinge, als der Minister D. eintrat. Sein Luchsauge erblickt sofort das Papier, erkennt die Handschrift der Adresse, bemerkt die Verwirrung des Adressaten und errät sein Geheimnis. Nach einigen geschäftlichen Unterhandlungen, die er in gewohnter Weise schnell abwickelt, zieht er einen Brief aus der Tasche, der dem in Frage stehenden einigermaßen gleicht, öffnet ihn, tut, als lese er ihn, und legt ihn dann dicht neben den anderen nieder. Wieder spricht er etwa fünfzehn Minuten über die öffentlichen Angelegenheiten. Schließlich verabschiedet er sich und nimmt von dem Tisch den Brief, auf den er kein Anrecht hatte. Der rechtmäßige Besitzer sah dies, wagte aber natürlich nicht in Gegenwart jener dritten Person, die dicht an seiner Seite stand, die Sache zu erwähnen. Der Minister entfernte sich, seinen eigenen, ganz unwichtigen Brief auf dem Tisch zurücklassend.«

»Da haben Sie also«, sagte Dupin zu mir, »genau das, was Sie als Bedingung für das Übergewicht für erforderlich halten: Der Räuber weiß, dass der Beraubte ihn als den Räuber kennt.«

»Ja«, entgegnete der Präfekt; »und die derart erlangte Gewalt wird nun schon seit Monaten in gefährlichem Umfang zu politischen Zwecken ausgenutzt. Die bestohlene Person erkennt mit jedem Tag mehr die Notwendigkeit, den Brief zurückzuerlangen. Das kann aber natürlich nicht offen geschehen. In ihrer Verzweiflung hat sie schließlich mir die Angelegenheit übertragen.«

»Denn wie hätte sie sich«, sagte Dupin und stieß eine gewaltige Rauchwolke aus, »einen scharfsinnigeren Vermittler wünschen oder auch nur vorstellen können!«

»Sie schmeicheln«, entgegnete der Präfekt, »aber es ist möglich, dass eine solche Ansicht vorlag.«

»Es ist, wie Sie selbst bemerkt haben, klar«, sagte ich, »dass der Brief sich noch in den Händen des Ministers befindet; denn dieser Besitz und nicht etwa irgendeine Anwendung des Briefes ist es, was Macht verleiht. Mit der Ausbeutung des Briefes ist die Macht dahin.«

»Sehr wahr«, sagte G.; »und von dieser Überzeugung ging ich aus. Meine erste Sorge war, das Palais des Ministers gründlich zu durchsuchen. Die Schwierigkeit lag nun darin, dies ohne sein Wissen zu bewerkstelligen. Ich wurde nämlich vor der Gefahr gewarnt, die daraus entstehen würde, wenn er unsere Absicht argwöhnte.«

»Nun«, sagte ich, »Sie sind in solchen Nachforschungen ja durchaus bewandert. Die Pariser Polizei hat dergleichen schon oft vorgenommen.«

»Ja, gewiss; und darum verzweifelte ich auch nicht. Überdies boten mir die Lebensgewohnheiten des Ministers einen großen Vorteil. Er ist oft die ganze Nacht nicht zu Hause. Seine Dienerschaft ist keineswegs zahlreich. Ihre Schlafzimmer liegen in ziemlicher Entfernung von den Wohnräumen des Herrn. Die Leute sind übrigens zum großen Teil Napolitaner und daher leicht betrunken zu machen. Wie Sie wissen, habe ich Schlüssel, mit denen ich jedes Zimmer in Paris öffnen kann. Seit drei Monaten ist kaum eine Nacht vergangen, in der ich nicht mehrere Stunden lang persönlich das D.sche Palais durchstöbert hätte. Meine Ehre steht auf dem Spiel, und – ganz im Geheimen! – die Belohnung ist ungewöhnlich hoch. Ich gab also die Suche nicht eher auf, als bis ich vollkommen davon überzeugt war, dass der Dieb schlauer sei als ich. Ich habe sicherlich jede Ecke und jeden Winkel durchforscht, in dem nur irgend das Papier versteckt sein konnte.«

»Aber ist es nicht vielleicht möglich«, mutmaßte ich, »dass der Minister den Brief anderswo als in seinem eigenen Haus verborgen hat?«

»Das ist kaum möglich«, sagte Dupin. »Die gegenwärtige Lage der Dinge bei Hof und vor allem jene Intrigen, in die D., wie man weiß, verwickelt ist, lassen die jederzeitige sofortige Verwendbarkeit des Dokuments – die Möglichkeit, es immer vorweisen zu können – als einen ebenso wichtigen Punkt erscheinen, wie der Besitz desselben es ist.«

»Die Möglichkeit, es vorzuweisen?«, fragte ich.

»Nämlich, um es gleich *vernichten* zu können«, sagte Dupin.

»Ja, das ist richtig«, bemerkte ich. »Das Papier ist also bestimmt im Haus. Dass der Minister dasselbe etwa beständig bei sich trage, kommt wohl gar nicht in Frage.«

»Nein«, sagte der Präfekt. »Er ist zwei Mal von meinen Leuten in der Maske von Straßenräubern angefallen und unter meinen eigenen Augen gründlich durchsucht worden.«

»Diese Mühe hätten Sie sich sparen können«, sagte Dupin. »D. ist, denke ich, kein ganzer Narr und muss daher solche Überfälle vorausgesehen haben.«

»Wohl nicht ein *ganzer* Narr«, sagte G., »aber er ist ein Dichter, und solche Leute stehen den Narren nicht allzu fern.«

»Gewiss«, sagte Dupin nach einem nachdenklichen, langen Zug aus seiner Meerschaumpfeife, »obschon auch ich hie und da Knüttelverse verbrochen habe.«

»Wie wäre es«, fragte ich, »wenn Sie uns die Einzelheiten Ihrer Suche darlegen würden?«

»Schön. Die Sache ist die, dass wir uns Zeit ließen und *überall* suchten. In solchen Dingen habe ich große Erfahrung. Ich nahm das ganze Haus vor, Zimmer nach Zimmer; und jedem einzelnen widmete ich die Nächte einer ganzen Woche. Zunächst untersuchten wir in jedem Raum die Möbel. Wir öffneten alle möglichen Schubfächer; ich nehme an, Sie wissen, dass es für einen gut geschulten Polizeiagenten so etwas wie ein *Geheimfach* nicht gibt. Der Mann, dem bei einer solchen Suche ein »Geheim«fach entgeht, ist ein Tölpel. Die Sache ist ja so einfach! Da ist doch der Raum, der Umfang, den man bei jedem Schreibtisch im Auge haben muss. Es ist doch nicht schwer, zu berechnen, ob der von außen sichtbare Raum eines Möbels von den Fächern wirklich ausgefüllt wird. Und dann haben wir unsere ganz bestimmten Regeln. Nicht der fünfzigste Teil einer Linie könnte uns entgehen! Nach den Schreibtischen und Kommoden nahmen wir die Stühle vor. Die Sitze untersuchten wir mit den dünnen langen Nadeln, die Sie mich gelegentlich schon anwenden sahen. Von den Tischen entfernten wir die Platten.«

»Warum das?«

»Die Person, die einen Gegenstand zu verbergen wünscht, tut das manchmal in der Weise, dass sie die Platte eines Tisches oder ähnlichen Möbelstücks entfernt, ein Bein desselben aushöhlt, den Gegenstand in die Höhlung legt und die Platte wieder aufsetzt. In derselben Weise benutzt man die Füße und Knäufe der Bettpfosten.«

»Konnte man so eine Höhlung nicht durch Klanguntersuchung entdecken?«, fragte ich.

»Unmöglich, falls der Gegenstand beim Hineinlegen genügend in Watte gebettet wurde. Übrigens waren wir in diesem Fall genötigt, geräuschlos vorzugehen.«

»Aber Sie konnten doch unmöglich *alle* Möbelstücke auseinandernehmen, in denen ein Versteck, wie Sie es soeben beschrieben haben, hätte angelegt sein können! Ein Brief kann spiralförmig so dünn zusammengerollt werden, dass er in Form und Umfang nicht anders ist als eine große Stricknadel, und in solcher Form könnte er z.B. bequem in einer ganz dünnen Stuhlleiste untergebracht werden. Sie nahmen doch wohl nicht alle Stühle auseinander?«

»Gewiss nicht; aber wir taten etwas Besseres – wir prüften sämtliche Stuhlleisten und überhaupt die Verbindungsstellen sämtlicher Möbel im Haus mit Hilfe eines sehr starken Vergrößerungsglases. Wäre irgendwo die geringste Spur einer jüngst vorgenommenen Veränderung gewesen, so hätten wir sie unfehlbar entdecken müssen. Ein einziges Körnchen Holzmehl z.B. wäre unserem bewaffneten Auge in der Größe eines Apfels erschienen. Jede Verschiebung an den zusammengeleimten Stellen – ein ungewöhnliches Klaffen der Fugen – hätte genügt, eine Entdeckung herbeizuführen.«

»Ich nehme an, dass Sie auch die Spiegel zwischen Rückwand und Glasplatte untersuchten sowie die Betten und Leintücher, Vorhänge und Teppiche.«

»Natürlich; und nachdem wir auf diese Weise jeden Einrichtungsgegenstand untersucht hatten, nahmen wir das Haus selbst in Angriff. Wir teilten sämtliche Wand- und Bodenflächen in Felder ein, die wir nummerierten, sodass keines übersehen werden konnte. Dann durchforschten wir jeden Quadratzoll des Hauses und der beiden Nachbarhäuser mit dem Mikroskop.«

»Der beiden Nachbarhäuser?«, rief ich aus; »da hatten Sie aber eine ungeheure Arbeit!«

»Das hatten wir auch; aber die angebotene Belohnung ist ungemein hoch.«

»Sie hatten auch die angrenzenden Bodenflächen mit eingeschlossen, die Höfe usw.?«

»Höfe und Wege sind mit Ziegelsteinen gepflastert. Sie machten uns verhältnismäßig geringe Mühe. Wir prüften das Moos zwischen den Steinen und fanden nichts Verdächtiges.«

»Selbstverständlich blickten Sie auch in D.s Papiere und in die Bücher seiner Bibliothek?«

»Gewiss; wir öffneten jeden Stoß und jedes Päckchen; wir öffneten nicht nur jedes Buch, um es, wie einige unserer Polizeioffiziere das tun, nur zu schütteln, sondern wir wendeten Seite um Seite um. Wir maßen auch die Dicke jedes Buchdeckels mit peinlichster Sorgfalt und arbeiteten auch hier mit dem Mikroskop. Irgendeine unlängst vorgenommene Verletzung der Einbände hätte unserem Augenmerk unmöglich entgehen können. Vier oder fünf Bände, die gerade vom Buchbinder gekommen waren, prüften wir eingehend der Länge nach mit den Nadeln.«

»Sie durchforschten den Fußboden unter den Teppichen?«

»Selbstredend. Wir entfernten alle Teppiche und untersuchten die Bretter mit dem Mikroskop.«

»Und ebenso die Wandtapeten?«

»Auch diese.«

»Sie suchten in den Kellern?«

»Ja.«

»Dann«, sagte ich, »haben Sie einen Fehlschluss getan, und der Brief ist *nicht* mehr, wie Sie vermuteten, im Haus selbst.«

»Ich fürchte, darin haben Sie recht«, sagte der Präfekt. »Und nun, Dupin, sagen Sie, was Sie mir raten würden!«

»Das Haus nochmals gründlich zu durchsuchen.«

»Das ist durchaus zwecklos«, erwiderte G. »Ich bin wie von meinem Leben davon überzeugt, dass der Brief nicht im Palais ist.«

»Einen besseren Rat kann ich Ihnen nicht geben«, sagte Dupin. »Sie besitzen natürlich eine genaue Beschreibung des Briefes?«

»O ja!« Und der Präfekt zog ein Notizbuch heraus und las eine genaue Beschreibung der inneren und namentlich der äußeren Beschaffenheit des vermissten Dokuments vor. Bald nachdem er die Vorlesung beendet, verabschiedete er sich, niedergedrückter als ich ihn je vordem gesehen. –

Etwa einen Monat später machte er uns wiederum einen Besuch und fand uns bei ziemlich derselben Beschäftigung wie damals. Er ließ sich einen Stuhl und eine Pfeife reichen und begann ein gleichgültiges Gespräch. Endlich sagte ich:

»Nun, G., erzählen Sie doch, wie steht's mit dem entwendeten Brief? Ich glaube, Sie sind wohl doch zu der Überzeugung gekommen, dass es eine Unmöglichkeit ist, den Minister zu übertölpeln?«

»Verflucht, ja! Ich habe, Dupins Rat folgend, noch einmal alles durchsucht – doch alle Arbeit war umsonst, wie ich mir schon dachte.«

»Wie groß, sagten Sie, ist die angebotene Belohnung?«, fragte Dupin.

»Nun, sehr groß – wirklich *sehr* groß – ich möchte die genaue Summe nicht angeben; aber eins kann ich sagen: Ich selbst würde demjenigen, der mir den Brief verschaffte, sofort einen Scheck von fünfzigtausend Franken ausstellen. Tatsache ist, dass der Fall von Tag zu Tag schlimmer, dringlicher wird; und die Belohnung wurde verdoppelt. Aber wenn sie auch verdreifacht würde, könnte ich doch nicht mehr tun, als ich getan habe.«

»Ja, ich meine, G.«, sagte Dupin gedehnt und tat ein paar kräftige Züge aus der Meerschaumpfeife, »Sie haben noch nicht Ihr Äußerstes getan. Sie könnten – noch etwas mehr tun, denke ich, he?«

»Wie – was meinen Sie denn?«

»Nun« – paff, paff – »Sie könnten« – paff, paff – »Rat einholen, wie?« – Paff, paff, paff. »Kennen Sie die Geschichte, die man von Abernethy erzählt?«

»Nein, zum Henker mit Abernethy!«

»Gewiss, zum Henker mit ihm! Aber da war einmal ein reicher Geizhals, der wollte diesen Abernethy gern umsonst konsultieren. In dieser Absicht lud er ein paar Leute zu sich ein und erzählte während der Unterhaltung dem Arzt den Krankheitsfall einer gedachten Person:

›Nehmen wir an‹, sagte der Geizhals, ›die Symptome seien die und die; nun, Doktor, was würden Sie ihm wohl zu nehmen verordnet haben?‹

›Nehmen?‹, sagte Abernethy. ›Ärztlichen Rat natürlich!‹«

»Ja«, sagte der Präfekt ein wenig betroffen, »ich bin ja ganz willig, Rat zu nehmen und dafür zu bezahlen. Ich würde *wirklich* demjenigen, der mir in der Sache helfen würde, fünfzigtausend Franken geben.«

»Nun, wenn es sich *so* verhält«, sagte Dupin, aus einem Schubfach ein Scheckbuch nehmend, »können Sie mir die erwähnte Summe sofort hierherschreiben.

Wenn Sie unterzeichnet haben, werde ich Ihnen den Brief aushändigen.«

Ich war aufs Höchste verblüfft. Der Präfekt schien wie vom Blitz getroffen. Sprachlos, mit offenem Mund und aufgerissenen Augen, starrte er Dupin an; dann, als er sich ein wenig erholt hatte, nahm er eine Feder, und unter mehrfachen Pausen und fragenden Blicken füllte er das Formular auf die Summe von fünfzigtausend Franken aus, unterzeichnete es und reichte es meinem Freund über den Tisch. Dieser prüfte es sorgsam und legte es in seine Brieftasche. Dann schloss er ein Schreibpult auf, entnahm ihm einen Brief und reichte ihn dem Präfekten. Der Beamte ergriff ihn, halb berauscht vor Freude, öffnete ihn mit zitternder Hand, warf einen schnellen Blick auf die Zeilen, suchte hastend und taumelnd die Tür und eilte ohne Abschied davon; seit Dupin ihn aufgefordert, den Scheck auszufüllen, hatte er kein Wort mehr gesprochen.

Als er gegangen war, gab mein Freund mir Aufklärung.

»Die Pariser Polizei«, sagte er, »ist in ihrer Weise sehr geschickt. Sie ist ausdauernd, pfiffig und scharfsinnig und in allen den Dingen bewandert, die ihre Pflichten ihr auferlegen. Als darum G. uns auseinandersetzte, in welcher Weise er die Durchsuchung des Ministerpalais vorgenommen, war ich ganz überzeugt, dass er gründliche Arbeit getan hatte – soweit sein Spürfeld eben reichte.«

»Soweit sein Spürfeld reichte?«, fragte ich.

»Ja«, sagte Dupin. »Die angewandten Maßnahmen waren nicht nur in ihrer Art die besten, sondern auch auf das Vollkommenste ausgeführt. Wäre der Brief im Bereich ihrer Suche niedergelegt gewesen, so hätten diese Leute ihn zweifellos gefunden.«

Ich lachte; es schien ihm aber mit dem, was er sagte, ernst zu sein.

»Die Maßnahmen«, fuhr er fort, »waren also in ihrer Weise sehr gut; der Fehler war nur, dass sie auf den besonderen Fall hier und auf den schlauen Dieb nicht passten. Der Präfekt hat eine gewisse Reihe sehr sinnreicher Hilfsmittel, denen er wie einem Prokrustesbett jeden Kriminalfall anzupassen sucht. Aber er begeht beständig den Fehler, den jeweiligen Fall zu gründlich oder zu leicht zu nehmen, und mancher Schuljunge ist ein schlauerer Kopf als er. Ich kannte einen achtjährigen Jungen, der bei dem Spiel von ›Gerad oder Ungerad‹ zur Bewunderung aller immer gewann. Das Spiel ist sehr einfach und wird mit Murmeln gespielt. Einer der Spieler hält eine Anzahl derselben in der geschlossenen Hand, und ein anderer muss erraten, ob sie an Zahl gerad oder ungerad sind. Hat er richtig geraten, so gewinnt er eine Kugel, hat er falsch geraten, so verliert er eine. Der Knabe, von dem ich hier spreche, gewann seinen Mitschülern alle Murmeln ab. Natürlich hatte er sich ein bestimmtes System gebildet, und das bestand in klugem Beobachten und in der Berechnung der Scharfsinnigkeit seines jeweiligen Gegners. Nehmen wir z.B. an, sein Gegner sei ein rechter Einfaltspinsel und fragt, die geschlossenen Hände hinhaltend: ›Gerad oder ungerad?‹ Unser Junge antwortet ›ungerad‹ und verliert; beim nächsten Mal aber gewinnt er, denn inzwischen hat er sich gesagt: ›Der Tropf hatte beim ersten Mal eine gerade Zahl in der Hand und seine Pfiffigkeit reicht sicherlich nur hin, jetzt eine ungerade zu haben, ich werde darum ungerad sagen.‹ Er tut es und gewinnt. Bei einem etwas schlaueren Einfaltspinsel, als dieser erste gewesen, würde er folgenden Schluss gezogen haben: ›Er hat gehört, dass ich beim ersten Mal ungerad gesagt habe; sein erster Einfall wäre natürlich genau wie bei dem anderen, mit gerad und ungerad abzuwechseln; dann wird ihm aber gleich der Gedanke kommen, dass dies zu einfach sei, und er wird sich dahin entscheiden, wie beim ersten Mal eine gerade Zahl zu wählen. Ich werde also gerad sagen.‹ Er tut es und gewinnt. Worin besteht nun eigentlich die Methode der Schlussfolgerung bei diesem Schuljungen, von dem seine Kameraden sagen, dass er einfach Glück habe?«

»Der Überlegene«, sagte ich, »sucht seinen Intellekt mit dem seines Gegners zu identifizieren.«

»So ist es«, sagte Dupin, »und als ich den Knaben fragte, wie ihm diese *vollkommene* Identifizierung gelänge, in der sein Erfolg bestände, bekam ich folgende Antwort: ›Wenn ich herausbekommen will, wie klug oder wie dumm, wie gut oder wie böse irgendjemand ist oder was für Gedanken er gerade hat, so suche ich den Ausdruck meines Gesichts so viel als möglich dem seinigen anzupassen, und dann warte ich ab, was für Gedanken oder Gefühle in mir aufsteigen und dem Gesichtsausdruck entsprechen.‹ Diese Antwort des Schuljungen bildet die Grundlage zu all dem scheinbaren Scharfsinn, den man Rochefoucault, La Bruyère, Machiavelli und Campanella zugeschrieben hat.«

»Wenn ich Sie richtig verstehe«, sagte ich, »so hängt die Identifizierung des Intellekts des Schlussfolgernden mit dem seines Gegners davon ab, wie scharf ersterer den Intellekt seines Gegners abzuschätzen vermag?«

»Ja, ihr praktischer Wert hängt durchaus davon ab«, erwiderte Dupin, »und eben aus Mangel an diesem Identifizierungsvermögen gehen der Präfekt und seine Kohorte so häufig fehl, und ferner auch, weil sie die Höhe des jeweiligen Intellekts, mit dem sie zu tun haben, falsch oder gar nicht abzuschätzen vermögen. Sie rechnen immer nur mit ihrem eigenen Scharfsinn, und wenn sie etwas Verborgenes suchen, so denken sie immer nur daran, wie sie selbst es versteckt haben würden. Sie haben ja so ziemlich recht, wenn sie ihre eigene Erfindungsgabe für *die große Masse* als maßgebend erachten; wenn aber der Scharfsinn des verbrecherischen Individuums sich in seinem Grundwesen von ihrem eigenen unterscheidet, so entgeht der Verbrecher ihnen natürlich. Dies geschieht immer, sobald er ihnen geistig überlegen ist, und auch sehr häufig, wenn er ihnen geistig nachsteht. Sie haben für ihre Nachforschungen eine feststehende Norm, von der sie nie abweichen; höchstens erweitern oder übertreiben sie ihre altgewohnte praktische Methode, wenn irgendwelche außergewöhnlichen Umstände, wie z.B. eine hohe Belohnung, sie besonders antreiben – das Prinzip aber bleibt dasselbe. Betrachten wir einmal den vorliegenden Fall. Was hat man getan, das auch nur im Geringsten von der gewohnten Untersuchungsmethode abgewichen wäre? Was ist all das Bohren und Prüfen und Klopfen und mikroskopische Untersuchen und Einteilen des Hauses in nummerierte Quadrate – was ist es denn anders als ein Übertreiben in der Anwendung ihres einen Prinzips, das auf der geringen Kenntnis menschlichen Scharfsinns aufgebaut ist, die diese Leute eben haben und das der Präfekt in gewohnter Pflichterfüllung immer wieder anwendet? Haben Sie nicht bemerkt, dass es ihm als ganz ausgemacht gilt, dass *alle* Menschen, wenn sie einen Brief verstecken wollen, ihn – wenn auch nicht gerade in einem ausgehöhlten Stuhlbein – so doch wenigstens in irgendeinem verborgenen Loch oder Winkel unterbringen würden, infolge derselben Gedankenreihe, die einen Mann veranlassen würde, einen Brief in einem ausgehöhlten Stuhlbein zu verbergen? Und sehen Sie nicht ebenso klar, dass solche geheimen Verstecke nur in einfachen Fällen und bei gewöhnlichen Intellekten Anwendung finden, denn fast immer, wenn es sich um das Verbergen eines Gegenstandes handelt, wird man so besonders versteckte Orte wählen, und die Entdeckung hängt also nicht lediglich von dem Scharfsinn, aber durchaus von der Sorgfalt, Geduld und Ausdauer der Suchenden ab; und war der Fall von Bedeutung oder – was in den Augen der Polizei dasselbe ist – war die *Belohnung* bedeutend, so haben die genannten Eigenschaften stets zum Ziel geführt. Sie werden nun verstehen, was ich meinte, als ich die Vermutung aussprach, dass der entwendete Brief zweifellos gefunden worden wäre, wenn er im Untersuchungsbereich des Präfekten niedergelegt worden wäre – mit anderen Worten, wenn man bei Verbergung desselben von den gleichen Grundanschauungen ausgegangen wäre, wie der Präfekt bei seiner Suche sie anwendet. Der Beamte ist jedoch in seinen Berechnungen geschlagen worden, und die verborgene Ursache seiner Niederlage liegt in der falschen Annahme, der Minister sei ein Narr, weil er zufällig den Ruf eines Dichters genießt. Alle Narren sind Dichter, das hat der Präfekt so im Gefühl, und er macht sich nur eines non distributio medii schuldig, wenn er daraus schließt, dass alle Dichter Narren seien.«

»Aber ist denn dieser wirklich der Dichter?«, fragte ich. »Es sind zwei Brüder, wie ich weiß, und beide haben als Schriftsteller einen Namen. Der Minister, glaube ich, hat eine gelehrte Abhandlung über Differentialrechnung geschrieben. Er ist ein Mathematiker und kein Dichter.«

»Sie irren sich. Ich kenne ihn gut; er ist beides. Als Dichter und Mathematiker versteht er, schlau zu überlegen; als bloßer Mathematiker verstände er überhaupt nicht, zu schlussfolgern, und wäre sicherlich dem Präfekten in die Hände gefallen.«

»Sie überraschen mich«, sagte ich. »Ihre Anschauung wird von der ganzen Welt Lügen gestraft. Sie werden doch wohl nicht eine seit Jahrhunderten festbegründete Ansicht umstoßen wollen? Die Vernunft des Mathematikers gilt seit langem als die Überlegungsfähigkeit par excellence.«

»Il y a à parier«, erwiderte Dupin, Chamfort zitierend, »que toute idée publique, toute convention reçue, est une sottise, car elle a convenu au plus grand nombre. – Ich gebe zu, dass die Mathematiker ihr Bestes getan haben, die allgemeine, aber irrige Ansicht, auf die Sie hinweisen, zu verbreiten. So haben sie z.B. mit einer Kunstfertigkeit, die einer besseren Sache würdig gewesen wäre, den Ausdruck Analysis in die Algebra hineingebracht. Die Franzosen sind es, denen wir diesen Trug verdanken; soll aber eine Bezeichnung überhaupt Bedeutung haben, soll ein Wort nach seiner Anwendbarkeit bewertet werden, so stehen ›Analysis‹ und ›Algebra‹ etwa im selben Verhältnis zueinander, wie der lateinische Ausdruck ambitus unser Wort Ehrgeiz, religio Religion oder homines honesti ehrenwerte Männer in sich schließt.«

»Sie scheinen demnächst einen Feldzug gegen die Pariser Algebraisten zu planen«, sagte ich, »doch bitte nur weiter!«

»Ich bestreite die philosophische Berechtigung eines Systems, das anders als mit abstrakter Logik arbeitet. Ich bestreite im Besonderen ein aus mathematischen Studien abgeleitetes Philosophieren. Mathematik ist die Lehre von Form und Größe; die Philosophie der Mathematiker ist weiter nichts als auf Beobachtung von Form und Größe aufgebaute Logik. Der große Irrtum liegt in der Annahme, dass die Wahrheiten dessen, was man *reine* Algebra nennt, abstrakte oder allgemeine Wahrheiten seien. Und dieser Irrtum ist so ungeheuer, dass ich es gar nicht begreifen kann, wie man ihm so allgemein verfallen konnte. Mathematische Axiome sind *keine* Axiome von allgemein gültiger Wahrheit. Was *relativ* wahr ist – also in Beziehung auf Form und Größe –, ist z.B. durchaus falsch in moralischer Hinsicht. In der Morallehre ist es meistenteils *un*wahr, dass die zusammengefassten Einzelteile dem Ganzen entsprechen. Auch in der Chemie ist das Axiom nicht anwendbar, ebenso wenig in der Lehre von der Bewegung; denn zwei Bewegungen, jede von einem gegebenen Wert, haben nicht notwendigerweise einen Wert, wenn sie gemäß ihrer Einzelwerte zu einer Summe vereinigt werden. Es gibt zahlreiche andere mathematische Wahrheiten, die nur innerhalb ihrer relativen Grenzen Wahrheiten darstellen. Aber der Mathematiker schließt aus Gewohnheit nach seinen begrenzten Wahrheiten, als ob sie von einer absoluten allgemeinen Anwendbarkeit wären – wie man dies in der Tat allgemein annimmt. Bryant erwähnt in seiner geistvollen ›Mythologie‹ eine ähnliche Quelle des Irrtums, indem er sagt: ›Obgleich die Fabeln der Heiden nicht geglaubt werden, vergisst man sich doch immer wieder und zieht Folgerungen aus ihnen, als ob sie bestehende Wirklichkeiten wären.‹ Bei den Algebraisten nun, die selber Heiden sind, werden die ›Heiden-Fabeln‹ geglaubt und die Folgerungen gezogen, nicht so sehr aus Gedankenlosigkeit als vielmehr aus einer erklärlichen Geistesverwirrung. Kurz, ich bin noch nie einem reinen Mathematiker begegnet, dem man über seine Quadratwurzeln hinaus irgendwie hätte trauen können, oder einem, der es nicht im Stillen als Glaubenssache betrachtet hätte, dass $x^2 + px$ unbedingt und unwiderleglich gleich q sei. Bitte machen Sie die Probe und sagen Sie einem dieser Herren, Sie glaubten, dass Fälle vorkommen könnten, wo $x^2 + px$ nicht ganz gleich q sei – ich möchte Ihnen raten, schleunigst Reißaus zu nehmen, sobald er verstanden hat, was Sie eigentlich meinen; denn zweifellos wird er versuchen, Sie niederzuhauen.

Ich will damit sagen«, fuhr Dupin fort, während ich über seine letzten Betrachtungen fröhlich lachte, »dass der Präfekt nicht nötig gehabt hätte, mir diesen Scheck auszustellen, wenn der Minister nichts als Mathematiker gewesen wäre. Ich kannte ihn jedoch als Mathematiker *und* Dichter, und meine Maßnahmen richteten sich nach seinen Fähigkeiten, unter besonderer Berücksichtigung der gegebenen Verhältnisse. Ich wusste, dass er ein Hofmann und kühner Intrigant war. Ich folgerte also, dass solch ein Mensch mit den üblichen polizeilichen Maßnahmen gut vertraut sein müsse. Er *musste* – und die Ereignisse haben dies bewiesen – die fingierten Raubanfälle vorausahnen. Er *muss*, so überlegte ich weiter, die geheimen Haussuchungen vorausgesehen haben. Seine häufige nächtliche Abwesenheit, die der Präfekt so freudig als unerwartete Glücksfälle begrüßte, erachtete ich lediglich als List, um der Polizei Gelegenheit zu gründlichen Nachforschungen zu geben und ihr möglichst schnell die Überzeugung beizubringen (zu der G. ja tatsächlich auch schließlich gelangte), dass der Brief sich nicht im Haus befinden könne. Ich fühlte auch, dass die ganze Gedankenreihe, die ich Ihnen soeben mit einiger Mühe entwickelte, nämlich das unveränderliche Prinzip, nach dem die Polizei ihre Maßnahmen bei der Suche nach versteckten Dingen richtet – ich fühlte, dass dieser ganze Ideengang notwendigerweise auch dem Minister kommen musste und dass er ihn zwingend dahin führen würde, alle die gewöhnlichen Versteckplätze zu vermeiden. Dieser Mann, sagte ich mir, konnte unmöglich so beschränkt sein, sich nicht selbst vor Augen zu halten, dass die allerverborgensten Winkel seines Palais den Nachforschungen, den Bohrern und Mikroskopen des Präfekten so offen daliegen würden wie seine unverschlossenen Wohnräume. Kurzum, ich erkannte, dass er ganz selbstverständlich zu den allereinfachsten Maßnahmen gedrängt werden musste, falls er sie nicht schon freiwillig gewählt haben sollte. Sie werden sich vielleicht erinnern, in welch ein Gelächter der Präfekt ausbrach, als ich bei unserer ersten Unterredung die Mutmaßung äußerte, dass dies Geheimnis ihm vielleicht darum so viel Arbeit mache, weil es so gar nicht verwickelt sei.«

»Ja«, sagte ich, »ich erinnere mich noch gut seines Heiterkeitsausbruches. Ich dachte wirklich, er würde noch in Krämpfe fallen.«

»Die materielle Welt«, fuhr Dupin fort, »hat strenge Analogien mit der immateriellen Welt. Und darum hat das rhetorische Dogma, dass eine Metapher oder ein Gleichnis geeignet sein soll, ein Argument zu erhärten oder eine Beschreibung zu verschönen, einen Schimmer von Wahrheit. So scheint zum Beispiel das Prinzip der Vis inertiae in Physik und Metaphysik identisch zu sein. Wenn die Physik behauptet, dass ein großer Körper schwerer in Bewegung zu setzen ist als ein kleiner und dass seine nachherige Geschwindigkeit zu dieser Schwierigkeit in entsprechendem Verhältnis steht, so sagt sie keine größere Wahrheit als die Metaphysik, wenn sie den Satz aufstellt, dass stärkere Intellekte, also solche, die fester und in ihren Regungen reicher sind als solche schwächeren Grades, dennoch weniger leicht beweglich, vielmehr leichter verwirrt und in ihren ersten Schritten zögernder sind. Ferner: Haben Sie jemals beobachtet, welche Art von Schildern an den Kaufmannsläden am meisten Aufmerksamkeit auf sich lenken?«

»Ich habe nie darüber nachgedacht«, sagte ich.

»Es gibt ein Rätselspiel«, sprach Dupin weiter, »das auf einer Landkarte gespielt wird; die eine Partei verlangt von der anderen, dass sie ein gegebenes Wort finde – den Namen einer Stadt, eines Flusses, einer Provinz, eines Staates – irgendein Wort, das in dem

Durcheinander von Benennungen auf der Karte zu finden ist. Ein Neuling in diesem Spiel sucht gewöhnlich seine Gegner dadurch zu verwirren, dass er ihnen Namen von allerkleinster Schrift zu suchen gibt, der Erfahrene aber wählt solche Worte, die in großen Lettern von einem Ende der Karte zum andern laufen. Diese entgehen, gleich den übergroßen Plakaten und Schilderaufschriften in den Straßen, der Beobachtung infolge ihrer übertrieben großen Sichtbarkeit; und dieses physische Übersehen ist genau analog der Unachtsamkeit, mit der der Intellekt jene Erwägungen unbeachtet lässt, die zu aufdringlich und zu naheliegend selbstverständlich sind. Doch das ist eine Sache, scheint mir, die für das Begriffsvermögen des Präfekten zu hoch oder zu niedrig ist. Er hielt es nie für wahrscheinlich oder für möglich, dass der Minister den Brief aller Welt vor die Nase gelegt hätte, um eben auf diese Weise alle Welt von der Entdeckung fernzuhalten.

Doch je mehr ich über das kühne, wagemutige, besondere Wesen D.s nachdachte, über die Tatsache, dass er das Dokument immer zur Hand haben musste, um es verwerten zu können, und über das von dem Präfekten erzielte Ergebnis, demzufolge es nicht innerhalb der Grenzen des Untersuchungskreises jenes Würdenträgers verborgen war – desto überzeugter wurde ich, dass der Minister, um den Brief zu verbergen, zu dem verständlichen und scharfsinnigen Mittel gegriffen hatte, ihn gar nicht zu verbergen.

Ganz erfüllt von diesem Gedanken versah ich mich mit einer grünen Brille und sprach eines Morgens wie zufällig im Ministerpalais vor. Ich fand D. zu Hause; er gähnte und faulenzte wie gewöhnlich und tat, als langweile er sich aufs Höchste. Er ist vielleicht der tätigste Mensch, den wir jetzt haben – doch das ist er nur, wenn niemand ihn sieht.

Um seiner Schlauheit gewachsen zu sein, klagte ich über schwache Augen und die Notwendigkeit, eine Brille tragen zu müssen; dieselbe diente mir jedoch nur, um ruhig und eingehend den ganzen Raum durchspähen zu können, während ich scheinbar mit ganzer Aufmerksamkeit bei dem Gespräch war, in das ich ihn verwickelt hatte.

Besondere Aufmerksamkeit widmete ich einem großen Schreibtisch, neben dem er saß und auf dem allerlei Briefe und andere Papiere, ein paar kleinere Musikinstrumente und einige Bücher umherlagen. Trotz sorgfältigster Prüfung aber konnte ich hier nichts finden, was einen Verdacht gerechtfertigt hätte.

Ich blickte nun weiter im Zimmer umher und entdeckte schließlich einen zerfetzten Kartenhalter aus Pappe, der an einem verstaubten blauen Band von einem kleinen Messingknopf oben über dem sehr niedrigen Kaminsims herabhing. In diesem Halter, der drei oder vier Abteilungen hatte, steckten fünf oder sechs Visitenkarten und ein einziger Brief. Der letztere war sehr schmutzig und zerknittert. Er war in der Mitte fast ganz durchgerissen – als habe man zuerst die Absicht gehabt, ihn als wertlos fortzuwerfen, habe sich dann aber doch anders besonnen. Er hatte ein großes schwarzes Siegel, auf dem sehr deutlich der Buchstabe D. sichtbar war, und war in zierlicher Damenhandschrift an D., den Minister adressiert. Er war sorglos, ja geradezu oberflächlich, in das zweitoberste Abteil des Halters gesteckt.

Kaum hatte ich diesen Brief erblickt, als ich überzeugt war, das gesuchte Dokument vor mir zu haben. Gewiss, dem Anschein nach war es sehr verschieden von dem, dessen eingehende Beschreibung der Präfekt uns geliefert hatte. Hier war das Siegel groß und schwarz mit der Chiffre D.; dort war es klein und rot, mit dem herzoglichen Wappen der Familie V. Hier war die Adresse zierlich und von weiblicher Hand und an den Minister selbst gerichtet; dort war die Aufschrift kräftig und kühn und für ein Mitglied des königlichen Hauses bestimmt; nur das Format bot eine gewisse Ähnlichkeit. Aber gerade die Übertriebenheit dieser Unterschiede war es, was mir auffiel. Der Schmutz, der zerknitterte, zerrissene Zustand des Briefes, der so gar nicht zu der bekannten Ordnungsliebe D.s passte und so sehr darauf hindeutete, dass hier eine Absicht vorliege, die Wertlosigkeit dieses Dokuments vorzutäuschen, alle diese Dinge in Verbindung mit dem ins Auge fallenden Aufbewahrungsort des Papiers, was so ganz zu den Schlussfolgerungen passte, zu denen ich vorher gelangt war – alle diese Dinge, sage ich, waren dazu angetan, Verdacht zu erregen bei einem, der gekommen war, Verdachtsgründe zu finden.

Ich dehnte meinen Besuch so lange als möglich aus und verwickelte den Minister in eine eifrige Diskussion über ein Thema, das ihn, wie ich wusste, stark interessierte, während ich meine ganze Aufmerksamkeit dem Brief zuwandte. Ich wollte mir seine Form und seine Lage im Halter genau einprägen; bei dieser Gelegenheit machte ich schließlich noch eine Entdeckung, die mir die letzten Zweifel nahm. Die Ränder des Papiers waren kräftiger umgebrochen als nötig schien. Der Bruch sah aus, als habe man ein steifes Papier, das kräftig zusammengefaltet gewesen, geöffnet und unter Benützung der alten Kniffalten nach der andern Seite umgebrochen. Diese Wahrnehmung genügte. Es war mir klar, dass man den Brief wie einen Handschuh umgewendet, in seine ursprüngliche Form zurückgefaltet und mit einem neuen Siegel versehen hatte. Ich verabschiedete mich von dem Gesandten und entfernte mich; eine goldene Schnupftabaksdose ließ ich auf dem Tisch zurück.

Am anderen Morgen sprach ich vor, um die vergessene Dose zu holen, und wir waren bald wieder in das interessante Gesprächsthema verwickelt, das uns am Tag vorher so eifrig beschäftigt hatte. Plötzlich aber ertönte gerade unter den Fenstern des Gesandtschaftspalais ein Pistolenschuss, gefolgt von Angstschreien und lärmenden Ausrufen einer erregten Menge. D. eilte an ein Fenster, riss es auf und blickte hinaus. Inzwischen trat ich zu dem Kartenhalter, nahm den Brief, steckte ihn in die Tasche und ersetzte ihn durch ein Faksimile (was sein äußeres Aussehen anlangte), das von mir zu Hause sorgsam hergestellt worden war; die Chiffre D.s hatte ich mit Hilfe eines aus Brot geformten Petschafts leicht nachahmen können.

Die Ruhestörung auf der Straße war durch das verrückte Gebaren eines Mannes verursacht worden. Er hatte in eine Gruppe von Weibern und Kindern einen Flintenschuss abgegeben. Es stellte sich aber heraus, dass es ein blinder Schuss gewesen war, und man ließ den Burschen als harmlosen Narren oder Betrunkenen laufen. Als die Menge sich verlaufen, trat D. vom Fenster zurück, wohin ich ihm gefolgt war, nachdem ich meinen Raub in Sicherheit gebracht hatte. Bald darauf verabschiedete ich mich. Der anscheinend Wahnsinnige war ein von mir bezahltes Subjekt.«

»Welche Absicht verfolgten Sie damit«, fragte ich, »dass Sie den Brief durch ein Faksimile ersetzten? Wäre es nicht besser gewesen, ihn gleich beim ersten Besuch zu ergreifen und davonzulaufen?«

»D.«, erwiderte Dupin, »ist ein kühner Bursche voll großer Tatkraft, und seine Dienerschaft ist ihm blind ergeben. Hätte ich den tollen Versuch gemacht, den Sie da vorschlagen, so hätte ich das Ministerpalais wohl kaum mehr lebend verlassen, und die guten Pariser hätten nichts mehr von mir gehört. Doch war es nicht dies

Bedenken allein, was mich zurückhielt. Sie kennen mein politisches Vorurteil. Im vorliegenden Fall bin ich ein Parteigänger der betreffenden hohen Dame. Achtzehn Monate hat der Minister sie in seiner Gewalt gehabt; jetzt hat sie ihn in der ihrigen – denn da er nicht weiß, dass er den Brief nicht mehr besitzt, wird er sein herausforderndes Wesen beibehalten. Er wird sich also selbst den Sturz bereiten, der ebenso plötzlich als beschämend für ihn sein wird. Mag man über das facilis descensus Averno sagen, was man will – bei allem Emporkommen gilt das, was die Catalani vom Singen sagte: ›Es ist viel leichter hinauf- als hinunterzukommen.‹ In unserem Fall hier habe ich kein Mitgefühl mit dem, der da stürzt. Er ist ein monstrum horrendum, ein genialer Kopf ohne edle Grundsätze. Ich gestehe aber, dass ich etwas darum gäbe, in dem Augenblick seine Gedanken lesen zu können, wenn er sich durch das veränderte Benehmen derjenigen, die der Präfekt ›eine gewisse Person‹ nennt, veranlasst sieht, den Brief zu öffnen, den ich ihm in den Kartenhalter gesteckt habe.«

»Wieso? Haben Sie ihm etwas hineingeschrieben?«

»Nun – es schien mir nicht ganz recht, das Innere leer zu lassen – das wäre ja beleidigend gewesen. D. spielte mir einst in Wien einen schlimmen Streich, und ich versicherte ihm damals halb scherzhaft, ich würde ihm das nicht vergessen. Ich hielt es also, in der Überzeugung, dass er begierig sei, zu erfahren, wer ihn so überlistet habe, für schade, ihm nicht einen Anhaltspunkt zu geben. Er kennt meine Handschrift gut, und so schrieb ich denn mitten auf das weiße Blatt die Worte:

›… Un dessein si funeste,
S'il n'est digne d'Atrée, est digne de Thyeste.‹
Sie stehen in Crébillons ›Atrée‹.«

Die Tatsachen im Fall Waldemar

Selbstverständlich finde ich es ganz natürlich, dass der seltsame Fall des Herrn Waldemar viel erörtert worden ist. Es wäre ein Wunder, wenn es anders gewesen wäre, besonders unter den vorliegenden Umständen. Infolge des Wunsches aller Beteiligten, die Sache vor der Öffentlichkeit wenigstens so lange geheim zu halten, bis uns Gelegenheit zur weiteren Nachforschung gegeben war, und durch unsere Bemühungen, dies zu erreichen, drangen entstellte und übertriebene Gerüchte ins Volk und wurden die Quelle unangenehmer Missdeutungen und selbstredend auch starker Ungläubigkeit. Es ist nun also notwendig, dass ich die *Tatsachen* berichte – soweit ich sie selbst begreife. Sie seien hier kurz zusammengefasst.

Während der letzten drei Jahre war mein Interesse mehrfach auf den Mesmerismus hingelenkt worden, und vor neun Monaten etwa fiel es mir ganz plötzlich auf, dass die Reihe der bisher gemachten Experimente eine sehr auffallende und unverantwortliche Lücke aufwies – man hatte noch keinen *Sterbenden* hypnotisiert! Zunächst blieb zu beobachten, ob ein solcher Patient für magnetische Einwirkungen besonders empfänglich war; ferner, ob die Empfänglichkeit in solchem Zustand, falls sie vorhanden, stärker oder schwächer war als sonst; und drittens, in welchem Grad oder für welche Zeitdauer sich der Tod hinausschieben lassen konnte. Noch andere Punkte galt es aufzuklären, doch jene vor allem reizten meine Neugier – und ganz besonders der dritte Punkt erschien mir äußerst bedeutungsvoll.

Auf der Suche nach einer Persönlichkeit, mit deren Hilfe ich diese Fragen lösen könnte, fiel mir mein Freund Herr Ernst Waldemar ein, der bekannte Bibliothekar der »Bibliotheca Forensica« und (unter dem Pseudonym Issachar Marx) Verfasser der polnischen Ausgaben des »Wallenstein« und des »Gargantua«. Herr Waldemar, der hauptsächlich in Harlem gelebt hatte und sich seit 1839 in New York aufhielt, war besonders auffallend durch seine unerhörte Magerkeit und durch die weiße Farbe seines Backenbartes, der mit dem schwarzen Haupthaar seltsam kontrastierte, sodass man oft glauben mochte, er trage eine Perücke. Er war sehr reizbar und eignete sich daher für mesmeristische Versuche vortrefflich. Zwei oder drei Mal war es mir ohne Schwierigkeit gelungen, ihn in Schlaf zu versetzen, doch andere Erwartungen, die seine sonderbare Konstitution in mir erweckt hatte, erfüllten sich nicht. Sein Wille war niemals dem meinigen vollkommen unterworfen, und in Bezug auf »Hellsehen« konnte ich mit ihm nichts Zuverlässiges erreichen. Meinen Misserfolg in dieser Hinsicht schrieb ich immer seiner zerrütteten Gesundheit zu; denn einige Monate, ehe ich mit ihm bekannt wurde, hatten seine Ärzte ihn für unrettbar schwindsüchtig erklärt. Es war übrigens seine Gewohnheit, von seiner bevorstehenden Auflösung als von einer unvermeidlichen Tatsache, die nicht bedauert werden sollte, zu sprechen.

Als jene Gedanken sich mir zum ersten Mal aufdrängten, war es also ganz natürlich, dass ich an Herrn Waldemar dachte. Ich kannte die ruhevolle Philosophie dieses Mannes zu gut, als dass ich seinerseits irgendwelche Bedenken vermutet hätte; und er hatte in Amerika keine Angehörigen, die Einspruch hätten erheben können. Ich sprach mit ihm ganz offen über die Sache, und zu meiner Verwunderung zeigte er lebhaftes Interesse.

Ich sage zu meiner Verwunderung, denn obgleich er sich meinen Experimenten stets willig gefügt hatte, so hatte er ihnen doch niemals besondere Sympathie entgegengebracht. Die Art seines Leidens gestattete es, seine Todesstunde ziemlich genau vorauszusagen, und es wurde also zwischen uns vereinbart, dass er etwa vierundzwanzig Stunden vor der ihm von den Ärzten bezeichneten Sterbestunde mich zu sich rufen lassen würde.

Es sind jetzt mehr als sieben Monate her, seit ich von Herrn Waldemars eigener Hand folgende Zeilen erhielt:

> Mein lieber P.!
>
> Sie können nun also kommen. D. und F. haben festgestellt, dass ich nicht lange mehr mitmache – nur noch bis morgen Mitternacht; und ich glaube, sie haben den Zeitpunkt ziemlich richtig angegeben.
>
> Waldemar.

Ich erhielt diese Mitteilung eine halbe Stunde, nachdem sie geschrieben war, und fünfzehn Minuten später befand ich mich im Zimmer des Sterbenden. Ich hatte ihn seit zehn Tagen nicht gesehen und war entsetzt über die furchtbare Veränderung, die in dieser kurzen Zeit mit ihm vorgegangen war. Sein Antlitz war bleifarben, die Augen blickten stumpf und vollkommen glanzlos, und die Abmagerung hatte so große Fortschritte gemacht, dass die Haut von den Backenknochen durchbohrt worden war. Sein Schleimauswurf war unerhört stark, der Puls kaum wahrnehmbar. Trotz alledem schien er im vollkommenen Besitz seiner Geisteskräfte und war auch körperlich nicht so schwach, wie man hätte annehmen sollen. Er sprach sehr deutlich, nahm ohne jede Hilfe einige lindernde Arzneien zu sich und war, als ich ins Zimmer trat, damit beschäftigt, in sein Notizbuch Aufzeichnungen zu machen. Er saß, von Kissen gestützt, aufrecht im Bett. Die Doktoren D. und F. waren anwesend.

Nachdem ich Waldemar die Hand gedrückt, nahm ich die Herren beiseite und empfing von ihnen über den Zustand des Patienten eingehenden Bericht. Der linke Lungenflügel war seit achtzehn Monaten vollkommen verknorpelt und ganz unbrauchbar. Die obere Hälfte des rechten Lungenflügels war ebenfalls teilweise, wenn nicht sogar ganz verknöchert, während die untere Hälfte bereits in Eiterung überzugehen begann. Mehrere umfangreiche Durchbrüche waren vorhanden, und einige Rippen waren ebenfalls von Eiterung ergriffen. Diese Erscheinungen im rechten Lungenflügel waren verhältnismäßig neueren Datums. Die Verknöcherung hatte mit ganz ungewöhnlicher Schnelligkeit um sich gegriffen, und die Rippeneiterung hatte man erst in den letzten drei Tagen wahrgenommen. Unabhängig von der Schwindsucht vermutete man bei dem Kranken eine Geschwulst an der Pulsader, doch machte die Lungenverknöcherung eine genaue Diagnose in dieser Hinsicht unmöglich. Es war die Ansicht beider Ärzte, dass Herr Waldemar gegen Mitternacht des folgenden Tages (eines Sonntags) sterben werde. Jetzt war es Samstag sieben Uhr abends.

Bevor die Doktoren D. und F. sich zu mir wendeten, um mir den Zustand ihres Patienten zu schildern, hatten sie diesem ein letztes Lebewohl geboten. Es hatte nicht in ihrer Absicht gelegen, wiederzukommen, auf mein Ersuchen jedoch erklärten sie sich bereit, gegen zehn Uhr am folgenden Abend noch einmal nach dem Kranken zu sehen.

Als sie gegangen waren, sprach ich mit Herrn Waldemar ganz offen über seine bevorstehende Auflösung und vor allem sehr eingehend über das beabsichtigte Experiment. Er zeigte sich noch immer ganz willig, ja sogar begierig und bat mich, sogleich zu beginnen. Ein Pfleger und eine Pflegerin waren anwesend, aber ich fühlte mich nicht ganz berechtigt, mich einer so bedeutungsvollen Aufgabe zu unterziehen, ohne dass für den Fall eines unerwarteten Ereignisses zuverlässigere Zeugen zugegen waren als diese beiden Leute. Ich verschob daher meine Maßnahmen bis zum anderen Abend gegen acht Uhr, wo das Eintreffen eines Studenten der Medizin, des Herrn Theodor L…l, zu dem ich einige Beziehungen hatte, mich weiterer Befürchtungen enthob. Ursprünglich war es meine Absicht gewesen, auf die Ärzte zu warten, doch ich war gezwungen, anzufangen, erstens infolge der dringenden Bitten Waldemars und zweitens infolge meiner Überzeugung, dass nicht eine Minute zu verlieren sei, denn es ging ersichtlich zu Ende mit ihm.

Herr L…l war so gütig, meinem Ersuchen, den Vorgang schriftlich festzuhalten, willig nachzukommen; und das, was ich jetzt berichte, ist zum großen Teil eine gedrängte oder wörtliche Wiedergabe seiner Aufzeichnungen.

Es war etwa fünf Minuten vor acht, als ich den Patienten bei der Hand nahm und ihn bat, Herrn L…l so klar als möglich anzugeben, ob er, Herr Waldemar, durchaus gewillt sei, dass ich in seinem gegenwärtigen Zustand den Mesmerismus bei ihm anwende.

Er antwortete mit schwacher, aber verständlicher Stimme: »Ja, ich wünsche hypnotisiert zu werden« – und fügte gleich darauf hinzu: »Ich fürchte, Sie haben es schon zu lange hinausgeschoben.« Während er noch sprach, begann ich mit dem Streichen; ich zog die Striche, die ich bereits früher am wirksamsten bei ihm angewendet hatte. Schon als ich meine Hand zum ersten Mal seitwärts über seine Stirn zog, erzielte ich eine gewisse Wirkung; doch obgleich ich meine ganze Macht erschöpfte, war bis einige Minuten nach zehn, als die Doktoren D. und F. vorsprachen, kein bemerkenswerter Erfolg zu verzeichnen gewesen. Ich erklärte den Ärzten in kurzen Worten mein Vorhaben, und da sie nichts dagegen einzuwenden hatten, weil der Kranke schon in Agonie lag, so setzte ich meine Versuche unverzüglich fort. Statt der seitlichen Striche machte ich jedoch jetzt solche von oben nach unten und konzentrierte meinen Blick auf das rechte Auge des Leidenden. Sein Puls war kaum wahrnehmbar; er atmete röchelnd und in Intervallen von einer halben Minute.

Eine Viertelstunde lang blieb sein Zustand unverändert. Nach Ablauf dieser Frist jedoch entrang sich der Brust des Sterbenden ein tiefer Seufzer, und das Röcheln war nicht mehr zu vernehmen; die Atmungsintervalle blieben dieselben. Die Gliedmaßen des Patienten waren von eisiger Kälte.

Fünf Minuten vor elf ließen sich unwiderlegliche Anzeichen mesmeristischer Einwirkung bemerken. Der glasige Ausdruck des rollenden Auges verwandelte sich in den Ausdruck nach innen gekehrten Sinnens und Suchens, wie er nur bei Somnambulen zu finden ist. Mit ein paar schnellen Querstrichen brachte ich die Augenlider zum Beben, und nach einigen weiteren Strichen schlossen sie sich ganz. Dieser Erfolg genügte mir aber nicht, ich fuhr vielmehr eifrig und mit äußerster Willensanstrengung so lange fort, bis die Glieder des Schläfers, die ich zunächst in eine bequeme Lage gebracht hatte, vollständig steif geworden waren. Die Beine waren lang ausgestreckt; die Arme lagen ebenfalls fast gestreckt; der Kopf ruhte leicht erhöht in den Kissen.

Als dies geschehen war, war es genau Mitternacht, und ich ersuchte die anwesenden Herren, den Zustand Herrn Waldemars zu prüfen. Nach kurzer Untersuchung erklärten sie, dass er sich in ungemein tiefer Trance befinde. Die Neugier beider Ärzte war in höchstem Grade geweckt. Dr. D. beschloss sofort, die ganze Nacht bei dem Patienten zu verbringen, während Dr. F. sich mit dem Versprechen verabschiedete, bei Tagesanbruch wiederzukommen. Herr L...l und der Pfleger und die Pflegerin blieben auch da.

Wir ließen nun Herrn Waldemar bis gegen drei Uhr morgens ungestört; dann trat ich zu ihm und fand ihn in derselben Verfassung wie zur Zeit, als Dr. F. fortgegangen war – das will sagen, sein Zustand war unverändert: der Puls kaum fühlbar, der Atem nur mit Hilfe eines dem Kranken vor den Mund gehaltenen Spiegels bemerkbar, die Augen wie im Schlaf geschlossen, die Glieder hart und kalt wie Marmor. Dennoch bot er nicht den Anblick eines Toten.

Als ich mich Herrn Waldemar näherte, machte ich den schwachen Versuch, seinen rechten Arm der Führung des meinigen zu unterwerfen. Ich hatte bisher in solchen Experimenten bei diesem Patienten kein Glück gehabt, und so hatte ich auch jetzt wenig Hoffnung auf Erfolg. Zu meinem großen Erstaunen aber folgte sein Arm sofort willig, wenn auch sehr matt, jeder Richtung, die mein Arm ihm vorschrieb. Ich beschloss, ein Gespräch zu wagen.

»Herr Waldemar«, sagte ich, »schlafen Sie?« Er gab keine Antwort, doch ich bemerkte ein Zittern um seinen Mund und wurde dadurch veranlasst, meine Frage ein zweites und drittes Mal zu wiederholen. Als ich sie zum dritten Mal stellte, wurde seine ganze Gestalt von einem leichten Schauer befallen: Die Augenlider öffneten sich so weit, dass sie ein wenig den weißen Augapfel enthüllten, die Lippen regten sich träge, und in kaum hörbarem Flüstern entrangen sich ihnen die Worte:

»Ja – schlafe jetzt. Wecken Sie mich nicht! – Lassen Sie mich so sterben!«

Ich befühlte seine Gliedmaßen; sie waren so eiskalt wie immer. Der rechte Arm gehorchte wie vorher der Führung meiner Hand. Ich fragte den Magnetisierten von Neuem:

»Fühlen Sie noch Schmerzen in der Brust, Herr Waldemar?«

»Keine Schmerzen – ich sterbe.«

Ich hielt es nicht für ratsam, ihn gerade jetzt noch weiter zu stören, und bis zur Ankunft des Dr. F. wurde nichts mehr gesprochen; dieser traf kurz vor Sonnenaufgang ein und bekundete grenzenloses Erstaunen, den Patienten noch am Leben zu sehen. Nachdem er ihm den Puls gefühlt und einen Spiegel an die Lippen gehalten hatte, ersuchte er mich, den Schlafwachenden nochmals anzureden. Ich folgte der Aufforderung und sagte:

»Herr Waldemar, schlafen Sie noch?«

Wie vordem vergingen einige Minuten, ehe eine Antwort erfolgte; während dieser Zeit schien der Sterbende seine Energie zu sammeln. Bei der vierten Wiederholung der Frage sagte er sehr schwach, fast unhörbar:

»Ja, schlafe noch – sterbe.«

Es war jetzt die Ansicht oder vielmehr der Wunsch der Ärzte, dass Herr Waldemar in seinem gegenwärtigen, anscheinend ruhevollen Zustand belassen werden solle, bis der Tod obsiege; und das – darin stimmte man überein – müsse nun in wenigen Minuten erfolgen. Ich beschloss jedoch, noch einmal zu ihm zu sprechen, und wiederholte einfach meine vorige Frage.

Während ich sprach, ging mit dem Antlitz des Kranken eine seltsame Veränderung vor. Die Augen öffneten sich langsam, die Pupillen drehten sich so weit nach aufwärts, bis sie ganz unsichtbar waren; die Haut wurde leichenfarben und glich nun weniger dem Pergament als weißem Papier; und die kreisrunden hektischen Flecke, die sich auf jeder Wange streng abzeichneten, erloschen mit einem Mal. Ich gebrauche diesen Ausdruck, weil die Plötzlichkeit ihres Verschwindens mich an nichts so sehr erinnerte wie an das plötzliche Erlöschen einer Kerzenflamme, die man ausbläst. Gleichzeitig kräuselte sich die Oberlippe, die bisher die Zähne bedeckt hatte, stark aufwärts, während die untere Kinnlade mit hörbarem Ruck herunterklappte und den Mund weit offen zeigte, in dessen Mitte die geschwollene und schwarz gewordene Zunge voll zu sehen war.

Ich vermute, dass keinem der Anwesenden die Schrecken des Totenbettes fremd waren, aber Herr Waldemar bot in diesem Augenblick einen so entsetzlichen Anblick, dass alle aus der Nähe des Bettes zurückwichen.

Ich fühle jetzt, dass ich in meiner Erzählung einen Punkt erreicht habe, bei dem sich jeder Leser ungläubig abwendet. Dessenungeachtet ist es meine Pflicht, fortzufahren.

An Herrn Waldemar war nicht das geringste Lebenszeichen mehr zu bemerken, und da wir annahmen, dass er tot sei, wollten wir ihn der Obhut der Pflegeleute überlassen, als seine Zunge von einer heftigen Vibration ergriffen wurde. Diese hielt wohl eine Minute lang an. Nach Ablauf dieser Zeit tönte zwischen den weitgeöffneten und regungslosen Kinnladen eine Stimme hervor – es wäre Wahnsinn, sie beschreiben zu wollen. Es gibt wohl zwei oder drei Vergleiche, die man hier anwenden könnte; ich könnte zum Beispiel sagen, dass der Laut heiser und gebrochen und hohl klang; aber die Fürchterlichkeit des Ganzen ist unbeschreiblich, aus dem einfachen Grund, weil niemals menschliche Ohren ähnliche Laute vernommen haben. Dennoch waren da zwei Besonderheiten, die, wie ich damals meinte – und auch heute noch denke –, als charakteristisch für den Klang angeführt werden können. Erstens schien die Stimme an unsere Ohren – an meine wenigstens – aus weiter Ferne zu dringen oder aus einer tiefen Höhle, aus dem Erdinnern. Zweitens (ich fürchte in der Tat, dass es mir unmöglich sein wird, mich verständlich zu machen) – zweitens empfand mein Gehörsinn diese Laute so, wie etwa der Gefühlsinn gallertartige oder klebrige Dinge empfindet.

Ich sprach sowohl von »Laut« als von »Stimme«. Ich will damit sagen, dass der Laut von klarer, von wundersam ergreifender Deutlichkeit der Worte war. Herr Waldemar *sprach* – und vermutlich in Erwiderung der Frage, die ich ihm ein paar Minuten vorher gestellt hatte. Man wird sich erinnern, dass ich ihn gefragt hatte, ob er noch schlafe. Er sagte jetzt: »Ja – nein – *ich habe geschlafen* – und jetzt – jetzt – *bin ich tot.*«

Keiner der Anwesenden machte auch nur den Versuch, das unerhörte, schaudernde Entsetzen zu verbergen, das diese paar so fürchterlich gesprochenen Worte ihm eingeflößt hatten. Herr L…l, der Student, wurde ohnmächtig. Die Pflegeleute verließen sofort das Zimmer und konnten nicht zur Rückkehr veranlasst werden. Meine eigenen Empfindungen darf ich gar nicht versuchen dem Leser nahe zu bringen. Fast eine Stunde lang bemühten wir uns schweigend – vollkommen schweigend –, Herrn L…l ins Leben zurückzurufen. Als er wieder zu sich gekommen war, befassten wir uns von Neuem mit der Untersuchung von Herrn Waldemars Zustand.

Er blieb in jeder Hinsicht genau so, wie ich ihn zuletzt beschrieben habe, ausgenommen, dass der Spiegel keine Atmung mehr erkennen ließ. Ein Versuch, aus dem Arm Blut zu ziehen, schlug fehl. Ich muss ferner erwähnen, dass dies Glied meinem Willen nicht mehr unterworfen war. Der einzige wirkliche Beweis mesmeristischer Einwirkung war nurmehr in der Vibration der Zunge zu erkennen, sobald ich an Herrn Waldemar eine Frage stellte. Er schien jedes Mal eine Anstrengung zu machen, um zu antworten, hatte aber nicht mehr genug Willenskraft. Für Fragen, die irgendeine andere Person an ihn richtete, schien er durchaus unempfänglich – obgleich ich mich bemühte, einen jeden aus der Versammlung in mesmeristischen Rapport mit ihm zu setzen.

Ich glaube, ich habe nun alles erzählt, was zum Verständnis für des Schlafwachenden damaligen Zustand notwendig ist. Anderes Pflegepersonal wurde beschafft, und um zehn Uhr verließ ich das Haus, in Begleitung der beiden Ärzte und des Herrn L…l.

Am Nachmittag gingen wir alle wieder hin, um den Patienten zu sehen. Sein Befinden war vollkommen unverändert. Wir hatten nun eine Besprechung darüber, ob es richtig und tunlich sei, ihn aufzuwecken; aber es wurde uns nicht schwer, dahin übereinzukommen, dass ein solches Vorgehen nichts Gutes fördern könne. Es war offensichtlich, dass bis jetzt der Tod (oder was man gewöhnlich Tod nennt) durch das mesmeristische Verfahren aufgehalten worden war. Es schien uns allen klar, dass ein Aufwecken Herrn Waldemars lediglich dessen augenblickliche oder zum mindesten sehr schnelle Auflösung zur Folge haben werde.

Seit damals bis Ende letzter Woche – eine Zeitdauer von fast sieben Monaten – fuhren wir fort, täglich bei Herrn Waldemar nachzusehen, manchmal auch in Begleitung von Medizinern oder anderen Freunden. Diese ganze Zeit über verblieb der Schlafwachende in *genau* dem Zustand, wie ich ihn vorhin geschildert habe. Die Pfleger widmeten ihm beständige Aufmerksamkeit.

Es war am letzten Freitag, als wir schließlich beschlossen, den Versuch zu machen, ihn zu erwecken; und es ist vermutlich der unglückliche Ausgang dieses Experiments, das in Laienkreisen zu so vielen Erörterungen Anlass gab, die ich nur als ungerechtfertigt bezeichnen kann.

Um Herrn Waldemar aus der Trance zu erwecken, brachte ich die üblichen Striche zur Anwendung. Diese waren eine Zeit lang erfolglos. Das erste Anzeichen von Wiederbelebung bot sich in einer teilweisen Herabsenkung der Iris. Als besonders bemerkenswert wurde festgestellt, dass diese Senkung der Pupille begleitet war von dem heftigen Ausfluss eines gelblichen Blutwassers, das unter den Lidern hervorlief und von sehr üblem Geruch war.

Es wurde nun angeregt, dass ich versuchen solle, wie früher den Arm des Patienten mir gehorsam zu machen. Ich machte den Versuch, und er misslang. Dr. F. äußerte dann den Wunsch, ich solle eine Frage stellen. Ich tat dies wie folgt:

»Herr Waldemar, können Sie uns klarmachen, was Sie jetzt fühlen oder wünschen?«

Sofort kehrten die hektischen Wangenflecke zurück, die Zunge zuckte, oder besser, sie rollte heftig im Mund hin und her (obgleich Kinnladen und Mund wie vorher weit aufgerissen blieben), und schließlich stürzte dieselbe grauenhafte Stimme hervor, die ich bereits beschrieben habe:

»Um Gottes Willen – schnell – schnell – bringen Sie mich wieder in Schlaf – oder, schnell – erwecken Sie mich – schnell –. *Ich sage Ihnen, ich bin tot.*«

Ich war so furchtbar entsetzt, dass ich einen Moment lang nicht wusste, was beginnen. Zuerst machte ich den Versuch, den Patienten wieder zu beruhigen; da mir das aber infolge mangelnder Energie vollständig misslang, änderte ich meine Maßnahmen und bemühte mich ebenso eifrig, ihn zu erwecken. Ich sah bald, dass ich hierin Erfolg haben würde – oder wenigstens bildete ich mir ein, ein günstiges Resultat erzielen zu können; und ich bin gewiss, dass alle Anwesenden darauf vorbereitet waren, den Patienten erwachen zu sehen. Denn auf das, was sich wirklich ereignete, konnte unmöglich irgendein menschliches Wesen vorbereitet sein.

Während ich heftig die mesmeristischen Striche ausführte, inmitten der heulenden Rufe »tot – tot«, die geradezu der Zunge – nicht den Lippen – des Leidenden ohne Pause entquollen, geschah es, dass seine ganze Gestalt urplötzlich – innerhalb einer einzigen Minute – zusammenschrumpfte – zerfiel – unter meinen Händen hinwegfaulte. Auf dem Bett vor uns lag eine ekelhafte, stinkende Masse.

Das Fass Amontillado

Alle die tausend kränkenden Reden Fortunatos ertrug ich, so gut ich konnte, als er aber Beleidigungen und Beschimpfungen wagte, schwor ich ihm Rache. Ihr werdet doch nicht annehmen – ihr, die ihr so gut das Wesen meiner Seele kennt –, dass ich eine Drohung laut werden ließ. *Einmal* würde ich gerächt sein! Aber die Bestimmtheit, mit der ich meinen Entschluss fasste, verbot mir alles, was mein Vorhaben gefährden konnte. Ein Unrecht ist nicht bestraft, wenn den Rächer Vergeltung trifft für seine Rachetat; es ist auch nicht bestraft, wenn es dem Rächer nicht gelingt, sich als solcher seinem Opfer zu zeigen.

Es muss vorausgeschickt werden, dass ich Fortunato weder mit Wort noch Tat Grund gab, meine gute Gesinnung anzuzweifeln. Ich fuhr fort, liebenswürdig zu ihm zu sein, und er gewahrte nicht, dass mein Lächeln jetzt dem Gedanken seiner Vernichtung galt.

Er hatte eine Schwäche, dieser Fortunato – obschon er in anderer Hinsicht ein geachteter und sogar gefürchteter Mann war. Er brüstete sich damit, dass er ein Weinkenner sei. Nur wenige Italiener besitzen den wahren Kunstverstand. Sie begeistern sich meist nur für eine einzige Sache: für betrügerische Manipulationen gegenüber britischen und österreichischen Millionären. In der Beurteilung von Bildern und Edelsteinen war Fortunato, gleich seinen Landsleuten, ein unwissender Prahlhans, in Bezug auf alte Weine aber hatte er ein ehrliches und sicheres Urteil. Hierin stand ich selbst ihm kaum nach; ich kannte den italienischen Wein gut und kaufte viel, sooft sich mir günstige Gelegenheit bot.

Es war in der tollen Karnevalszeit, als ich an einem dämmerigen Abend meinem Freund begegnete. Er begrüßte mich mit übertriebener Wärme, denn er hatte viel getrunken. Der Mann war maskiert. Er trug ein enganliegendes, zur Hälfte gestreiftes Gewand, und auf seinem Kopf erhob sich die konisch geformte Narrenkappe. Ich freute mich so sehr, ihn zu sehen, dass ich gar kein Ende finden konnte, ihm die Hand zu schütteln.

Ich sagte zu ihm: »Mein lieber Fortunato, es freut mich, dich zu treffen. Wie prächtig du heute aussiehst – außerordentlich wohl! Doch höre: Ich habe ein Fass Wein bekommen, das für Amontillado gilt, und ich habe meine Zweifel.«

»Wie?«, sagte er, »Amontillado? Ein Fass? Unmöglich! Und mitten im Karneval?«

»Ich habe meine Zweifel«, erwiderte ich. »Und ich war töricht genug, den vollen Amontillado-Preis zu zahlen, ohne dich erst zu Rate zu ziehen. Du warst nicht zu finden, und ich fürchtete, durch eine Verzögerung den ganzen Handel zu verlieren.«

»Amontillado!«

»Ich habe meine Zweifel.«

»Amontillado!«

»Und ich muss sie zum Schweigen bringen.«

»Amontillado!«

»Da du beschäftigt bist, werde ich Luchesi aufsuchen. Wenn einer ein kritisches Urteil hat, ist er es. Er wird mir sagen –«

»Luchesi kann Amontillado nicht von Sherry unterscheiden!«

»Und doch behaupten so ein paar Narren, dass sein Weinverstand dem deinigen gleichkomme.«

»Komm, lass uns gehen.«

»Wohin?«

»In deine Kellereien.«

»Nein, mein Freund; ich will nicht deine Gutmütigkeit ausnützen. Ich sehe, du bist beschäftigt. Luchesi –«

»Ich bin nicht beschäftigt, komm!«

»Lieber Freund, nein! Es ist ja nicht nur das, dass du etwas anderes vorhattest; du bist ernstlich erkältet. Die Kellergewölbe sind unerträglich feucht. Sie haben eine Salpeterkruste angesetzt.«

»Lass uns trotzdem gehen! Die Erkältung ist nicht der Rede wert. Amontillado! Man hat dich betrogen; und Luchesi – der kann Sherry von Amontillado nicht unterscheiden.«

Mit diesen Worten hing Fortunato sich in meinen Arm. Ich nahm eine schwarze Seidenmaske vors Gesicht, hüllte mich dicht in meinen Mantel und ließ es geschehen, dass mein Freund mich eilends zu meinem Palazzo geleitete.

Die Dienerschaft war nicht zu Hause; der Karneval hatte sie hinausgelockt. Ich hatte den Leuten gesagt, dass ich nicht vor dem nächsten Morgen heimkommen würde, und ihnen streng verboten, sich aus dem Haus zu rühren. Ich wusste, dass dies genügte, damit alle zusammen, sobald ich den Rücken wandte, davonliefen.

Ich nahm zwei Fackeln aus den Ringen an der Wand, gab Fortunato eine davon und komplimentierte ihn durch mehrere Zimmerreihen in den Bogengang, der zu den Gewölben führte. Ich schritt eine lange, gewundene Treppe hinab und bat ihn, mir vorsichtig zu folgen. Endlich kamen wir unten an und standen zusammen in der feuchten Tiefe der Katakomben der Montresors.

Der Gang meines Freundes war unsicher, und die Schellen an seiner Kappe klingelten bei seinen Schritten.

»Das Fass!«, sagte er.

»Das ist weiter hinten«, antwortete ich. »Siehst du das weiße Gewebe, das da ringsum von den Kellermauern leuchtet?«

Er wandte sich mir zu und sah mir in die Augen. Seine Blicke waren feucht von Schnupfen und Trunkenheit.

»Salpeter?«, fragte er schließlich.

»Salpeter«, erwiderte ich. »Wie lange hast du schon diesen Husten?«

Er hustete, hustete, hustete. Mein armer Freund konnte minutenlang keine Antwort geben.

»Es ist nichts«, erwiderte er dann.

»Komm«, sagte ich sehr bestimmt, »wir wollen umkehren; deine Gesundheit ist kostbar. Du bist reich, geachtet, bewundert, geliebt; du bist glücklich, wie ich einst war. Du würdest eine Lücke hinterlassen. Um mich ist es nicht schade. Wir wollen umkehren! Du wirst krank werden, und ich kann das nicht verantworten. Übrigens kann ja Luchesi –«

»Genug!«, sagte er. »Der Husten ist ganz belanglos; er wird mich nicht umbringen. Ich werde nicht an meinem Husten zugrunde gehen.«

»Wahr – wahr«, erwiderte ich. »Wirklich, ich hatte nicht die Absicht, dich unnötig zu beunruhigen – aber du solltest die Vorsicht nicht außer Acht lassen. Ein Schluck Medoc wird uns vor der Einwirkung der Dünste schützen.«

Bei diesen Worten zog ich aus einer langen Flaschenreihe, die längs der Mauer auf der Erde lag, eine Flasche hervor und schlug ihr den Hals ab.

»Trink«, sagte ich und bot ihm den Wein. Er setzte ihn an die Lippen. Er hielt inne und nickte mir vertraulich zu; seine Glöckchen klingelten.

»Ich trinke«, sagte er, »auf die Toten, die hier ruhen.«

»Und ich auf dein langes Leben!«

Er nahm von Neuem meinen Arm, und wir gingen weiter.

»Diese Gewölbe«, sagte er, »sind weitläufig.«

»Die Montresors«, erwiderte ich, »waren eine große und zahlreiche Familie.«

»Ich vergaß dein Wappenzeichen.«

»Ein riesiger goldener Fuß in blauem Feld; der Fuß zertritt eine sich bäumende Schlange, deren Zähne ihm in der Ferse sitzen.«

»Und das Motto?«

»Nemo me impune lacessit.«

»Gut!«, sagte er.

Der Wein flackerte aus seinen Augen, und die Glöckchen klingelten. Auch mir stieg der Medoc zu Kopfe. Wir waren an einer ganzen Reihe aufgestapelter Skelette und Fässer vorbei bis in den entferntesten Teil der Katakomben gelangt. Ich blieb wieder stehen, und diesmal wagte ich es, Fortunato am Arm zu rütteln.

»Der Salpeter!«, sagte ich. »Sieh, wie es immer mehr wird. Er hängt an den Wölbungen wie Moos. Wir sind unter dem Flussbett. Die Nässe tropft durch die Skelette. Komm, wir wollen umkehren, ehe es zu spät ist. Dein Husten –«

»Nicht der Rede wert«, sagte er; »lass uns weitergehen. Vorher aber – noch einen Schluck Medoc.«

Ich schlug einer Flasche de Grave den Hals ab und reichte sie ihm. Er leerte sie mit einem Zug. In seinen Augen flackerte ein wildes Licht. Er lachte und warf die Flasche mit einer seltsamen Bewegung zur Decke – einer Geste, die ich nicht verstand.

Ich sah ihn verwundert an. Er wiederholte die absonderliche Geste.

»Du verstehst nicht?«, fragte er.

»Nicht im Geringsten«, antwortete ich.

»Du gehörst nicht zur Bruderschaft!«

»Wie?«

»Du bist kein Maurer.«

»Ja, ja«, sagte ich. »Jawohl, ja.«

»Du? Unmöglich! Ein Maurer?«

»Ein Maurer«, antwortete ich.

»Ein Zeichen!«, sagte er.

»Hier ist es«, erwiderte ich, aus den Falten meines Überwurfs eine Maurerkelle hervorziehend.

»Du spaßest«, rief er aus und wich von mir zurück. »Aber komm weiter zum Amontillado!«

»Gut also«, sagte ich, nahm die Kelle wieder unter den Mantel und bot ihm den Arm. Er lehnte sich schwer darauf. Wir setzten unseren Weg fort. Wir gingen durch mehrere niedere Bogengänge, gingen hinab, hinauf und wieder hinab und betraten nun eine tiefe Gruft, wo die Luft so modrig war, dass unsere Fackeln nicht mehr flammten, sondern nur noch schwelten.

Am entlegensten Ende der Gruft kam eine andere, kleinere zum Vorschein. An ihren Wänden waren bis zur Decke hinauf Menschenknochen aufgestapelt gewesen, ähnlich wie in den großen Katakomben von Paris. Drei Seiten dieser innersten Gruftkammer waren noch jetzt so geschmückt. Von der vierten waren die Knochen weggeräumt; sie lagen auf dem Boden herum und waren an einer Stelle zu einem Haufen aufgetürmt. Inmitten der so bloßgelegten Mauer bemerkten wir noch eine letzte Höhlung. Sie war etwa vier Fuß tief, drei Fuß breit und sechs bis sieben Fuß hoch. Sie schien nicht zu irgendeinem besonderen Zweck gemacht worden zu sein, sondern bildete lediglich den Zwischenraum zwischen drei der mächtigen Stützpfeiler, die die Deckenwölbung der Katakomben trugen; ihre Rückwand wurde von einer der massiven Granitmauern gebildet.

Vergeblich hob Fortunato seine trübe Fackel, um in die Tiefe der Höhlung zu spähen. Das schwache Licht gestattete nicht, die Rückwand zu erblicken.

»Geh weiter«, sagte ich. »Hier drin ist der Amontillado. Übrigens könnte Luchesi –«

»Er ist ein Dummkopf«, fiel mir mein Freund ins Wort, während er unsicher vorwärtsschritt; ich folgte ihm auf den Fersen. Einen Augenblick später hatte er das Ende der Höhlung erreicht; verdutzt stand er vor der Mauer, die ihm Halt gebot. Und noch einen Augenblick später hatte ich ihn an den Granit gefesselt. In der Mauer befanden sich auf gleicher Höhe und in zwei Fuß Entfernung voneinander zwei Schließhaken; an einem derselben hing eine kurze Kette, am anderen ein Vorlegeschloss. Ich warf die Kette um Fortunatos Leib und befestigte sie im Schloss. Das Ganze war nur das Werk weniger Sekunden. Er war zu verblüfft, um Widerstand entgegenzusetzen. Ich zog den Schlüssel ab und trat aus der Nische zurück.

»Streich mit der Hand über die Mauer«, sagte ich. »Du wirst den Salpeter fühlen. Wahrhaftig, es ist *bedenklich* feucht da drinnen. Noch einmal: Lass dich *beschwören*, umzukehren! Nein? Dann muss ich dich wirklich verlassen. Aber zuerst muss ich dir noch alle die kleinen Aufmerksamkeiten erweisen, die in meiner Macht stehen.«

»Der Amontillado!«, rief mein Freund, der sich von seinem Erstaunen noch nicht erholt hatte.

»Gewiss«, erwiderte ich; »der Amontillado.«

Bei diesen Worten machte ich mich am Knochenhaufen zu schaffen, von dem ich vorhin gesprochen habe. Ich warf die Knochen beiseite und legte bald eine Anzahl Bausteine und ein Häufchen Mörtel bloß. Mit diesen Materialien und mit Hilfe der Maurerkelle begann ich, eilig den Eingang der Nische zuzumauern.

Ich hatte kaum die erste Reihe des Mauerwerks errichtet, als ich entdeckte, dass Fortunatos Betrunkenheit sehr nachgelassen hatte. Das erste Anzeichen dafür gab mir ein leiser, klagender Schrei, der aus der Tiefe der Höhlung kam. Es war *nicht* der Schrei eines Betrunkenen. Dann folgte ein langes, eigensinniges Schweigen. Ich mauerte eine zweite Reihe – und eine dritte und vierte; und dann hörte ich das wütende Stoßen und Schwingen an der festgespannten Kette. Das Geräusch dauerte mehrere Minuten, während welcher ich, um besser lauschen zu können, meine Arbeit einstellte und mich auf den Knochenhaufen setzte. Als das hastige Klirren endlich aufhörte, ergriff ich von Neuem die Kelle und vollendete ohne Unterbrechung die fünfte, die sechste und die siebente Reihe. Der Wall war nun fast in gleicher Höhe mit meiner Brust. Ich hielt von Neuem inne, hob die Fackel über das Mauerwerk und warf damit ein paar schwache Strahlen auf die Gestalt da drinnen.

Da stieß der Gefesselte plötzlich wilde Schreie aus – viele laute gellende Schreie, die mich zurücktaumeln machten. Einen Augenblick zögerte ich – zitterte ich. Ich zog den Degen und stach damit in das Dunkel der Nische hinein. Doch nach kurzer Überlegung beruhigte ich mich wieder. Ich legte die Hand auf das massige Gemäuer der Katakomben und war befriedigt. Ich trat wieder an meine Mauer. Ich antwortete auf das Geheul des Rufenden. Ich ahmte es nach – verstärkte es – übertönte es. Das tat ich eine Weile, und der Schreier wurde still.

Es war jetzt Mitternacht, und meine Arbeit nahte ihrem Ende. Ich hatte die achte, die neunte und die zehnte Reihe vollendet. Ich hatte einen Teil der elften und letzten Reihe beendet; es blieb nur noch ein einziger Stein einzusetzen und festzumauern. Ich rang mit seinem Gewicht. Ich hob ihn an seinen Platz, konnte ihm jedoch nicht sogleich seine richtige Lage geben. Jetzt kam aus der Nische ein leises Lachen, das mir die Haare auf dem Kopf zu Berge stehen machte. Dann sprach eine traurige Stimme, die ich nur schwer als die Stimme des edlen Fortunato erkennen konnte. Die Stimme sagte:

»Ha ha ha – he he – wahrhaftig ein guter Spaß, wir werden im Palazzo noch oft darüber lachen – he he he – über unseren Wein – he he he!«

»Den Amontillado!«, sagte ich.

»He he he – – he he – ja, den Amontillado. Aber ist es nicht schon spät? Werden sie uns nicht im Palazzo erwarten? Die Lady Fortunato und die anderen? Lass uns gehen.«

»Ja«, sagte ich, »lass uns gehen.«

»Bei der Liebe Gottes, Montresor!«

»Ja«, sagte ich, »bei der Liebe Gottes!«

Aber auf diese Worte erwartete ich vergeblich eine Antwort. Ich wurde ungeduldig, ich rief laut:

»Fortunato!«

Keine Antwort.

Ich rief wieder:

»Fortunato!«

Noch keine Antwort.

Ich nahm seine Fackel, stieß sie durch die Öffnung und ließ sie drinnen zu Boden fallen. Als Antwort kam nur ein Klingen der Schellen. Mein Herz wurde schwer – infolge der Moderluft in den Katakomben. Ich beeilte mich, meine Arbeit zu beenden. Ich zwang den letzten Stein in seine richtige Lage. Ich mauerte ihn ein. Gegen das neue Mauerwerk türmte ich den alten Knochenwall auf. Seit einem halben Jahrhundert hat kein Sterblicher ihn angerührt. In pace requiescat!

Hopp-Frosch

Ich habe niemals jemand gekannt, der so sehr zu Scherz und Spaß aufgelegt war wie der König; es war geradezu sein Lebenselement. Eine lustige Geschichte gut erzählen – das war der sicherste Weg, sich bei ihm in Gunst zu setzen. So kam es, dass seine sieben Minister alle dafür bekannt waren, vollendete Spaßmacher zu sein. Sie glichen auch sonst dem König: Sie waren nicht nur unvergleichliche Witzbolde, sondern auch große, korpulente, fette Männer. Ob die Leute vom Scherzen fett werden oder ob die Veranlagung zu Spaß und Scherz bei fetten Leuten besonders stark entwickelt ist, habe ich nie ganz genau feststellen können; Tatsache aber ist, dass ein magerer Spaßmacher ein rara avis in terris ist.

Aus den Feinheiten oder, wie er sagte, dem »Geist« des Witzes machte der König sich wenig. Er bewunderte hauptsächlich die Breite eines Scherzes, und um ihretwillen ließ er sich auch die Länge gefallen. Überfeinheiten langweilten ihn. Er würde Rabelais' »Gargantua« dem »Zadig« Voltaires vorgezogen haben, und alles in allem gefiel es ihm besser, einen Streich auszuführen, als einen erzählt zu bekommen.

Zu der Zeit, in der meine Geschichte spielt, waren berufsmäßige Spaßmacher bei Hof noch nicht ganz aus der Mode gekommen. Mehrere »Großmächte« des Kontinents hatten noch ihre »Narren« in Narrenkleid und Schellenkappe, die zum Dank für die Brosamen, die ihnen an des Königs Tisch zufielen, stets zu Spott und Witz bereit sein mussten.

Unser König hatte selbstverständlich auch seinen Hofnarren. Tatsache ist, dass er ein wenig Narrheit um sich brauchte – sei es auch nur als Gegengewicht gegen die ungeheure Weisheit der sieben weisen Männer, seiner Minister – von ihm selbst gar nicht zu reden.

Sein Narr oder Spaßmacher von Beruf war jedoch nicht nur ein Narr. Sein Wert wurde in den Augen des Königs dadurch verdreifacht, dass er außerdem ein Zwerg und ein Krüppel war. In jenen alten Tagen waren Zwerge am Hof nicht seltener als Narren, und viele Herrscher hätten es schwer gefunden, die Tage hinzubringen (und bei Hof sind die Tage länger als sonstwo) ohne einen Spaßmacher, mit dem sie lachen, und einen Zwerg, über den sie lachen konnten. Doch wie ich schon bemerkte, sind in neunundneunzig von hundert Fällen die Witzbolde fett, rund und schwerfällig – sodass unser König sich wirklich gratulieren konnte, in Hopp-Frosch (das war des Narren Name) in einer Person einen dreifachen Schatz zu besitzen.

Ich glaube nicht, dass der Zwerg schon bei der Taufe den Namen Hopp-Frosch zuerteilt erhielt, er verdankte ihn vielmehr dem weisen Rat der sieben Minister und seiner eigenen Unfähigkeit, wie andere Menschen aufrecht einherzugehen. Hopp-Frosch konnte sich nur mittels eines ganz absonderlichen Verfahrens vorwärts bewegen – es war halb ein Sprung, halb ein schlängelndes Vorschleudern des Körpers – eine Gangart, die allen bei Hof unglaublichen Spaß machte und dem König ein rechter Trost war, denn im Vergleich zu seinem Narren galt er selbst trotz seines gewaltig vorspringenden Leibes und seines mächtigen Wasserkopfs für einen schöngebauten Mann.

Doch obgleich Hopp-Frosch infolge seiner missgestalteten Beine sich auf ebener Erde nur mühsam und unter Schmerzen vorwärtszubewegen vermochte, so konnte er da, wo es sich ums Klettern handelte, ganz Außergewöhnliches leisten; denn die Natur hatte ihn für die Unvollkommenheit seiner unteren Gliedmaßen mit einer unerhörten Muskelkraft der Arme ausgestattet. Wenn er so auf Bäumen und an Seilen herumkletterte, glich er weit eher einem Eichhörnchen oder einem kleinen Affen als einem Frosch.

Ich bin nicht imstande, mit Bestimmtheit anzugeben, aus welchem Land Hopp-Frosch stammte. Jedenfalls war es irgendeine unwirtliche Gegend, von der niemand etwas wusste – und weit entfernt vom Hof unseres Königs. Hopp-Frosch und ein junges Mädchen von fast ebenso zwerghafter Gestalt wie er selbst (nur dass sie wohlproportioniert und eine wunderbare Tänzerin war) waren aus ihrer Heimat gewaltsam in benachbarte Provinzen verschleppt worden, von wo einer seiner stets siegreichen Generale sie dem König zum Geschenk sandte.

Unter solchen Umständen ist es nicht verwunderlich, dass zwischen den beiden kleinen Gefangenen eine innige Freundschaft erwuchs. Hopp-Frosch, der trotz seiner Kurzweiligkeit keineswegs beliebt war, war nicht in der Lage, Tripetta große Dienste erweisen zu können; sie aber wurde (trotz ihrer Zwergengestalt) dank einer seltenen Anmut und Lieblichkeit allgemein verehrt und verhätschelt; sie hatte also eine große Macht und versäumte nie, sich ihrer, sobald es not tat, zugunsten Hopp-Froschs zu bedienen.

Anlässlich irgendeines großen Staatsereignisses (was es war, habe ich vergessen) hatte der König beschlossen, ein Maskenfest zu geben; und wann immer ein Maskenfest oder dergleichen an unserem Hof stattfinden sollte, rief man die Talente Hopp-Froschs und Tripettas zu Hilfe. Denn Hopp-Frosch vor allem war so erfinderisch in der Zusammenstellung von Festaufzügen und wusste so prächtige Masken zu ersinnen, dass es war, als sei ohne seinen Beistand nichts zu machen.

Die Festnacht war gekommen. Eine glänzende Halle war unter Tripettas Aufsicht mit allem ausgeschmückt worden, was geeignet schien, einen stimmungsvollen Hintergrund zu einem Maskenfest zu schaffen. Der ganze Hof war in fieberhafter Erwartung. Was die Wahl der Masken und Kostüme anlangte, so darf wohl angenommen werden, dass ein jeder seine Entscheidung getroffen hatte. Viele hatten schon Wochen, ja Monate vorher beschlossen, welche Rolle sie zu spielen gedachten; und wirklich gab es auch keine Unentschlossenheit mehr – ausgenommen beim König und seinen sieben Ministern. Warum gerade sie noch zögerten, wüsste ich nicht zu sagen, es sei denn, weil ihnen dies spaßhaft vorkam. Wahrscheinlicher ist es, dass es ihnen schwer fiel, für ihre fetten Gestalten eine passende Rolle zu finden. Kurzum, die Zeit entfloh, und als letzte Rettung ließen sie Tripetta und Hopp-Frosch rufen.

Als die beiden kleinen Freunde dem Befehl des Königs nachkamen, fanden sie ihn mit den sieben Mitgliedern seines Kabinettsrates beim Wein sitzen. Aber der Herrscher schien übler Laune zu sein. Er wusste, dass Hopp-Frosch den Wein nicht liebte, da das Trinken stets den armen Krüppel bis zum Wahnsinn aufregte, und Wahnsinn ist kein angenehmer Zustand. Aber dem König, der es liebte, jemand einen Schabernack zu spielen, machte es Spaß, Hopp-Frosch zum Trinken zu zwingen und ihn (wie der König es nannte) lustig zu machen.

»Komm her, Hopp-Frosch«, sagte er, als der Spaßmacher und seine kleine Gefährtin ins Zimmer traten. »Leere diesen Becher auf die Gesundheit deiner fernen Freunde (hier seufzte Hopp-Frosch) und dann begnade uns mit deiner Erfindungsgabe. Wir brauchen Rollen – Rollen, Mann – irgendetwas Neues – noch nicht Dagewesenes! Wir haben das ewige Einerlei satt. Komm, trink! Der Wein wird dich erleuchten.«

Hopp-Frosch versuchte wie immer so auch diesmal des Königs wohlwollende Ansprache mit einem Scherz zu beantworten, aber die Anstrengung war zu groß. Gerade heute nämlich war des armen Zwerges Geburtstag, und der Befehl, seinen »abwesenden Freunden« zuzutrinken, zwang ihm Tränen in die Augen. Große und bittere Tropfen fielen in den Kelch, den er demütig aus der Hand des Tyrannen entgegennahm.

»Ah! Ha! ha! ha!«, grölte letzterer, als der Zwerg den Becher widerwillig leerte. »Seht, was so ein Glas guten Weins vermag! Wahrhaftig, deine Augen glänzen schon!«

Armer Kerl! Seine großen Augen glänzten nicht nur, sie glühten; denn auf sein leicht erregbares Hirn hatte der Wein nicht nur eine gewaltige, sondern auch eine augenblickliche Wirkung. Er stellte den Becher mit bebender Hand auf den Tisch und sah sich mit halb irrsinnigen Blicken in der Gesellschaft um. Alle Anwesenden hatten ihre Freude an dem sichtlichen Erfolg des königlichen »Scherzes«.

»Und jetzt an die Arbeit!«, sagte der Premierminister, ein sehr fetter Mann.

»Ja«, sagte der König. »Komm, Hopp-Frosch, leihe uns deinen Beistand. Charakterrollen, mein hübscher Junge! Es mangelt uns an Charakteren – uns allen – ha! ha! ha! ha!« Und da diese Äußerung offenbar scherzhaft gemeint war, stimmten seine sieben Minister in sein Lachen mit ein.

Hopp-Frosch lachte auch – aber nicht sehr herzhaft.

»Vorwärts, vorwärts«, sagte der König ungeduldig, »kannst du uns keinen Vorschlag machen?«

»Ich bin bemüht, etwas Neues zu ersinnen«, antwortete der Zwerg zerstreut, denn er war trunken vom Wein.

»Bemüht!«, schrie der Tyrann wütend. »Was meinst du damit? Ah, ich sehe, du bist missgestimmt und brauchst noch mehr Wein. Hier trink!« Und er goss einen zweiten Becher voll und bot ihn dem Krüppel; der rang nach Atem und rührte sich nicht.

»Trink, sage ich!«, brüllte der Unhold. »Oder beim Teufel –«

Der Zwerg zögerte. Der König wurde purpurrot vor Zorn. Die Höflinge schmunzelten. Tripetta näherte sich leichenblass dem König, warf sich vor ihm auf die Knie und beschwor ihn, ihren Freund zu schonen.

Der Tyrann war von ihrer Kühnheit verblüfft. Einen Augenblick sah er sie verwundert an. Er schien in großer Verlegenheit – was sollte er tun, was sagen, wie seinem Zorn Luft machen? Endlich stieß er sie wortlos zurück und schüttete ihr den ganzen Inhalt seines Bechers ins Gesicht.

Das arme Mädchen erhob sich wankend und nahm – ohne auch nur einen Seufzer zu wagen – ihren Platz am Fuß des Tisches wieder ein.

Eine halbe Minute lang herrschte Totenstille; man hätte ein Blatt zu Boden fallen hören können. Da tönte in das Schweigen ein leiser, doch scharfer und anhaltender knirschender Ton, der zu gleicher Zeit aus allen Ecken des Raumes hervorzuknarren schien.

»Warum – warum – warum, sage ich, machst du dieses Geräusch?«, wandte sich der König wütend an den Zwerg.

Letzterer schien sich von seiner Betrunkenheit ganz erholt zu haben; er sah dem König scharf, doch ruhig ins Gesicht und sagte nur:

»Ich – ich? Wie könnte ich das getan haben?«

»Der Laut schien von außen hereinzudringen«, bemerkte einer der Höflinge. »Vermutlich war es der Papagei dort am Fenster, der seinen Schnabel an den Gitterstäben des Käfigs wetzte.«

»Möglich«, erwiderte der Herrscher und atmete befreit auf; »doch bei meinem Ritterwort, ich hätte schwören mögen, dass es das Zähneknirschen des Schurken hier war.«

Jetzt lachte der Zwerg (der König war ein zu eingefleischter Spaßmacher, als dass er irgendeinem das Lachen verübelt hätte) und enthüllte zwei Reihen großer, kräftiger, abstoßend wirkender Zähne. Überdies gab er seine völlige Bereitwilligkeit zu erkennen, so viel Wein zu schlucken, als man nur wünsche. Der König war befriedigt. Und nachdem Hopp-Frosch ohne ersichtlich üble Wirkung einen weiteren Becher geleert hatte, begann er sogleich und mit Eifer sich für die geplante Maskerade zu interessieren.

»Ich kann nicht sagen, wie die Ideenverbindung mir kam«, bemerkte er so ruhig, als habe er nie in seinem Leben einen Schluck Wein über die Lippen gebracht, »aber gerade nachdem Eure Majestät das Mädchen fortgestoßen und ihr den Wein ins Gesicht geschüttet hatten – *gerade nachdem* Eure Majestät das getan hatten und während der Papagei draußen am Fenster das seltsame Geräusch vollführte, kam mir ein köstlicher Spaß in den Sinn – einer der lustigen Streiche aus meiner Heimat und bei unseren Maskenfesten sehr beliebt – hier aber wird er sicherlich ganz neu sein. Leider jedoch gehören dazu genau acht Personen, und –«

»Hier sind wir ja!«, rief der König und lachte über seine rasche Entdeckung der Zahlenübereinstimmung. »Genau acht Mann – ich und meine sieben Minister. Vorwärts! Erzähle uns deinen Streich!«

»Wir nennen ihn«, erwiderte der Krüppel, »die acht zusammengeketteten Orang-Utans, und gut ausgeführt ist er wirklich von großartiger Wirkung.«

»Wir wollen ihn ausführen«, bemerkte der König und stand mit schweren Augenlidern auf.

»Der Hauptwitz des Spiels liegt in dem Entsetzen, das es bei den Frauen verursacht«, fuhr Hopp-Frosch fort.

»Ausgezeichnet!«, grölten der Monarch und seine Minister im Chor.

»Ich werde Sie also als Orang-Utans einkleiden«, sprach der Zwerg weiter. »Überlassen Sie alles mir. Die Ähnlichkeit wird so verblüffend sein, dass die ganze Maskengesellschaft Sie für wirkliche Tiere halten wird – und natürlich wird man ebenso entsetzt wie erstaunt sein.«

»Oh, das ist herrlich!«, rief der König. »Hopp-Frosch! Aus dir will ich noch einen Mann machen!«

»Die Ketten dienen dazu, durch ihr Klirren die Verwirrung zu erhöhen. Es muss so scheinen, als seien Sie Ihren Wächtern ›en masse‹ entronnen. Eure Majestät können sich gar nicht vorstellen, wie wirkungsvoll bei solch einer Maskerade acht zusammengekettete Orang-Utans sein müssen, da die meisten aus der Gesellschaft Sie für wirkliche Bestien halten werden, wenn Sie mit wildem Geschrei mitten zwischen all die prächtig und lieblich gekleideten Männer und Frauen hineinrasen. Der Kontrast wird unbeschreiblich sein.«

»Wir machen es unbedingt«, sagte der König. Und der versammelte Rat löste sich auf, denn es war schon spät, und man musste sich beeilen, den Plan Hopp-Froschs zur Ausführung zu bringen.

Sein Verfahren, den König und seine Vertrauten in Orang-Utans zu verkleiden, war einfach, aber für seine Zwecke wirkungsvoll genug. Die zur Darstellung zu bringenden Tiere waren zu der Zeit, in der meine Geschichte spielt, in der zivilisierten Welt noch kaum gesehen worden. Und da die von dem Zwerg vorgenommene Verkleidung wahrhaft scheußlich und bestienhaft war, so war der Erfolg der Täuschung gesichert. Der König und seine Minister wurden zunächst in enganliegende, braune wollene Hemden und Unterhosen gesteckt. Dann wurden diese mit Teer getränkt. Jetzt schlug einer Federn vor; aber der Zwerg verwarf diesen Vorschlag und überzeugte die acht, dass das Fell eines Orang-Utans weit naturgetreuer durch Flachs dargestellt werden könne. Eine dicke Schicht von letzterem wurde nun auf die Teerschicht festgedrückt. Dann brachte man eine lange Kette herbei. Sie wurde zuerst dem König um den Leib gelegt und *festgeknotet*; mit den sieben anderen Teilnehmern wurde genau ebenso verfahren. Als alle derart angekettet und so weit als möglich voneinander entfernt aufgestellt waren, bildeten sie einen Kreis; und um das Ganze recht naturgetreu erscheinen zu lassen, zog der Zwerg den Rest der Kette zwei Mal diametral durch den Kreis. Dies war ganz die Art, in der noch heutzutage auf Borneo große Affen zusammengekoppelt werden.

Der große Saal, in dem das Maskenfest stattfinden sollte, war ein kreisrunder, sehr hoher Raum, der sein Licht durch ein einziges, im Mittelpunkt der Deckenwölbung angebrachtes Fenster erhielt. Bei Nacht – und besonders für Nachtfeste war der Saal bestimmt – empfing er sein Licht hauptsächlich von einem großen Kronleuchter, der an einer Kette von der Mitte des Kuppelfensters herniederhing und wie üblich mittels eines Gegengewichts herabgelassen und wieder hinaufgezogen werden konnte; doch hatte man letzteres aus Schönheitsgründen außerhalb der Kuppel über das Dach hinweggeführt.

Die Ausschmückung des Festgemachs wurde Tripettas Oberaufsicht überlassen; in einigen Dingen jedoch hatte sie sich der überlegenen Umsicht ihres Freundes, des Zwergs, gefügt. Seinem Rat folgend, hatte man für diese Gelegenheit den Kronleuchter entfernt. Die Wachstropfen, die nicht zu vermeiden gewesen wären, würden der kostbaren Gewandung der Gäste sehr nachteilig gewesen sein, andererseits aber konnten in einem überfüllten Raum nicht alle Leute der Mitte – also dem Platz unter dem Kronleuchter – ausweichen. Zahlreiche Kandelaber wurden aber ringsum an den Wänden der Halle aufgestellt; und jeder der fünfzig bis sechzig Karyatiden war eine Wohlgeruch spendende Fackel in die rechte Hand gegeben worden.

Die acht Orang-Utans warteten auf Hopp-Froschs Rat mit ihrem Erscheinen geduldig bis Mitternacht, bis der Saal von Masken gedrängt voll sein würde. Kaum jedoch war der letzte Schlag der Mitternachtsstunde verhallt, als sie hineinstürmten, vielmehr rollten – denn die hindernden Ketten rissen die meisten von ihnen zu Boden, und wer nicht fiel, stolperte.

Das Entsetzen der Maskengesellschaft war ungeheuer und füllte das Herz des Königs mit Entzücken. Wie man vorausgesehen hatte, gab es unter den Gästen nicht wenige, die diese grimmig aussehenden Wesen, wenn auch nicht gerade für Orang-Utans, so doch für wilde Bestien hielten. Viele der Frauen wurden ohnmächtig vor Schreck, und hätte der König nicht die Vorsichtsmaßregel getroffen, das Waffentragen für diesen Abend zu verbieten, so hätten er und seine Gefährten den Schabernack wohl mit ihrem Blut büßen müssen. So aber trachteten alle, die Türen zu gewinnen; der König hatte jedoch Befehl gegeben, dieselben gleich nach dem Eintritt der Affenbande abzuschließen, und einer Anregung des Zwergs gemäß hatte man diesem selbst die Schlüssel ausgeliefert.

Als der Tumult aufs Höchste gestiegen und jeder Gast nur auf seine eigene Rettung bedacht war – denn das Gedränge war inzwischen lebensgefährlich geworden – hätte man sehen können, wie die Kette, die sonst den Kronleuchter trug und nach dessen Entfernung hinaufgezogen worden war, sich allmählich herabsenkte, bis ihr Endhaken nur noch drei Fuß überm Erdboden hing.

Bald darauf geschah es, dass der König und seine sieben Freunde, nachdem sie den Saal nach allen Richtungen durchtaumelt hatten, sich schließlich in dessen Mittelpunkt und selbstredend auch in naher Berührung mit der Kette befanden. Als sie so standen, ergriff der Zwerg, der ihnen stets gefolgt war und sie zu immer wilderem Gebaren angefeuert hatte, die Kette, an die sie gefesselt waren, genau an der Stelle, wo die beiden Diametrallinien zusammentrafen. Blitzschnell hängte er hier in das Mittelglied den Kronleuchterhaken ein; und augenblicklich wurde durch eine unsichtbare Kraft die Kronleuchterkette so hoch hinaufgezogen, dass der Haken nicht mehr erreichbar war. Diese Aufwärtsbewegung riss die Orang-Utans ganz nahe zusammen; sie standen Gesicht an Gesicht gedrängt.

Inzwischen hatten die Maskengäste sich von ihrer Verblüffung erholt; sie begannen das Ganze als einen wohlvorbereiteten Scherz anzusehen und brachen über die sonderbare Situation der Affen in lautes Gelächter aus.

»Überlasst sie mir!«, kreischte jetzt Hopp-Frosch auf, mit seiner schrillen Stimme all den Lärm übertönend. »Überlasst sie mir! Ich glaube, ich kenne sie. Wenn ich sie mir nur einmal recht anschauen könnte, ich würde euch gleich sagen, wer sie sind!«

Und über die Köpfe der Menge hinwegkriechend, gelangte er zur Saalwand, nahm einer der Karyatiden die Fackel aus der Hand, kehrte auf demselben Weg wie vorher in die Mitte zurück und sprang mit Affengeschwindigkeit dem König auf den Kopf und von da an der Kette hinauf. Ein paar Fuß über den Orang-Utans senkte er seine Fackel, leuchtete ihnen ins Antlitz und schrie von Neuem: »Ich werde bald heraushaben, wer sie sind!«

Und jetzt, während alle Anwesenden – die Affen mit einbegriffen – sich vor Lachen schüttelten, ließ der Spaßmacher einen schrillen Pfiff ertönen; die Kette flog etwa dreißig Fuß empor und zog die bestürzten und um sich schlagenden Orang-Utans mit sich; da hingen sie nun zappelnd genau in halber Höhe des Saales. Hopp-Frosch, der sich an die Kette festgeklammert hatte, verharrte noch in derselben Stellung wie vorher; noch immer – so als sei nichts geschehen – senkte er seine Fackel zu ihnen hinunter, als bemühe er sich, festzustellen, wer sie seien.

So völlig verblüfft war man von diesem plötzlichen Aufstieg, dass wohl eine Minute lang Todesstille herrschte. Da ertönte wieder das leise, scharfe, knirschende Geräusch, das zuvor dem König, als er Tripetta den Wein ins Gesicht schüttete, so seltsam aufgefallen war. Jetzt aber konnte kein Zweifel darüber sein, wo der Laut herkam. Er kam von den Raubtierzähnen des Zwergs: Es war ein Knirschen aus seinem schäumenden Mund; sein Blick flammte mit dem Ausdruck wahnsinniger Wut in die aufwärts gewendeten Gesichter des Königs und seiner sieben Gefährten.

»Aha!«, sagte der Spaßmacher. »Aha! Ich fange an zu begreifen, wer diese Leute sind!« Und wie um den König heller zu beleuchten, näherte er die Fackel dem Pelz, in dem jener steckte, sodass der Flachs augenblicklich in heller Garbe aufflammte. In weniger als einer halben Minute brannten die acht Orang-Utans lichterloh; und drunten kreischte die entsetzte Menge und starrte wie gebannt zu den flammenden Körpern empor, denen sie keine Hilfe bringen konnte.

Endlich wurden die aufwärts leckenden Flammen so stark, dass der Narr, um ihnen auszuweichen, höher hinaufklettern musste, und diese Bewegung machte die Menge einen Augenblick lang stumm. Der Zwerg ergriff die Gelegenheit und sprach noch einmal.

»Jetzt sehe ich *deutlich*«, sagte er, »welcher Art Leute diese Maskierten sind. Es ist ein großer König mit seinen sieben Ministern – ein König, der sich kein Gewissen daraus macht, ein wehrloses Mädchen zu schlagen, und seine sieben Berater, die seiner schmachvollen Tat Vorschub leisten. Was mich anbetrifft, so bin ich nur Hopp-Frosch, der Spaßmacher, und *das ist mein letzter Spaß.*«

Infolge der hohen Brennbarkeit sowohl des Flachses wie des Teers war das Rachewerk schon vollbracht, als der Zwerg seine kurze Rede kaum beendet hatte. Die acht Leichname schaukelten in ihren Ketten – eine stinkende, geschwärzte, ekelhafte, unkenntliche Masse. Der Krüppel schleuderte seine Fackel auf sie herab, kletterte behände bis zur Decke empor und verschwand durch das Kuppelfenster.

Es ist anzunehmen, dass Tripetta, auf dem Dach des Kuppelsaals stehend, ihrem Freund bei seinem schauerlichen Racheakt Beihilfe leistete und dass sie zusammen ihre Flucht in ihr Heimatland bewerkstelligten; denn beide wurden nie mehr gesehen.

Quellenverzeichnis

Das Manuskript in der Flasche, übersetzt von Gisela Etzel, aus: *Werke*, Bd. 6, Originaltitel: »MS. Found in a Bottle«, erschienen 19. Oktober 1833, in: Baltimore Saturday Visiter

Morella, übersetzt von Gisela Etzel, aus: *Werke*, Bd. 2, Originaltitel: »Morella«, erschienen April 1835, in: Southern Literary Messenger

Ligeia, übersetzt von Gisela Etzel, aus: *Werke*, Bd. 2, Originaltitel: »Ligeia«, erschienen September 1838, in: Baltimore American Museum

Der Untergang des Hauses Usher, übersetzt von Gisela Etzel, aus: *Werke*, Bd. 2, Originaltitel: »The Fall of the House of Usher«, erschienen September 1839, in: Burton's Gentleman's Magazine

William Wilson, übersetzt von Gisela Etzel, aus: *Werke*, Bd. 2, Originaltitel: »William Wilson«, erschienen Oktober 1839, in: The Gift. A Christmas and New Year's Present for 1840

Der Mann der Menge, übersetzt von Gisela Etzel, aus: *Werke*, Bd. 3, Originaltitel: »The Man of the Crowd«, erschienen Dezember 1840, in: Graham's Magazine

Der Doppelmord in der Rue Morgue, übersetzt von Gisela Etzel, aus: *Werke*, Bd. 3, Originaltitel: »The Murders in the Rue Morgue«, erschienen April 1841, in: Graham's Magazine

Hinab in den Maelström, übersetzt von Gisela Etzel, aus: *Werke*, Bd. 5, Originaltitel: »A Descent into the Maelström«, erschienen April 1841, in: Graham's Magazine

Das ovale Porträt, übersetzt von Gisela Etzel, aus: *Werke*, Bd. 2, Originaltitel: »The Oval Portrait«, erschienen April 1842, in: Graham's Magazine

Die Maske des Roten Todes, übersetzt von Gisela Etzel, aus: *Werke*, Bd. 5, Originaltitel: »The Masque of the Red Death«, erschienen Mai 1842, in: Graham's Magazine

Das Geheimnis der Marie Rogêt, übersetzt von Gisela Etzel, aus: *Werke*, Bd. 3, Originaltitel: »The Mystery of Marie Rogêt«, erschienen November 1842, Dezember 1842, Februar 1843, in: Snowden's Ladies' Companion

…d Pendel, übersetzt von Gisela Etzel, aus: *Werke*, Bd. 3, …ltitel: »The Pit and the Pendulum«, erschienen 1842–1843, …e Gift: A Christmas and New Year's Present

…schwatzende Herz, übersetzt von Gisela Etzel, aus: *Werke*, Bd. 3, Originaltitel: »The Tell-Tale Heart«, erschienen Januar 1843, in: The Pioneer

Die schwarze Katze, übersetzt von Gisela Etzel, aus: *Werke*, Bd. 3, Originaltitel: »The Black Cat«, erschienen 19. August 1843, in: United States Saturday Post

Eine Erzählung aus den Ragged Mountains, übersetzt von Gisela Etzel, aus: *Werke*, Bd. 2, Originaltitel: »A Tale of the Ragged Mountains«, erschienen April 1844, in: Godey's Lady's Book

Lebendig begraben, übersetzt von Emmy Keller, aus: *Werke*, Bd. 6, Originaltitel: »The Premature Burial«, erschienen 31. Juli 1844, in: Dollar Newspaper

Der entwendete Brief, übersetzt von Gisela Etzel, aus: *Werke*, Bd. 3, Originaltitel: »The Purloined Letter«, erschienen 1844–1845, in: The Gift: A Christmas and New Year's Present

Die Tatsachen im Fall Waldemar, übersetzt von Gisela Etzel, aus: *Werke*, Bd. 2, Originaltitel: »The Facts in the Case of M. Valdemar«, erschienen Dezember 1845, in: The American Review

Das Fass Amontillado, übersetzt von Gisela Etzel, aus: *Werke*, Bd. 3, Originaltitel: »The Cask of Amontillado«, erschienen November 1846, in: Godey's Lady's Book

Hopp-Frosch, übersetzt von Gisela Etzel, aus: *Werke*, Bd. 3, Originaltitel: »Hop-Frog«, erschienen 17. März 1849, in: Flag of Our Union